中国社会科学院学部委员专题文集

制度物议

白　钢◎著

中国社会科学出版社

图书在版编目(CIP)数据

制度物议/白钢著.—北京：中国社会科学出版社，2013.1
（中国社会科学院学部委员专题文集）
ISBN 978-7-5161-2019-4

Ⅰ.①制… Ⅱ.①白… Ⅲ.①政治制度—研究 Ⅳ.①D033

中国版本图书馆 CIP 数据核字（2012）第 315192 号

出 版 人	赵剑英
出版策划	曹宏举
责任编辑	刘志兵
责任校对	孙洪波
责任印制	戴　宽

出　　版	中国社会科学出版社
社　　址	北京鼓楼西大街甲 158 号（邮编 100720）
网　　址	http://www.csspw.cn
	中文域名：中国社科网　010-64070619
发 行 部	010-84083685
门 市 部	010-84029450
经　　销	新华书店及其他书店

印刷装订	环球印刷(北京)有限公司
版　　次	2013 年 1 月第 1 版
印　　次	2013 年 1 月第 1 次印刷
开　　本	710×1000　1/16
印　　张	25.5
插　　页	2
字　　数	405 千字
定　　价	78.00 元

凡购买中国社会科学出版社图书，如有质量问题请与本社联系调换
电话：010-64009791

版权所有　侵权必究

《中国社会科学院学部委员专题文集》编辑委员会

主任 王伟光

委员 （按姓氏笔画排序）

王伟光　刘庆柱　江蓝生　李　扬
李培林　张蕴岭　陈佳贵　卓新平
郝时远　赵剑英　晋保平　程恩富
蔡　昉

统筹 郝时远

助理 曹宏举　薛增朝

编务 田　文　黄　英

前　　言

哲学社会科学是人们认识世界、改造世界的重要工具，是推动历史发展和社会进步的重要力量。哲学社会科学的研究能力和成果是综合国力的重要组成部分。在全面建设小康社会、开创中国特色社会主义事业新局面、实现中华民族伟大复兴的历史进程中，哲学社会科学具有不可替代的作用。繁荣发展哲学社会科学事关党和国家事业发展的全局，对建设和形成有中国特色、中国风格、中国气派的哲学社会科学事业，具有重大的现实意义和深远的历史意义。

中国社会科学院在贯彻落实党中央《关于进一步繁荣发展哲学社会科学的意见》的进程中，根据党中央关于把中国社会科学院建设成为马克思主义的坚强阵地、中国哲学社会科学最高殿堂、党中央和国务院重要的思想库和智囊团的职能定位，努力推进学术研究制度、科研管理体制的改革和创新，2006年建立的中国社会科学院学部即是践行"三个定位"、改革创新的产物。

中国社会科学院学部是一项学术制度，是在中国社会科学院党组领导下依据《中国社会科学院学部章程》运行的高端学术组织，常设领导机构为学部主席团，设立文哲、历史、经济、国际研究、社会政法、马克思主义研究学部。学部委员是中国社会科学院的最高学术称号，为终生荣誉。2010年中国社会科学院学部主席团主持进行了学部委员增选、荣誉学部委员增补，现有学部委员57名（含已故）、荣誉学部委员133名（含已故），均为中国社会科学院学养深厚、贡献突出、成就卓著的学者。编辑出版《中国社会科学院学部委员专题文集》，即是从一个侧面展示这些学者治学之道的重要举措。

《中国社会科学院学部委员专题文集》（下称《专题文集》），是中国社会科学院学部主席团主持编辑的学术论著汇集，作者均为中国社会科学院学部委员、荣誉学部委员，内容集中反映学部委员、荣誉学部委员在相关学科、专业方向中的专题性研究成果。《专题文集》体现了著作者在科学研究实践中长期关注的某一专业方向或研究主题，历时动态地展现了著作者在这一专题中不断深化的研究路径和学术心得，从中不难体味治学道路之铢积寸累、循序渐进、与时俱进、未有穷期的孜孜以求，感知学问有道之修养理论、注重实证、坚持真理、服务社会的学者责任。

2011年，中国社会科学院启动了哲学社会科学创新工程，中国社会科学院学部作为实施创新工程的重要学术平台，需要在聚集高端人才、发挥精英才智、推出优质成果、引领学术风尚等方面起到强化创新意识、激发创新动力、推进创新实践的作用。因此，中国社会科学院学部主席团编辑出版这套《专题文集》，不仅在于展示"过去"，更重要的是面对现实和展望未来。

这套《专题文集》列为中国社会科学院创新工程学术出版资助项目，体现了中国社会科学院对学部工作的高度重视和对这套《专题文集》给予的学术评价。在这套《专题文集》付梓之际，我们感谢各位学部委员、荣誉学部委员对《专题文集》征集给予的支持，感谢学部工作局及相关同志为此所做的组织协调工作，特别要感谢中国社会科学出版社为这套《专题文集》的面世做出的努力。

《中国社会科学院学部委员专题文集》编辑委员会
2012年8月

目　　录

序　言 ……………………………………………………………… (1)

第 1 辑　抛砖引玉

略论中国的封建专制主义 ………………………………………… (3)
封建特权批判 ……………………………………………………… (13)
论中国封建主义的主要特征及其顽固性 ………………………… (33)
中国皇帝制度完型论 ……………………………………………… (45)
正统悖论 …………………………………………………………… (57)
官僚政治与官僚主义 ……………………………………………… (77)
官箴、戒石铭与行政伦理 ………………………………………… (87)
小农经济不是封建专制主义的经济基础 ………………………… (95)
中国封建社会长期延续原因研究中的几个问题 ………………… (107)
附录　关于中国封建社会长期延续问题的论争 ………………… (121)

第 2 辑　一得之见

历代考铨制度述论 ………………………………………………… (149)
忧患意识的现代意义 ……………………………………………… (175)
中国古代编制立法的启示 ………………………………………… (182)
中国古代的宗族制度 ……………………………………………… (186)
中国古代的监察制度 ……………………………………………… (194)

略论乡里制度 ……………………………………………………（203）
甲申史事的启示 …………………………………………………（208）
略论中国历史上中央与地方的关系 ……………………………（218）
中国历史上处理改革与稳定关系的经验与教训 ………………（222）
行政道德的失范及其治理 ………………………………………（231）
附录 20世纪的中国政治制度史研究 …………………………（244）

第3辑 他山攻错

现代西方民主刍议 ………………………………………………（267）

第4辑 矫世变俗

走向21世纪的中国公共政策分析 ……………………………（307）
村民自治：中国农民的政治参与 ………………………………（325）
中国村民自治法制建设平议 ……………………………………（359）
村民自治与治道变迁 ……………………………………………（381）

序　言

本书取名《制度物议》。

"物议"一词，人们的理解不一。1947年中华书局发行的《辞海》释为"世人之讥议也"。"讥议"就是带有讥讽的议论，用现代口语来说，就是"横挑眉毛竖挑眼"，挑刺。它举两个例句：一个是唐人李延寿撰《北史·齐高祖纪》："王若厌伏人情，杜绝物议"，紧接着又说："唯有归河东之兵，罢建兴之戍，送相州之粟，追济州之军，令蔡儁受代，使邸珍出徐，止戈散马，各事家业"才能避免物议。另一个是唐人上官仪《为刘弘基请致仕表》："内省愆尤，外惭物议。"从这两个例句上看，讥讽的意味并不明显，但从作者用词遣字的句式上看，似有顾忌。

1979年7月商务印书馆修订第1版《辞源》则释为"众人的议论"，也举两个例句：其一，唐人姚思廉撰《梁书·袁昂传》答萧衍书："窃以一飡微施，尚复投殒，况食人之禄，而顿忘一旦。非惟物议不可，亦恐明公鄙之，所以踌躇，未遑荐璧。"其二，梁人萧子显撰《南齐书·王俭传》："少有宰相之志，物议咸相推许。"这里的"物议"，仍旧看不出有讥讽的意思，倒有点像现代人事制度改革中，有限应用"任前公示制度"，请群众议论。

两相比对，差别无多，都认为是世人的议论。只是前者界定为"讥议"，后者则笼统称为"议论"。其实，"讥议"也罢，"议论"也罢，都是说三道四，阐明论者的立场。

制度物议，限定了物议的主题，申明本书所有议论都与制度有关。"物议"这个词，不像"驳议"那样剑拔弩张，所以引为书名，期期以为然否？

本书共收有关制度议题的论文26篇，分成4辑，并根据当年撰写这些文章的初衷，选择一个能抒写心机的成语作标题，它们是：

第1辑　抛砖引玉
　　　　（略论封建专制主义及其他）
第2辑　一得之见
　　　　（检选以往行政经验的现代意义）
第3辑　他山攻错
　　　　（看看人家是怎么制衡与纠错的）
第4辑　矫世变俗
　　　　（走在21世纪变革的大道上）

笔者不大喜欢循规蹈矩，经常会做些令人觉得莫名其妙的事来。此次用成语作分辑之标题，即是一种尝试。但不知这样做能否得到读者的认可，抑或被斥为"脑子有病"？！

2012年9月10日记于宜雨亭

第1辑

抛砖引玉

略论中国的封建专制主义

封建主义，是建立在自然经济基础上的一种社会形态。就世界各国的历史而论，大都经历过这一社会发展阶段。但是，各个国家、各个民族和各个地区的具体情况却很不一致。

中国的封建主义的历史很长，有其自身发展的许多特点：在政治上，表现为专制主义、家长制、官僚政治、等级特权和朋党角逐；在经济上，表现为封建地主土地所有制下的租佃剥削和人身依附关系居主导地位；在思想文化上，表现为天命观与三纲五常的伦理观念，成为全社会的舆论中心。自从秦始皇统一六国、建立封建专制主义中央集权制的国家起，中国的封建社会就沿着专制主义的发展方向，大约延续了两千一百年之久，封建专制制度和封建思想体系发展相当完备。1911年的辛亥革命，虽然赶跑了皇帝，但是并没有很好地批判封建制度，更没有改变封建专制主义的经济基础。1919年的五四运动，对封建文化是一次有力的冲击，但也并没有触及它的根本。因此，封建专制主义在社会生活的各个方面，仍然有着深广的影响。

我国的国情，有一个显著的特点，就是新中国是从半封建、半殖民地社会直接脱胎而来的，中间没有经过独立的资本主义的历史发展阶段。这是中国革命的优点，使我们免除了资产阶级压迫和剥削所造成的痛苦。我们党领导的新民主主义革命，是彻底的反帝反封建的革命运动，但并没有全部完成肃清封建专制主义余毒的任务。新中国成立以后，我们注意到了防止资产阶级思想的侵蚀，而对于封建专制主义的思想影响却没有给予应有的注意。这又是我们的短处。因而，封建专制主义的余毒，也就从中找到了适宜它继续存在的土壤。

粉碎"四人帮"三年多来，党中央拨乱反正，在各条战线上都取得了伟大的成就，提出了向四个现代化进军的伟大号召。但是，封建专制主义余毒的存在，必然阻碍着社会主义民主的发扬，而没有社会主义的民主，社会主义的大生产的发展，就会变成一句空话。所以，重新认识一下我国的国情，清除封建专制主义的思想影响，对于加快四个现代化的进程，具有重要的意义。

一

所谓封建专制主义的思想影响，主要是指在我国现代社会的机体上，残存的某些封建专制主义的斑点。归纳起来，中国封建专制主义在政治上，对现代社会生活影响比较大的问题，有如下三点：

一是"有权就有一切"。封建统治阶级不像资产阶级那样，在形式上要受法律的约束，封建统治阶级的意志就是法律。因此，封建统治阶级在取得政权之后，就取得了支配社会财产的权力。历代的开国皇帝一旦登极称寡，便确立了自己至尊至上的特权地位。什么法律都由他颁布，什么官吏都由他选派，他的喜怒哀乐和好恶，决定着国人的身家性命、荣辱升沉。开国皇帝如此，其下各届皇帝也不例外。如明朝正德年间，武宗要到南方巡游，以夏良胜为首的文武百官上疏谏止，武宗大怒，把夏良胜等逮捕下狱，107名官员罚跪午门外五天，后来又挨了一顿杖打。所有上疏劝谏者，或者"谪于外"，或者"夺俸半年"，或者"除名"，或者死于杖下。这仅仅是官僚们的一个劝告，违背了皇帝的意愿，竟招来如此大祸。上行下效，以致一般官吏也是"一朝权在手，便把令来行"，掌握了对黎民百姓的生杀予夺的权力。他们依恃皇帝的庇荫，运用封建权力，把持官府，包揽诉讼，武断乡曲，占人田庐，役使乡人，杀人越货，抢人妻女，等等一切，简直把老百姓压得喘不过气来。正如一句成语所说的，"只许州官放火，不许百姓点灯"！明人顾公燮在《消夏闲记摘抄》中所记明人中举后，立即"改换门庭"的故事说，一旦中举，马上有地主来攀附，有人送女儿来作亲，有人自称门生，有人送上千两白银。其原因，乃是中举即意味着步入官场，就有了"权"。所谓"三年清知府，十万雪花银"，便是统治阶级通过社会权力来攫获社会财富的生动写照。惟其如此，在封建社会的政治生活中，官场上的尔虞我诈、争权夺利，也就成为封建专制主义的一个顽症。

二是家长制。秦始皇上台后，"自称曰朕"，"朕为始皇帝，后世以计数，二世三世以至万世，传之无穷"。"命为制，令为诏"，"天下事无小大皆决于上"。① 于是，"朕即国家"，也就成为象征帝王至高无上权力的专用术语，并被历代封建统治阶级所沿袭。所谓"陛下上为皇天子，下为黎庶父母"，所谓"王者父天母地"，最露骨不过地揭示了皇帝制度的家长制本质。所以，列宁认为，封建专制主义，说到底，就是"一人独裁的政权"②。"紫禁城"的高墙，切断了帝王与平民百姓的联系。帝王只听取臣僚的奏章、疏报，而从不深入下层，了解民间的疾苦。人民群众对皇帝的旨意只能服从，不得违抗，否则就是"大逆不道"。皇帝有权赏赐任何人以爵位、官职、财产和各种特权，也可以用"莫须有"的罪名处死任何人。因此，全国由皇帝一个人说了算，就成为封建专制主义的最重要的特征。

在封建时代，天下，是皇家的天下，即所谓刘汉王朝、李唐王朝、赵宋王朝、朱明王朝，等等。这就是说，天下是由某个家族统治着的。皇帝是大家长。文武百官则是中等的家长。封建时代，人们常常把县令称作"父母官"，为民父母，就是证据。而对于千千万万个家庭来说，父亲则是小家长。皇帝与家长有一样的道德准则。皇帝是臣僚尽"忠"的对象；家长是子孙尽"孝"的对象。所谓"君要臣死，不得不死；父要子亡，不得不亡"，最清楚不过地表明皇帝与家长都是封建专制主义的产物。它在我国历史上所产生的影响是不可低估的。

三是官僚政治。在中国封建社会，皇帝是依靠庞大的官僚机构，推行自己的意志，对人民群众进行统治。作为封建专制主义的一个有机组成部分——官僚政治的形成，有四个方面的问题值得注意：（1）等级森严。皇帝高踞于官僚机构的金字塔之巅，其下，大致分正、从九品共十八级。此外，还有未入流的小官和办事的吏员。史称"等级分明，而天子加等，故

---

① 《史记·秦始皇本纪》。
② 《列宁选集》第4卷，第49页。

其尊不可及也"①。皇帝实行世袭制和终身制，官僚则依其品级的高下而分享"恩荫"等等特权。"恩荫"制度自汉代兴起，以后为历代所因循。到了宋代，恩荫制行之于滥。一人入仕，则子、孙、亲族俱可得官，大者并及于门客、医士，多至二十余人。甚至出现将其所得"恩泽"，"高赀为市"，"听其鬻卖"的情况。（2）官吏的选用，一般都是自上而下的任免制。尽管历代在选拔官吏的方法上不同，如汉代的察举孝廉、魏晋南北朝时的"九品官人之法"、隋唐以迄明清的科举制，但是，在使用的方法上，却始终没有多大变化。官僚作为皇帝独裁的工具，在中国历史上成为定局。在用人问题上，重家世而轻才德，伪托假冒，走"后门"，贿赂公行，任人唯亲，骤然成风。魏晋南北朝时任人为官"不出士族"；唐代一度大兴论资排辈。结果是"贤愚一概"，唯"循资格"，造成官制紊乱，官场上腐败无能。甚至在宋代还出现了"居其官不知其职者，十常八九"的局面。（3）外戚、宦官擅权及朋党角逐。秦设丞相、太尉、御史大夫分掌政、军、监察大权。到了汉代，觉得三公权力太大，怕大权旁落，于是开始重用内臣。汉武帝时奏请机密，已归阉宦，且外戚宦官，交相用事，遂成"内重"之局。明太祖建国不久，干脆杀掉宰相，以致不设宰相，成为有明一代的定制。明成祖因为利用宦官夺得帝位，以后各朝宦官势力愈演愈烈。中期以后，阉党猖獗，什么"锦衣卫"、"东、西厂"之类，撇开文武百官，直接对皇帝负责，使行政、军事、司法大权愈来愈集中于内臣手里。宦官作为内臣出现在中国政治舞台上，历代都不起好作用。宦官与外戚勾结而后擅权，造成政出多门、飞诬排诋之风大作，接踵而至的便是朋党角逐。他们"窃名誉，贪货利，树党羽，肆排挤，以欺罔为固然，以奸佞为得计"②，把政治舞台闹得乌烟瘴气。（4）官僚机构重叠、官吏人数增多，造成官僚主义作风代代相袭。宋代的冗官冗员之多，常常闹到一官五六人来做的局面。元代是"民少相公多"。明代中期以后，官僚机构日趋庞大，仅文武官员、宦官、锦衣卫和东、西厂特务，再加上皇族，总计不下四十余万人。他们坐吃山空，不事生产。特别是宦官、锦衣卫和

---

① 《汉书·贾谊传》。
② 《清世祖实录》卷18。

东、西厂特务，专门以整人为能事。清代"大臣任意因循，小臣效尤玩滞"，醉心于养尊处优，遇事互相推诿，以偷安为自便。上面交下的事，"经年累月，延缓不报"，下级对上级，则"事事转请，章奏繁多"。官吏"十分精神，三分办事，七分奉上"，遇事看上司脸色行事。其结果，文牍主义泛滥，公文旅行成灾。这种官僚主义作风在历史上就成为专制主义的必然伴侣，不因王朝的更迭而减衰。

二

　　封建专制主义在经济领域的表现形式主要有三点：首先，封建地主土地所有制，是封建专制主义的经济基础，换言之，是皇帝集权的物质支柱和官僚政治赖以生存的保证。在封建时代，对整个社会生活起决定作用的因素，是农业劳动力与基本的生产资料——土地相结合的生产方式。当土地以任何方式被一部分人占有的时候，需要利用土地来从事劳动的农民，就只好依靠他们对于土地的要求程度，与土地所有者结成一定的隶属关系，并将他们全部的剩余劳动，乃至一部分必要劳动，或者劳动生产物，以贡纳、租赋等形式，贡献给土地所有者。与此相适应，他们还要同土地占有者结成相应的政治、法律和道德关系。皇帝是地主阶级的总头子，拥有对土地的绝对支配权力和攫取农民全部剩余劳动或劳动生产物的权力。由于皇帝"为与士大夫治天下"，因此，各级官吏、大小地主，也就依恃皇帝的庇荫，通过财产和权力的再分配，得到不同的政治特权和经济特权。自秦始皇起，政府的财政收入，主要取之于农民的生产物——粟、帛。官僚的俸禄，往往也主要是以粮食来计算的。如汉代，"三公"的官俸为"万石"，"九卿"为"中二千石"，"列卿"为"二千石"，等等。甚至有时用"二千石"来作为"郡守"的代名词。中唐以后，实行两税法，即"夏税"、"秋粮"，也是以向农民征收粮食及其他农产品为主。当然，有的朝代折变成银两交纳。"丁税"，则"摊丁入亩"。这种以征收农产品为主要对象的赋税制度，反过来，又对两千年来的封建社会，只能以农业为基础，产生了决定性的影响。

　　其次，封建主义生产方式的基本特征，是自然经济。一家一户就是一个生产单位，从事着分散的个体生产。个体农民为着自家的需要，而生产粮食、家畜、棉纱、麻布，等等。社会关系由这样许多同类的经济单位所组成，每个这样的单位进行一切种类的经济工作，从采集各种原料起，到最后制成消费品止。这样单一的小农经济，由于有其宗族、家长关系的维系，有其顽强的再生能力。它不以朝代的更换而解体，最多也只不过是重新的排列组合而已。从秦始皇的"上农除末"，到以后历代的"崇本抑末"，重农而排商，是历代封建王朝的传统政策。商品生产受到压抑、排挤或打击。科学技术被视作"淫巧"、"末作"而不予重视。这就形成几千年来，千千万万个农户为了一个共同的目的——"搞粮食吃"的传统。尽管中国自古以来就是一个统一的多民族的国家，尽管历史上曾经有过游牧民族或部落入主中原，但是，随着他们在中原地区政治地位的取得，一个个也都很快地放弃他们原有的畜牧业生产方式，融进单一的小农经济的大动脉中去了。

中国封建社会的自耕农的存在，是作为封建地主土地所有制的补充形态出现的。但是，由于土地可以自由买卖，造成了土地兼并的盛行。自汉武帝以后，所谓"富者田连阡陌，贫者无立锥之地"的记载，史不绝书。而土地兼并的结果，促成了租佃关系的发展和人身依附关系的加强。大量失去土地的农民，除了"转死沟壑"或聚众起义外，剩下来的，或沦为佃客，或变成依附农，仍然被束缚在土地上。因此，小农经济结构始终不曾发生质的变化。

中国封建社会，由于土地兼并、封建压迫和封建剥削的残酷，先后引起过千百次的农民起义和农民战争。他们曾前仆后继、由浅入深，把斗争矛头指向封建地主土地所有制。从"等贵贱，均贫富"纲领的制定，到"均田免粮"、"天朝田亩制度"的提出，无不贯穿一个"平均主义"思想。平均主义思想在当时是最革命的，而且在农民反封建剥削、压迫的过程中，也起了一定的作用。但是，农民毕竟不是新的生产力的代表，他们创造不出新的生产方式。农民战争过程中，曾经夺取了地主的土地，杀死或赶跑了一批老地主，但是，他们的领袖却又变成了新地主。农民起义和农民战争并没有革除单一的小农经济结构。

中国封建社会也有它的最阔气的时代，即所谓"文景之治"、"贞观之治"，以及历代开国皇帝所搞的"与民休息"政策带来的短暂的社会繁荣。它曾经把战争所破坏了的社会积累，转变为"仓廪充实"、"道不拾遗"，社会财富相对增加，社会秩序相对稳定。然而，历代开国皇帝完成这一转变的法宝，无一不是"劝农桑以富民"，仍然没有超出维持小农经济相对稳定的范围。尽管明、清以后，由于商品经济的发展，资本主义萌芽的出现，社会经济结构小有变化，但是封建专制主义的统治，海关的禁闭，再加上对商业、手工业的掠夺和摧残，把微弱的资本主义萌芽扼杀在摇篮中，而不曾改变自给自足的小农经济体制。

第三，超经济强制和统治阶级的挥霍无度所造成的社会财富（包括劳动力）的极大浪费。在封建时代，是个体手工劳动，生产力极为低下。封建统治阶级为了满足他们的欲壑，就只有选择超经济强制的办法，搞人海战术，不计成本，大兴土木，对农民阶级进行残酷的经济剥削，造成民力耗竭。秦始皇造阿房宫、郦山墓就是例证。史载："始皇广其宫规，恢三百余里，离宫别馆，弥山跨谷。辇道相属，阁道通郦山八十余里。表南山之颠以为阙，络樊川以为池，作阿房前殿。"[①] 其工程之浩大，人力物力耗费之巨，是可想象到的。又如，隋炀帝即位，始建东都，"每月役丁二百万人"。置显仁宫于皂涧，"采海内奇禽异兽草木之类以实其园苑"。造"西苑"，"周围二百里，其内为海，周十余里，为蓬莱、方丈、瀛洲诸山，高出水百余尺。台观殿阁，罗络山上，向背如神"。筑"迷楼"，"凡役夫数万"，"千门万牖"。[②] 真是穷奢极欲，视民力物力为粪土。如此残酷的超经济强制，既破坏了大量的农业劳动力，又搞得国库凋敝。皇帝固然玩得痛快，万千百姓却家破人亡。这种情况，历代均不乏其例。我们知道，进步在于积累。人力、物力耗尽，限制了科学技术的发展。虽然中国古代科学技术在世界中古史上，一直居于领先地位，但是，它往往不被封建统治阶级所重视。这样，非但社会不能大幅度地向前发展，相反却由于统治阶级的摧残，到明中期以后，在世界科学技术之林，中国就落伍了。

---

① 《三辅黄图》卷1。
② 《资治通鉴》卷180。

三

　　封建主义在思想文化领域里的特点，是文化专制主义。秦始皇为了统一思想，实行"焚书坑儒"，扼杀了战国时代百家争鸣的局面，开了文化专制主义的先例。他"禁造谤"、"禁巷议"，不准人民说话，只许"诗书百家语"藏之于博士官衙，只许学者"以吏为师"。无疑这是控制精神生产手段的措施。然而，大水冲了龙王庙。殊不知，儒家学说，对于维护专制主义中央集权制的统治，却是一个绝妙的法宝。所以，到了汉代开始有所改变。汉高祖时出现了韩信、彭越等功臣叛乱，其后，又出现了诸吕外戚叛乱，究竟如何才能维持专制主义中央集权制的大一统的局面呢？到汉武帝时，董仲舒终于从现实的教训中，悟出了一条道理，他说："今师异道，人异论，百家殊方，指意不同，是以上亡以持一统，法制数变，下不知所守。臣愚以为诸不在六艺之科孔子之术者，皆绝其道，勿使并进。"①汉武帝采纳了董仲舒的建议，从此，"邪辟之说灭息"，儒家思想被"定于一尊"。这就是人们常说的"罢黜百家，独尊儒术"。儒家学说经过董仲舒的改造与阐发，遂为历代君主所采用。儒家思想从此成为统治思想而在中国历史上居于绝对支配的地位。宋元以后，以迄明清，学校读书，先生教学，只限"四书"、"语录"之类。"其为太守、为监司，必须建立书院，立诸贤之祠，或刊注四书，衍辑语录，然后号为贤者，则可钓声名致膴仕。而士子场屋之文，必须引用以为文，则可以擢巍科为名士。"②谁要是不按这套规矩办，谁就要被扣上"离经叛道"的罪名而横遭打击。明清两代的科举制畸形发展，堕入了死胡同。明太祖朱元璋采纳刘基的建议，科举试题，只许出四书五经，答卷必须以程朱理学对经义的解释为准。明宪宗朱见深甚至创设了害死人的"八股"格式。从此，八股文泛滥，达几百年之久，严重地束缚了人们的思想。顾炎武在《日知录》卷16《拟题》中说："故愚以为八股之害等于焚书，而败坏人材有甚于咸阳之郊所坑者

---

① 《汉书·董仲舒传》。
② 《癸辛杂识》续集下《道学》。

但四百六十余人也。"更有甚者，还大兴文字狱，深文纳罪，凡文字略有忌讳嫌疑者，便以触犯皇帝罪，格杀勿论。至于历代统治者为了巩固自己的统治，大量焚毁不利于自己的图书，可谓代代不乏其事。文化专制主义终于导致人们的思想禁锢。用哲学的语言讲，就是推行蒙昧主义。

封建统治阶级推行蒙昧主义，主要有两件法宝：一是天命观。董仲舒作《春秋繁露》，侈谈"官制象天"，为官僚政治大造舆论。所谓"王者配天"，皇帝被尊为"天子"。历代皇帝的诏书，往往有一句套语，叫做"奉天承运"，从而把皇帝装扮成"天人交感"的特使，非凡人，而是"神"。在中国历史上，代代都有"造神运动"，就是把帝王"神化"。由于皇帝是"神"，所以他的尊严神圣不可侵犯。这一点，从汉代起，正式写进法律。违者就是"大不敬"，就要遭到酷刑重治。后来许多封建王朝都在法规上写有"十大罪"或"十恶大罪"的条款，其中第一条，往往就是针对触犯皇帝的尊严而制定的。例如，所谓矫诏、大不敬、祝诅、诽谤、附下罔上、诬罔、叛逆谋反，等等，一律处死。

二是"三纲五常"的伦理观念。伦理观念的重心在于三纲，即所谓"君为臣纲，父为子纲，夫为妻纲"①。实际上，是把君权、父权、夫权熔铸于一炉，作为全社会的道德规范来加以提倡。自天子以至小民，概莫能外。从而，把政治关系家族化，把家族关系政治化。所谓修身、齐家、治国、平天下，就成为封建地主阶级，尤其是士大夫阶层的处世准绳。三纲的核心，是倡导愚忠，不管皇帝是个乳臭未干的小孩子，还是昏庸无能的笨蛋或白痴，都得对他绝对地尽"忠"。由于三纲是把家族关系与政治关系合而为一，因此，弄得好了，便是"一人得道，鸡犬升天"；弄得不好，则是"一人犯法，株连九族"。为身家性命计，人人都得遵守。中国封建社会历史的发展，有一个显著的特点，就是死的总是拖住活的。两千年来，中国的封建社会就是这样过来的。它像一具无形的镣铐，束缚着人们的手脚。纵或有几个"有识之士"，对此曾提出过疑义，其结果，无不遇到当局的残酷迫害。明代著名思想家李卓吾的遭遇，就是突出的一例。它形成一种传统的惯力，对中国社会产生了恶劣的影响。因此，又可以说天

---

① 班固：《白虎通》。

命观和纲常伦理观念，是封建专制主义的思想基础。

　　以上，我们历数了中国封建专制主义的基本特征及其在中国历史上所起的恶劣作用。由于中国封建社会延续的时间之长，在世界历史上是罕见的，也由于中国的资产阶级先天不足，没有对封建专制主义有个比较彻底的清算，以致我们背着封建专制主义思想影响的沉重包袱。新中国成立以来，我们对此缺乏清醒的估计，没有把扫除封建残余的任务及时提到日程上来，结果被林彪、"四人帮"一伙钻了空子，大搞封建法西斯专政，给党、国家和人民带来无穷的灾难。我们应当记取这个用鲜血换来的教训，进行批判封建专制主义的斗争。封建专制主义的余毒是束缚生产力发展的枷锁，只有彻底清除封建专制主义的思想影响，彻底打破自然经济结构，才能大大发展生产力，促进社会主义大生产的发展，加快四个现代化的步伐。

（原载《红旗》杂志1980年第17期，《新华月报》文摘版1980年第11期转载）

封建特权批判

特权是阶级社会中等级制的产物。特权的出现，与民主传统的破坏是相辅而行的。人类历史上的第一个特权，便是奴隶主贵族世代垄断氏族首领的职位，破坏了原始社会的民主传统——氏族首领的禅让制度。

在奴隶社会和封建社会中，阶级的差别是用人们的等级划分而固定下来的，同时还为每个阶级确立了国家的特殊法律地位。所以，奴隶社会和封建社会（以及农奴制社会）的阶级同时也是一些特别的等级。相反地，在资本主义社会中，所有公民在法律上一律平等，等级划分已被消灭（至少在原则上已被消灭），所以阶级已经不再是等级。社会划分为阶级，这是奴隶社会、封建社会和资本主义社会共同的现象，但是在前两种社会存在的是等级的阶级，在后一种社会则是非等级的阶级。

马克思说："差别、分裂是个人生存的基础，这就是等级所具有的意义。个人的生活方式、个人的活动性质等等，不但不使个人成为社会的一个成员、社会的一种机能，反而使他成为社会的例外，变成了他的特权。这种区别不只是个人的，而且凝结为一种特定的共同体，即等级……""等级不仅建立在社会内部的分裂这一当代的主导规律上，而且还使人脱离自己的普遍本质，把人变成直接受本身的规定性所摆布的动物。中世纪是人类史上的动物时期，是人类动物学。"①

在这里，马克思深刻地揭示了封建时代等级所具有的意义和等级把人变成直接受特权摆布的动物的罪恶事实。等级是产生特权的前提。在奴隶社会，"天有十日，人有十等"，产生了奴隶主特权。在封建社会，自皇帝而下，人分勋贵、官僚、良民、贱人，产生了封建特权。正像封建社会是

---

① 《马克思恩格斯全集》第1卷，第346页。

从奴隶社会过渡而来的一样，封建特权是在承袭了奴隶主特权的基础上，扩大而形成的。封建特权可分为法定特权和法外特权两大类。它不同于资产阶级法权的地方在于：封建主不像资产阶级那样，在形式上要受法律的约束，封建统治阶级的意志就是法律。因此，封建地主阶级取得政权之后，就取得了支配社会财产的权力。在资本主义社会里，资产阶级由财富取得权力，而在封建社会里，封建统治阶级则由社会权力获得财富。

由于中世纪各等级的全部存在就是政治存在，政治制度就是私有财产制度，所以，土地占有的等级结构以及与之相关的皇帝、勋贵、官僚、僧道掌握支配农民的绝对权力，形成拥有封建特权的社会集团。我们所讲的封建特权，主要是讲这个社会集团上下串通、沆瀣一气，专门欺侮被统治的农民群众的种种权力。囿于篇幅，本文不打算叙述皇帝、勋贵、官僚、僧道所攫获的封建特权的全部内容，仅就中国封建社会封建特权的特点、它的社会基础、封建特权与统治集团内部的矛盾斗争和阶级斗争的关系等问题，谈一点粗浅的看法，请同志们批评指正。

一　中国封建社会封建特权的特点

自从春秋战国之际，封建制取代奴隶制以来，我国就进入了封建社会。公元前221年，秦始皇统一中国，建立了我国历史上第一个专制主义中央集权的封建国家，确立了等级森严的官僚政治体系，在其后2100多年的历史长河中，封建等级制度对社会生活的各个方面产生了决定性影响。作为封建等级制度的派生物——封建特权的触角，也就伸向社会生活的各个领域，并且形成鲜明的历史特点。归纳起来，大致有以下四点：

第一，等级性。中国封建社会，"等级分明，而天子加等焉，故其尊不可及也"[1]。用毛泽东同志的话来说，就是"在封建国家中，皇帝有至高无上的权力，在各地方设官职以掌兵、刑、钱、谷等事，并依靠地主绅士作为全部封建统治的基础"[2]。自皇帝而下，一般说来，官吏分正、从九

---

[1]　贾谊：《治安疏》，见《汉书》卷48《贾谊传》。
[2]　《毛泽东选集》（四卷合订横排本），第587页。

品，共十八级。此外还有未入流的小官和办事的吏员。整个国家的组织机构，形成一个宝塔形状。官僚机构，高踞于人民群众之上，而皇帝又踞于官僚机构之上。皇帝拥有不受任何限制的无上权力，人民根本不能参加国家机构和管理国家。什么法律都由他颁布，什么官吏都由他委派。"天下之事无小大皆决于上"，"命为制，令为诏"①，"朕即国家"。因此，皇权也就成为最大的封建特权。皇权以下，各级官吏各自依据品级的高下，在统治阶级内部进行财产和权力分配的时候，享有大小不同的特权，从而显示出严格的等级性。

例如，世袭与恩荫特权就是如此。众所周知，在战国时代，只有王而没有皇帝。从王到皇帝，这不只是名号形式的变化，而且表明社会结构的重大变革。秦始皇以前，王下有诸侯，诸侯之下又有卿大夫。诸侯封有领地，雄踞一方，称王称霸。诸侯管下的土地、臣民，就是高高在上的王，也丝毫不能干预。至于诸侯下面的卿大夫，亦分有领地，是世袭的，诸侯对他们也是无可奈何。王、诸侯、卿大夫，这是一个特权的贵族等级，权力是分散的，谁也不是绝对的霸主。自秦始皇以后，情况大不一样了，权力集中到皇帝一人手里。所谓"贵为天子，富有四海"②，所谓"君要臣亡，臣不得不亡"，诸如此类，都标志着皇帝处于绝对的特权地位。而且，这种特权地位是世袭的。老皇帝在世，就立定"太子"。不少"太子"还穿着开裆裤，就登上了皇帝的宝座。这样，父传子、子传孙，除了皇家，他人不得承继。在政治上，他是最高的首脑；在经济上，他是最大的地主；在军事上，他是最高的统帅；在思想文化的问题上，他是最后裁决的权威。皇帝的喜怒哀乐，决定着国人的身家性命。王公贵族也往往享有世袭爵位和土地的特权，即所谓"父子相传，汉之约也"③。

在汉代，贵族、官僚还享有恩荫特权。大凡是官俸在二千石（即郡守）以上的官僚，只要任满三年，便可以保举子弟一人为"郎"。到了汉桓帝时，"宦官方炽，任人及子弟为官，布满天下"④。由两汉创始的这种

---

① 《史记》卷6《秦始皇本纪》。
② 《汉书》卷56《董仲舒传》。
③ 《汉书》卷52《窦婴传》。
④ 《后汉书》卷54《杨震附杨秉传》。

"恩荫"制度，为历代封建王朝所师承。其中，宋代的"荫补"，花样翻新。有所谓"文臣荫补"、"武臣荫补"、"臣僚大礼荫补"、"致仕荫补"、"遗表荫补"之分①。"常荫"之外，还有所谓"特恩"。宋仁宗天圣年间（1023—1032），诏五代时三品以上告身存者，子孙听用荫，则"恩荫"及于前代！明道年间（1032—1033），录故宰臣及员外郎以上致仕者子孙授官有差，则"恩荫"又及于故臣！甚至新天子即位，监司、郡守，遣亲属入贺，亦得授官，则更出于"常荫"之外了。宋代赋予官僚的"恩荫"特权，大官可荫补子、孙、亲属及门客、医生等二十余人，小官可荫补子孙一人做官。高者可为承事郎，低者可补校尉。等级界限极为分明。

在明代，"自一品至七品，皆得荫一子以世其禄"。洪武十六年（1383），朱元璋"定职官子孙荫叙"：

> 正一品子，正五品用。从一品子，从五品用。正二品子，正六品用。从二品子，从六品用。正三品子，正七品用。从三品子，从七品用。正四品子，正八品用。从四品子，从八品用。正五品子，正九品用。从五品子，从九品用。正六品子，于未入流上等职内叙用，从六品子，于未入流中等职内叙用。正、从七品子，于未入流下等职内叙用。②

显而易见，等级依旧十分森严。"恩荫"制度，实质上是世袭制的变种，世袭制本来是奴隶主贵族的特权，却被封建统治阶级改头换面地继承下来。由于"恩荫"制，可以推恩于贵者之亲故门客，因此，它的范围，又较之奴隶主贵族的世袭特权，更加扩大了。

文化教育在封建时代，也是一种封建特权，被贵族、官僚士大夫所垄断。就以唐代的"京师学"为例，同样显示出这种特权的等级性特点。

国子监，领六学（生徒皆隶尚书省补），一曰"国子学"，生徒

---

① 《宋史》卷170《职官十》。
② 《明史》卷72《职官一》。

三百人（分习五经，一经六十人。以文武官三品以上及国公子孙、从二品以上之曾孙为之）。二曰"大学"，生徒五百人（每一经百人，以四品、五品及郡县公子孙、及从三品之曾孙为之）。三曰"四门学"，生徒千三百人（分经之制与大学同。其五百人以六品、七品及侯、伯、子、男之子为之。其八百人以庶人之俊造者为之）。四曰"律学"，生徒五十人（取年十八以上，二十五以下，以八品、九品子孙及庶人之司法令者为之）。五曰"书学"，生徒三十人（以习文字者为之）。六曰"算学"，生徒三十人（以习计数者为之）。凡二千二百一十人。①

学校作为入仕的阶梯，由于它的严格等级限制而被大小贵族和官僚的子弟所把持，广大劳动人民的子弟，是连学校的门槛也摸不着的。

在封建时代，住房子也分等级。黄琉璃瓦的房子，只有皇帝才能住。"百官第宅"，依其品级，大小有严格规定。例如在明代，"公侯，前厅七间、两厦，九架。中堂七间，九架。后堂七间，七架。门三间，五架，用金漆及兽面锡环。家庙三间，五架。……一品、二品，厅堂五间，九架，屋脊用瓦兽，梁、栋、斗拱、檐桷青碧绘饰。门三间，五架，绿油，兽面锡环。……六品至九品，厅堂三间，七架，梁、栋饰以土黄。门一间，三架，黑门，铁环"，"庶民庐舍"。洪武二十六年（1393）定制，"不过三间，五架，不许用斗拱，饰彩色"。②

贵族、官僚犯罪，在封建法律上享有减、免及输金赎罪的特权。封建法律是地主阶级意志的集中表现，是官僚政治的护身符。它以法权的形式出现，把全社会的人分成许多等级，规定了不同的权利和义务，以维护封建统治。自《秦律》而后，历代都有"律"和"令"。封建法律的基本特点，是维护封建等级制度。不仅皇帝在法律上是神圣不可侵犯的，王公贵族犯法享有减罪、免罪的特权，而且"刑不上大夫"，就是一般的官僚、缙绅、士大夫犯罪，也享有减、免、赎或用官品抵罪的特权。《汉律》规

---

① 《通典》卷53《礼十三》。
② 《明史》卷68《舆服四》。

定，宗室贵族和六百石以上的官吏犯罪，不得擅自判决，必须报请皇帝，酌情恩免。如果因罪监禁，不入普通牢房，并且免除黥、劓等肉刑，甚至允许以钱赎罪，包括死罪在内。例如汉宣帝时，京兆尹张敞为私仇杀人，宣帝非但不予治罪，还起用他为刺史。魏晋律中，有一种所谓"八议"制度。所谓"八议"，即议亲、议故、议贤、议能、议功、议贵、议勤、议宾。凡属亲、故、贤、能、功、贵、勤、宾八种贵族，犯罪后，享有减罪、免罪特权。宋时，雍州刺史张邵，巧取豪夺，鱼肉乡里，贪赃枉法，依律当死。但是谢述上表却说："邵，先朝旧勋，宜蒙优待"①，结果，仅仅免官了事。又如，南齐巴东王杀死僚佐，戴僧静却为之解脱说："天子儿过误杀人，有何大罪。"② 但是倘若人民犯罪，则"皆案之以法"。梁朝的法律规定，该从坐者，老幼不得免。甚至罪犯一人逃亡，全家都要被捉去做苦工。陈朝首创"官当"之法，即以官品抵罪。这一点，后来的《唐律》又有所发展。"诸犯私罪以官当徒者：五品以上一官当徒二年；九品以上一官当徒一年。若犯公罪者，各加一年当，以官当流者，三流同比徒四年。""其有二官，先以高官当，次以勋官当，行守者各以本品当，仍各解见任；若有余罪，及更犯者，听以历任之官当。其流内官而任流外职犯罪，以流内官当，及赎徒一年者，各解流外任。"

　　总而言之，在封建法律面前，人人是不平等的。这种不平等，反映了贵族、官僚所享有的法定特权，而这种法定特权的本身，又因其社会地位的尊卑而具有鲜明的等级特点。

　　第二，特权的得失盈亏取决于政治上的升沉隆替。中国封建社会历时之长，王朝更迭次数之多，在世界历史上是仅见的。王朝的不断更替，使享有封建特权的社会集团不断变更。"一朝天子一朝臣"，几乎成了历代帝王所遵循的习惯法则。而每一代王朝的特权者又是"一人得道，鸡犬升天"，从而赋予封建特权必须受政治权力严格制约的特点。

　　众所周知，历代开国皇帝大都是凭借暴力上台的。他们一旦登上皇帝的宝座，便确立了自己至尊至上的特权地位。这种其大无比的特权即皇权

---

① 《资治通鉴》卷122。
② 《南齐书》卷30《戴僧静传》。

地位确立之后，他的宗族、亲友，或者凭借血缘关系，或者依恃裙带的拉扯，一跃而为贵族。那些曾与皇帝风雨同舟者，包括他的侍卫、幕僚，等等，也"仆以主贵"而扶摇直上，变成特权者。

西汉初年，那些跟随刘邦打天下的功臣，都"论功而定封"。后来，由于异姓王拥兵据地，刘邦感到不妙，逐一蕆除之。然而，"惩亡秦孤立之败"，"激秦之无尺土封，故大封同姓"[①]。同姓封王者九国，功臣封侯者百四十余人。这种皇子封国，功臣、王子、公主、外戚、宦者等封侯的食封制度的推行，使贵族集团成为一个享有特权的阶层。食封制以两汉为极盛时代，自此而后，历代诸子、功臣享有食封特权者，所在多有，始终没有绝迹。

司马炎篡魏，建立了西晋，将原有的曹魏特权集团打下去，司马炎通过大封宗室二十七人为王，又置公、侯、伯、子、男五等爵次，总计封国五百余个，组成了司马氏特权集团。南朝时期，自刘裕学着司马炎篡魏的样子代晋而为宋以后，接着萧道成代宋而为齐，萧衍代齐而为梁，陈霸先代梁而为陈，犹如过眼烟云，变化极快，以致一批又一批特权者随着各自所依托的政权的垮台而从特权的宝座上跌落下来。在这里，政治权力对特权的决定关系是明显的。

随着历代封建王朝的兴起而出现的新贵集团，也随着历代封建王朝的衰败而沦落。"旧时王谢堂前燕，飞入寻常百姓家。"上一代封建王朝的特权集团，在失去了政权的依托之后，多半惶惶然如丧家之犬，全部丧失了他们所占有的特权，下一代封建王朝创立伊始，一批新贵集团应运而生，取代了他们的特权地位，攫获了他们所占有的封建特权。尽管特权集团不断在更替，但是，封建特权作为压迫和剥削农民阶级的桎梏的本质，却始终不变。就像一把交椅，坐在交椅上的主人一换再换，但交椅的本身并无任何殊异。惟其如此，历代的野心家曾经为之攘夺不休。封建特权实质上成了孳生野心家的温床。

第三，寄生性与残暴性。毛泽东同志在概括中国封建社会的经济制度和政治制度的特点时，曾经指出："封建的统治阶级——地主、贵族和皇

[①] 《史记》卷52《齐悼惠王世家》。

帝，拥有最大部分的土地，而农民则很少土地，或者完全没有土地。农民用自己的工具去耕种地主、贵族和皇室的土地，并将收获物的四成、五成、六成、七成甚至八成以上，奉献给地主、贵族和皇室享用。这种农民，实际上还是农奴。"又说："不但地主、贵族和皇室依靠剥削农民的地租过活，而且地主阶级的国家又强迫农民缴纳贡税，并强迫农民从事无偿的劳役，去养活一大群的国家官吏和主要地是为了镇压农民之用的军队。""地主对农民有随意打骂甚至处死之权"。① 封建特权是封建经济制度和政治制度的集中表现。毛泽东同志的精辟分析，揭示了封建特权的寄生性和残暴性的本质。就以明代的情况为例：

明太祖朱元璋，于洪武九年（1377），"定诸王公主岁供之数：亲王、米五万石，钞二万五千贯，锦四十匹，纻丝三百匹，纱、罗各百匹，绢五百匹，冬夏布各千匹，绵二千两，盐二百引，茶千斤，皆岁支。马料草，月支五十匹。其缎匹，岁给匠料，付王府自造。……"② 这是皇帝的一个儿子——"亲王"，一年所享用的财物数字！至于皇帝本人，就更不用说了。明英宗初年，"凡上用膳食器皿三十万七千有奇"③。真是骇人听闻！

以上我们从史籍中随手拣到的事例，就足以说明封建时代皇帝、王公贵族所攫获的封建特权的寄生性本质。至于官僚集团，像唐代的郭子仪等，一顿饭就费上十万贯，不同样表明他们的寄生性特点吗？历代的封建特权集团，不管他是皇帝、王公贵族，还是官僚、缙绅、士大夫，无一不是寄生虫。他们是社会上最大的消费集团，完全仰给于劳动人民的剩余劳动乃至必要劳动。就像蚂蟥一样，靠附着在劳动人民的机体上，吮吸劳动人民的鲜血来养肥自己寄生的躯体。

寄生性特点，决定了封建特权的残暴性。就拿贵族、官僚"畜役奴婢"的特权来说吧！畜役奴婢，这是奴隶制的尾巴，一直拖得很长，与封建社会相始终。奴婢被视为"贱人"的最下层，在封建法律中，他不具有独立的人格。唐律宣布他们"律皆畜产"，"奴婢视同财、货，即令由主

---

① 《毛泽东选集》（四卷合订横排本），第587页。
② 《明史》卷82《食货六》。
③ 同上。

处分"。在元代，一个青年男奴的市场价格，与一头毛驴差不多。《元史》卷200《赵寡妇传》载："以次子鬻富家，得钱百缗。"然而，奴婢的地位在元代的法律中，却远不及牲畜。据陶宗仪《辍耕录》卷17所载："刑律私宰牛马杖一百。"而《元典章》42《刑部四·杀奴婢娼佃》所载的案例中，杀死一个奴婢，只杖二十七下，或七十七下。奴婢的社会地位不如牛马。历代贵族、官僚畜奴的数量不等，多者如元代的阿里海牙、忽都帖木儿等，有三万二千余人[①]；少者如明代的"承事郎"一个小小的七品官，"家有僮奴千指"[②]。封建特权集团不仅不事生产，一切靠敲剥农民群众来维持；而且他们的衣食住行，一应生活上的琐事，包括拉屎撒尿，都要奴婢来侍奉。稍不如意，轻则一顿棒打，重则丢掉性命。这是何等地残暴、何等地野蛮啊！

这里讲的是法定特权。至于法外特权，则带有更凶残的特点。例如，明代的官僚、缙绅、士大夫的法外特权就极多。像把持官府、包揽诉讼、夤缘纳贿、武断乡曲、占人田庐、抢人妻女、杀人越货、役使乡人、上下相护、大开后门，等等。虽然封建法律并不允许，但是他们干了，却照例不受法律制裁。《明史》卷148《杨士奇传》载："士奇既耄，子稷傲很，尝侵暴杀人。言官交章劾稷。朝议不即加法，封其状示士奇。"《明史》卷190《梁储传》又载："储子次摅为锦衣百户。居家与富人杨端争民田，端杀田主，次摅遂灭端家二百余人。事发，武宗以储故，仅发边卫立功，后还职，累冒功至广东都指挥佥事。"诸如此类，都暴露了封建特权，特别是法外特权的残暴性特点。

第四，无孔不入和腐朽性。马克思指出：在封建时代，"权力、自由和社会存在的每一种形式都表现为一种特权，一种脱离常规的例外"[③]。这就是封建特权无孔不入的特点。它像蜘蛛网一样，笼罩着社会生活的每一个角落，不仅主宰着社会政治、经济、文化、教育、司法等各个领域，而且人们日常生活的每一个方面，都要受封建特权的严格制约。

---

① 《元史》卷11《世祖本纪八》。
② 吴宽：《匏翁家藏集》卷74《承事郎王应祥墓表》。
③ 《马克思恩格斯全集》第1卷，第381页。

就拿礼仪来说吧！董仲舒鼓吹"天人之际，合而为一"①，"王者参天地"②，"受天命而王天下"③，因此，"号称天子"。所谓"天子"，《周易乾凿度》孔子曰："父天母地，以养万民，至尊之号也。"在所谓"陛下上为皇天子，下为黎庶父母"④的鼓噪声中，皇权被说成是天授的。皇权的至尊至上，遂成千古不变的定制。在不可一世的皇帝面前，明清两代，大臣奏事，必须跪着。清朝的大官僚上朝，都穿着特制的护膝，满官更自称"奴才"。至于老百姓，若碰上皇帝出巡，回避不及，须跪伏道侧，连头也不准抬。南齐时永嘉太守王瞻，因"诣阙跪拜不如仪"，被认为有损于皇帝的至尊至上，居然"送付廷尉杀之"⑤。就是官僚居乡，也享受优礼的特权。例如朱元璋在洪武十二年（1379）颁布的诏令规定：致仕官居乡里，"惟于宗族序尊卑如家人礼"，"若筵席则设别席，不许坐于无官者之下。如与同致仕者会则序爵，爵同序齿。其与异姓官者相见，不必答礼。庶民则从官礼谒见，敢有凌侮者，论如律，著为令"⑥。

其次，从服饰上看。在封建时代，皇帝的衣食住行，国人不得模拟。皇帝尚黄色，穿龙袍，戴平天冠，皇后的服装绣凤，他人如有模仿，就是"僭用"，就是"大逆不道"，非杀即绞。"唐高祖以赭黄袍、巾带为常服……既而天子袍衫，稍用赤、黄，遂禁臣民服。"⑦明代的服色、用料、装饰，等等，都有严格的等级划分，不得逾越。就以服色而论：皇帝用玄黄⑧，"一品至四品，绯袍；五品至七品，青袍；八品九品，绿袍；未入流杂职官，袍、笏、带与八品以下同"⑨。至于老百姓，就只能穿白色的衣服了。洪武三年（1370）规定，"庶人冠服"，"不许用黄（色）"，"男女衣服，不得僭用金绣、锦绮、纻丝、绫罗，止许紬、绢、素纱，其鞾不得裁

---

① 董仲舒：《春秋繁露》卷10《深察名号》。
② 《春秋繁露》卷17《如天之为》。
③ 《春秋繁露》卷15《郊祭》。
④ 《汉书》卷72《鲍宣传》。
⑤ 《南齐书》卷27《王玄载传》。
⑥ 《明太祖实录》卷126。
⑦ 《新唐书》卷24《车服志》。
⑧ 《明史》卷66《舆服二》。
⑨ 《明史》卷67《舆服三》。

制花样、金线装饰。首饰、钗、镯不许用金玉、珠翠，止用银"。洪武六年（1373）又规定，"庶人帽，不得用顶"。①

所有这些，都表明封建特权无孔不入的贪婪特点。与这种贪婪特点相联系，就是封建特权的腐朽性。历代的封建特权集团，在生活上，都是寡廉鲜耻，荒淫无度。流行的说法，皇帝有三宫六院七十二妃。其实不一。官僚可以纳妾，多者像汉代的张苍，"妻妾以百数"。少的有三五个，十几个。然而，数量上的差别，并不改变问题的实质。

二 封建特权的社会基础

封建特权之所以是中国封建社会长期存在的一种历史现象，其原因在于存在着产生封建特权的广泛的社会基础。

封建土地所有制，是产生封建特权的物质基础。马克思说："在这里不能不指出这样一个经验事实，就是这些特权都以私有财产的形式表现出来。这种吻合的一般基础是什么呢？就是：私有财产是特权即例外权的类存在。"② 封建社会的私有财产，通过封建土地所有制表现出来。封建土地所有制是封建生产关系的基础。还是马克思说得好："在封建的土地占有制中至少主人显得象土地占有制底君主。同样在占有者和土地之间还存在着一个比单单物件的财富底关系更内部的关系。地片和它的主人一起个人化着，它有着主人的阶位，和主人一起是男爵的或伯爵的，它有着它的诸特权，他的审判权、他的政治关系等等。"③ 在中国封建社会，人们对土地的占有是分等级的。请看下列事实：

在秦代，推行二十等爵制，"赏爵一级，益田一顷"，确立了按军功分等的占田制度。

西晋时代，公开推行官吏按品级占田、占客及荫亲属的制度。据记载："其官品第一至于第九，各以贵贱占田。品第一者，占田五十顷。（每

---

① 《明史》卷67《舆服三》。
② 《马克思恩格斯全集》第1卷，第381页。
③ 马克思：《经济学—哲学手稿》，第46页。

品减五顷以为差）……第九品十顷。而又各以品之高卑，荫其亲属，多者及九族，少者三世。宗室、国宾、先贤之后，及士人子孙亦如之。而又得荫人，以为衣食客及佃客（量给官品以为差降）。"①

刘宋政权因循晋制，又确立了官僚、地主占山封水的制度，"凡是山泽先恒爊爈，养种竹木杂果为林芿，及陂湖江海鱼梁鳅鳖场，恒加工修作者，听不追夺。官品第一第二听占山三顷；第三第四品二顷五十亩；第五第六品二顷；第七第八品一顷五十亩；第九品及百姓一顷；皆依定格，条上赀薄。若先已占山，不得更占；先占阙少，依限占足"②。

元朝统治者对蒙古贵族、寺院僧侣、官僚实行赐田制度，据记载："天下官田……累朝以是田分赐诸王、公主、驸马，及百官、宦者、寺观之属……其受田之家，各任土著奸吏为庄官，催甲斗级，巧名多取；又且驱迫邮传，征求饩廪，折辱州县，闭偿逋负，至仓之日，变鬻以归。官司交忿，农民窘窜。"③有元一代，以江南田赐臣下见诸史籍的，少则几十顷，多至数千顷不等。到了明代，贵族、官僚的占田数量，发展到登峰造极的地步。据《明史》卷77《食货志一》的统计，"弘治十五年，天下土田止四百二十二万八千五十八顷，官田视民田得七之一"。而"福王分封，括河南、山东、湖广田为王庄，至四万顷。群臣力争，乃减其半"。清朝统治者则采取对侵犯贵族官僚地主阶级财产权进行严厉制裁的政策，来保护官僚地主土地的占有。在清初，更特别强调保护满洲贵族圈占来的土地，严禁汉人典买满人的田产。

土地占有的等级结构，使土地和它的主人一起人格化。主人的权力和土地占有制成了孪生兄弟。主人的政治等级与占有土地的等级是统一的。因此，封建土地所有制成为封建特权得以存在的物质基础。

毛泽东同志说："在农民群众方面，几千年来都是个体经济，一家一户就是一个生产单位，这种分散的个体生产，就是封建统治的经济基础。"④个体经济，不需要在耕作时进行任何分工，不需要较多的交换，差

---

① 《晋书》卷26《食货志》。
② 《南史》卷36《羊玄保传》。
③ 《元史》卷75《张珪传》。
④ 《毛泽东选集》（四卷合订横排本），第885页。

不多都是自给自足，都是直接生产自己的大部分消费品，因而他们取得生活资料多半是与自然交换，而不是靠与社会交往。马克思曾经形象地把封建社会的农民比喻作"一袋马铃薯"，主要是从个体经济没有分工，没有商品生产，比较分散等几个方面来说的。个体经济使广大农民群众的生活方式、利益和教育程度都差不多，他们之间，只存在地域联系，而没有形成任何一种政治组织。所以，马克思说："他们不能代表自己，一定要别人来代表他们。他们的代表一定要同时是他们的主宰，是高高站在他们上面的权威，是不受限制的政府权力。"① 我国封建社会源远流长，个体经济犹如汪洋大海，"农民世代相传，习于顺从"②，客观上为封建家长制的统治提供了方便条件。列宁在分析专制制度时曾经指出："'专制制度仅仅代表各统治阶级的利益'。这是不确切的。或者说是不正确的。专制制度满足于各统治阶级一定的利益，部分地依靠农民群众和全体小生产者的得过且过的习惯，部分地依靠各种对立利益之间的平衡。"③ 因此，尽管农民群众历经千辛万苦和多年压迫的锻炼，自发地要求土地，要求革新、巩固、加强和扩大他们的个体经济，但是这种个体分散经营的小农业，"按其本性说来，是全能的和无数的官僚立足的基地"④。生产力对历史的进程的规定性是不以人们的主观意志为转移的。在生产力发展水平极低下的个体经济时代，以等级制为核心的封建专制主义必然成为它的政治形式，人民群众缺乏文化生活，缺少民主传统，互不联系，在客观上也就为封建特权的产生提供了一种适宜的土壤。

孔孟之道是封建特权得以巩固的思想基础。历史表明，掌握物质生产手段的阶级，必然要掌握精神生产手段。一则利用精神生产手段使其对物质生产手段的占有合法化，二则用以团结或调节同一支配阶级内部的分离力量。因此，任何一个阶级登上政治舞台之后，无一例外地都要控制精神生产手段。

秦始皇统一宇内，采纳李斯的建议，"焚书坑儒"，无疑是企图控制精

---

① 《马克思恩格斯选集》第1卷，第693页。
② 《马克思恩格斯全集》第7卷，第398页。
③ 《列宁全集》第6卷，第140页。
④ 《马克思恩格斯选集》第1卷，第697页。

神生产手段的一种努力。后来，汉武帝接受董仲舒的建议，罢黜百家，独尊儒术。董仲舒作《春秋繁露》，侈谈"官制象天"，鼓吹天命观，为等级森严的官僚政治大造舆论。他提出所谓"天以四时之选与十二节相和而成岁，王以四位之选与十二臣相砥砺而致极"[①]的玄虚说教，认为天有春、夏、秋、冬之"异气"，王者则"副天之所行以为政"，于是"庆赏罚刑"一类政治措施应运而生，这叫做"王者配天"[②]，最大的封建特权——皇权，被披上一层神秘的面纱。皇帝被尊为"天子"，皇帝上台统治人民被说成"奉天承运"，"天意所予也"[③]。而服从皇帝的统治，叫做"顺应天意"。因此，除了这个抓不住看不见的"上天"之外，谁也不能限制皇帝的权力，于是在董仲舒之流的鼓噪声中，君权被说成是"神授"的，皇帝是"天人交感"的特使，非凡人，而是"神"。这种君权的神化，实际上导致与神权相结合，使封建皇权披上了一层灵光缭绕的神圣外衣，具有极大的欺骗性。这是问题的一个方面。另一方面，董仲舒又说"民者，瞑也"[④]。所谓"瞑"，即是"冥冥无知"的意思。于是，孔子的"民可使由之，不可使知之"，被他们当作维护其特权地位的最好教条加以渲染。用所谓"生死有命，富贵在天"的宿命论来麻痹人民群众，褫夺了农民群众独立思考的权利，把农民群众的思想和行动严格地拘囚在他们所设置的思想樊笼中，只准农民阶级安分守己、逆来顺受，听任封建特权的宰割与凌辱，不准农民群众进行反抗。否则就是"犯上作乱"，"大逆不道"，违抗天命。

董仲舒还编造一套封建伦理纲常，把"君为臣纲，父为子纲，夫为妻纲"渲染成天定的秩序，自天子以至小民，概莫能外。"立尊卑之制，以等贵贱之差"[⑤]，"故贵贱有等，衣服有别，朝廷有位，乡党有序，则民有所让而民不敢争"[⑥]。从而把政治关系家族化，把家族关系政治化，倡导

---

① 《春秋繁露》卷7《官制象天》。
② 《春秋繁露》卷13《四时之副》。
③ 《春秋繁露》卷10《深察名号》。
④ 同上。
⑤ 《春秋繁露》卷6《保位权》。
⑥ 《春秋繁露》卷8《度制》。

"忠君"思想的绝对合理性。所谓"天下之本在国,国之本在家,家之本在身",所谓"身修而家齐,家齐而国治,国治而天下平"的说教,几千年来成为地主阶级士大夫的座右铭,最露骨不过地把家族与国家融为一体,把家族关系完全当作政治关系来处理。讲父权、夫权,就是为了君权。所谓"人受命于天,固超然异于群生,入有父子兄弟之亲,出有君臣上下之谊"①,在家孝顺父母,出外则忠诚君主,把防止"犯上作乱"的责任,通过家庭与宗族的关系来管制。由于封建社会一家一户是最基本的生产单位,家长拥有绝对的支配权力。在政治上他是家庭的代表,在经济上,他是家庭的主宰,不仅家内秩序靠家长来维持,而且社会义务也归家长承担。全体家庭成员,必须绝对服从家长的意志,而使家内毫无民主、平等可言。因此,封建家长实际是家庭中的特权者。在所谓"国之本在家"的封建时代,皇权与父权相互为用,家长的权力也就是皇帝权力的缩影。结果,这种建立在伦理纲常观念基础上的封建家长制,便成为孕育封建特权的温床。

三 封建特权与统治集团内部矛盾和阶级斗争的关系

封建时代,各个特权集团所掠获的特权的大小,标志着统治集团内部对财产和权力再分配的结果。这种再分配是按等级进行的。因此,在各等级之间,围绕这种再分配出现了错综复杂的矛盾,形成了统治集团内部的矛盾与斗争。这种矛盾与斗争的形式是多种多样的,就以最大的封建特权——皇权为例,它像一块肥肉,曾经使统治集团内部那些贪得无厌的集团垂涎三尺,并为之攮夺不休;它又像一块强有力磁铁,吸引着无数野心家为之角逐。中国历史上所出现的篡位、弑君、宫廷政变之类,大都是以争夺皇权为对象的。西汉初的诸吕叛乱,后来的王莽代汉、杨广杀父、赵匡胤陈桥驿兵变、赵匡义搞烛影斧声、燕王朱棣起兵赶跑建文帝,等等,形式上,是统治集团内部争当帝王的斗争,实质上,却是围绕最大的封建特权所展开的权力角逐。

---

① 《汉书》卷56《董仲舒传》。

封建特权，集中体现了封建统治阶级的贪欲和意志。历代的封建特权集团，总是希望从农民群众身上榨取尽可能多的贡物，总是希望尽可能地扩大他们的特权范围。但是，事实上特权集团的贪欲总要碰到一定的界限，这个界限是由一定的社会生产发展水平和农民群众的反抗斗争所决定的。如果过分超越了这个界限，那就会使得一定的特权集团趋于崩溃而为新的特权集团所取代。一般说来，法定特权不过分超越这个界限，而法外特权则大大超越这个界限，因此，法外特权带有更大的野蛮性。马克思说："在封建制度下也是这样……当权者不满足于法定权利而又呼吁自己的习惯权利时，则他们所要求的不是法的人类内容，而是法的动物形式，这种形式现在已丧失其现实性，并已变成纯粹野蛮的假面具。"①

马克思所说的"习惯权利"，就是法外特权。法外特权与法定特权是封建统治阶级敲剥农民的两种不同形式。法定特权，是封建地主阶级国家用立法的形式所规定的特权，它是从属于地主阶级整体的和长远的利益的。而法外特权，则体现了封建统治集团内部那部分贪婪的掠夺者的眼前利益，它是在封建法律之外的特权。法定特权和法外特权的矛盾，贯穿于整个封建社会的始终，影响到封建社会的政治斗争和思想斗争。历代所谓明君贤相，所谓清官、循吏一类人物，他们的高明之处就在于，多少察觉到法外特权搞得多了，容易危及社稷，因此，对于那些突破法定特权的界限，千方百计地扩大特权范围的某些集团或个人的不法活动，总是试图加以限制，力求把特权规定在不致引起农民武装反抗的限度以内。于是，在历史上出现了一些明君贤相、清官循吏打击权贵、"压抑豪强"的现象，例如西汉时代的郅都"行法不避贵戚，列侯宗室，见都侧目而视"②。北宋的包拯"立朝刚严，闻者皆惮之……贵戚宦官，为之敛手"③。元代的潭澄为交城令时，"豪民有持吏短长为奸者，察得其主名，皆以法治之"④。周自强"听讼决狱，物无遁情，黠吏欲以片言欺惑之不可得"⑤。

---

① 《马克思恩格斯全集》第1卷，第143页。
② 《史记》卷122《酷吏列传》。
③ 朱熹：《五朝名臣言行录》。
④ 《元史》卷191《良吏一》。
⑤ 《元史》卷192《良吏二》。

明太祖朱元璋三令五申："富者不得兼并，若兼并之徒多占旧以为己业，而转令贫民佃种者，罪之"①；"敢有持强暴以侵渔小民者，必置于法，朕不轻贷"②。著名的海瑞"素疾大户兼并，力摧豪强，抚穷弱。贫民田入于富室者，率夺还之"③，等等。

历史上的一些明君贤相、清官循吏打击豪强权贵维护法定特权的根本动机，是为了维护封建国家的根本利益，是为了使他们既得的法定特权保得牢固、维持得长久。在这种斗争中，局部地区的农民群众，或许可以暂时摆脱豪强权贵的非法剥夺而免于家破人亡，回到相对稳定的忍受法定特权敲剥的地位。马克思曾正确地指出："如果认为在立法者偏私的情况下可以有公正的法官，那简直是愚蠢而不切实际的幻想！既然法律是自私自利的，那么大公无私的判决还能有什么意义呢？法官只能够丝毫不苟地表达法律的自私自利，只能够无条件地执行它。在这种情况下，公正是判决的形式，但不是它的内容。内容早被法律所规定。"④ 因此，如果认为明君贤相、清官循吏打击权贵，是什么"为小民谋利"，"反映了贫苦农民和城市平民的愿望、要求和利益"，那就根本忘记了马克思主义的阶级分析方法，从而模糊了他们是封建法定特权卫道士的本来面目。

法定特权与法外特权相比较而存在，相斗争而发展。法定特权与法外特权的矛盾，往往会导致集团之间的公开对抗，这是中国封建社会统治阶级内部矛盾的第三种形式。东汉时的党锢，明代的东林党，都是如此。尽管他们的背景不尽相同，但斗争的内容却有某些相似。一般说来，在野的一方，总是以维护法定特权的面目出现，打着反对法外特权的旗号攻击对方。然而，斗争的结局，差不多都是以在野的一方失败而告结束。法定特权不断扩大，社会危机接踵而至。

在封建时代，封建特权是导致阶级矛盾激化的一个根本原因。历代的农民战争，都是在封建特权不断扩大、法外特权愈演愈烈的情况下爆发的。封建特权与农民的利益是根本对立的。封建特权范围的扩大，意味着

---

① 《明太祖实录》卷62。
② 《明太祖实录》卷154。
③ 《明史》卷226《海瑞传》。
④ 《马克思恩格斯全集》第1卷，第178页。

农民群众生活出路的缩小。因此，农民群众是封建特权的坚决反对者。历代农民群众为了改善他们毫无保障的社会地位，求得一线生路，总是采用武器的批判，来进行反对封建特权的斗争。列宁说："什么是阶级斗争？这就是一部分人反对另一部分人的斗争，无权的、被压迫的劳动群众反对特权的压迫者和寄生虫的斗争……"①

陈胜、吴广领导的秦末农民大起义，以"诛暴秦"为宗旨，揭开了我国历史上农民阶级反对封建特权斗争的第一幕。在其后两千多年的历史上，这种斗争此起彼伏，连绵不断。他们曾经以平等思想相号召，向封建特权进行了一次又一次挑战。例如，南宋初年，爆发于洞庭湖地区的钟相、杨太起义，针对封建特权的等级特点，提出了"法分贵贱贫富，非善法也，我行法，当等贵贱，均贫富"②的战斗纲领，揭露了封建特权的罪恶，概括了当时农民阶级的基本主张和要求。他们"焚官府、城市、寺观、神庙及豪右之家，杀官吏、儒生、僧道、巫医、卜祝及有仇隙之人，谓贼兵为爷儿，谓国典为邪法，谓杀人为行法，谓劫财为均平"③。在起义军内部，"入法皆为兄弟"。他们以夺取土地的大胆尝试，试图铲除封建特权赖以存在的基础，"多是占据民（指地主）田，或虽不占据，而令田主出租纳课"④。杨太还"复夺祠寺之田，授贫者耕之"，在农民军占领区，"无税赋差科，无官司法令"⑤，对封建特权进行了一次有力的批判。

又如，明代中期，法定特权与法外特权的矛盾，以明武宗与宦官刘瑾的矛盾，以及阉宦内部刘瑾与张永的矛盾等形式出现。这些矛盾加深了社会危机，"两河南北、楚、蜀盗遂起"⑥。其中，尤以刘六、杨虎起义规模最大，他们对封建特权，尤其是对一些权奸搞的法外特权恨之入骨。在本文第一节里，我们曾交代了明代的住房，都有严格的等级限制。但是一些大官僚却利用职权，大兴土木、营建私宅，大搞法外特权，吏部尚书焦

---

① 《列宁选集》第1卷，第443页。
② 李心传：《建炎以来系年要录》卷31，建炎四年二月甲午条。
③ 徐梦莘：《三朝北盟会编》卷137。
④ 《宋会要辑稿》刑法3之47。
⑤ 李纲：《梁溪先生文集》卷73《乞发水军吴全等付本司招捉杨么奏状》。
⑥ 《明史纪事本末》卷45《平河北盗》。

芳，就是最突出的一个。焦芳是以权术起家的，此人"粗陋无学识，性阴狠，动辄议讪，人咸畏避之"。焦芳勾结宦官刘瑾"言必称千岁，自称曰门下。裁阅章奏，一阿瑾意"。焦芳的儿子焦黄中，"亦傲很不学，廷试必欲得第一。李东阳，王鏊为置二甲首，芳不悦。言于瑾，径授翰林检讨，俄进偏修"。后来焦芳父子失宠于刘瑾，被逐回河南泌阳老家。他们父子大搞法外特权，"焦芳家居，治第宏丽，劳被数省，积财如山"①。刘六、杨虎起义军中的将领赵鐩率领一支起义军打到河南泌阳后，一把大火，将焦芳搞的法外特权的象征——宏丽的居第，化为灰烬。并且"发窖多得其藏金，乃尽掘其先人冢墓，杂烧以牛马骨"，表示对焦芳父子大搞封建特权的愤恨。焦芳父子狼狈遁走，起义军没有捉到。于是赵鐩"取芳衣冠被庭树，拔剑斫其首，使群盗縻之，曰：'吾为天子诛此贼'"。后来起义失败，赵鐩被捕，临刑前还说："吾不能手刃焦芳父子以谢天下，死有余恨。"② 可见农民起义军不仅是反对法定特权，而且是反对法外特权的主力军。列宁指出："全部世界史、被压迫阶级反抗压迫者的一切起义的经验告诉我们，剥削者必然要进行拼命的和长期的反抗来保持他们的特权。"③ 赵鐩等人被处死以后，赵鐩等六人竟被剥皮，制为鞍镫，明武宗时常骑乘④，封建特权者的手段是何等地凶残歹毒啊！

由于农民不是新的生产力的代表，他们创造不出新的生产方式来代替封建的生产方式，政治上他们也不可能使广大农民成为统治阶级，创立新制度，因此历代农民运动，最后仍不免归于失败。但是，他们用武器的批判向一个又一个封建特权集团进行宣战，用血与火一次又一次扫除了桎梏生产力发展的封建特权，开辟了历史前进的道路。

中国是一个有两千年封建传统的国家，小生产的习惯势力、封建家长制的影响长期存在；中国又是一个资本主义发展不充分的国家，资产阶级先天不足。因此，批判封建特权的任务责无旁贷地落到工人阶级的肩上。封建特权是束缚生产力发展的枷锁，只有彻底批判封建特权，清除特权思

---

① 王鏊：《震泽纪闻》下。
② 《明史》卷306《阉党传》。
③ 《列宁选集》第3卷，第743页。
④ 《明武宗实录》卷92。

想,才能大大发展生产力,促进四个现代化的胜利实现。封建特权又是生产力低下时代的产物,只有生产力高度发展了,消除了封建特权再生的经济基础,才能消灭封建特权。这就是历史的结论。

(原载《中国史研究》1979 年第 4 期)

论中国封建主义的主要特征及其顽固性

中国封建社会，经历 2100 多年的漫长岁月，处于缓慢发展的过程之中。其以长期性、停滞性为表象的顽固性，对中国近代社会产生了惊人的影响。本文试就中国封建主义的主要特征及其顽固性作一分析，谬误之处，请方家先进匡正。

一

在每一个具体的社会形态里，某一种生产关系占据主要地位，它规定着这个社会的经济基础的一般的主要特征，也规定着这个社会的上层建筑和整个社会意识形态的主要特征。在中国封建社会里，地主占有最大部分土地，农民则很少土地，或者完全没有土地。在地主土地所有制下形成的一家一户的小生产，就成为我国封建社会占主导地位的生产方式。这样的生产方式赋予地主制经济结构以顽强的再生能力，而使地主制经济成为封建主义的经济基础，并且产生了与它相适应的以地主阶级的中央集权的独裁专制和地主阶级的意识形态为主要内容的封建主义的上层建筑。其主要特征如下：

第一，君主专制，或曰专制主义。自从秦始皇统一六国之后，我国就形成了统一的封建国家。秦始皇上台伊始，在政治上进行了大刀阔斧的改革，摒古人之遗法，创后世之治术，确立了专制主义中央集权制的统治。为了显示他不同于战国时代各封建国王的特殊地位，首先改变了国家首脑的称号，以"始皇帝"自诩，言必称"朕"。从此，皇帝的称号为历代君王所沿用。"朕"即国家，也就成为象征君主至高无上权力的专用术语。与此同时，他还宣布，"天下之事无小大皆决于上"，"命为制，令为诏"①，皇帝的旨意就是法律，广大庶民"若欲有学法令，（必须）以吏为师"。从此，全国一个人说了算，便成为专制主义的传统，在其后的两千多年中，一直延续下来。秦始皇还下令"夷三族"，"具五刑"，制定秦律。倘若皇帝的诏令与秦律的规定发生矛盾，则以诏令为准。诏令具有全国性的最高法律效力。这不仅表现了皇权的至高无上，而且也因为随时颁布的诏令，都是针对具体变化着的阶级斗争形势的，因而更便利于维护地主阶级对农民的统治。这种以皇帝的诏令为国家最基本法权渊源的做法，自此以后，为历代封建王朝所师承。专制主义中央集权制的统治，说到底就是"一人独裁的政权"②。皇帝拥有不受任何限制的无上权力，而人民，却只能俯首帖耳，唯命是从。否则，就是"大逆不道"。在君主专制情况下，江山成了皇帝私人的产业，他有权赏赐给任何人以爵位、官职、财产和各种特权，可以用"莫须有"的罪名，给任何人判罪，甚至处死。总之，皇帝的喜怒哀乐，决定着国人的身家性命。

政治上的专制主义，必然伴随着文化专制主义。文化专制主义是掌握生产手段的封建统治阶级控制精神生产手段的一种法宝。

秦始皇统一宇内，采纳李斯的建议，在控制精神生产手段上作过一番努力。李斯认为，从前诸侯并争，厚招游学，由是一般读书人"皆道古以害今，饰虚言以乱实，人善其所私学，以非上之所建立。今皇帝并有天下，别黑白而定一尊。私学相与而非法教，人闻令下则各以其所学议之，入则心非，出则巷议，夸主以为名，异取以为高，率群下以造谤。如此弗禁，则主势降乎上，党与成乎下。禁之便，臣请史官非秦纪皆烧之。非博士官所职，天下敢有藏诗书百家语者，悉诣守尉杂烧之，有敢偶语诗书者弃市；以古非今者，族。吏见知不举者，与同罪。……若欲有学法令，以吏为师"③。这就是历史上有名的"焚书坑儒"的来历。秦始皇从维护中央集权的统治出发，禁造谤、禁巷议，只许"诗书百家语"藏之于博士官衙，只许学者"以吏为师"，这可以说是文化专制主义的开始。到了汉代，

---

① 《史记》卷6《秦始皇本纪》。
② 《列宁选集》第4卷，第49页。
③ 《史记》卷6《秦始皇本纪》。

董仲舒倡导所谓"今师异道,人异论,百家殊方,指意不同,是以上无以持一统。法制数变,下不知所守。臣愚以为诸不在六艺之科、孔子之术者,皆绝其道,勿使并进"①。从此,儒家思想被"定于一尊"。儒学经过董仲舒的改造与阐发,遂为历代君王所采用,成为专制主义中央集权统治的得力的思想工具,在中国历史上被确立下来。宋元以后,学校读书,先生教学,只限"四书"、"语录"之类,"其为太守、为监司,必须建立书院,立诸贤之祠,或刊注四书,衍辑语录,然后号为贤者,则可钓声名致腆仕。而士子场屋之文,必须引用以为文,则可以擢巍科为名士"②。谁要不按这套规矩办,谁就要被扣上"离经叛道"的罪名而横遭打击。这种骇人听闻的文化专制主义,到明清两代愈演愈烈。明清两代的科举制畸形发展,堕入了死胡同。明太祖朱元璋采纳刘基的建议,科举试题,只许出四书五经,答卷必须以程朱理学对经义的解释为准,明宪宗朱见深甚至创设"八股"格式,从此,八股文泛滥,达几百年之久,严重地束缚了人们的思想。史称:"万历以来,士大夫大抵讲心学,刻语录,即尽一生之能事。"③清人王侃说:"秦烧诗书,以愚黔首,今尚八股,亦将愚黔首乎!"更有甚者,他们还大兴文字狱,凡文字略有忌讳嫌疑,便以触犯皇帝罪,格杀勿论。文化专制的暴行,骇人听闻。雍正初年,浙江宁海人查嗣庭主考江西,所出试题,有"维民所止",告评者竟说"维止二字,系取雍正二字而去其首"。雍正帝"龙颜大怒",斥查嗣庭"所出题目,显露心怀怨望,讥刺时事之意",遂下令将查嗣庭砍头,查嗣庭在狱中病故,仍戮尸示众,子坐死,家属并放流,简直是株连九族!④类似的例子,在清代不胜枚举。不仅如此,清朝康熙、雍正、乾隆三代,还大量删削、窜改、销毁文化典籍,单在乾隆三十九年到四十七年的八年中间,毁书令就下达过24次,共毁图书多达13862部。这可以说是文化专制主义发展到了登峰造极的地步。这种极端的文化专制主义,既严重地束缚了人们的思想,又使人们不敢接触现实,乾嘉考据学就是在这样的历史条件下出现的。结

---

① 《汉书》卷56《董仲舒传》。
② 《癸辛杂识》续集下《道学》。
③ 《四库全书总目提要》。
④ 《清鉴纲目》卷3。

果是使人们思想僵化，窒息了生机。

在政治上、文化上实行专制主义的同时，历代封建统治者无不提倡忠君思想。这是专制主义在意识形态领域里的一个重要表现。自从董仲舒鼓吹天命观起，君权、神权便集于皇帝一身，于是皇帝的绝对权威就进一步被确定了，并且神化了。此后，所谓"君要臣亡，不得不亡"，所谓"君要臣死，不死不忠"，便成为历代君臣关系的一个准则。君臣之间的关系，变成了"主子"与"奴才"的关系。下级对上级，只能"上天言好事"，报喜不报忧。臣僚对皇帝的称颂总是"天资英纵"云云。于是阿谀奉承、溜须拍马之风盛行。任何官吏，都不敢明言帝王有任何错误。历史上有一些刚正不阿、敢于直谏的有才干的人物，往往也由于把"忠君"作为最高的道德准则，而落个被贬、被杀的悲剧下场。而一些心怀叵测、争权夺利的人则常常利用"忠君"思想行骗，说假话、欺上瞒下，从中沽名钓誉、窃取权力，实现个人的野心。

第二，官僚政治。中国的封建社会，封建皇帝依靠庞大的官僚机构，推行自己的意志，对人民群众进行统治。秦始皇上台后，废除封建而为郡县，郡县设官而治，官吏食俸禄。所谓"相国、丞相、太尉、御史大夫……郡守、郡尉、县令皆秦官"。以官吏代替贵族，以三卿九公为基干的官僚政治代替贵族政治。

官僚机构高踞于人民群众之上，而皇帝又高踞于官僚机构之上，形成一个层层相叠的宝塔。最高统治者就是通过这种宝塔形的统治机构来统治和管理国人。官僚政治是封建专制主义的必然产物，各级官吏，都必须仰承皇帝的鼻息，听命皇帝的差遣，按皇帝的旨意行事，实质上是皇帝的应声虫和走狗。所谓"圣旨"，是各级官吏办事的准则。他们依次看上司的脸色行事。"多磕头，少说话"，一切讨好于上，成为他们做官的诀窍。官场上这种吹吹拍拍、拉拉扯扯的庸俗作风，所造成的第一个恶果，便是其保守性。如果说"法祖"，是后代帝王恪守开国君主所推行的专制主义的口实的话，那么，因循守旧，便是各级官僚用以保住其"乌纱帽"和谋取身家利益的最好法宝。因此，在封建专制主义时代，统治集团内部的任何有识之士，所欲进行的政治改革，哪怕是微小的、一点点改良，那也是注定要失败的。官僚政治的这种保守性，成为封建专制主义长期延续的一个根据。

　　官僚政治是由封建专制主义的选官、任官办法所决定的。汉代录用官僚，实行察举制度。这就为显贵门第和官僚阶层垄断政治舞台创造了方便条件。就中，贵族、官僚的子弟不仅是"察举"、"征辟"的对象，优先考虑，而且还享有"任子"、"恩荫"等做官的特权。魏文帝实行"九品中正制"，作为封建国家选拔统治人才的制度，保证了士族地主垄断国家政权的特权地位。庶族地主不得插足其间，造成"上品无寒门，下品无士族"的局面。隋文帝统一中国，为了加强专制主义中央集权制的统治，废除了魏晋以来的"九品中正制"，实行"开科取士"、"分科举人"的科举制度，将封建国家选择官吏的权力从地方士族手中集中到中央，并且扩大了中小地主阶级参与政权管理的途径。这种科举制自隋而后，遂为历代所采纳。在封建时代，由于只有那些掌握物质生产手段的地主阶级才掌握精神生产的手段，所以，能够参加科举制考试而进入官场的人，只有官僚、地主阶级的子弟。非但如此，宋代所赋予贵族、官僚子弟的"荫补"做官特权，比前代有很大的发展，并为后代封建王朝所沿用。豪强巨室也可以凭借财力买个官做。因此，贵贱尊卑，等级森严，贿赂公行，腐败无能，就成为官僚政治的突出特点，对于延长专制主义的寿命也起到了一定的作用。

　　封建时代，是"一人得道，鸡犬升天"的任人唯亲的时代。历代所谓贵戚、宦官专权，就是最好的说明。我们知道，外戚和宦官是从封建官僚政治中孽生出来的两个怪胎。外戚利用他们与皇家的裙带关系，爬上政治舞台，逐渐形成贵族阶层中有特殊政治经济权的一个集团，始于西汉。而宦官因其终日活动于内廷，与皇帝直接打交道。他们惯于看风使舵，迎合皇帝的心理，博取皇帝的信任，成为政治舞台上的风云人物，则始于东汉。自此而后，历代外戚、宦官的专权肆虐，败坏朝政，史不绝书。他们结党营私、争权夺利，贪赃枉法、草菅人命，成为封建官僚政治中的两个赘瘤。

　　任人唯亲的结果，必然导致部分官僚邀恩获宠。他们自恃其后台硬，便肆无忌惮，无法无天。历代的封建官僚一旦获得高官厚禄，就偷安自便，醉心于养尊处优，沉湎于花鸟酒色之中，遇事互相推诿，毫无行政效率。例如，清代以六部"经理庶政"，但是，它们却"惟以推诿为卸责"，以至造成文牍盛行，公文成灾，办事拖拉。上级交下来的事，可以"经年累月，延缓不报"①；下级对上级，则"事事转请，奏章繁多"②。如此，岂能不阻滞生产力的发展和社会的进步？因此，官僚政治作为封建主义的一个特点，成为封建主义缓慢发展的一个重要内在因素。

第三，等级制和封建特权。封建社会的阶级同时也是一些特别的等级，等级结构非常鲜明、森严，形成一个宝塔式的等级制度。它的顶端是皇帝，其次是依照血缘关系和官职，排列成不同等级的贵族和官僚。等级是产生特权的前提。享有封建特权的等级，除皇帝是最大的特权者以外，下面还有王公贵族、外戚、宦官、官僚、缙绅、士大夫和寺院僧侣等若干等级的特权者。在各个等级内部，又分若干等级，各个等级的特权者所享有的特权范围又有等级差别。总括来讲，封建特权的范围很广，如世袭特权、土地占有关系方面的特权、选举入仕方面的特权、人身依附方面的特权（优免）、法律方面的特权（八议、免罪铁券），风俗习惯方面的特权（包括衣、食、住、行各个方面），等等。所以，封建特权，又可以称作等级特权。仅就官僚、缙绅、士大夫所享有的封建特权而言，至少可以概括为十个方面：（1）"恩荫"做官特权；（2）"入物者补官"的特权（即买官做的特权，如明清的"捐纳"，是也）；（3）选官考官的特权（所谓"贫无行，不得择为吏"③，所谓"九品官人之法"④，等等）；（4）按官品占田、占山、封水、荫客的特权；（5）免赋、免役特权（所谓"有品爵……并免课役"⑤，所谓"食禄之家，与庶民贵贱有等。……自今百司任官员之家，有田土者输租税外，悉免其徭役，著为令"⑥，等等，皆是）；（6）蓄役奴婢的特权；（7）犯法享有减罪、免罪以及输金赎罪的特权；（8）享有文化教育及"清议"的特权；（9）退职受优礼、居乡受尊

---

① 《清世祖实录》卷58。
② 《清世祖实录》卷101。
③ 《史记》卷92《淮阴侯列传》。
④ 《通典》卷14《选举二》。
⑤ 《隋书》卷24《食货志》。
⑥ 《明太祖实录》卷111。

崇的特权；（10）把持官府、包揽诉讼、贪缘纳贿、武断乡曲、占人田庐、役使乡人、上下相护、大开后门、杀人越货、抢人妻女等法外特权。

但是，必须指出，封建特权，集中体现了封建统治阶级的贪欲和意志。为了掠获大大小小的特权，不断形成统治集团内部的激烈的矛盾与斗争，特别是激起农民群众的强烈反抗。因此，历代所谓明君贤相在保护各个集团的法定特权的同时，总是试图对法外特权加以限制。不过，这种限制尽管可能收到暂时的一定的效果，可到头来终归失败。这是封建官僚政治的政体所决定的。

第四，家长制。家长制萌芽于远古的个体婚制，恩格斯在《家庭、私有制和国家的起源》中写道："个体婚制在历史上决不是作为男女之间的和好而出现的，更不是作为这种和好的最高形式而出现的。恰好相反，它是作为女性被男性奴役，作为整个史前时代所未有的两性冲突的宣告而出现的。"① 家长制在奴隶制时代，得到了充分发展。而从奴隶制的解体中发展起来的封建制，又继承了奴隶制的衣钵，形成封建家长制。封建家长制在中国历史上得到充分的发展，主要表现在两个方面：一是专制主义的君主独裁，即所谓"贵为天子，富有四海"的"家天下"；一是个体生产中家长的绝对权威。家长在政治上是家庭的代表，在经济上是家庭的主宰。全体家庭成员，必须绝对服从家长的意志，家庭成员毫无民主、平等可言。这种"一言堂"的家长制，很适合专制主义的政治需要。因此，从所谓四书五经，到所谓《颜氏家训》等一类著作，均被历代封建地主阶级奉为"立国治家"的经典，为封建家长制大造舆论。鼓吹三纲五常，倡导对家长、对君主绝对服从。所谓"天下之本在国，国之本在家，家之本在身"，所谓"身修而家齐，家齐而国治，国治而天下平"的说教，几千年来，成为地主阶级的座右铭。把家庭与国家融为一体，把家族关系完全当作政治关系来处理。讲父权、夫权，就是为了君权。这样，封建家长制就成为封建统治阶级的一个绝好的法宝。江山成了一姓帝王的私人产业，中国成了他们一家的天下。

中国是一个小生产居于统治地位的国家，两千年来，小生产的习惯势

---

① 《马克思恩格斯选集》第4卷，第61页。

力长期禁锢着人们的头脑。尽管到了封建社会的后期，出现过一些开明的思想家，如王夫之、黄宗羲等人，曾对"家天下"进行过一些揭露和批判，然而，封建家长制并未被动摇，相反，它却根深蒂固地盘踞在中国古老的大地上。封建家长制的这种顽固性，对中国的社会政治生活产生了深远的影响，成为中国封建主义的又一特点而载入史册。

二

封建主义，是一个历史范畴。它有其自身的发生、发展和衰亡的历史过程。一般说来，在西方，如英、法等国，资产阶级革命比较彻底，封建主义的尾巴留下的很少。而在中国，却不然。中国的社会历史的发展有一个显著的特点，就是"死的总是拖住活的"。封建主义生产方式确立之后，奴隶制的尾巴拖得很长，几乎与封建社会相始终。进入近代社会以后，由于没有彻底的资产阶级革命，封建主义的尾巴，又拖得很长。所以说，虽然中国的封建社会延续了两千多年，不可谓发展得不充分，但是，中国的封建主义并没有因为一个又一个封建王朝的覆亡而寿终正寝，相反，它却以其顽强的生命力，死皮赖脸地在近代社会的屁股上，打下了封建主义的纹章，从而显示出中国封建主义的顽固性。究其根源，主要有以下四点：

第一，中国特定的封建生产方式的顽固性，在各方面，对新的生产方式起到了或直接或间接的破坏影响。

我们知道，中国的封建生产方式的特点，是属于封建地主土地所有制，而不是属于领主制形态。封建地主土地所有制，是专制主义中央集权制的封建国家的经济基础。而大量自耕农的存在只是地主经济的补充。这种地主土地所有制形态，有一种顽强的排他性。中国历代的封建地主阶级不是将土地生产物地租化、赋税化、商品化所积累的财富用于其他，而是用于购置土地，扩大土地占有，或者发放高利贷。因此，中国封建社会的地主阶级常常是土地所有者、商人、高利贷者，一身而三任。其结果，商业资本和高利贷资本，并没有起到瓦解旧的农业与家庭手工业相结合的小生产经济形态的作用，并没有动摇封建地主土地所有权，促其崩溃。恰恰相反，封建地主阶级在垄断一切有利可图的工商业，如盐、铁、茶、纸等加工业的时候,自己就成为社会的主宰,他们在垄断过程中,对一般的工商业的发展起到扼杀、阻滞的作用。这就是我们常常说的对若干资本主义萌芽的破坏作用。由于中国封建社会的官僚与地主往往是一回事,可以利用他们的专制权势、政治和法律手段,把那些小资本的都市工商业者搞得倾家荡产。这就使得小工商业的发展没有前途,只能作为地主经济的附庸而苟延残喘。所以,小工商业者,始终不能形成一种独立的社会力量与封建地主阶级相抗衡。在这种情况下,旧的生产方式依然故我,新的生产方式孕育不起来。这是问题的一个方面。

另一方面,以一家一户为生产单位的、分散的个体小生产,不需要在耕作时进行任何分工,不需要较多的交换,差不多都是自给自足,都是直接生产自己的大部分消费品,因而他们取得生活资料多半是与自然交换,而不是靠与社会交往。这种生产过程在原有的规模上、原有的基础上的往返重复,造成了农民群众的落后性与保守性:他们世代相传,习于顺从;他们不因王朝更替的政治风云而有任何变化;他们自己不能代表自己,他们的代表,一定要同时是他们的主宰。

如是,对于封建地主阶级说来,由于土地可以自由买卖,由于在法律上他们没有审判权,就需要一个封建专制主义中央集权国家来为经济基础服务;对于农民群众来说,其分散经营的小农业,"按其本性说来是全能的和无数的官僚立足的基地"[①],不受限制的政府权力,便是站在他们上面的权威。封建生产方式的顽固性,造成了封建社会的缓慢发展,决定了封建主义的寿命很长。

第二,我国自古以来就是一个统一多民族的国家。历代封建王朝,大都是汉族地主阶级建立的,但少数民族的贵族集团入主中原的例子也不少,前后相加,不下数百年之久。我们姑且不计南北朝时期北方少数民族入主中原的例子,单就唐五代以后,辽、金、元、清等入主中原的时间相加,就很可观了。这些相继崛起于北方的少数民族,入主中原前,大都处在落后的奴隶制形态,他们的奴隶主军事贵族集团,几乎无一不是乘汉族封建主义统治发生危机的时候,打进中原的。马克思说:"野蛮的征服者

---

① 《马克思恩格斯选集》第1卷,第697页。

总是被那些他们所征服的民族的较高文明所征服,这是一条永恒的历史规律。"① 忽必烈进入中原后,"今留汉地,建都邑城郭,仪文制度,遵用汉法"②,就是被其征服的民族的较高文明所征服的一个明显例证。所谓"遵用汉法",就是采用封建主义的一整套统治办法来统治各族人民。其结果,不是使封建主义危机加深,以至灭亡;相反,却挽救了这种危机,使被奴隶主军事贵族集团打得千疮百孔的封建主义制度,又重新复苏,发展下去。这不能不说是中国封建社会长期停滞的一个原因。

第三,中国封建社会里,作为地主阶级的对立面的农民阶级,常常在不堪忍受封建专制主义残酷的经济剥削和野蛮的政治压迫之下,聚众起义。中国历史上的农民起义、农民战争的次数之多、规模之大,是世界历史上所仅见的。他们曾提出了反封建的响亮口号:"等贵贱,均贫富。"正如列宁所说:"在反对旧专制制度的斗争中,特别是反对旧农奴主大土地占有制的斗争中,平等思想是最革命的思想。"③ 但是,它却不是最科学的世界观。虽然他们极度憎恨旧的秩序,非常深切地感受到了现制度的一切重担,自发地渴望从这些重担下解放出来,并找到美好的生活,但是,由于平均主义的根源是个体农民的思想方式,所以,农民群众在革命中还表明,他们的憎恨不够自觉,他们的斗争不够彻底,他们仅仅在狭小的范围内寻求美好的生活,而提不出一个科学的改造社会的社会革命方案。随着农民战争的发展和农民政权的建立,领袖人物的思想、行为和作风,也相应发生变化。由于封建家长制在农民群众的头脑中作祟,领袖人物逐步开始搞等级制、实行专制主义和大搞封建特权。他们或者在寡不敌众的力量悬殊之下,为封建地主阶级所击败;或者踏着起义农民的尸骨,爬上封建帝王的宝座,成了地主阶级改朝换代的工具。他们住进王府宫殿,便把住在茅屋里的农民置诸脑后,因此,导致农民战争最后总是归于失败。这种例子,在中国农民战争史上是不胜枚举的。虽然中国历史上农民战争之激烈令人惊佩,但其失败的结局总是使社会走改朝换代的老路。而变更朝代

---

① 《马克思恩格斯选集》第2卷,第70页。
② 《元史》卷125《高智耀传》。
③ 《列宁全集》第13卷,第217页。

的政治风暴，不曾引起新生产方式的出现，因而也就并没有怎样惊动它的社会基础。封建主义的统治又心安理得地拖延下去。

第四，中国的资产阶级先天不足，他们反对封建主义的斗争带有很大的局限性。法国大革命很彻底，而中国的资产阶级革命则不能与之相比。当时中国由于民族矛盾很突出、很尖锐，而使反封建的任务，始终处于从属地位。正像有的同志所论述的那样：在中国资产阶级革命的领袖人物中间，相当一批领导人如章太炎、黄兴等，封建主义的烙印很深。黄兴在担任南京留守期间，就曾通电主张申明封建主义的礼教。孙中山因为长期在国外，民主色彩本来比较浓厚，但在"二次革命"以后，因为感到许多同盟会会员和国民党人都不听他的指挥，在组织中华革命党时，就要党员宣誓按指印，绝对服从他的命令，搞封建会党那一套了。这仅仅是在资产阶级革命领袖人物身上所表现出来的中国资产阶级反对封建主义斗争的局限性。如果从中国资产阶级本身的许多特点去探讨，那么这个问题就更清楚了。我们知道，中国资本主义的萌芽很迟，而且一直未能成为封建生产方式的对手而居于统治地位，中国的资产阶级又与帝国主义、封建主义有这样或那样的依附关系，这就造成了资产阶级无法完成破除封建等级和封建特权的历史任务，因而，封建特权的顽固性，作为中国封建主义的一个显著特点而区别于中世纪的西方诸国。恩格斯曾经精辟地阐述西方诸国的资产阶级战胜封建地主阶级，破除它们的封建特权的历史过程。他说："凡是大工业代替了手工工场的地方，产业革命都使资产阶级最大限度地增加了自己的财富和扩充了自己的势力，使它成为国内的第一个阶级。结果，凡是完成了这种过程的地方，资产阶级便夺取了政治权力，并挤掉了以前的统治阶级——贵族、行会师傅和代表他们的君主专制。"[①] 恩格斯所讲的西方诸国的情况，在中国历史上却是没有的。中国民族资产阶级的前身，是一部分商人、地主和官僚。他们是帝国主义入侵之后才艰难发展起来的。但是帝国主义列强侵入中国的目的，绝不是要把封建的中国变成资本主义的中国，而是要把中国变成它们的半殖民地和殖民地。为了这个目的，它们又必然要勾结中国的封建势力压制中国资本主义的发展。历史表

[①] 《马克思恩格斯选集》第1卷，第214—215页。

明，中国的资产阶级不可能也没有肩负起彻底的反对封建主义这个任务，以至封建主义的幽灵，并没有因为辛亥革命，而从中国大地上被清除出去。彻底反对封建主义的使命又责无旁贷地落到中国无产阶级的肩上。这就是笔者撰述本文的理由。

1980年5月于北京

（原载《学术研究》1980年第6期，收入本书时，对文字略作删节）

中国皇帝制度完型论

自从公元前221年，秦王嬴政统一六国，"更号曰皇帝"① 以后，"皇帝"作为封建社会最高统治者的称号，遂为历代封建王朝所师承。直到1911年辛亥革命推翻了清朝的末代皇帝溥仪，皇帝制度在中国历史上，大约延续了两千一百多年，对中国的社会生活产生了巨大的影响。因此，研究中国皇帝制度的成型过程，应当是中国古代史研究的重要课题。本文拟就这个问题作一考察，请史学界的师友们指正。

一 秦始皇创立的皇帝制度是一种军事封建专制主义

按照秦王嬴政与大臣们的讨论，"皇帝"一词，是"三皇"、"五帝"的兼称。嬴政改"王"为"始皇帝"，这不只是名号形式的变化，而且表明社会结构的重大变革。在西周的时候，只有"王"而没有"皇帝"。西周的王与秦以后的皇帝，具有根本不同的性质。周武王克商以后，按照王室血缘亲疏关系，实行"受民受疆土"② 的分封制。周天子称王，王封属下为诸侯，诸侯享有领地，称诸侯国。周初曾分封诸侯国71个。诸侯的领地，就是高高在上的王也不能干预。而诸侯又封属下为卿大夫，卿大夫也有分地，称"采邑"，亦是世袭的。起初，卿大夫采邑内的土地和居民，还直属于诸侯，到后来，随着卿大夫势力的增强，采邑的独立性几乎与诸侯的领地差不多，诸侯对他们只好无可奈何。卿大夫下面有士，也被封予食地，于是形成一个"天子建国，诸侯立家，卿置侧室，大夫有贰宗，士

---

① 《资治通鉴》卷7《秦纪二》。
② 周康王时铜器"大盂鼎"铭文。

有隶子弟，庶人工商各有分亲，皆有等衰"①的等级结构。王、诸侯、卿大夫，这是一个特权的贵族等级，权力是分散的。因此，西周的统一，实际上不过是由诸侯国组成的一个松散的联盟。到了战国时代，众多小诸侯国互相兼并，最后形成秦、齐、楚、燕、韩、赵、魏七个大国并立，是为战国七雄。原来的周天子，已经成为夹在大国之间的小国之君，今非昔比，反而要靠大国的保护了。这七国曾先后称王，每一国的王，又相继实行变法，各自在本国内用封建制取代了奴隶制。随着封建制的确立，他们便各自在自己的国内把政权力量统一起来，集中到自己手里，初具专制主义的雏形。但是，七国之间，各个国王自行其政，互为角牴，谁也不是绝对的霸主。因此，就全国而论，这时的王，与后来秦王嬴政统一六国后所改称的"皇帝"，仍然有很大的差别。嬴政称"始皇帝"以后，情况与西周、战国时大不一样了。"海内为郡县，法令由一统"，"命为制，令为诏"，"天下之事无小大皆决于上"②，权力集中到皇帝一人手里。所以，"皇帝"自作为当代君主的名号出现于历史舞台之日起，就显示其一人独裁的本质。封建专制主义从此在中国历史上被正式确立下来。

　　皇帝地位的确立，是皇帝制度形成的必要前提。秦始皇首创皇帝制度的内容，主要包括皇帝权力的确定、宫廷制度的厘定、中央及地方官僚系统的设立、兵权的集中、律令的颁行等方面。值得我们注意的是，这种皇帝制度的阶级基础与理论基础究竟是什么？曾经有过一些什么变化？

　　秦始皇所创立的皇帝制度，是以军功地主为其阶级基础的。秦国的封建制度是从秦孝公时的商鞅变法为开端的。早在公元前359年，商鞅向秦孝公进言："治世不一道，便国不法古。故汤武不循古而王，夏殷不易礼亡。反古者不可非，而循礼者不足多。"孝公曰："善。"于是以商鞅为"左庶长"，"卒定变法之令"。这就是商鞅的第一次变法。其内容为：

> 令民为什伍，而相牧司连坐。不告奸者腰斩，告奸者与斩敌首同赏，匿奸者与降敌同罚。民有二男以上不分异者，倍其赋。有军功

---

① 《左传》桓公二年。
② 《史记》卷6《秦始皇本纪》。

者，各以率受上爵；为私斗者，各以轻重被刑大小。僇力本业，耕织致粟帛多者复其身。事末利及怠而贫者，举以为收孥。宗室非有军功论，不得为属籍。明尊卑爵秩等级，各以差次名田宅，臣妾衣服以家次。有功者显荣，无功者虽富无所芬华。①

秦孝公十二年（前350），商鞅在前次变法的基础上，继续进行改革。史称：

> 作为筑冀阙宫庭于咸阳，秦自雍徙都之，而令民父子兄弟同室内息者为禁。而集小（都）乡邑聚为县，置令、丞，凡三十一县。为田开阡陌封疆，而赋税平。平斗桶权衡丈尺。②

这就是第二次变法。对于商鞅两次变法的内容，学术界有着不同的归纳。但大同小异，差别不大。笔者认为，归根结底，最重要的一条，就是废除奴隶主贵族的世卿世禄世业制，确立了以军功地主为其阶级基础的封建制。所谓"有军功者，各以率受上爵"，所谓"宗室非有军功论，不得为属籍"，所谓"明尊卑爵秩等级，各以差次名田宅，臣妾衣服以家次"，所谓"有功者显荣，无功者虽富无所芬华"，所谓"集小（都）乡邑聚为县，置令、丞，凡三十一县"，所谓"为田开阡陌封疆，而赋税平"，等等，无一不是针对奴隶主贵族的世卿世禄世业制而发的。目的在于彻底打破这种旧的奴隶主贵族等级制度而代之以军功地主的占田和附属劳动力的封建等级制度。商鞅制定的军功爵制共二十级：

> 一级曰公士，二上造，三簪袅，四不更，五大夫，六官大夫，七公大夫，八公乘，九五大夫，十左庶长，十一右庶长，十二左更，十三中更，十四右更，十五少上造，十六大上造，十七驷车庶长，十八

---

① 《史记》卷68《商君列传》。
② 同上。

大庶长，十九关内侯，二十彻侯。①

这种军功爵制规定，"能得甲首一者，赏爵一级，益田一顷，益宅九亩"。而且，"其有爵者乞无爵者以为爵子，级乞一人"。② 所谓"有爵者乞无爵者以为爵子"，就是没有军功爵的人家，要给有军功爵的人家服劳役。按规定，每月服役六天，全年为72天。役使内容不详。所谓"级乞一人"，就是有军功爵的人家，按等级每级"乞一人"为"爵子"。《荀子·议兵篇》有云："斩五甲首而隶五家"，军功爵制的第五级为"大夫"，按"级乞一人"计算，应当有五个没有军功爵的人为他服役。因此，"斩五甲首"者，就是第五级大夫。这样一来，有军功爵与无军功爵就大不一样了。有军功爵者就享有役使无军功爵者的特权，换言之，无军功爵的人家要向有军功爵的人家提供劳动力。这可以称作经济特权。据《韩非子·定法篇》记载："商君之法曰：斩一首者爵一级，欲为官者为五十石之官；斩二首者爵二级，欲为官者为百石之官，官爵之选与斩首之功相称。"这就是说，军功爵制又为军功地主铺平了政治上向上爬的道路，使军功地主拥有政治特权。诚然，军功爵制虽不可与秦之官僚制度同日而语，但它们之间的有机联系却是不能否认的。军功地主自商鞅变法后，成为秦国封建统治的基础，在其后的封建统一战争中，成为秦国的依靠力量，在打击各国的奴隶主贵族势力方面起了很大作用。到秦始皇统一为止，军功地主经过一百三十年的实践锻炼，牢固地确立了其阶级地位，成为秦始皇建立皇帝制度的阶级基础。

秦始皇所创立的皇帝制度，是以申、韩之术为理论基础的。由于秦始皇统一过程中的主要敌手是六国贵族，所以，秦始皇在依靠军功地主的同时，对维护宗法关系的儒家学说是摒弃的。早在商鞅变法的时候，他就提出了"便国不法古"以及"反古者不可非，而循礼者不足多"的主张，并对宗法关系及儒家思想采取了一系列相应的措施。例如，"民有二男以上不分异者，倍其赋"，"宗室非有军功论，不得为属籍"，"令民父子兄

---

① 《汉书》卷19上《百官公卿表》上。
② 《商君书·境内篇》。

弟同室内息者为禁"，等等，都包含着破坏血缘大家族的宗法关系的明确内容。商鞅变法，主要是吸收了李悝变法的成果。李悝的《法经》成为商鞅变法的理论根据。因此，运用法家学说来对付儒家，也就成为商鞅变法的内容之一。它明令焚毁儒家经典《诗》、《书》，禁止儒生游学游仕[①]，就是证据，秦朝统一后，秦始皇继承了商鞅的一套主张。所以，董仲舒讲：秦始皇"用商鞅之法，改帝王之制"[②]。所谓"用商鞅之法"，最主要的，就是确立以军功地主为依靠力量，用法家思想为指导思想，确立专制主义的统治。这里所说的法家思想，主要是申不害与韩非的思想。"申子曰：独视者谓明，独听者谓聪，能独断者故可以为天下主。"[③] 韩非说："一民之轨莫如法，属官威民，退淫殆，止诈伪，莫如刑。刑重则不敢以贵易贱，法审则上尊而不侵。"[④] "故明主之治国也……使民以法禁而不以廉止。"[⑤] 商鞅说："人主为法于上，下民议之于下，是法令不定以下为上也，此所谓名分之不定也。""名分不定"，则"奸恶大起"，此乃"亡国灭社稷之道也"。[⑥] 所以商鞅在变法时，对于所谓"言令不便"的"乱化之民"，"尽迁之于边城"，使"其后莫敢议令"[⑦]。秦始皇的"焚书坑儒"，可以说是对"商鞅之法"的发展。他所创立的皇帝制度，也就是尊申、韩之术，"用商鞅之法"的必然结果。关于秦始皇尊崇申、韩之术的问题，后来李斯在与秦二世胡亥的讨论中，曾多次述及[⑧]。因此，董仲舒说：秦始皇"师申商之法，行韩非之说……非有文德以教训于（天）下也"[⑨]。显而易见，秦始皇所创立的皇帝制度，是以申、韩之术为理论基础的。

由于秦国从商鞅变法起，就大力扶持军功地主的势力，使秦国的封建

---

① 见《韩非子·和氏》。
② 《汉书》卷24上《食货志》上。
③ 《韩非子·外储说右上》。
④ 《韩非子·有度》。
⑤ 《韩非子·六反》。
⑥ 《商君书·定分》。
⑦ 《史记》卷68《商君列传》。
⑧ 见《史记》卷87《李斯列传》。
⑨ 《汉书》卷56《董仲舒传》。

制度从一开始就具有浓厚的军事封建性质，所以，秦始皇师承商鞅的做法，完成统一大业，使他所创立的皇帝制度，实质上是一种军事封建专制主义。这就是皇帝制度在中国历史上最初形成时所具有的特性，也是它不同于后代的皇帝制度的一个重要标志。

二 皇帝制度到西汉武帝以后演化为宗法封建专制主义

汉承秦制。汉高祖刘邦建立汉王朝后，在因袭秦始皇所创立的皇帝制度的时候，颇多损益，历经惠帝、文帝、景帝，至武帝时，终于演变成宗法封建专制主义。从此，中国的皇帝制度基本定型，并一直延续到清末。后世对汉武帝时定型的皇帝制度虽不断有所增损，但是，基本上没有跳出宗法封建专制主义的框框。

皇帝制度从军事封建专制主义演化为宗法封建专制主义，主要标志是分封采邑制的恢复与军功爵制的逐渐衰废；儒法合流，儒家学说经过董仲舒的改造后，重新登上历史舞台，成为皇帝制度的指导思想与理论基础。此外，在宫廷制度方面，诸如后宫、礼仪等，都进一步得到了完善和充实。

这里，我们着重考察一下分封采邑制的恢复与军功爵制的衰废。早在西汉初年，楚汉相争之际，汉高祖刘邦遣将四出略地，遂以所得之地封之，共封异姓王七个，即：齐楚王韩信，梁王彭越，赵王张耳，韩王信，淮南王英布，燕王臧荼、卢绾，长沙王吴芮。那些跟随刘邦打天下的功臣，也"论功而定封"，到汉高祖十二年（前195），共封"侯者四十有三人"[1]。后来，由于异姓王拥兵据地，刘邦感到不妙，遂逐一剪除之。然，"惩亡秦孤立之败"，"激秦无尺土封，故大封同姓"[2]。据称："汉兴序二等。高祖末年，非刘氏而王者，若无功上所不置而侯者，天下共诛之。高

---

[1] 《汉书》卷16《高惠高后孝文功臣表序》。
[2] 《史记》卷52《齐悼惠王世家》。

祖子弟，同姓为王者九国。唯长沙异姓，而功臣侯者百余人。"① 所谓"汉兴序二等"，《通典》解释说："汉兴设爵二等，曰王、曰侯。皇子而封为王者，其实古诸侯也，故谓之'诸侯王'。王子封为侯者，谓之'诸侯'。群臣异姓以功封者，谓之'彻侯'。大者不过万家，小者五六百户，以为差降……而诸王国，皆连城数十，逾于古制。其诸侯功德优盛，朝廷所敬异有赐特进者，其位在三公下。其次列候有功德，天子命为诸侯者，谓之'朝侯'，其位次九卿下。……其称'侍祠侯'者，但侍祠而无朝位。其非朝侯侍祠而以下土小国，或以肺腑宿亲若公主子孙，或奉先侯坟墓在京师者，亦随时见会，谓之'猥诸侯'。"② 这种皇子封国，功臣、王子、公主、外戚以至宦者等封侯的分封采邑制，本来是中国奴隶制社会的一种产物。秦始皇建立军事封建专制主义制度时，曾予以废除。汉高祖刘邦在总结秦亡的原因时，却认为秦始皇由于没有继承奴隶制时代的这种分封采邑制，造成了皇权的孤立，结果导致失败。因此，他从奴隶制的废墟里捡回分封采邑制这个武器，加以改造，郡县制与分封制相结合，成为他维护"家天下"统治的工具。我们知道，这种封国、封侯的分封采邑制，固然解决了统治阶级内部一部分财产和权力再分配中所出现的矛盾，但是，由于诸侯王设置官属，制比朝廷，除丞相为朝廷所置之外，其余均由诸侯王自行任免，结果使他们雄踞一方，自成体系。史称："诸侯王……掌治其国，有太傅辅王，内史治国民，中尉掌武职，丞相统众官，群卿大夫都官如汉朝。"③《通典》也说："凡诸侯王……掌治其国。……凡诸侯王官，其傅为太傅，相为丞相，又有御史大夫诸卿，皆秩二千石。百官皆如汉朝。汉朝惟为置丞相，其御史大夫以下，皆自置。"④ 这样，一方面，他们与封建国家共同榨取农民的贡赋；另一方面，又不断扩大对土地的占有，直接压榨农民，获取地租。用刘邦的话说，叫做"其有功者上致之王，次为列侯，下乃食邑。而重臣之亲，或为列侯，皆令自置吏，

---

① 《史记》卷17《汉兴以来诸侯年表序》。
② 《通典》卷31《职官一三》。
③ 《汉书》卷19上《百官公卿表上》。
④ 《通典》卷31《职官一三》。

得赋敛，女子公主"①。俨然是国中之国。这种国中之国的存在，意味着统一之中包含着割据的因素。对于皇帝的集权来说，无疑是一种削弱。这却是汉高祖刘邦所始料不及的。分封采邑制在两汉为极盛时代，自此而后，历代有所损益，但作为皇帝制度的一种补充，却始终没有绝迹。

汉高祖刘邦在恢复分封采邑制的同时，还继承了自商鞅变法以来的二十等爵制。不过，汉代的二十等爵制较之秦朝的二十等爵制，有所变化，并在变化中逐渐衰落。汉高祖五年（前202）夏五月，"兵皆罢归家"。刘邦发布诏书说：

> 诸侯子在关中者，复之十二岁，其归者半之。民前或相聚保山泽，不书名数，今天下已定，令各归其县，复故爵田宅，吏以文法教训辨告，勿笞辱。民以饥饿自卖为人奴婢者，皆免为庶人。军吏卒会赦，其亡罪而亡爵及不满大夫者，皆赐爵为大夫。故大夫以上赐爵各一级，其七大夫以上，皆令食邑，非七大夫以下，皆复其身及户，勿事。

又说：

> 七大夫、公乘以上，皆高爵也。诸侯子及从军归者，甚多高爵，吾数诏吏先与田宅，及所当求于吏者，亟与。爵或人君，上所尊礼，久立吏前，曾不为决，甚亡谓也。异日秦民爵公大夫以上，令丞与抗礼。今吾爵非轻也，吏独安取此！且法以有功劳行田宅，今小吏未尝从军者多满，而有功者顾不得，背公立私，守尉长吏教训甚不善。其令诸吏善遇高爵，称吾意。且廉问，有不如吾诏者，以重论之。②

刘邦的这道诏书，宣布了对秦朝军功爵制的继承。根据这道诏书，我们可以看出：第一，在宣布承认秦朝军功爵的同时，扩大了军功爵制的范

---

① 《汉书》卷1下《高帝纪下》。
② 同上。

围，大夫以上的又普遍加了一级。所谓"民前或相聚保山泽，不书名数，今天下已定，令各归其县，复故爵田宅"，所谓"军吏卒会赦，其亡罪而亡爵及不满大夫者，皆赐爵为大夫"云云，就是这个意思。第二，所谓"其七大夫以上，皆令食邑，非七大夫以下，皆复其身及户"，就是扩大了封爵特权和免役范围。第三，秦朝的"有爵者乞无爵者以为爵子"即大夫役使庶子的规定被取消了。第四，地方官"背公立私"，不能"善遇高爵"，以致造成"小吏未尝从军者多满，而有功者顾不得"的现象普遍存在。这说明汉初的军功爵，在人们的心目中已不像秦朝的军功爵那样神圣了。

　　本来，军功爵制，是适应封建兼并战争即封建统一战争的需要而产生的。随着统一局面的形成，这种军功爵制的重要性便日益减弱。等到刘邦建立西汉，战争刚刚结束，所以他还比较重视这种军功爵制，不得不讲一讲军功爵制的问题。然而，随着和平局面的出现，他所重申的军功爵制，也仅仅是口头上讲讲而已。实际上，军功爵制逐渐趋于废弛，变成一种荣誉称号。军功爵制废弛的过程，与鬻爵有着密切的关系。早在秦王嬴政四年（前243），秦国即制定了"百姓内粟千石，拜爵一级"①的鬻爵规定。"汉兴，接秦之敝"，不仅继承了这一规定，而且还有所扩大。汉文帝曾经采纳晁错的建议，"使天下入粟塞下以拜爵"，"六百石爵上造，稍增至四千石为五大夫，万二千石为大庶长，各以多少级数为差"。到汉景帝二年（前155），又"复修卖爵令"。②汉武帝时，由于"兵连而不解"，"干戈日滋"，国家财政困顿，"议令民得买爵及赎禁锢免减罪"。一方面，设置"武功爵"十一级，以供买卖。据《史记集解》瓒曰："《茂陵中书》有武功爵：一级曰造士，二级曰闲舆卫，三级曰良士，四级曰元戎士，五级曰官首，六级曰秉铎，七级曰千夫，八级曰乐卿，九级曰执戎，十级曰左庶长，十一级曰军卫。此武帝所制以宠军功。"其拍卖办法是："请置赏官，命曰武功爵。级十七万，凡直三十余万金，诸买武功爵官首者试补吏，先

---

① 《史记》卷6《秦始皇本纪》。
② 《汉书》卷24上《食货志上》。

除；千夫如五大夫；其有罪又减二等；爵得至乐卿；以显军功。"① 另一方面，大力拍卖二十等爵："兵革数动，民多买复及五大夫，征发之士益鲜。于是除千夫五大夫为吏，不欲者出马；故吏皆适令代棘上林，作昆明池。"② 这是国家可以拍卖军功爵的明文规定。非但如此，在社会上，有军功爵的私人也可以买卖。汉惠帝六年（前189）"令民得卖爵"③。此后，类似的事件迭次发生。史称："岁恶不入，请卖爵、子。"④ 如淳曰："卖爵级又卖子也。"这样一来，军功爵制就日益败落了。到了东汉，这种鬻爵的情形更加发展。汉安帝永初三年（109），"三公以国用不足，奏令吏人入钱谷，得为关内侯、虎贲羽林郎、五大夫、官府吏、缇骑、营士各有差"⑤。汉桓帝延熹四年（161）秋七月，"占卖关内侯、虎贲、羽林、缇骑营士、五大夫钱各有差"⑥。汉灵帝光和元年（178），索性悬价拍卖："初开西邸卖官，自关内侯、虎贲、羽林，入钱各有差。私令左右卖公卿，公千万，卿五百万。"⑦ 据《山阳公载记》所云："时卖官，二千石二千万，四百石四百万，其以德次应选者半之，或三分之一，于西园立库以贮之。"军功爵变成了交换的商品，使军功地主失去了依托。他们的地位，逐渐被新扶植起来的宗法地主所代替，而成为皇帝制度的阶级支柱。

所谓宗法地主，就是史籍中反复出现的所谓孝悌、力田、三老者流。他们是在军功爵制衰废过程中逐渐被扶植起来的。汉惠帝四年（前191）"春正月，举民孝弟力田者复其身"⑧。高后元年（前187），"初置孝弟力田二千石者一人"⑨。汉文帝十二年（前168）下诏曰："孝悌，天下之大顺也。力田，为生之本也。三老，众民之师也。廉吏，民之表也。朕甚嘉

---

① 《史记》卷30《平准书》。
② 同上。
③ 《汉书》卷2《孝惠帝纪》。
④ 《汉书》卷24上《食货志上》。
⑤ 《后汉书》卷5《孝安帝纪》。
⑥ 《后汉书》卷7《孝桓帝纪》。
⑦ 《后汉书》卷8《孝灵帝纪》。
⑧ 《汉书》卷2《孝惠帝纪》。
⑨ 《汉书》卷3《高后纪》。

此二三大夫之行。今万家之县，云无应令，岂实人情？是吏举贤之道未备也。其谒者劳赐三老、孝者帛人五匹，悌者、力田二匹，廉吏二百石以上率百石者三匹。及问民所不便安，而以户口率置三老孝悌力田常员，令各率其意以道民焉。"① 汉武帝元狩元年（前122），诏曰："朕嘉孝弟力田……赐县三老、孝者帛，人五匹；乡三老、弟者、力田帛，人三匹……县乡即赐，毋赘聚。"元狩六年（前117），汉武帝又下诏重申，"谕三老孝弟以为民师"。② 自此而后，历经宣、元、成、哀诸帝，到东汉诸君，几乎没有例外地都采取有效措施扶植以三老、孝悌、力田为代表的宗法地主势力。宗法地主势力逐步取代了军功地主的阶级地位和社会地位，成为汉朝皇帝制度的阶级基础。

中国的皇帝制度到西汉武帝时基本定型。在此后两千年的中国封建社会里，它作为一项最根本的政治制度，始终代表着封建生产关系的总和，并被一直延续下来。所以，夏曾佑曾经总结说：汉高祖，不过是"为汉一朝之皇帝"；而汉武帝，则"为中国二十四朝之皇帝"。其理由是"中国之政，始于汉武帝者极多"。例如，公元前140年，"武帝即位，称建元元年，帝王有年号始此"；"是年诏郡国举贤良方正，直言极谏之士，上亲策问，擢广川董仲舒为第一，科举之法始此"；"仲舒请不在六艺之科孔子之术者，皆绝之，于是罢绌百家，用儒术，议立明堂，遣使安车蒲轮，束帛加璧，迎鲁申公，专用儒家始此"；元光二年（前133），"李少君以祠灶却老方见上，上尊信之。于是天子始亲祠灶，造方士入海，求蓬莱安期生之属，而事化丹沙诸药齐为黄金矣，方士求仙始此"；元光五年（前130），"女巫楚服，教陈皇后祠祭厌胜，挟妇人媚道，事觉，诛楚服等三百余人，废皇后陈氏，巫蛊始此，废后亦始此"；元朔六年（前123），"诏吏通一艺以上者，皆选择以补右职，以儒术为利禄之途始此"；元封元年（前110），"春正月乙卯，封泰山，丙辰，禅泰山下阯东北肃然山，封禅始此"；太初元年（前104），夏五月"造太初历，以正月为岁首，色上黄，数用五，以为典常，乘之后世。以正月为岁首，色尚黄，皆始此"，

---

① 《汉书》卷4《孝文帝纪》。
② 《汉书》卷6《孝武帝纪》。

如此等等，不一而足。夏曾佑还说："其尊儒术者，非有契于仁义恭俭，实视儒术为最便于专制之教耳。"这是很中肯的。不过，夏曾佑所讲的这些问题，在我们看来，实际上都是中国皇帝制度定型的表现。

在中国的皇帝制度从创立到定型的过程中，秦始皇和汉武帝是两个起了决定性作用的皇帝。"故自来论中国雄主者，曰秦皇汉武。因中国若无此二君，则今日中国之形势，决不若此。故此二君，皆有造成中国之力，二千余年以还，为利为害，均蒙其影响。"①

（原载中国社会科学杂志社《未定稿》1981年第27期，收入本书时，删去原来的正标题"从军事封建专制主义到宗法封建专制主义"，改以原副标题为正标题）

---

① 《中国古代史》下册，商务印书馆1933年版，第255—256页。

正统悖论

一 正统释义

正统之说，是传统政治文化中，困扰着中国人思维的一大命题。两千多年间，论者如林，笔斗舌战，不可穷诘。"正统"一词，不见于六经，不道于圣人，而滥觞于汉代公羊寿所撰之《春秋公羊传》。其曰："何言乎'王正月'，大一统也。"书"王正月"，意在"重人君即位之年"；统者，始也。这句话的意思是说："王者受制正月，以统天下，令万物无不一一皆奉之以为始，故言大一统也。"换言之，就是"君子居大正"，"王者大一统"，简称"正统"。

"正统"，是一个政治概念。用现在的话来说，是指统一天下，一系相承的政权称正统，反之则称为"闰统"，或斥为"僭窃"、"偏安"。《汉书》的作者班固为了"光扬大汉"，而作《典引》。班固认为"汉继尧运，以建帝业"[①]；说"汉为尧后"，而尧是古帝中"冠德卓绝者"，他将帝位禅让于股肱之臣，历虞、夏、商、周，"天乃归功元首，将授汉刘"。因此，汉刘王朝是"盖膺当天之正统，受克让之归运；蓄炎上之烈精，蕴孔佐之弘陈云尔"。质言之，汉刘王朝是"尊无与抗"的正统王朝。

"正统"又是一个宗法概念，带有浓厚的宗法性。它又可以泛指嫡系宗属。班固说："宣帝即位，由武帝正统兴，故立三年，尊孝武庙为世宗，

---

① 《后汉书》卷40上《班固传》。

行所巡狩郡国皆立庙。"① 汉宣帝是汉武帝的曾孙，虽然不是汉武帝亲生，但按宗法保持继承关系，所以称"正统"。班固还记载说："哀帝即位，成帝母称太皇太后，成帝赵皇后称皇太后，而上祖母傅太后与母丁后皆在国邸，自以定陶共王为称。"高昌侯董宏上书建议："宜立定陶共王后为皇太后。"师丹反对，奏称："今定陶共皇太后、共皇后以定陶共为号者，母从子、妻从夫之义也。欲立官置吏，车服与太皇太后并，非所以明尊卑亡二上之义也。"又说："为人后者为之子，故为所后服斩衰三年，而降其父母期，明尊本祖而重正统也。"② 在这里，师丹是用宗法原则来解释"正统"的。

以上两个例子，都表明宗法原则是正统观念的精髓。如是，正统之辨，通常在两种情况下发生：一种是在王朝更替时，史家为了本朝的利益，在修前朝历史的过程中，往往会有正统之辨；另一种情况是在皇位继承发生危机的时候，也会爆发激烈的正统之争。因此，正统之说的核心内容，始终贯穿着"天无二日，民无二王"的封建专制主义原则。它是封建时代的一种政治理论，也是封建社会政治斗争的思想武器之一。这可以说是正统观的规范含义。

需要说明的是，正统观念还被广泛应用于其他领域中，于是出现了诸如道统、法统、文统一类概念。这些概念有一个共同点，就是都带有浓厚的宗法烙印。甚至有时候在一些领域里还径直使用"正统"的概念。例如，大约从宋代起，人们就把学派或宗派斗争中的那些一脉相传的嫡派，称作"正统"。南宋诗人陆游写过一首《喜杨廷秀秘监再入馆》，把杨廷秀的复归，颂作"千载传正统"③。"正统"在这里被当作诗派的传人来使用。又如，"正统"还被移用于佛教领域，宋代有个和尚叫宗鉴，此人将天台宗和尚的记传集成史书，就取名《释门正统》。不过，本文所讨论的是规范的正统观，不涉及它的衍生概念。

---

① 《汉书》卷25下《郊祀志下》。
② 《汉书》卷86《师丹传》。
③ 见《剑南诗稿》卷21。

二　五花八门的正统观

　　正统之辨，昉于两晋而盛于宋元，明清以降时隐时现。由于它一直在社会政治生活中产生影响，所以，梳理一下历代正统之辨各家的观点和论据，是科学地认识正统之辨的真相、实质与功能的前提。

　　自古正统之争，莫多于蜀魏问题。围绕三国鼎立时期，魏蜀吴孰为正统的问题，在两晋时代就出现了两处截然相反的观点：一是西晋史学家陈寿撰《三国志》，把魏代汉残酷的政治斗争，描写成汉、魏之间的"禅让"，树立曹魏为正统，以迎合西晋王朝的政治需要。即如清人赵翼评论说：陈寿作《三国志》，"曹魏则立本纪，蜀、吴二主则但立传，以魏为正统，二国皆僭窃也"。又说：蜀、吴之君即位，"必记明魏之年号"。"而必系以魏年，更欲以见正统之在魏也。正统在魏，则晋之承魏为正统，自不待言。此陈寿仕于晋，不得不尊晋也。"[①] 二是东晋史学家袁宏著《后汉纪》，提出了"弘敷王道"的理论，借东汉的历史来隐喻东晋王朝的合法性，认为曹操父子"假人之器，乘人之权，既而以为己有，不以仁义之心终，亦君子所耻也"。又说："汉苟未亡，则魏不可取"[②]，主张以蜀汉为正统，旨在排抑权臣桓温代晋的野心，而为东晋王朝效力。

　　袁宏的"弘敷王道"理论，实际上是以宗法血缘关系为标准，以刘备乃汉家苗裔为说词。东晋另一位史学家习凿齿，也持这种观点。史称："是时（桓）温觊觎非望，凿齿在郡，著《汉晋春秋》以裁正之。起汉光武，终晋愍帝。于三国之时，蜀以宗室为正，魏武虽受汉禅晋，尚为篡逆，至文帝平蜀，乃为汉亡而晋始兴焉。引世祖讳炎兴而为禅受，明天心不可以势力强也。"[③]

　　这两种观点，对后世产生很大影响，论者每每出于服务于本朝的动机，或者附和陈寿的观点，即如赵翼所说："自陈寿作《魏本纪》，多所

---

　① 《廿二史劄记》卷6《三国志书法》。
　② 《后汉纪》卷30。
　③ 《晋书》卷82《习凿齿传》。

回护,凡两朝革易之际,进爵封国,赐剑履,加九锡,以及禅位,有诏有策,竟成一定书法"①;或者赞成袁宏、习凿齿的观点,如后来一些偏安东南的王朝,无不以此为根据来论证自己政权的合法性。最有代表性的例子,莫过于南宋时期朱熹的观点。梁启超在《论正统》一文中说:"南渡之宋,与江东之晋同病,朱子之主血胤说也。正蜀也,凡亦以正宋也。盖未有非为时君计者也。"②

这里应指出,不为时君计者是有的,那就是由金入元、成为出使南宋的"大蒙古国国信使"郝经。他在被南宋当局拘禁于仪征期间,著《续后汉书》130卷,并在序文中说:陈寿"作《三国志》,以曹氏继汉,而不与昭烈,称之曰蜀。鄙为偏霸僭伪,于是体统不正,大义不明,紊其纲维,故称号、议论皆失其正",力主"以昭烈纂承汉统,魏吴为僭伪"。郝经既不为其服务过的金朝说项,也不是为其效力的大蒙古国计议,而是认定"敌国"宋朝"国体则以正",南宋是正统王朝。③

除了上述以前代旧都之所在为正,以前代之血胤为正,这两种正统观以外,宋元时期的正统之辨中,论者还从不同角度立论,又提出了一些不同的正统观。

北宋的尹洙作《河南府请解投赟南北正统论》,文中开宗明义说:"天地有常位,运历有常数,社稷有常主,民人有常奉。故王者位配于天地,数协于运历,主其社稷,庇其民人,示天下无加之尊也,无其二称也。故《易》曰大宝,史曰神器。苟社稷有主,而僭其称号,则其名曰盗,其位曰窃,示万民可得而诛,后世可得而贬,千古不易之道也。"在这种所谓"运历"理论的支配之下,他提出:"东魏之立,不异于圣公刘盆子;北齐之僭,有同乎刘聪、石勒。""但统而言之,平定南土,方谓正统。"④后来毕仲游作《正统议》,发挥了尹洙的"运历"说教,认为"历数存于天,治乱在于人"。如果"不能以仁义守历数",亦不能为正统。至于"曹魏之继汉,司马晋之继魏,虽取之非道,而子孙血食,或五六世,或

---

① 《廿二史劄记》卷6《三国志多回护》。
② 《饮冰室文集》之9《新史学》。
③ 参见拙著《论郝经的政治倾向》,《中国史研究》1985年第4期。
④ 《河南先生文集》卷3。

十数世，较之当日，又无其他长久之主以相拟，故亦可独推其统而言正矣"。毕仲游认为，"历数"固然重要，但能否"当天之正统"，关键要看治绩，即"观其兴废善恶长短之效"①。

就正统问题发言最多的，是欧阳修。②他认为，所谓"正统"，就是"王者所以一民而临天下"的意思。又说："自古王者之兴，必有盛德以受天命，或其功泽被于生民，或累世积渐而成王业。"因此，那种认为正统"非圣人之学"、"非圣人之说"的观点，"可置而勿论也"③。他在《正统论下》中又指出："凡为正统之论者，皆欲相承而不绝。至其断而不属，则猥以假人而续之。"这是"正统"问题争论不休的原因之所在。因此，他提出"正统之序，自尧舜，历夏商周秦汉而绝；晋得之而又绝；隋唐得之而又绝"的"三绝而复续"的意见，认为在两种情况下，正统地位是没有争议的：（1）"居天下之正，合天下于一"者，如尧、舜、禹、夏、商、周、秦、汉、唐；（2）"虽不得其正，卒能合天下于一"者，如晋、隋。而在另外两种情况下，正统地位是有争议的：（1）"天下大乱，其上无君，僭窃并兴，正统无属"之时，"大且强者"，如东晋、后魏；（2）"始终不得其正，又不能合天下于一"者，如魏及五代。欧阳修以"得圣人之法"自诩，说鲁桓公弑隐公而自立、宣公弑子赤而自立、郑厉公逐世子忽而自立、卫公孙剽逐其君衎而自立，"圣人于春秋，皆不绝其为君"，具体论证了"魏、梁不为伪"④，主张宋承五代为正统。欧阳修的观点，为章望之所反对。史称："欧阳修论魏、梁为正统，望之以为非，著《明统论》三篇。"⑤章望之主张宋继唐为正统。

其后，苏东坡作《正统论》上、中、下三篇，与章望之辩论，以维护欧阳修的观点。苏东坡说："正统之为言，犹曰：有天下云尔。""欧阳子曰皆正统，是以名言者也；章也曰正统，又曰霸统，是以实言者也。"在

---

① 《西台集》卷4。
② 欧阳修先后写过论正统的文章有：《原正统》、《明正统》、《秦论》、《魏论》、《东晋论》、《后魏论》、《梁论》凡七篇，又有《正统后论》二篇，《或问》、《魏梁解》各一篇，《正统辨》二篇，总计13篇。
③ 《正统论上》，《欧阳修全集》上册《居士集》卷16。
④ 《居士集》卷17。
⑤ 《宋史》卷443《章望之传》。

苏东坡看来，正统之辨，本来是人们"恶夫天下之无君而作也"，"天下无君，篡君出而制天下"，所以，"篡君者，亦当时之正而已"①。

尽管尹洙、毕仲游、欧阳修、章望之、苏东坡等人立论角度不同，但是他们的政治立场却是相同的，都是从"以尊本朝"出发，用自己对"正统"的理解，千方百计地论证宋王朝的合法性。

忽必烈建立元朝不久，即下令修辽、金、宋三史。然而，由于正统未决，三史卒未成书。至元三十一年（1294）九月，东原五六儒者会于孙侯小轩，就宋辽金孰为正统的问题展开了辩论。② 在这次座谈会上，有些儒者认为：自唐已降，五代相承，宋受周禅，宋为正统。辽、金只拟在《宋史》中各占一篇"载记"的地位。王恽则主张应以立国先后、享国长短、据地广狭、兵力强弱为依据，来确定孰为正统的问题。他认为，辽朝立国早于宋五十余年，从唐末以来，保有北方，又非篡夺，复承晋统，加之世数名位，远兼五季，与前宋相次而终。"校其兵力，而澶渊之战，宋几不守，因而割地连和，岁贡银绢二十万两、疋，约为兄弟，仍以世序昭穆。降及晚年，辽为翁，宋为孙。"因此，辽当为《北史》，而以五代为《南史》。"宋太祖受周禅，平江南，收西蜀，白沟迤南，悉臣于宋，传至靖康，当为《宋史》"；金太祖破辽克宋，"帝中原百有余年"，当为《北史》。自建炎以后，中原非宋所有，宜为《南宋史》。王恽的正统观，在当时具有一定的代表性。

但是，这场争论，却延续了有元一代，以至辽宋金三史始终不能结稿。直到元顺帝至正三年（1343）再次议修，以中书右丞相脱脱为都总裁官之后，脱脱采取行政干预加以裁定，"独断曰：三国各与正统，各系其年号"。这场争论才暂时平息，"然君子终以为非也"。③

三史成书后，杨维桢不以为然，便私著《宋辽金正统辩》，进呈元顺帝。他正式提出了"万年正闰之说，实出于人心是非之公"；正统"出于天命人心之公"、"天理人心之公"等概念，把所谓"天命"、"天理"作

---

① 《唐宋八大家文钞》卷127《东坡文钞》11。
② 事见王恽《玉堂嘉话》卷8，后来与会者修端，将此次座谈纪要整理成《辩辽宋金正统》一文，被苏天爵编入《元文类》卷45。
③ 《庚申外史》卷上。

为区分正统与闰统的标准,具体批驳了前述王恽为代表的正统观点。

何谓"天命"、"天理"?杨维桢解释说:"宋祖生于丁亥,而建国于庚申;我太祖之降年,与建国之年亦同。宋以甲戌渡江,而平江南于乙亥、丙子之年;而我王师渡江平江南之年亦同。是天数之有符者不偶然,天意之有属不苟然矣。"又说:"我世祖平宋之时,有过唐不及汉,宋统当绝,我统当续之喻。是世祖以历数之正统归于宋,而以今日接宋统之正者自属也。"如是,则"中华之统,正而大者,不在辽金,而在于天付生灵之主也昭昭矣。然而论我元之大一统者,当在平宋,而不在平辽与金之日,又可推矣。"非但如此,杨维桢还提出了用"道统"来区分正统与闰统的另一个标准。他认为:"道统者,治统之所在也。"于是详细地叙述了"历代道统之源委",得出"道统不在辽金,而在宋;在宋而后及于我朝,君子可以观治统之所在矣"。① 显而易见,杨维桢竭力论证宋朝为正统,目的在于"以尊本朝"也。

明初方孝孺作《释统》上、中、下三篇和《后正统论》一篇,成为明代论正统最著名的论文。他在《后正统论》中开宗明义地说:应当以《春秋》要旨作为判断是不是"正统"的标准,具体而言就是:(1)"辨君臣之等",(2)"严华夷之分",(3)"扶天理,遏人欲"。并以此为依据,提出了历史上"有天下而不可比于正统者三:篡臣也,贼后也,夷狄也"。在《释统》中,方孝孺又提出了所谓"变统"的命题。上篇认为:"天下有正统一,变统三。"三代是名副其实的正统;汉、唐、宋"虽不敢几乎三代,然其主皆有恤民之心,则亦圣人之徒也",可以"附之以正统"。而"取之不正"的晋、宋、齐、梁,"守之不以仁义,戕虐乎生民"的秦、隋,以及以少数民族入主中原的后秦符坚、"女后而据天位"的武则天,都是"变统"。在中篇里,方孝孺阐明了区分正统与变统的价值取向,是通过"褒贬明",达到"劝戒著"的目的。只有这样,才能真正使"正统尊,奸邪息,夷狄惧"。下篇侧重从可操作性的角度,具体规定了书写正统与变统的办法,如"正统之君始立,则大书其国号、谥号、纪年之号";变统"则书甲子而分注其下,曰是为某帝某元年,书国号而不书大,

---

① 《南村辍耕录》卷3。

书帝而不书皇，书名而不著谥"，等等。

及至清朝顺治二年（1645）三月，礼部奏请将辽太祖、金太祖、金世宗及其功臣等，"俱入庙享祀"，"以昭帝王功业之隆"。因清朝起于满洲，与辽、金相类，所以得到顺治皇帝的认可。① 这反映了清朝统治者的正统观，旨在维护清王朝的合法地位。

统揽历代正统之辨的各方观点，实在是五花八门。是非予夺，因时而变，所持者各异，使后世莫知所从。论战的各方，基本上不遵守同一律，常常偷换命题，从而赋予各种正统观以鲜明的时代性。非但如此，即使同一论者在述及不同朝代时，确定正统与闰统的标准，也不时转换。这一点，以朱熹的《通鉴纲目》最为典型。根据朱熹的推定，历史上的正统王朝是：秦→汉→东汉→蜀汉→晋→东晋→宋→齐→梁→陈→隋→唐→后梁→后唐→后汉→后晋→后周。清朝乾隆皇帝御批《通鉴辑览》从而续之，确定宋→南宋→元→明→清。在朱熹与乾隆皇帝看来，除此而外，统统是闰统。然而，他们在认定这些王朝的正统地位时，使用的并非一种标准，用梁启超的归纳，共有以下六种：

  一曰以得地之多寡，而定其正与不正也，凡混一宇内者，无论其为何等人，而皆奉之以正，如晋、元等是；

  二曰以据位之久暂，而定其正与不正也，虽混一宇内，而享之不久者，皆谓之不正，如项羽、王莽等是；

  三曰以前代血胤为正，其余皆为伪也，如蜀汉、东晋、南宋等是；

  四曰以前代之旧都所在为正，而其余皆为伪也，如因汉而正魏，因唐而正后梁、后唐、后晋、后汉、后周等是；

  五曰以后代之所承者、所自出者为正，而其余为伪也，如因唐而正隋，因宋而正周等是；

  六曰以中国种族为正，而其余为伪也，如宋、宋、梁、陈等是。②

---

① 《清世祖实录》卷15。
② 《论正统》，《饮冰室文集》之9《新史学》。

这六种标准，前后互歧，进退失据，无一通则，足见其政治上的实用主义属性。

三 以往对正统论的批判

正统观鼓吹"万世一系"的"家天下"，它融君统与宗统为一体，是中国封建专制主义思想体系中的核心部分。一方面，它成为两千多年间的统治思想，左右着社会舆论；另一方面，也有不少进步思想家对它提出了诘难。

率先反对正闰之分的是《资治通鉴》的作者、北宋大史学家司马光。他写道："秦焚书坑儒，汉兴，学者始推五德生、胜，以秦为闰位，在木火之间，霸而不王，于是正闰之论兴矣。乃汉室颠覆，三国鼎跱。晋氏失驭，五胡云扰。宋、魏以降，南、北分治，各有国史，互相排黜，南谓北为索虏，北谓南为岛夷。朱氏代唐，四方幅裂，朱邪入汴，比之穷、新，运历纪年，皆弃而不数，此皆私己之偏辞，非大公之通论也。"

在司马光看来："苟不能使九州合为一统，皆有天子之名而无其实也。虽华夷仁暴，大小强弱，或时不同，要皆与古之列国无异，岂得独尊奖一国谓之正统，而其余皆为僭伪哉！若以自上相授者为正邪，则陈何所受？拓跋氏何所受？若以居中夏者为正邪，则刘、石、慕容、苻、姚、赫连所得之土，皆五帝、三王之旧都也。若以有道德者为正邪，则蕞尔之国，必有令主，三代之季，岂无僻王！是以正闰之论，自古及今，未有能通其义，确然使人不可移夺者也。"①

所以，他写《资治通鉴》不用春秋笔法，而"据其功业之实而言之"。对于分裂割据时期的处理，则根据"岁、时、月、日以识事之先后"、"非尊此而卑彼，有正闰之辨也"。司马光的这些见解与做法，在当时可以说是独树一帜。不过，他摒弃"正闰之论"，是因为"正闰之论"不利于"使观者择其善恶得失，以为劝戒"，也就是说不利于"资治"。

---

① 《资治通鉴》卷69《魏纪一》"臣光曰"。

因此，它的局限性又是相当明显的。

明清之际具有民主思想的进步思想家王夫之，在写《读通鉴论》时，也摒弃正统观！他认为，"夫统者，合而不离、续而不绝之谓也"。上推数千年中国之治乱迄于明，"天下之不合与不续也多矣"！用邹衍的五德之说和刘歆的历家之论来诠释天下治乱之迹，有悖于事理。他指出："以天下论者，必循天下之公，天下〔非夷狄盗逆之所可尸，而抑〕非一姓之私也。"所以，正统观不过是"为其臣子者，必私其君父"的一种不经之谈。毫无疑问，王夫之摒弃正统观，较之司马光摒弃正闰之论又进了一步。王夫之从"天下非一姓之私"的立场出发，抨击正统论，可谓中的。①

对于传统的"正闰之论"本质认识的突破，则是近代社会变革的直接结果。1902年，梁启超在《新民丛报》上发表了总题为《新史学》的系列文章，以资产阶级新观点，全面清算了封建专制主义的"正闰之争"。他在《中国之旧史》一文中，指出封建"正史"的"四弊"之一，是"知有朝廷而不知有国家"；二十四史不过是"二十四姓之家谱"，"以为天下者君主一人之天下，故其为史也，不过叙某朝以何而得之，以何而治之，以何而失之而已。舍此则非所闻也"。因此，"二十四史，真可谓地球上空前绝后之一大相斫书也"。又说："盖从来作史者，皆为朝廷上之君若臣而作，曾无有一书为国民而作者也。其大蔽在不知朝廷与国家之分别，以为舍朝廷外无国家。于是乎有所谓正统闰统之争论，有所谓鼎革前后之笔法。如欧阳之《新五代史》、朱子之《通鉴纲目》等。今日盗贼，明日圣神，甲也天命，乙也僭逆。如群蛆啄矢，争其甘苦，狙公赋芋，辨其四三，自欺欺人，莫此为甚。"②在《论正统》一文中，又进一步阐发了他对"正统闰统之争论"、"鼎革前后之笔法"的批判。他说，由于旧史家只知有朝廷而不知有国家，所以他们以为"天下不可一日无君"，于是乎有"统"。又以为"天无二日民无二王"，于是乎有"正统"。"统"者，殆谓"天所立而民所宗"也；"正"者，殆谓"一为真而余为伪"也。其

---

① 《读通鉴论》卷末《叙论一》。
② 《饮冰室文集》之9《新史学》。

实质，"一言蔽之曰：自为奴隶根性所束缚，而复以煽后人之奴隶性而已"。

接着，梁启超在考察了历代正闰之辨的各种论据之后，一针见血地指出："苟论正统，吾敢翻数千年之案而昌言曰：自周秦以后，无一朝能当此名者也。"理由是：第一，如果以为"夷狄不可以为统，则胡元及沙陀三小族，在所必摈"；而后魏、北齐、北周、契丹、女真也必然会被从历史上抹掉。第二，如果以为"篡夺不可以为统"，则魏、晋、宋、齐、梁、陈、北齐、北周、隋、后周、宋"在所必摈"，而唐亦不能免也。第三，如果以为"盗贼不可以为统"，则汉、后梁与明也得从历史上被抹掉。如是，"正统"岂不成了无稽之谈了吗？

梁启超进而揭示了历代统治者编造"正统论"的两大动机：一是如司马光所说的"当代君臣，自私本国也"，换言之，就是"霸者"与"霸者之奴隶"，"缘饰附会，以保其一姓私产之谋耳"。二是"陋儒误解经义，煽扬奴性"。陋儒之说，以帝王为神圣，而一国之大，不可一时无一神圣，因此，无论是乱臣、贼子、大盗、狗偷、仇雠、夷狄，则"必取一人一姓"为圣神偶像，"而尸祝之"。于是造成同一人，"甲书称之为乱贼、偷盗、仇雠、夷狄，而乙书则称之为神圣"，甚至同一人、同一书，"今日称之为乱贼、偷盗、仇雠、夷狄，明日则称为神圣"的矛盾。其实，陋儒所奉为圭臬的"理论"，不过是陈腐的"成即为王，败即为寇"的"赌博儿戏"罢了，应当彻底加以摒弃。

在梁启超看来，"统也者，在国非在君也，在众人非在一人也。舍国而求诸君，舍众人而求诸一人，必无统之可言，更无正之可言"。他认为，只有像西方一些实行君主立宪制的国家，"以宪法而定其君位继承之律"，君主即位时宣誓"敬守宪法"，取得人民的"公认"，才称得上"正统"。这是中国数千年历史上绝对没有的。而中国历史上的所谓"正统论"，不过是一种自欺欺人的"愚妄"之谈。[①] 在这里，梁启超用资产阶级民主观点，彻底否定封建专制主义"正统论"，可以说是国人对正统观认识上的一次革命性变革。

---

① 《饮冰室文集》之9《新史学》。

辛亥革命推翻了清王朝，是对"正统论"的一次武器的批判。然而，中国资产阶级革命的不彻底性，却又使"正统论"的沉渣在近代几度泛起。袁世凯、段祺瑞、曹锟以至蒋介石，都曾盗名欺世，自封为所谓"正统"，因而理所当然地受到了马克思主义者的严厉批判。

抗日战争胜利后，著名马克思主义史学家翦伯赞在重庆著文《论中国史上的正统主义》，指出"所谓正统正义，就是以'皇帝至上'、'封建世袭'为原则辩护现存政权之合法性的工具"，认为"民国初，北洋军阀修清史，以清为圣朝而指太平天国为发匪，即正清而伪太平天国。他们之所以正清而伪太平天国，也是辩护承继清的北洋军阀的政权是正统，而从太平天国发展出来的辛亥革命和由此而建立的国民党政权是僭伪"。接着，翦伯赞又说："晚近又有人企图把某一个人（按：指蒋介石）尊为神圣某一党派奉为正统。他们不惜尊奉汉奸曾国藩为圣人，以否定太平天国的合法性，其用意也是企图以正曾国藩者正现在的人民屠杀者，以伪太平天国者伪现在的人民军。"[①] 同年，在解放区，著名的马克思主义史学家范文澜也著文《论正统》[②]，指出传统的"正统观"，是由"家奴观点"、"汉奸观点"、"因袭观点"制造出来的"浓厚的糊涂观念"。民国以来，"从袁世凯、段祺瑞、曹锟，以至汪精卫、蒋介石"，都利用这糊涂观念为他们的伪政权涂金。特别是1927年后背叛孙中山先生的新三民主义、背叛革命的蒋介石，却厚颜无耻地以"孙中山嫡派信徒"、"奉行三民主义"相标榜，铤而走险，于1946年11月15日公然召开所谓"国民大会"，制造伪"宪法"，企图维护其摇摇欲坠的反动政权，伪造其"合法地位"。范文澜认为：蒋记国民党政府彻底背弃了孙中山先生的"主权在民"和"还政于民"两条遗教。因为，第一，它不实行"国内各民族一律平等，共同反抗帝国主义侵略"；第二，它不实行"反对封建制度的民主政治"；第三，它不是"民主主义的全国统一"。所以，"蒋记国民党对孙中山的国民党说来，根本无正统可言"。"民国以来的所谓'中央'政府，即北洋军阀政府与蒋介石的国民党政府……一丝一毫也找不出正统的气味来。"

---

① 《民主星期刊》第19期，1946年2月20日。
② 见《人民日报》1946年12月30日。

统揽以往对于"正统论"的批判，我们可得到些什么启示呢？

首先，"正统论"作为中国封建专制主义的思想武器，成为历代封建政权论证自己是"合法主权政府"的得力工具，不同的时代变换不同的政治内容，使其历久不衰，直到近代还在社会政治斗争中发生着影响，标志着它作为一种传统政治文化的惰性延续，一定程度上反映了历史发展的曲折性和政治斗争的反复性。

其次，传统的正统观，是以君主的上下承继关系来替代"主权国家"的历史演变的，鼓吹的是"君统"论。用科学的观点来考察，与"正统论"相对立的范畴，应当是"人民主权论"。谁代表人民的利益，谁就是真正的"主权国家"的代表。我们不妨称之为"民统论"。1959年，毛泽东在北戴河说："曹操统一北方，创立魏国。那时黄河流域是全国的中心地区。他改革了东汉的许多恶政，抑制豪强，发展生产，实行屯田制，还督促垦荒，推行法制，提倡节俭，使遭受大破坏的社会开始稳定、恢复、发展。这些难道还不该肯定？难道不是了不起？说曹操是白脸奸臣，书上这么写，剧里这么演，老百姓这么说，那是封建正统观念制造的冤案，还有那些反对士族，他们是封建的垄断者，他们写东西就是维护封建正统。这个案要翻。"① 诚哉，斯言！

四　正统观方法论平议

正统观自汉儒首倡以来，两千年间，所以历久不绝，方法论上的欺骗性，起很大作用。

方法之一，是移用阴阳家的"五德终始"学说。"五德终始"，是战国时代阴阳家代表人物邹衍的主要学说之一。他认为历史是按照"五德转移，治各有宜，而符应若兹"② 的规律循环的。五德终始，又叫做"五行相胜"。所谓五德，即五行，指的是水、火、木、金、土五种物质所代表的神力。它们之间的关系，是相生相胜的关系，即土生金、金生水、水生

---

① 张贻玖：《毛泽东读史》，中国友谊出版公司1991年版，第61页。
② 《史记·孟荀列传》。

木、木生火、火生土。邹衍认为，每一德支配着一个朝代，每一个朝代有特定的制度和政治，叫做"治各有宜"；当某一德被另一德所取代的时候，必定会发生某种奇异的自然现象，作为换代的信息，叫做"符应"。历史就是按照这种五德生、胜的次序，一代一代循环往复的。即如邹衍所说："五德从所不胜，虞土、夏木、殷金、周火"①。不言而喻，这是一种典型的历史唯心主义。但是，它以后却成了历代封建统治者自命"奉天承运"的正统天子的重要理论根据。

值得注意的问题是，各个朝代究竟比附哪一德，带有极大的随意性，并无定式。例如：

> 孟康曰：秦推五胜，以周为火，用水胜之。汉儒以庖牺继天而王，为百王首，德始于木。共工氏霸九域，在木火之间，非其序也，故霸而不王。神农氏以火承木，故为炎帝。神农氏没，黄帝氏作，火生土，故为土德。少昊，黄帝之子，土生金，故为金德。少昊之衰，颛顼受之，金生水，故为水德。颛顼之所建，帝喾受之，水生木，故为木德。高辛氏衰，天下归尧，木生火，故为火德。尧嬗舜，火生土，故为土德。舜嬗禹，土生金，故为金德。汤伐桀缵禹，金生水，故为水德。周伐商，水生木，故为木德。汉伐秦继周，木生火，故为火德。共工及秦不在五德相生之正运，故曰闰位。②

又如，关于汉朝在五德中的行次，汉人就有三种不同的排列方法：张苍以汉为水德，贾谊、公孙臣以汉为土德，刘向以汉为火德。对此，北魏人高闾曾评论说："以为水德者，正以尝有水溢之应，则不推运代相承之数矣。以土德者，则以亡秦历，相即为次，不推逆顺之异也。以为火德者，悬证赤帝斩蛇之符，弃秦之暴，越恶承善，不以世次为正也，故以承周为火德。自兹厥后，乃以为常。"③换言之，就是汉朝人在攀比五德次序

---

① 沈休文《故安陆昭王碑》李善注引《邹子》，见《文选》。
② 《资治通鉴》卷69《魏纪一》注引。
③ 《魏书·礼志一》。

的时候，意见也是不一致的。然而，不管它是攀比的哪一德，目的却都是论证本朝是合法的正统王朝。

再如，北魏孝文帝为了与南朝争当正统，于太和十四年（490）八月，下诏重新议定行次。诏曰："丘泽初志，配尚宜定，五德相袭，分叙有常。然异同之论，著于往汉，未详之说，疑在今史。群官百辟，可议其所应，必令合衷，以成万代之式。"

当时朝廷内部意见发生分歧：中书监高闾"以石（赵）承晋为水德，以燕承石为木德，以秦承燕为火德，大魏次秦为土德，皆以地据中夏，以为得统之征。皇魏建号，事接秦末，晋既灭亡，天命在我。故因中原有寄，即而承之"。而秘书丞臣李彪、著作郎崔光等人，则"据神元皇帝与晋武并时，桓、穆二帝，仍修旧好。始自平文，逮于太祖，抗衡秦、赵，终平慕容（燕）。晋祚终于秦方，大魏兴于云朔。据汉弃秦继周之义，以皇魏承晋为水德"。

一个主张"大魏次秦为土德"；一个主张"以皇魏承晋为水德"。二家之论，争持不下。到了太和十五年正月，侍中、司空、长乐王穆亮等大臣，"受敕共议中书监高闾、秘书丞李彪等二人所议皇魏行次"，提出"今欲从彪等所议，宜承晋为水德"的方案，奏请孝文帝裁夺。孝文帝遂下诏认可。诏曰："越近承远，情所未安。然考次推时，颇亦难继。朝贤所议，岂朕能有违夺。便可依为水德，祖申腊辰。"①

以上事例，都是采用攀比五德相袭的方法，来论证本朝是"正统"的，但是在选择攀比行次时，往往相互矛盾，充分说明这种方法论，完全是一种自欺欺人的把戏。

方法之二，是移用"三统"轮回说教。三统轮回，是董仲舒在继承邹衍的"五德终始"说的基础上，提出来的一种神学唯心主义历史观。古时候改朝换代，新王朝为表示自己"奉天承运"，必须重建"正朔"。正谓年始，朔谓月初。所谓"三统"，就是夏、商、周三代的正朔，即夏正、商正、周正三种不同的历法。夏正建寅，以一月为岁首；殷正建丑，以十二月为岁首；周正建子，以十一月为岁首。非但如此，王者得政，为了表

---

① 以上引文俱见《魏书·礼志一》。

示与民更始，还必须"易服色"，"以顺天志"。夏尚黑，为黑统；殷尚白，为白统；周尚赤，为赤统。董仲舒认为，三代以来的历史，就是黑、白、赤三统的轮回循环。"王者改制作科奈何？曰：当十二色，历各法，而正朔逆数，三而复。"① 其实，董仲舒的三统轮回说教，不过是给邹衍的"五德终始"说披上了一层"改正朔，易服色"的宗教仪式的外衣，实质上，仍然是一种历史循环论。但是，它却成为后世论证本朝为正统的一种惯用方法。

例如，尹洙的"天地有常位，运历有常数"（见前揭），邹雍以四季比附历史，认为从三皇五代，正是春夏秋冬一个循环，五代一过，"苟有命世之人继世而兴焉，则虽民如夷狄，三变而帝道可举"②，以及杨维桢所说的"天之历数自有归，代之正闰不可紊。千载历数之统，不必以承先朝续亡主为正"③，等等，无不是受三统轮回说教的影响，而作为争当正统的根据提出来的。但是这种方法，形式上的荒诞不经，却注定了它的实质只能是一种唯心主义的形而上学，不足为训。

方法之三，是伪造"传国玺"和编造"禅代"的神话。所谓"传国玺"，是指秦始皇的六块印章中的一块。秦以前以金、玉、银为方寸玺。秦以来只有皇帝的印章才称玺，并且专用玉材。相传秦始皇取蓝田玉为之，命李斯作书，文曰："受命于天，既寿永昌"。汉高祖定三秦，子婴献之，高祖即位乃佩之。因以相传，号"传国玺"④。其后历经王莽以迄魏晋，争以得玺为符应，作为承继正统的象征。及永嘉之乱后，此玺遂失，不知所在。历代便自行伪造，文也有别。例如，北魏在太武帝时，就曾伪造过两方传国玺。据记载，太平真君七年（446）夏四月，"邺城毁五层佛图，于泥像中得玉玺二，其文皆曰'受命于天，既寿永昌'，其一刻其旁曰'魏所受汉传国玺'"⑤。这种把"传国玺"视作正统相承的依据，不

---

① 《春秋繁露·三代改制》。
② 《皇极经世》卷11。
③ 《南村辍耕录》卷3《正统辨》。
④ 《后汉书·徐璆传》注引"卫宏曰"。
⑤ 《魏书·世祖纪第四下》。另，有关历代流传、饰冒传国玺的情况，陶宗仪《南村辍耕录》卷26《传国玺》、沈德符《秦玺始末》、赵翼《陔余丛考》卷20《杨桓传国玺考之误》等文，言之甚详，可参看。

惜弄虚作假，自行伪造，来树立自己的正统地位，实在是一种愚弄舆论的欺诈行为。

与伪造传国玺相类似的方法，就是编造"禅代"的神话。自从曹魏假称禅让以移国号以来，所谓"禅代"，就成了权臣易代之法。对此，赵翼曾加以总结，今移录如下：

> 古来只有禅让、征诛二局，其权臣夺国则名篡弑，常相戒而不敢犯。王莽不得已，托于周公辅成王，以摄政践阼，然周公未尝有天下也。至曹魏则既欲移汉之天下，又不肯居篡弑之名，于是假禅让为攘夺。自此例一开，而晋、齐、梁、北齐、后周以及陈、隋皆效之。此外尚有司马伦、桓玄之徒，亦援以为例。甚至唐高祖本以征诛起，而亦假代王之禅，朱温更以盗贼起，而亦假哀帝之禅。至曹魏创此一局，而奉为成式者，且十数代，历七八百年……①

起初，权臣假称禅让以夺国统，尚不加害故君，如曹丕代汉，封汉献帝为山阳公；司马炎代魏，封魏帝奂为陈留王，均得善终。但是，自刘裕代晋即杀故君起，齐、梁、陈、隋、北齐、后周等，无不竞相效尤。仅举二例：

例一，陈霸先代梁。陈霸先原为梁敬帝的丞相，及加九锡并受禅，曾遣沈恪勒兵入宫害梁敬帝。沈恪辞曰："身经事肖家来，今日不忍见如许事。"陈霸先便令中书舍人刘师知入内殿，"诈帝令出，帝觉，绕床走曰：'师知卖我，陈霸先反。我本不须作天子，何意见杀。'师知执帝衣，行事者加刃焉。"既而报陈霸先曰："事已了。"②

例二，高洋代魏。武定八年（550）五月，高洋被东魏孝静帝封为相国后不几天，便逼孝静帝逊位。他派人启奏孝静帝曰："五行之运，有始有终。齐王（高洋）圣德钦明，万姓归仰，臣等昧死奏闻，愿陛下则尧禅舜。"孝静帝便敛容答道："此事推挹已久，谨当逊避。"又说："若尔，

---

① 《廿二史劄记》卷7《禅代》。
② 《南史》卷68《刘师知传》。

须作诏书。"侍郎崔劼等奏曰："诏已作讫。"即进孝静帝书之。孝静帝无可奈何，只好下御座，入后宫，泣别，皇后以下皆哭。孝静帝说："今日不减常道乡公、汉献帝。"遂迁于北城司马子如南宅。后来高洋行幸，常以孝静帝自随。不久，孝静帝"竟遇酖而崩"。①

历史真是爱捉弄人。明明是卑鄙龌龊的宫廷政变，却堂而皇之地戴上"奉天承运"的桂冠。可见，所谓"禅代"，不过是权臣僭窃的一种掩耳盗铃的把戏罢了！还是王夫之说得好："正统之说，不知其所自昉也。自汉之亡，曹氏、司马氏乘之以窃天下，而为之名曰禅。于是为之说曰：'必有所承以为统，而后可以为天子。'义不相授受，而强相缀系以掩篡夺之迹；抑假邹衍五德之邪说与刘歆历家之绪论，文其诐辞；要岂事理之实然哉？"②

五　余论

"民权亡而无正统"。这是近代资产阶级革命过程中，先进的知识分子对正统观的批判性总结。随着岁月的流逝，宗法封建专制主义终于被赶出历史舞台，正闰之论，也就失去了它往日的意义和光泽。然而，正闰之辨作为传统政治文化中的一个主题，历经两千年的提倡与渲染，逐渐形成一种文化心理上的积淀，成为一种传统的惯力，潜移默化地支配着一代又一代国人的思维，在不同的历史时代，不同的社会条件下，客观上却又造成标榜正统的各方所始料不及的社会后果。

在分裂割据时代，"君子居大正，王者大一统"深入人心，成为促进国家统一的一面旗帜，推动了封建割据战争向封建统一战争的转化，客观上又符合历史发展的总趋势。如在十六国与东晋对峙的时代，北方由匈奴、羯、鲜卑、氐、羌等少数民族上层分子所建立的政权，便与司马氏的东晋政权，展开了争当正统的斗争。公元376年，氐秦政权统一了北方，并实行了一系列的改革措施，造成"国内殷实"的局面。到了公元383

---

① 《北史》卷5《魏本纪五》。
② 《读通鉴论》卷末《叙论一》。

年，秦主符坚引群臣会议曰："吾统承大业垂二十载，芟夷逋秽，四方略定，惟东南一隅未宾王化。吾每思天下不一，未尝不临食辍餔，今欲起天下兵以讨之。"① 会上群臣各言其志，不少大臣反对大举伐晋。符坚却认为"不建大同之业"，"天下何由一轨"？遂于七月下诏伐晋。不料，"八公山上草木皆兵"，淝水之败，其国大乱。符坚单骑逃回淮北，两年后死于新平佛寺。朱熹在回答弟子所提出的"符坚立国之势亦坚牢，治平许多年，百姓爱戴，何故一败涂地，更不可救"的问题时，评论说："他是急要做正统，恐后世以其非正统，故急欲亡晋"②，可谓一语中的！

又如，公元407年，匈奴首领勃勃自立为王，建立大夏国，并于413年在今陕西靖边城北建立了都城。他自己为都城取个"统万"的名字，说："朕方统一天下，君临万邦，可以统万为名。"同年，又下诏改姓赫连，其曰："帝王者系天为子，是为徽赫实与天连，今改姓曰赫连氏，庶协皇天之意，永享无疆大庆。系天之尊，不可令支庶同之，其非正统，皆以铁伐为氏。"③ 你看，为"统一天下，君临万邦"而将都城定名为"万统"；为了示以正统，而令宗族支庶改姓"铁伐"。这些都表明赫连勃勃俨然以"正统"自居，要"统一天下"了！

在少数民族入主中原的历史时代，正统论往往又被添加一些鼎新革故、附会汉法的内容，从而成为推动少数民族的汉化和促进民族融合的一种力量。这一点，在北魏、金、元时代表现得尤为显著。仅举一例：北魏太武帝跖拔焘在延和元年春正月发布的一道诏书中，就曾表明争当正统，必须推行汉化。他号召群臣百官，应当"直道正身，立功立事"，"启国承家，修废官，举俊逸，蠲除烦苛，更定科制，务从轻约，除故革新，以正一统"④。后来，孝文帝从平城迁都洛阳后，大刀阔斧地进行改革，用王肃定官制，并下令禁胡服，"断诸北语，一从正音（汉语）"、改姓氏，等等，都是在与南朝争当正统的过程中的新举措。而这些改革措施，客观上又推进了民族融合的历史进程。所以，元初郝经曾劝导元世祖忽必烈向北

---

① 《晋书》卷114《符坚载纪下》。
② 《朱子语类》卷136《历代三》。
③ 《晋书》卷130《赫连勃勃载记》。
④ 《魏书》卷4上《世祖纪》。

魏学习。他说："昔元魏始有代地，便参用汉法，至孝文迁都洛阳，一以汉法为政，典章文物灿然与前代比隆，天下至今称为贤君。王通修元经，即为正统，是可以为鉴也。"①

而在朝代更替、以阶级压迫为实质的民族压迫成为社会主要矛盾的特定历史时代，如宋末元初、明末清初，正闰之辨往往成为人们反抗压迫的一种手段，而被加以运用。

在清初的文字狱中，戴名世的《南山集》案和方孝标的《滇游纪闻》案，均以正闰之辨而得祸。戴与弟子余生书，"论修史之例，谓本朝（案即清朝）当以康熙壬寅（案即南明永历帝灭亡之年）为定鼎之始。世祖虽入关一十八年，当时明祚未绝。若循蜀汉之例，则顺治不得为正统云"②。而方孝标则说："盖永历帝之始于广东，中于广西，终于滇黔。……其朝未可谓之伪朝，而其官则伪官、封则伪封也。"③ 方、戴二人，实质上不以南明为闰统。在清朝统治者看来，这就是指斥清朝为非正统。结果，戴名世被寸磔，已故的方孝标被剉尸，均株连九族。可见在当时，正闰之辨干系甚大。用正闰之辨反抗民族压迫，要付出血的代价。

悠悠两千年，正闰之辨在历史的长河中曾激起无数层浪花，固然有其合理的因子，但是，合理的东西，未必一定是科学的东西。今天我们重新审视这一古老的命题，大体应作如是观。

（原载《中国社会科学院研究生院学报》1993 年第 5 期）

---

① 《陵川集》卷 32《立政议》。
② 《鲒埼亭集》外编卷 22《江浙两大狱记》。
③ 《滇游纪闻》。

官僚政治与官僚主义

官僚政治作为一种政体形态，在中国是封建专制主义的派生物，与封建专制主义是同步出现的。封建帝王为了维护其统治，除拥有大量常备兵以防范和镇压人民的反抗外，还必须建立一支庞大的官僚队伍，对全国各地进行有效的统治。中国的封建官僚，是从奴隶制时代君主的家臣演变出来的。因此，官僚的实质，不过是君主的奴仆。秦兼并天下，建皇帝之号，立丞相、御史大夫、太尉、郡守、郡尉、县令等百官之职，首创了官僚政治的格局。其后两千多年间，历代不断有所损益，使之成为中国封建政治制度的突出特点之一。

秦始皇作为封建专制主义官僚政治的创始者，集功过于一身，千百年来，毁誉参半。明朝中叶以后，这种封建专制主义官僚政治，日益成为阻滞社会经济发展的桎梏，并拉大了与西方新兴的资本主义国家的差距。于是先进的中国思想界健笔纵横，开始对封建专制主义官僚政治进行猛烈抨击。鸦片战争以后，卓识之士率先萌发了改变封建专制主义官僚政治的要求；戊戌变法，资产阶级改良派提出了建立君主立宪政体的构想；辛亥革命，推翻了清王朝，发出了振聋发聩的"扫除数千年种种专制政体"[①] 的呼号；五四运动以来，先驱们把变革封建专制主义官僚政治与革命实践相结合，进行了可歌可泣的斗争；直到 1949 年中华人民共和国成立，传统的封建专制主义官僚政治，才在中国大地上被推翻。

然而，在社会生产力水平极为低下，社会主义商品经济没有充分发展的客观条件下，封建专制主义官僚政治的惰性影响，却与封闭而落后的自

---

① 邹容：《革命军》，张枬、王忍之编《辛亥革命前十年时论选集》第 1 卷下册，三联书店 1960 年版。

然经济未得到彻底改造而成正比；传统政治文化所塑造的社会心理，也不因封建专制主义官僚政治的被推翻而销声匿迹。所以，早在1980年邓小平同志就在《党和国家领导制度的改革》报告中指出，现在应该明确提出继续肃清思想政治方面的封建主义残余影响的任务，并在制度上做一系列切实的改革，否则国家和人民还要遭受损失。党的十三大政治报告又重申，在具体的领导制度、组织形式和工作方式上，存在着一些重大缺陷，主要表现为权力过分集中，官僚主义严重，封建主义影响远未肃清。基于这一认识，重新检讨中国封建专制主义官僚政治的基本特征及其派生物官僚主义的惰性影响，对于深入了解我国国情，以便在政治体制改革中，兴利除弊，显然是不无意义的。

一

中国的官僚政治形成了一个体系完备、历史久远的文官制度。无论是考选、铨叙、品阶、薪俸，还是考绩、监察、赏罚、致仕，无论是政务官（品官）与业务官（吏胥）的划分，还是限任制与常任制的区别，在世界各国政治制度史上，都是首屈一指的。不过，中国封建时代的文官制度与近代西方的文官制度不同，具有如下特点：

第一，"官为君设"，从而赋予中国官僚政治以浓厚的人治色彩。封建专制主义政治体制，规定了官职的设置、官僚的任用，权归皇帝。各级官僚只是皇帝推行个人意志、统治国人的工具。因此，官僚是为君而设，必须对皇帝尽忠。汉武帝时，有个名叫孔安国的为"侍中"，"特听掌御唾壶，朝廷荣之"，因为是为皇帝端痰盂的，所以受到尊崇。可见"侍中"的实质，不过是皇帝的奴才。此外，像仆射、中书、尚书等位列宰相的官职，原意都不过是皇帝的奴才而已。惟其如此，皇帝之于官僚有生杀予夺的大权，可以任意逮捕、处罚官吏。例如，唐代有杖罚百官之制，明代有廷杖朝臣之刑。皇帝可以肆意侮辱官僚的人格，像以肉投狗那样，投钱令拾，还美其名曰"恩典"。于是，在封建社会政治舞台上，确立了官僚对皇帝，以及官僚上下级之间的人身依附关系。我们知道，封建专制主义是皇帝说了算，他的话就是法律，官僚的义务是必须绝对服从。所谓"丞相诸大臣皆受成事,倚办于上",就是这个意思。因此,皇帝个人的政治素质、性格与涵养,以及好恶等,对官僚群体具有决定性的影响。官僚处理政务,唯以上峰脸色为准绳。凡事奉命而行,只对皇帝及上级效忠,长于违反民意,不对人民负责。这就为官僚政治打上了深深的人治的烙印,即所谓"其人存,则其政举;其人亡,则其政息"。两千多年来,中国民间的细民百姓,之所以寄幻想于明君贤相和清官出世,来解救他们于水火,其源盖出于此。

第二,中国的官僚政治虽然有一套完善的考选官僚的制度,但是,无论是从考选对象和内容,还是从考选方式与程序上看,都体现了它的封闭性特征,如:

其一,两汉的察举、辟除、征召、荐举之制,魏晋的九品官人之法,唐宋以后的制举、保举、荐举制,等等,都是以官举人,权操于上,百姓无得参与,民意无得反映。因而它与近现代的民选制大相径庭。按照这种方式选拔出来的官僚的素质大成问题。像东汉灵帝时居然出现了"举秀才不知书,察孝廉别父居。寒素清白浊如泥,高第良将怯如鸡"的怪现象。魏晋时期的九品中正制,是非随爱憎,寄褒贬于一人之手。干宝《晋纪总论》曾抨击说:"选者为人择官,官者为人择利。秉钧当国之士,身兼官以十数,大极其尊,小极其要。机事之失,十恒八九。而世族贵戚之子弟,陵迁超越,不拘世次。"科举制实行以后,虽然表面上突破了世家大族垄断官场的局面,但是,科举考试的科目及内容,大抵不出经义的范围。当然,也有例外,如唐代的制举,因系皇帝自诏,科目随意标立,名不符实,流于繁冗,有所谓博学弘词科、文词秀逸科、风雅古调科,等等,不下六七十种之多。中制举者,属于火箭式提拔的官僚。特别是明清时期盛行八股文取士,从而把学士训练成只会鹦鹉学舌式的人物。因此,这样选拔的不是人才,而是奴才,多半没有进取精神,属于非创造型。他们大致只熟悉刑名钱谷文书及控制防范人民一类事务,而极端缺乏推进社会发展的科学知识和开展经济建设造福人民的聪明才智。这种甄选方式赋予整个官僚群体以因循守旧的保守性格,是中国封建官僚政治封闭性表现的一个重要侧面。

其二,作为封建官僚甄选的重要补充方式,历代都实行恩荫任子与资纳捐官制。恩荫制奉行循情任用原则，其特点，是子孙或其他亲族因其父祖为官，而得以荫庇出任较父祖官阶为低的官位。它重血缘，而不顾才能，是世袭制的一个遗迹，本身属于一种封建特权。恩荫制创始于汉，完型于唐，泛滥于宋元明清。虽有人表示过异议，然而，历史上任何一个统治阶级，无不希望把自己最放心的人放到政府的各个部门，充当自己的代表去治理国事，于是恩荫任子制愈演愈烈。至汉桓帝时，任子为官者竟遍于州县了，唐代恩荫制进一步完善，不仅皇亲国戚享有恩荫特权，而且一般品官也享有此种特权，恩荫制得以在最广大的范围内推行。其后，宋元明清各代，恩荫制愈行愈滥。宋代可以荫及门客、故吏、医生。明代恩荫制居然适用于宦官，像王振、曹吉祥、魏忠贤之流，都曾荫及弟侄及养子干孙。恩荫制不仅赋予官僚政治以封闭性，而且导致官僚队伍的素质逐步退化，进而变得腐败不堪。

　　至于资纳捐官，顾名思义，是使官僚政治商品化。秦始皇四年有"令民纳粟拜爵"之举，两汉有入物补官之制。此风既开，两千年间，不能禁绝。历代统治者资纳捐官之举，大率出于财政上的考虑，或治河，或实边，或赈济灾荒，或筹集军饷，诸如此类，不一而足，动机都是为了搞钱。固然不能对买官者一概而论，不能说他们之中绝无人才，像西汉有名的司马相如，就是"以资为郎"的。但是，这毕竟是凤毛麟角。就其绝大多数人而言，则绝非俊秀，因此降低了官僚队伍的素质，助长了贪污之风，使官僚政治日趋腐败。资捐的实质，是"以官为贸易"，基本不出殷实富户、官吏子弟、市井纨绔圈子。这类人等，一旦得志，便包揽词讼，武断乡曲，敲诈勒索，加倍取回买官之资。捐纳出身的官僚，较之那些科举出身的官僚，往往不顾惜声名，为非作歹，肆无忌惮，作奸犯科，尤为在行。

　　其三，入选的士子获得做官的资格之后，在晋升问题上，实行论资排辈，这是官僚政治封闭性的又一表现。北魏时，为了解决"官员既少，应选者多"的矛盾，崔亮首创"停年格"的铨选方法。即"不问士之贤愚，专以停解日月为断"。自此而后，积常成俗，流弊无穷。所以，宋人孙洙专门写了一篇《资格论》予以评说："今贤才之伏于下者，资格牵之也。职事之废于官者，资格间之也。小人累日以取美仕，君子仄身而困卑位，所得者非所求也，所求者非所任也。"如果说，论资排辈使官僚政治日趋封闭保守的话，那么，明代万历年间吏部尚书孙丕扬创立的"掣签法"，更是贻笑千古了。尽管其动机是试图摆脱豪人请托、权贵干预的时风，然而，官员的铨选全凭抽签定终身，简直形同赌博，只能徒具虚文了。

第三，历代设官，皆置吏胥。吏胥作为封建官府中的具体办事人员，与官僚相辅相成，构成官僚政治的实体。

官僚与吏胥在官僚政治中，处在不同的层次上，"领持大概者，官也；办集一切者，吏也"。因此，他们不仅职责不同，而且在任期、避籍以及政治素质等方面，都有明显的区别。宋人陆九渊与赵推书有云："官人者，异乡之人；吏人者，本乡之人。官人者，年满三考，成资者二考；吏人者，则长子孙于其间。"① 这些属于制度方面的区别，遂造成为官者迁徙无常，经常调动；吏胥虽不入流品，但却可以终身任职，甚至父子兄弟相继，从而形成吏胥左右官场的局面，上自公卿，下至守令，终不能跳出此辈圈子。刑狱簿书，出于其手，典故宪令，出于其手，甚至兵机政要，迟速进退，无不出于其手。一刻没有吏胥，则宰相亦将束手。吏胥左右官场，乘机以售其奸，最终导致官僚政治的腐败性有增无减，主要表现有：

拖延政务，降低行政效率。例如，元代中书省的日常政务"多为胥吏迟留"，肃政廉访司追查所管官府的一个文件，居然"八个月余，未曾发下"。入选仕子除官，因吏人拖延，"甚至留滞经年，或至再岁"。类似的情况，宋明清各代，屡见不鲜。

操纵官府，凌驾于公卿之上，舞文弄法，刁难州县，飞书走牍，勒索当道，搅乱了行政秩序。至于伪造印章，颠倒是非，窜改案牍，移花接木，更是吏胥的拿手好戏。

吏胥在承办赋役、刑狱事务中，招摇纳贿，敲骨吸髓，草菅人命。宋元时期，赋役的摊派依每户等级高下而定，然而，排定户籍、修造簿册，都在吏胥的手中。在刑狱事务中，吏胥趁办理狱讼之机，变乱曲直；公开索贿，历代不胜枚举。正因为如此，吏胥之为害，历来受到人们的猛烈抨

---

① 陆九渊：《象山全集》卷8，四部丛刊本。

击。有人称之为"养百万虎狼于民间"。可见，它是官僚政治腐败性的典型表现。

二

官僚政治，流弊很多，最大的弊端，莫过于官僚主义。官僚主义是官僚政治的必然产物，也是官僚政治永远摆脱不了的恶魔。

官僚政治与专制主义相结合，赋予中国封建政治制度以特权政治的特征。在特权政治下的政治权力，不是被用来表达人民的意志、为人民谋福利，而是以国家的名义来统治和奴役人民，牟取私利。这样，跻身于官僚行列，以求在专制皇权的庇护下，合法地分享一定的权力，就成为历代仕子梦寐以求的事。在科举制时代，他们甚至不惜数十年寒窗以求入仕，一俟入仕，便百计求官，得到官职、官俸后，又把全部心思用在如何保住乌纱帽、如何求得升迁上面去。至于民间疾苦，则麻木不仁，全不放在心上。清人郑板桥说得透彻，一捧书本，便想中举、中进士、做官，如何攫取金钱、造大房屋、多置田产。于是，奉上和苟下，便成为官僚们的共同性格，并在以下两个方面表现为官僚主义盛行：一是不顾客观实际状况的千变万化，遇事只知按"祖宗成法"与积年"案例"办事，不求有功，但求无过。二是一事当前，竭力揣摩皇帝及上峰的意图，溜须拍马，百计迎合。在处理政务上，不敢负责、不敢创新，唯唯诺诺、敷衍塞责，此其一。

其二，历代帝王为了使国家机器能在他的指挥棒下运转，无不处心积虑地注意处理好皇权与官僚机构的关系。就官僚机构的设置而言，代有变更，每一个王朝创立伊始或有作为的皇帝上台之初，无不下一番惩前毖后的功夫，改变机构设置。皇帝企图通过种种内外制约、犬牙相错的机构与官员的设置，达到驾驭群臣、防止大权旁落的目的，然而，客观上却又使官僚主义在这样两个方面横行：一是"以内驭外"、"以小驭大"的结果，导致外戚、阉宦乘机篡权，遂使外廷官员遇事畏首畏尾，模棱两可，推诿拖拉，漫不经心。这样一来，势必造成请示报告泛滥，公文旅行成灾的局面；而官僚之间，则推诿塞责，互相扯皮。二是机构重叠，官吏重设，人浮于事，冗滥充斥。例如宋代中央既设三省的正式机构，又别置中书省于宫廷，是为政事堂，与枢密对掌大政。下属各个部门同一职事，又往往由三四个衙署办理。此外，还有"差遣"，官往往是虚名，不一定有职务，差遣才是职务。如是，机构叠床架屋，官僚队伍越来越庞大，人浮于事。宋朝政府虽然先后进行过十余次裁汰冗官冗员的活动，然而，总是事与愿违，根本无法遏制冗官冗员迅速增长的趋势。据有关文献记载，西汉时官吏总数约12万人；唐代时已增加到36.8万多人；到了南宋，尽管偏安于江左，控制地域大大缩小，可官吏数量却在57.3万人以上。其增长速度，远远超过户口增长的速度。宋代有"三冗"，即冗官、冗兵、冗费；元代有"四冗"，即冗文、冗事、冗官、冗吏。它们作为官僚政治的通病，历代均未能改变。

其三，在官僚政治时代，由于官僚是以任官食禄为固定职业，并且只对上峰负责而不对人民负责，结果，官场成为社会上一切弊端的渊薮。贪赃枉法、贿赂公行，攀附朋比、徇私舞弊，以至请托、走后门，等等，就成为官僚主义的又一种表现形式。

两千多年间，清官廉吏之所以为史家所赞赏、为人民所崇敬，说明清官廉吏寥若晨星；历代惩治贪官污吏法律之严苛、案例之繁多，正好说明贪污之风的盛行。综观历代史书，贪污贿赂愈演愈烈，贪污贿赂的手段也越来越狡猾，并不因惩治贪污贿赂的法律之严酷而有所收敛。所以有人认为：一部二十四史，"实是一部贪污史"。明代重惩贪吏，刑酷法严，令人咋舌。然而，它却并没有刹住愈燃愈炽的贪污之风，可见它是官僚政治所无法医治的顽症。至于清代，官僚尸位素餐，以权谋私，贪赃枉法，更是司空见惯了。例如嘉庆皇帝查抄大贪官和珅的家产累计多达约值十亿两银子。稍逊于和珅案的贪污大案要案，在康熙、雍正、乾隆、嘉庆四朝，屡见不鲜。这些历史事实表明，贪污之风与惩治贪污的法令的宽严，并无多大关系，它是官僚主义的必然表现。

与官场上贪污腐化、贿赂公行的风气相呼应，便是官场上或者官官相护，结党营私，或者相互倾轧，争名逐利，目的无非是借以保护彼此的地位与特权，而置政务于脑后，造成政治腐败，这是官僚主义的又一表现形式。例如欧阳修曾揭露宋代官僚之间相互倾轧的情形说："或徇私意以相倾，或因小事而肆忿，纷然毁誉，传布道途。饰己短以遂非，各务必胜；进偏词而互说，上惑圣聪"，"至于朝廷得失，邦国安危，熟视怡然，各恩缄默"。① 又如，清代官僚，三五成群，互相交结，攀援权势，请托、走后门，相竞成风。② 由此可见，官僚主义最根本的一个特点，就是只有一己之私，而将公家之事置若罔闻，它必然误国殃民，当然更无行政效率可言了。

三

封建专制主义官僚政治，在中国历史上之所以能长期存在，自有它的客观必然性。它作为封建社会的上层建筑，与其自然经济形态下的地主制经济基础是相适应的。商品经济的不发达、国内市场狭小和小生产的汪洋大海，是官僚主义得以长期生存的客观条件；而以人治为精髓的封建专制主义官僚政治，则是官僚主义得以生存的内在根据。惟其如此，官僚主义在中国，才能得以最大限度地泛滥。

当然，官僚主义绝不只是我们的"国粹"，西方近代的文官制度，实质上也是一种官僚政治，同样是官僚主义赖以存在的温床。只是由于经济条件与社会条件不同，中国的封建专制主义官僚政治所派生出来的官僚主义，具有与西方官僚主义不同的顽固性与腐朽性。

众所周知，我们的社会主义脱胎于半封建半殖民地社会，新中国成立后，特别是从50年代后期起，由于指导思想与工作上的失误，使我们损失了宝贵的时间。现在，不仅生产力水平远远落后于发达的资本主义国家，发展社会主义公有制所必需的生产社会化程度还很低，而且，商品经济和国内市场还很不发达，自然经济和半自然经济还占相当的比

---

① 《欧阳文忠公集》卷104《论臣僚不和札子》，四部丛刊本。
② 参见《清世祖实录》卷106，1936年影印本。

重。这种社会经济状况，反映到政治上，就是封建主义残余和小生产习惯势力还有广泛的影响。这就使得现实中的官僚主义与历史上的陈迹往往"貌合""神似"。

所谓"貌合""神似"，就是说古今官僚主义都是以"人治"原则为依托，并在表现形式与社会后果方面有共同之处。比如，有的干部高高在上，脱离实际、脱离群众，只对上级负责，而不对人民负责，遇事靠揣测上峰意图、看上峰脸色行事；也有的干部官气十足，专横跋扈，动辄训人，打击报复，压制民主，任人唯亲，结帮拉派，甚至贪污受贿，敲诈勒索，或者巧立名目，周游列国；还有的干部好讲排场，爱说假话、大话、空话，思想僵化、因循守旧，满足于听汇报、划圈子，终日埋首于文山会海，遇事不负责任。此外，还有机构重叠、部门林立、因人设事、人浮于事，遇事互相推诿。诸如此类，都可以从历史的陈迹中，找到相应的实例。现实中的官僚主义的危害，不仅表现为行政效率低下，而且导致腐败现象丛生；不仅严重阻滞社会主义现代化建设，而且有损于我们国家和民族的形象。尽管如此，然而时代毕竟不同了。我们早已推翻了封建剥削制度，建立了社会主义制度，官僚主义赖以存在的社会条件与基础已经发生了根本性的变化。如果说古代的官僚主义是封建官僚政治的必然伴侣的话，那么，现代的官僚主义只不过是寄生在社会主义制度机体上的赘瘤。从理论上讲，官僚主义本来是与社会主义制度冰炭不相容的东西，但从实践上看，社会主义制度的建立，并不可能立即清除掉旧社会的意识形态，加上社会主义制度本身的不健全和我们工作上的失误，官僚主义便乘虚而入，泛滥成灾。历史表明，社会制度的变革与传统政治体制的传沿，是两个不同的概念。社会主义制度的建立，并不等同于政治体制科学化了。事实上，我们长期所确认的社会主义制度与计划管理制度必须对经济、政治、文化、社会都实行高度中央集权的管理体制，在一元化领导的口号下，造成的权力过分集中，以及在人事制度上没有实行公开考试、择优录用原则，在行政管理上，缺乏科学的、系统的行政法规，缺乏民主观念，民主渠道不通，又缺乏严格的监督手段，等等，都成为官僚主义滋生的客观条件。因此，古今官僚主义不仅仅表现为程度上的差别，而且前者与封建官僚政治休戚与共，具有不可克服性，后者则遇到社会主义政治体制不断改革和完善这个天然克星。

总之，在社会主义初级阶段，要实现反对官僚主义的任务，从根本上说，必须深入地进行经济体制改革，大力发展社会生产力，发展社会主义商品经济，开拓国际与国内市场，彻底根除自然经济与半自然经济成分，提高生产社会化程度。与此同时，必须坚持政治体制改革，加强社会主义法制建设，彻底改变以人治代替法治的陋习，健全社会主义监督体系，建设有中国特色的社会主义民主政治，实行国家公务员制度，并努力克服封建主义残余和小生产习惯势力的思想影响，才能取得最佳效果。

（原载《求是》1988年第6期，收入本书时，
删去标题中"中国封建社会的"七个字）

官箴、戒石铭与行政伦理

建立在发达的政治分工基础之上的笃实的行政伦理，是实现国家机器有效运转、维护社会安定的必要前提。中国历来重视行政伦理的建设，早在两千多年以前，孔子就倡导政治即道德的行政伦理观念。他认为："政者正也，子率以正，孰敢不正"；"君子之德风，小人之德草，草上之风必偃"①；"其身正，不令而行；其身不正，虽令不从"②。孔子还说："为政以德，譬如北辰，居其所而众星拱之"；"导之以政，齐之以刑，民免而无耻；导之以德，齐之以礼，有耻且格"③。荀子也说："公生明，偏生暗。"④ 先秦思想家的政治哲学，奠定了传统行政伦理的理论基础。特别是汉武帝"罢黜百家，独尊儒术"之后，两千年间，儒家的"格致诚正"、"修齐治平"政治思想，被历代统治者奉为圭臬，并成为制定行政法规和规范行政伦理的指导思想。官吏居官治事，一以定名分、行仁义、尊德性、道问学为行为准则，形成了以"官箴"、"戒石铭"为载体的传统行政伦理的价值体系，历久而靡衰，影响了一代又一代政坛的风尚。因此，探讨历代颁行的官箴、戒石铭及其演变，对于新时期的行政伦理建设，反腐倡廉，显然不无启迪意义。

官箴的演变及其特点

官箴的"箴"字，是劝告、规戒的意思。大约在公元前11世纪的西

---

① 《论语·颜渊》。
② 《论语·子路》。
③ 《论语·为政》。
④ 《荀子·不苟》。

周王朝初年，出现了中国历史上的第一部官箴——《虞箴》。《左传》襄公四年："昔周辛甲之为大史也，命百官官箴王阙。"这则记载的意思是说：早在周武王时，辛甲担任"大史"之职，曾经号令百官，每官各为箴辞，以劝戒武王之过失。由此可见，官箴的原始含义，是指百官对帝王的劝戒。遗憾的是，由于文献的缺失，我们已无法窥知《虞箴》的全部内容，但据班固《汉书·扬雄传》所云"箴莫善于《虞箴》，作《州箴》"推知，《虞箴》对后世官箴的形成与发展，曾产生过巨大的影响。

秦始皇统一六国，确立了专制君主制和官僚政治的基本格局。自此而后，两千年间，"治乱之要，其本在吏"①成为历代统治者所信奉的治国基本信条。官箴的主旨，也由过去的百官劝戒帝王，演变成官府对百官的劝戒。为官忠于职守，称"不辱官箴"；为官玩忽职守，称"有玷官箴"。《睡虎地秦墓竹简·为吏之道》，是现存最完整的秦代官箴。它要求官吏必须具备正直、无私、细致、赏罚得当的品质和能力。其曰："凡为吏之道，必精洁正直，慎谨坚固，审悉毋私，微密纤察，安静毋苟，审当赏罚。"还要做到"听谏勿塞"，"审知民能，善度民力，劳以率之，正以矫之"，"临财见利，不取苟富"，等等。此外，还列举了"吏有五善"、"吏有五失"等内容，以此为准则来规范官吏的行为。

早期的官箴，内容丰富，文字较多，往往编次成书。《后汉书·胡广传》载称："初，扬雄依《虞箴》作《十二州二十五官箴》，其九箴亡阙。后，涿郡崔骃及子瑗，又临邑侯刘騊駼增补十六篇，（胡）广复继作四篇，文甚典美。乃悉撰次首目，为之解释，名曰《百官箴》，凡四十八篇。"

官箴属于行政法范畴，但具有浓厚的习惯法色彩。历代的官箴，名目繁多，表现形式各异，但箴辞的内容，皆为居官所应恪守之规则。若以箴辞的撰著人加以区分，大体上可以归为两类。

一类，源出于行政系统内部。它们分别是皇帝劝戒臣下、上官劝戒下官以及官吏自箴。例如唐人张说撰《狱官箴》、宋代江西提刑潘时所撰《司臬箴》、元人徐元瑞撰《提刑箴》，等等②。这一类官箴，因其源出于

---

① 《后汉书·百官五》。
② 箴辞俱见《吏学指南》"诸箴"条。

朝廷或各级官府，"箴以自警，书诸座屏"，属于地地道道的行政组织行为，所以应视作行政法规。

另一类，源出于社会或家庭。它们分别是父兄劝戒为官的子弟，师长劝戒居官的门生，朋友劝戒擢官的同窗、好友。这一类官箴，因其撰著人不一定是在任的官吏，多半是来自社会或家庭。他们接受传统行政伦理的影响，做箴规戒为官的子弟、门生、朋友，从而赋予此类官箴以浓厚的习惯法的色彩。

宋朝佚名《爱日斋丛钞》中，曾经记述了这样几则官箴：

其一，周益公送子（周）纶通判抚州为《十箴》曰："莅官以勤，持身以廉，事上以敬，接物以谦，待人以恕，责己以严，得众以宽，养知以恬，戒谨以独，询谋以金。箴规汝语，夙夜式瞻。"

其二，彭子寿送子（彭）钦监兴化涵头盐场，做《初箴》："处事必公，举职必勤，御吏以正，抚民以诚，仁以事大，和以接人，惟俭以廉，治家及身。"

其三，真希元参政帅长沙，以"廉仁公勤"四言勉僚吏。后来，南外睦宗院外教授王实之对"廉仁公勤"四言箴大加阐发，形成更为详细的箴辞：

"律己以廉"曰："惟士之廉，犹女之洁，苟一毫之点污，为终身之玷缺。毋谓暗室，昭昭四知。汝不自爱，心之神明其可欺。黄金五六驼，胡椒八百斛，生不足以为荣，千载之后有余戮。彼美君子，一鹤一琴，望之凛然，清风古今。"

"抚民以仁"曰："古者于民，饥渴犹己，心诚求之，若保赤子。於戏！人室笑语，饮醲齿肥，出行敲扑，曾痛痒之不知，人心不仁，一至于斯。淑问之泽，亘世犹祀，酷吏之后，今其余几。谁甘小人，而不为君子。"

"存心以公"曰："厚姻娅，近小人，尹氏所以不平于秉钧；开诚心，布公道，武侯所以独优于王佐。故曰本心日月，利欲食之，大道康庄，偏见窒之。听信偏则枉直而惠奸，喜怒偏则赏僭而刑滥。惟公生明，偏则伤暗。"

"莅事以勤"曰："尔服之华，尔馔之丰，凡缕丝而颗粟，皆民力乎尔供。仕焉而旷厥官，食焉而怠其事，稍有人心，胡不自愧。昔者君之，靡素其餐，炎汗浃背，日不辞艰，警枕计功，夜不遑安。谁为我师？一范一韩。"①

上揭三则官箴，第一、二则是父亲劝戒居官的儿子；第三则原为上官劝戒下官，后经教授的阐发，形成新的官箴而流传，也可以说是源于社会。它与第一、二则官箴一样，都是受传统行政伦理影响的产物。

历代官箴，数量之多，不可胜数。归纳起来，有如下三个特点：

第一，贯穿"自律"精神。历代官箴无不注重"修身"、"正心"、"省己"；提倡"命下之日，则扪心自省"："有何勋阀行能，膺慈异数？苟要其廪禄，假其威权，惟济己私，糜思报国，天监伊迩，将不汝容。"并且提出"自律不严，何以服众"的问题，主张"身任其劳，而贻百姓以安"。"自律"的重要组成部分，是"戒贪"，力陈"治官如治家"，严禁"家人侵渔"②。而衡量官吏是否有自律精神的标准，则是人心向背。"得民心者，可以为官；失民心者，何足道哉？"③

第二，要坚持原则，突出一个"公"字。"佐治以尽心为本"④，强调"公事不可增损更改"。要做到这一点：一要"察情"，"勿听谗"，多做调查研究；二要"处事必公"，或曰"存心以公"，"公生明，偏生暗"；三要"以法律为师"，依法办事，即如元人徐元瑞所云："吏人以法律为师，非法律则吏无所守。"

第三，要善于鼎新革故，即所谓"见前政之不善，舒缓而更之"⑤。官箴的宗旨，是要官吏具备"公尔忘私，国尔忘家，志在于立功树名，富贵不蒙于心"的精神境界⑥，官员莅任之际，要对境内的民瘼轻重、吏弊深浅、前官良否、强宗有无、控诉之人多与寡，尽心询访，先得其情，以备下车之日，兴利除弊。

---

① 以上参见俞樾《茶香室丛钞·四钞》卷18《居官箴言》。
② （元）张养浩：《三事忠告》。
③ （元）徐元瑞：《吏学指南·为政九要》。
④ （清）汪辉祖：《佐治药言》。
⑤ 《为政九要》。
⑥ （元）胡祗遹：《紫山大全集》卷23《县政要式》。

戒石铭及其价值取向

官箴的表现形式，在宋代以前，多半是官吏"箴以自警，书诸座屏"①。自宋代起，出现了州县官吏将官箴勒为铭石，立于衙署大堂前，即所谓"戒石铭"。

五代后蜀主孟昶曾于广政四年（941）颁布一个戒饬官吏的令箴于州县，共四言二十四句：

> 朕念赤子，旰食宵衣。言之令长，抚养惠绥。政存三异，道在七丝。驱鸡为理，留犊为规。宽猛得所，风俗可移。无令侵削，无使疮痍。下民易虐，上天难欺。赋舆是切，军国是资。朕之赏罚，固不逾时。尔俸尔禄，民膏民脂。为民父母，莫不仁慈。勉尔为戒，体朕深思②。

孟昶的这个"颁令箴"，文词虽然不工，但区区爱民之心可见。宋初平蜀后，宋太宗删繁就简，摘录其中"尔俸尔禄，民膏民脂。下民易虐，上天难欺"十六字，颁行天下。至南宋高宗绍兴二年六月，复以黄庭坚所书太宗御制之箴辞于州县，命长吏刻之庭石，置之座右，以为朝夕之戒，更名为"戒石铭"③。"戒石铭"的南向刻"公生明"三字，北向刻铭文"尔俸尔禄，民膏民脂。下民易虐，上天难欺"十六字。官每升堂，即对此石。欲令时时在目，忽忘之意。自此而后，元明清世代相沿。

正如任何事物都处在不断发展变化之中一样，"戒石铭"也不例外。宋人马永卿的《嬾真子》载称："温公私第，在县宇之西北数十里，诸处牍额皆公染指。书字亦尺许大，如世所见'公生明'字。"清人俞樾认为，"官署'公生明'三字，宋时已有之"④。大约自元朝起，朝廷对"戒

---

① 《吏学指南·提刑箴》。
② 参见景焕《野人闲话·颁令箴》。
③ 参见《容斋续笔》卷1《戒石铭》、《吏学指南·戒石铭》等。
④ 《茶香室丛钞》卷6。

石铭"的规制,不曾做划一的规定,于是州县衙署所立之"戒石铭"的箴辞及其形式,便向多样化发展。主要表现在以下三个方面。

一是"戒石铭"的铭文,不再是千篇一律,都是宋太祖摘取孟昶《颁令箴》的原句,而是多种多样。元世祖至元三十年(1293),浙西廉访使司移治钱塘,司官大使容斋徐参政改书其铭曰:"天有昭鉴,国有明法,尔畏尔谨,以中刑罚。"① 现存西安碑林博物馆的清朝道光四年长安令张聪贤受延绥道台颜伯焘之托,摹其父颜检官箴拓本刻制而成的"戒石铭"的铭文"吏不畏吾严,而畏吾廉;民不服吾能,而服吾公。公则民不敢慢,廉则吏不敢欺,公生明,廉生威",都是例证。

二是"戒石铭"在双向刻字、将"公生明"与其余铭文分刻之外,出现了单向刻字、全部铭文合一的实例。前揭西安碑林博物馆的藏品便是证据。

三是"戒石铭"向"公生明坊"演变。清朝朱象贤《闻见偶录》云:"今凡府州县衙署,于大堂之前正中俱立一石,南向刻'公生明'三字,北向刻'尔俸尔禄,民膏民脂。下民易虐,上天难欺'十六字。官每升堂,即对此石也。或恶其中立,出入必须旁行,意欲去之而不敢擅动,欲驾言禀于上台,又难措词。曾见易以牌坊者,南北两向照依石刻字样书写以代立石。"按此知"公生明坊"旧时本是立石,犹有古人中庭立碑之遗制,今则无不易以牌坊,无复有立石者矣②。

以"公生明,廉生威"为核心内容的戒石铭,是传统行政伦理的精华之所在。戒石铭作为官箴的一种载体,在我国历史上流布甚广、延续达千年之久,足见其价值取向的合理性。"公生明,廉生威"蕴含着朴素的辩证法,是人类处理公共事务的永恒原则。立公倡廉乃为政之本。公正无私,正大光明。以之取信于民,以之制衡公共权力的运用。其逻辑结果,必然是"民不服吾能,而服吾公。公则民不敢慢"。这种以"仁民爱物"、"修己以安人"的民本主义价值取向,既施惠于民,又获利于国家,其积极意义是不言而喻的。居官以清正为美德,"廉"以自律,以身作则,是

---

① 《吏学指南·戒石铭》。
② 参见《茶香室丛钞》卷6《公生明坊旧是立石》。

保证公共权力的运用不偏离公共服务轨道的前提。孔子曰："其身正，不令而行；其身不正，虽令不从。"所以才有"吏不畏吾严，而畏吾廉……廉则吏不敢欺"的命题。"戒石铭"的警示作用是无穷的。它以防患于未然的方式，时刻告戒官吏要立公倡廉，对于澄清吏治，维护社会安定，是不可或缺的。

传统行政伦理的现代意义

官箴、戒石铭、公生明坊，作为传统行政伦理的载体，将世世代代的行政主体联结起来，成为规范行政行为的道德准则。传统行政伦理的形成与发展过程，实质上是以国家体制和政府制度为组织背景的行政主体对于公、私关系，对于权利与义务关系的认知与实践过程。换言之，就是行政主体把组织规定的责任，转化为自身的道德义务的过程。因此，官箴、戒石铭、公生明坊的意义在于：建立与完善政府体制内对行政行为的约束机制，以维护政府的道德形象，实现孔子提出的"为政以德"理想。

"为政以德"，是组织行为的内在要求。按照组织行为学的观点，行政主体具有双重"角色"：一方面他是"普通人"，具有自由人的个人人格；另一方面他又是"行政人"，具有"组织人格"。在公共行政管理活动中，特别是在涉及公与私关系、权利与义务关系时，常常会发生"角色冲突"。这时，官箴、戒石铭的规戒与警示作用就会凸显出来。

官箴、戒石铭的价值原则，是把朝廷所代表的"公家"（国家利益）置于不可动摇的最高地位，要求各级官吏正确处理"国"与"家"的关系，一切必须从朝廷利益出发，公正行事，即所谓"公生明，偏生暗"。但是，各级官吏在以朝廷的名义行使职能时，手中握有行政权力，这在客观上又为他们提供了谋取私利的条件与机会。当发生"角色冲突"的时候，各级官吏的"组织人格"，在官箴、戒石铭的警示之下，变道德义务为行政责任，避免出现"公、私"倒置，"权利与义务"错位。这就是传统行政伦理的现代意义之所在。

以官箴、戒石铭为代表的传统行政伦理，是一个历史范畴，但又是一个不断发展变化着的上层建筑。除了它那特定的时代烙印之外，还有岁月对它的修正，使它一天比一天更合乎理想的标准。因此，它本身包含着过去、现在和未来的因素，成为人们从事公共活动的天然的条件，也是公共事务管理现代化不可逾越的舞台。流传数千年的官箴和传延千余年的戒石铭，是传统行政文化遗产中的优秀部分，许多箴辞和铭文都是经过实践检验，证明是行之有效的历史经验。这些历史经验，对于我们今天的行政伦理建设，仍然具有启迪作用和重要的参考价值。那种以为搞现代化就要屏弃传统的观点是不对的。事实上，只有把现代化注入传统，改造传统，形成新的传统，才能保持我们的民族特色，实现真正的现代化。从这个意义上讲，官箴、戒石铭的价值取向，作为构建现代行政伦理的背景与起点，仍具有实践意义。

1999年4月20日脱稿
（原载《光明日报》1999年6月4日）

小农经济不是封建专制主义的经济基础

长期以来，史学界有一个流行的说法，认为小农经济是中国封建专制主义的经济基础。例如，有人说："中国封建社会的专制主义中央集权制度是建立在广泛的小农经济基础之上的"，"中国封建社会周期性的治乱兴衰，各个王朝不断地兴亡交替"都是这个经济基础决定的[①]。也有人认为："中国封建社会里一直是小农经济占主导地位"，"自给自足的小农经济是封建专制统治的基础。它有顽强的生命力，不以朝代更替而解体，江山易主而瓦解。由于封建社会的经济基础不瓦解，所以，封建社会能一代延续一代，缓慢地向前发展"[②]。还有人说："自耕农经济或个体小农经济，是封建专制主义制度的基础，基础的消长决定了制度的盛衰。""封建专制制度之所以在中国历久不衰，根本原因是由于它有个体小农经济这样一个经济基础。"[③] 诸如此类，不一而足。认定小农经济是封建专制主义的经济基础，首先会碰到两个毋庸回避的问题：其一，小农经济的科学含义是什么？其二，什么叫做经济基础？从上引诸论者的论述上看，他们所说的小农经济，就是自耕农经济。因而，它的片面性是十分明显的。

许涤新主编的《政治经济学辞典》上册"小农经济"条，对小农经济这个概念作了科学的解释。他说：小农经济，是"农业中的个体经济，即以小块土地个体所有制为基础，从事个体劳动的自耕农。不过，通常所说的小农经济，主要是从其经营规模和个体劳动而言，不限于生产资料的个体所有制。如马克思所说，'地主从小农身上榨取剩余劳动'[④]，列宁所

[①] 刘昶：《试论中国封建社会长期延续的原因》，《历史研究》1982年第2期。
[②] 王存才：《中国封建社会长期延续的根本原因》，《学术月刊》1981年第10期。
[③] 杨希珍：《封建专制主义制度与小农经济》，《文史哲》1982年第2期。
[④] 《马克思恩格斯全集》第25卷，第891页。

说,'小农,他们根据所有权或租佃权拥有小块土地'①,都是这个意思。在这个意义上,地主制下租种小块土地的佃农,也都是小农经济。在实行土地国有制的地方,或实行土地村社所有制的地方,那些分种小块耕地的农民,也都是小农经济"②。

换句话说,对小农经济可以作狭义的和广义的两种理解。狭义的理解,它涉及生产资料——土地——的所有制形式,指的是自耕农经济广义的理解,则不涉及生产资料——土地——的所有制形式,而是泛指农业生产中的个体劳动,既包括自耕农,也包括佃农、依附农和份地农。马克思说,"小农经济和独立的手工业生产,一部分构成封建生产方式的基础"③。显然是就个体劳动及其小规模经营是封建社会的基本生产单位而言的。它侧重反映了封建生产方式中生产力方面的内容。所以,有人认为,"封建社会的生产力基本上是由分散的小农经济(以及后来的手工业)构成的"④,就是这个道理。

小农经济的科学含义如此,那么,它是不是封建专制主义的经济基础呢?回答是否定的。我们知道,按照历史唯物主义的基本原理,所谓经济基础,指的是一定社会的生产关系的各方面的总和。而生产关系的完整含义则包括:"(一)生产资料的所有制形式。(二)由此产生的各种不同社会集团在生产中的地位以及他们的相互关系,或如马克思所说的,'互相交换其活动';(三)完全以它们为转移的产品分配形式。"⑤ 在这三条之中,具有决定意义的是第一条——生产资料的所有制形式。封建专制主义的经济基础,应当是封建主义生产关系的总和。而小农经济这个概念,不能同封建主义生产关系的总和画等号,这是显而易见的。因此,把小农经济说成是封建专制主义的经济基础,这就违反了历史唯物主义关于经济基础与上层建筑学说的起码常识。

其次,小农经济从来就不是一种独立的社会经济体系。

---

① 《列宁选集》第4卷,第279页。
② 许涤新主编:《政治经济学辞典》上册,人民出版社1980年版,第272页。
③ 《资本论》第1卷,第321页注。
④ [苏]波尔什涅夫:《封建主义政治经济学概要》,三联书店1958年版,第16页。
⑤ 斯大林:《苏联社会主义经济问题》,第58页。

就自耕农这种小农经济而言，他们在奴隶社会、封建社会、资本主义社会，特别是在这些社会的初期，都曾大量地存在过。他们所处的地位和所起的作用，视各个社会占支配地位的社会生产关系而定。

从西欧的情况来说，在古希腊奴隶制的城邦经济中，从事农业生产的还主要是自由农民。马克思说，"自耕农这种自由小块土地所有制形式，作为占统治地位的正常形式，一方面，在古典古代的极盛时期，形成社会的经济基础"[1]。但是，随着奴隶制的发展，这些自由农民在奴隶主的压迫和高利贷的盘剥之下，大量陷于破产，沦为奴隶。在罗马奴隶制帝国灭亡的废墟上，在征服者日耳曼人村社的瓦解过程中，又出现过大量的自耕农。然而，随着西欧封建化过程的推进，庄园经济取代了自耕农经济，自耕农纷纷失掉土地，沦为农奴。在封建社会解体的过程中，再一次出现了大量的自耕农。马克思说："在英国，农奴制实际上在十四世纪末期已经不存在了。当时，尤其是十五世纪，绝大多数人口是自由的自耕农，尽管他们的所有权还隐藏在封建的招牌后面。"[2] "在十七世纪最后几十年，自耕农即独立农民还比租地农民阶级的人数多。他们曾经是克伦威尔的主要力量……大约在1750年，自耕农消灭了，而在十八世纪最后几十年，农民公有地的最后痕迹也消灭了。"[3] 在资本的原始积累过程中，他们被赶出庄园，夺走土地，变成资本家的雇佣劳动者。

从中国的情况来说，在奴隶制时代，自由小农分化成奴隶主和奴隶，或靠社会养活的无产者。在封建时代，除地主经济居于主导地位外，还有奴隶制经济的残余形态和自耕农经济掺杂其间。自耕农经济受地主经济支配，而时刻处于分化之中。当然，这种分化逃不出封建的经济关系和阶级关系。例如，在封建社会的初期，自耕农有奴隶化和农奴化两种倾向，农民以他们的起义阻止了奴隶化，但却被地主阶级拉入农奴化的轨道。魏晋以后，社会矛盾十分复杂，但就农民阶级斗争的总趋势而言，是反对农奴化，把个体经济从封建农奴关系中解脱出来，结果导致了唐宋以后封建租

---

[1] 《马克思恩格斯全集》第25卷，第909页。
[2] 《马克思恩格斯选集》第2卷，第222页。
[3] 同上书，第228页。

佃关系的发展。唐宋以后，除了辽金元时期由于少数民族贵族集团把落后的生产方式强加于中原地区，重新加强了农民的农奴化，遭到农民阶级的反抗外，农民起义和农民战争起了瓦解封建租佃关系，为资本主义的产生清除障碍的作用。一般说来，中国封建社会的自耕农，前期数量较大，后期越来越少。在大规模的农民战争之后、在王朝更替的过程中，自耕农的数量曾相对增多，不过，好景不长。随着新王朝的巩固和封建专制主义统治的加强，土地兼并逐步趋向激烈，自耕农便以加速度濒于破产，逐步佃农化。

自耕农的历史表明，自耕农这种小农经济具有无法克服的不稳定性。它不可能成为独立的社会经济体系，不可能成为占统治地位的生产方式，因而不可能构成封建专制主义的经济基础。

就封建地主土地所有制下，佃农这种小农经济来说，他们不拥有对土地的所有权，而是通过契约关系向地主阶级租种小块土地，然后向地主缴纳地租（包括分成租与定额租），因此，它只是从质和量的方面规定了封建主义生产的规模和性质，即小生产。所以，也不可能成为封建专制主义的经济基础。

总之，不管是狭义的小农经济，还是广义的小农经济，都不可能成为封建专制主义的经济基础。

第三，有些论者，常常以大规模的农民战争之后，新王朝的统治者往往采取"扶植发展自耕农经济"的措施，诸如汉初、唐初、明初的休养生息、轻徭薄赋、移民垦荒，以及在某些特定的历史时期，封建王朝所采取的一些打击豪强、抑制兼并的措施为论据，来论证小农经济是封建专制主义的经济基础，同样是不能成立的。

一则封建国家同自耕农的关系，是压迫与剥削的关系，而不是依靠与被依靠的关系，二则自耕农的小土地私有制与封建地主土地所有制始终处于对抗性的矛盾状态。

我们知道，封建社会是农业社会，绝大多数居民是从事农业的。而封建主义的生产方式，是一种基于对抗性的生产方式。生产过程中的个体性质与生产资料——土地——的地主所有制的矛盾，是封建社会的基本矛盾。这一基本矛盾的运动，造成了封建社会周期性经济危机的爆发和农民阶级反对地主阶级斗争的展开。所谓"大乱之后，人民分散，土业无主"①的现象，在中国历史上屡见不鲜。在这种情况下，国有土地相应增加，农民阶级也有可能获得一小块土地，从事小生产。这种局面的出现，归根到底，是农民战争对封建地主土地所有制打击的结果。新上台的封建统治者，为了巩固阵脚，为了保证封建国家机器的正常运转，从儒家传统的"民为邦本"观念出发，不得不承认农民阶级对小块土地的占有，甚至采取鼓励、扶植自耕农的措施。唐太宗的"为君之道，必须先存百姓"②，"舟所以比人君，水所以比黎庶，水能载舟，亦能覆舟"③，包拯说的"民者，国之本也，财用所出，安危所系，当务安之为急"④，海瑞说的"为民，为朝廷也"⑤，都从同一角度认识到这个问题的重要性。封建国家这样做，根本目的，是保证赋税收入、徭役和兵役的源泉。马克思说，捐税的存在，只是"国家存在的经济体现"⑥，它反映政治权力，即国家权力。封建国家是地主阶级压迫农民阶级的工具。自耕农虽然不向地主阶级缴纳地租，但却必须向封建国家缴纳赋税、承担各种徭役和兵役，这种赋役负担，实质上是一种变了形的地租，即集中化了的地租。这就表明，封建国家与自耕农的关系，是压迫、剥削的关系。

非但如此，自耕农还不完全享有人身自由的权利身份。超经济强制，是封建主义的必然伴侣。封建国家对自耕农的赋役征索，常常超过自耕农所能负担的程度，所以，每当封建王朝加强封建统治的时候，自耕农就开始大量破产。随着地主经济的复苏和发展，大量的国有土地和自耕农的土地又通过各种渠道转移到地主阶级手中。这样的例子，在中国历史上俯拾皆是，兹不赘述。当破产农民辗转流徙，阶级矛盾日趋尖锐的时候，一些明智的帝王和地主阶级内部的某些有识之士，有时会采取一些打击豪强、抑制兼并的措施，表面上看来，似乎是打击地主阶级，保护自耕农，但实

---

① 《三国志·魏志》卷15《司马朗传》。
② 《贞观政要》卷1。
③ 《贞观政要》卷4。
④ 《包拯集》（中华书局版），第85页。
⑤ 《海瑞集》下册（中华书局版），第633页。
⑥ 《马克思恩格斯选集》第4卷，第342页。

质上，他们的动机、他们的出发点，却是从地主阶级的长远利益考虑的。要知道，在封建地主阶级内部，在"养鸡下蛋"还是"杀鸡取卵"的问题上，斗争从来没有终止过。如果把封建国家某些"养鸡下蛋"的行为，误作是保护自耕农，进而推论出自耕农经济是封建专制主义的经济基础，岂不是把地主阶级的国家看作是代表自耕农利益的政权了吗？"在马克思看来，国家是阶级统治的机关，是一个阶级压迫另一个阶级的机关，是建立一种'秩序'，来使这种压迫合法化、固定化，使阶级冲突得到缓和。"①"封建国家是贵族用来控制农奴的机关"②。中国历史上自耕农在某个特定的时期之所以会受到"保护"，充其量，不过是封建统治阶级"使阶级冲突得到缓和"的一种手段而已。

另一方面，自耕农的小土地所有制与封建地主土地所有制虽然同属于私有制，但是二者具有完全不同的性质，始终处于对抗性的矛盾状态。人们通常说，自耕农的小土地所有制是地主土地所有制的温床。自耕农的小土地所有制，在封建社会，时刻处于分化过程之中。其中，除极少数的幸运儿可能上升为地主外，绝大部分自耕农，由于生产性质的狭小，力单势孤，经受不起封建国家残酷的赋役剥削和天灾人祸的打击，在土地可以自由买卖的社会条件下，往往沦为地主虎口中的羔羊。虽然地主阶级也要承担封建国家的课役，然而，他们却能够把赋税和徭役转嫁给他们的佃户，他们还可以凭借他们的社会地位和特权，享有减免的优惠，有时甚至通过各种手段逃避承担赋役，而自耕农则做不到这一点。相反，他们往往还要在地方政权的压迫下，代替地主阶级承担赋役。宋代关于"贫民产竭而税赋犹存"③的记载，就是生动的例证。在封建地主土地所有制与自耕农小土地所有的矛盾运动中，后者总是处于劣势而失败，历代流民的出现，便是这种矛盾运动的直接后果之一。在整个封建社会，受压迫的农民阶级也曾竭力按照自耕农的模样来改变土地的占有关系，但是，封建时代那些想把土地变成自耕农个体所有的农民起义和农民战争，虽然在短暂的历史时

---

① 《列宁选集》第3卷，第176页。
② 《列宁选集》第2卷，第601页。
③ 《宋会要辑稿》食货70之29。

期内能成为现实，但终归是徒劳的，由于封建生产方式的运动基本规律的制约，土地依旧是封建地主阶级的财产。从这个意义上说，自耕农的小块土地私有制，绝对不可能成为封建专制主义的经济基础。

这里需要说明的是，毛泽东同志1943年11月9日写的《组织起来》一文，曾经说过："在农民群众方面，几千年来都是个体经济，一家一户就是一个生产单位，这种分散的个体生产，就是封建统治的经济基础，而使农民自己陷于永远的穷苦。克服这种状况的唯一办法，就是逐渐地集体化。"① 我们有些同志常常以此为根据，得出自耕农这种小农经济是封建专制主义经济基础的结论。其实，这是一种误解。毛泽东同志在这里，显然是着重从封建生产方式中生产力的因素——"一家一户就是一个生产单位"、"分散的个体小生产"——的角度提出问题的，没有涉及土地所有权的形态，没有涉及封建生产关系的性质。不应该理解为自耕农式的小农经济。严格讲起来，"小农经济"与"个体小生产"是两个概念，其内涵及外延是有区别的。毛泽东同志在这里不使用"小农经济"这个概念，而是用"个体小生产"这个概念，足见毛泽东同志的用意是十分明确的。相反，早在1939年12月，毛泽东同志在著名的《中国革命和中国共产党》一文中，在论述中国古代的封建社会的主要特点时，却明确地指出："封建的统治阶级——地主、贵族和皇帝，拥有最大部分的土地，而农民则很少土地，或者完全没有土地。农民用自己的工具去耕种地主、贵族和皇室的土地，并将收获的四成、五成、六成、七成甚至八成以上，奉献给地主、贵族和皇室享用。""在封建国家中，皇帝有至高无上的权力，在各地分设官职以掌兵、刑、钱、谷等事，并依靠地主绅士作为全部封建统治的基础。"② 这里，既揭露了封建土地所有制形式中地主土地所有制的主导地位，又揭示了地主绅士所代表的封建生产关系的性质。它才是"全部封建统治的基础"。显而易见，只要对毛泽东同志的思想体系作完整的、系统的理解，是不应把毛泽东同志侧重生产力方面的叙述，作为论证自耕农这种小农经济是封建专制主义的经济基础的论据的。

---

① 《毛泽东选集》（四卷合订横排本），第885页。
② 同上书，第587页。

第四，有些论者常常喜欢引用马克思在《路易·波拿巴的雾月十八日》中分析当时法国的小农的一段话，即"他们不能代表自己，一定要别人来代表他们。他们的代表一定要同时是他们的主宰，是高高站在他们上面的权威，是不受限制的政府权力，这种权力保护他们不受其他阶级侵犯，并从上面赐给他们雨水和阳光。所以，归根到底，小农的政治影响表现为行政权力支配社会"① 来论证"地主阶级和个体小农都需要中央集权的封建国家制度"，进而推论出"小农经济"是封建专制主义的经济基础，也是失当的。

首先必须指出的是，在法国资本主义建立的过程中，曾经出现了大量的拥有小块土地的小农，而法国资产阶级社会实行的是选举制，农民有表决权。马克思在这里所讲的"小农的政治影响表现为行政权力支配社会"，是与法国当时特殊的历史条件密切地联系在一起的。

其次，这是马克思早期著作中，说到农民问题的一段重要的话。他是在评述1851年波拿巴政变时，从无产阶级反对资产阶级的斗争高度，针对当时法国小农的政治态度而言的。法国1830年"七月革命"后，也就是在资产阶级和贵族之间的阶级斗争以资产阶级的完全胜利告终之后，无产阶级和资产阶级之间的阶级斗争提到了第一位。1831年爆发了历史上第一次旨在反对资产阶级的、无产阶级独立进行的起义——里昂织工起义。它开辟了工人阶级独立进行反资本主义政治斗争的纪元。1848年法国又爆发了资产阶级民主革命。它与1830年的"七月革命"不同，是法国和欧洲历史上，工人阶级第一次独立地参加革命。这次革命带有工人阶级本身的要求，即建立一个不但保证有政治自由，而且保证劳动不受资本压迫的共和国。然而资产阶级使1848年6月巴黎无产阶级的起义淹没于血泊之中。被无产阶级吓破胆的法国资产阶级于1851年12月2日急急忙忙用反革命政变来结束"革命"②——这就是马克思所写的《路易·波拿巴的雾月十八日》。波拿巴政变，使法国的君主制度，以特别拙劣的形式得以恢复。"历史传统在法国农民中间造成了一种迷信，以为一个名叫拿破仑的

---

① 《马克思恩格斯选集》第1卷，第693页。
② 以上参见琼图洛夫《外国经济史》，上海人民出版社1962年版，第275—278页。

人将会把一切失去的福利送还他们。"① 甚至荒唐地幻想在波拿巴身旁建立一个"国民公会"②。结果，他们上了"流氓无产阶级的代表"——波拿巴的当，在法国革命的震荡中，站在资产阶级一边，表现在1848年12月10日的选举中，投了波拿巴的选票，从而对震荡的结局（它以反革命的资产阶级上层分子的胜利而告结束）发生了重大影响。从这个意义上，马克思说："波拿巴王朝是农民的王朝，即法国人民群众的王朝。""波拿巴代表一个阶级，而且是代表法国社会中人数最多的一个阶级——小农。"③ 显而易见，马克思在这里，主要是就1848年12月10日的选举，农民投了波拿巴的选票一事而言的。撇开这一特定的历史事件，便不能正确理解马克思的意思。

为什么会造成这种结局呢？马克思从当时法国小农的生活条件和生产方式的角度，作了进一步的分析。他说：

> 小农人数众多，他们的生活条件相同，但是彼此间并没有发生多种多样的关系。他们的生产方式不是使他们互相交往，而是使他们互相隔离。这种隔离状态由于法国的交通不便和农民的贫困而更为加强了。他们进行生产的地盘，即小块土地，不容许在耕作时进行任何分工，应用任何科学，因而也就没有任何多种多样的发展，没有任何不同的才能，没有任何丰富的社会关系。每一个农户差不多都是自给自足的，都是直接生产自己的大部分消费品，因而他们取得生活资料多半是靠与自然交换，而不是靠与社会交往。一小块土地，一个农民和一个家庭；旁边是另一小块土地，另一个农民和另一个家庭。一批这样的单位就形成一个村子；一批这样的村子就形成一个省。这样，法国国民的广大群众，便是由一些同名数相加形成的，好象一袋马铃薯是由袋中的一个个马铃薯所集成的那样。既然数百万家庭的经济条件使他们的生活方式、利益和教育程度与其他阶级的生活方式、利益和

---

① 《马克思恩格斯选集》第1卷，第694页。
② 同上书，第695页。
③ 同上书，第692页。

教育程度各不相同并互相敌对，所以他们就形成一个阶级。由于各个小农彼此间只存在有地域的联系，由于他们利益的同一性并不使他们彼此间形成任何的共同关系，形成任何的全国性的联系，形成任何一种政治组织，所以他们就没有形成一个阶级。①

马克思在这里揭示了农民是一个自在的阶级，而不是一个自为的阶级的缺点，而这个致命的缺点，就造成了在政治上他们不能以自己的名义来保护自己的阶级利益，一定要别人来代表他们，这种情况，就导致了1848年12月10日的选举，农民投了波拿巴的选票。

为了防止人们产生误解，马克思接着强调指出："要很好地了解我的意思。波拿巴王朝所代表的不是革命的农民，而是保守的农民……不是农民的开化，而是农民的迷信。"②

事实确乎如此。议会制共和国三年的严酷统治，使一部分法国农民摆脱了对于拿破仑的幻想，并使他们（虽然还只是表面上）革命化了。法国农民一旦对拿破仑帝制复辟感到失望，就会把自己对小块土地的信念抛弃，于是"就把负有推翻资产阶级制度使命的城市无产阶级看做自己的天然同盟者和领导者"③。

显而易见，马克思从建立工农联盟的角度出发，批评1848年革命过程中法国的保守农民的政治态度，并揭示了他们的转变，但是，并没有把小农经济看作是波拿巴王朝的经济基础，因为，波拿巴时代的社会经济关系，是资本主义生产关系居主导地位。用马克思的话来说，就是"封建领主已由城市高利贷者所代替；土地上的封建义务已由抵押制所代替；贵族的地产已由资产阶级的资本所代替。农民的小块土地现在只是使资本家从土地上榨取利润、利息和地租，而让土地耕作者自己随便怎样去挣自己的工资的一个借口。法国土地所负担的抵押债务每年从法国农民身上取得的利息，等于英国全部公债每年债息的总额。受到资本这样奴役的小块土地

---

① 《马克思恩格斯选集》第1卷，第693页。
② 同上书，第694页。
③ 同上书，第697页。

所有制（而它的发展不可避免地要招致这样的奴役）使法国的一大半国民变成了原始人"①。尽管波拿巴利用"拿破仑观念"骗取了小农的选票，但是，一旦他们发现自己上了当，就毫不犹豫地抛弃它。如果用保守小农的政治态度来判断波拿巴王朝的经济基础的性质，那么，在小农的政治态度发生变化的时候，又怎么办呢？莫非波拿巴王朝的经济基础也跟着发生变化不成吗？——这显然是一个无法回答的棘手的问题。

既然用小农经济这个概念来说明波拿巴王朝的经济基础都不能成立，那么，用波拿巴时代小农的政治态度，来推论中国封建社会小农的政治态度，进而演绎出小农经济是中国封建专制主义的经济基础的结论，就更不着边际了。谁都知道，在中国封建专制主义时代，从来没有像法国资产阶级革命过程中所实行的选举制那样，由农民参加选举封建皇帝。因此，马克思关于"小农的政治影响表现为行政权力支配社会"的观点，对于那种认为小农经济是中国封建专制主义的经济基础的论者来说，是帮不了什么忙的。

通览上述，无论从哪个方面来看，小农经济都不可能是中国封建专制主义的经济基础。那么，到底什么是中国封建专制主义的经济基础呢？

前面我们说过，封建主义的经济基础，应当是封建主义生产关系各方面的总和。而生产资料——土地——的所有制形式，是封建生产关系的核心。世界各国的封建土地所有制，由于历史的、地理的和其他生产条件的差异，结果各自形成自己的特点。中国的封建社会，不仅与欧洲的封建社会有显著不同，而且与东方其他国家的封建社会也不大一样。中国的封建社会有自己的特点。人们通常喜欢称之为"东方的专制主义"。这就是皇帝以超乎一切代表国家的身份出现，拥有无限的权威。在名义上，是所谓"六合之内，皇帝之土"②；而实际上，皇帝若占有私有土地，又被视作"弃万乘之至贵，乐家人之贱事"③，不合礼法。因此，中国封建社会的土地所有制形式问题，不像欧洲中世纪的封建领主制形态那样单纯。一般说

---

① 《马克思恩格斯选集》第1卷，第696页。
② 《史记》卷6《秦始皇本纪》。
③ 《汉书》卷27《五行志》。

来，中国封建土地所有制，包括封建土地国有制、封建地主土地所有制、自耕农小土地私有制三种形式。而封建地主土地所有制居于绝对的支配地位，成为中国封建社会关系的核心，并对中国很早就形成封建专制主义的政治结构，产生了决定性的影响。所以说，建立在封建地主土地所有制基础之上的封建生产关系的各方面的总和，包括生产资料的地主所有制，在生产中地主对农民的统治与人身依附关系，以及在产品分配中的地主对农民的剥削关系，等等，才是中国封建专制主义的经济基础。这个问题，远非三言两语所能说清楚，拟当另文详述，此不赘。

（原载《学术研究》1984年第1期）

中国封建社会长期延续原因研究中的几个问题

中国封建社会为什么长期延续？这是学术界的一桩旧案。自从 18 世纪 70 年代，英国古典经济学家亚当·斯密在《原富》中，提出了中国社会在很久以前"就停滞于静止状态"的论断以后，两百多年间，关于中国封建社会长期延续的问题，就成为中外史学界及经济学界的议题之一。

在中国国内，这个问题被正式提到论坛上来，是从 20 世纪 30 年代前期那场有名的社会史论战开始的。这可以说是我国历史上第一次关于中国封建社会长期延续问题的论战。其后，1937 年七七事变前夕，日本军国主义的代言人秋泽修二编造所谓"中国社会之'亚细亚的'停滞性"的鬼话，鼓吹只有"皇军的武力"才能"给予中国社会之特有的停滞性以最后的克服"，为日本军国主义发动侵华战争制造理论根据。当时中国国内进步的史学家和爱国者对这种谬论展开了无情的批判，接着便掀起了讨论中国封建社会长期延续问题的第二次热潮。50 年代和 60 年代初，我国史学界和经济学界在百家争鸣方针的指引下，就这个问题再度展开了讨论，然而，这场讨论被十年内乱打断了。粉碎"四人帮"以后，人们又旧案重提，这就是目前正在进行着的第四次讨论。

半个多世纪以来，关于中国封建社会长期延续的问题，先后出版的论著、发表的论文，总计在一百篇（种）以上。其中，近几年来发表的论文及出版物的数量，超过前三次讨论的论著的总和。然而，人们在评论当前正在进行的这场讨论的现状时，也同讨论的本身一样，聚说纷纭，莫衷一是。那么，在当前关于这个课题的研究中，究竟存在哪些问题呢？中国封建社会长期延续的根本原因，到底是什么呢？

一

总的说来，当前这场讨论所提出的问题之多、发表文章的数量之大，都是前几次讨论所不能比拟的。其中，涌现了一批学术性较强，而且具有一定理论深度的论著，从而把这个问题的讨论大大向前推进了一步。然而，毋庸讳言，也有相当数量的文章，无论在方法论上，还是在理论上，确实存在一些严重的弊病。

从方法论上来说，放弃对历史采取唯物主义的分析，不是运用历史的、逻辑的、辩证的方法来进行探索，而是异想天开、标新立异，这是最突出的问题。我们知道，所谓中国封建社会长期延续的问题，实质上是社会经济史范畴里的问题，即为什么封建的生产方式迟迟不能在中国解体，资本主义的生产方式始终不能取而代之的问题。因此，它要求研究者在对中国社会历史的总体情况有个比较深入的了解的前提下，运用马克思主义的历史唯物主义的基本原理和方法，认真分析大量的历史资料，揭示中国封建生产方式的发生、发展、变化和规律，找出阻碍封建生产方式解体和资本主义生产方式发展的因素。要达到这个目的，除了历史唯物主义的基本方法以外，别无其他方法可循。但是，在近年来的研究中，有的同志却认为运用历史唯物主义的方法进行研究，是所谓停留在运用"单纯因果分析"和"归纳法"的阶段，感到不满足，力图有所"突破"，于是提出要运用系统论、控制论、信息论的方法来研究中国封建社会长期延续的问题。就拿运用控制论的方法进行研究来说吧，他们不是把社会看作处在经常发展变化中的活的机体，而是把各种社会要素当作随便搭配起来的或机械结合起来的东西，用控制论来代替历史唯物主义对各种历史现象和历史事件的结构分析，这样，就无法正确地揭示出社会经济形态的发展规律，因而，也就不可能真正找出中国封建社会长期延续问题的正确答案。有必要指出的是，在运用系统论、控制论、信息论的方法解释历史现象时，不可避免的就是把这些学科中的概念和术语引进历史学领域，诸如"超稳定系统"、"××机制"、"潜在组织"之类，由于任何一门学科的概念、术语，都有它本学科特殊的质的规定性，所以，移植这些概念和术语来说明历史现象时，往往不能概括历史现象的内在联系，不能包容历史事件的实际内容，换句话说，作者对客观历史现象的综合，很不准确，这样，试图引出科学的结论，就成为不可能的了。因此，对于移植其他学科的概念、术语应用到历史研究中的问题，必须持慎重态度。当然，我们不反对在历史研究中吸收其他学科的认识手段，作为我们研究工作中的辅助方法，例如应用电子技术建立历史信息资料库、绘制图表等，但是，我们在移植其他学科的认识手段时，必须把握住所要研究的对象的全部内容，绝不能"舍本逐末"，放弃历史唯物主义的基本原理和方法。此其一。

其二，应用中外历史比较研究的方法，是近年来探索中国封建社会长期延续问题的多数学者所重视的方法。主流是应当肯定的。然而，确有一些论者在进行比较研究的时候，没有"弄清拿来作比较的各个国家的历史发展时期是否可以互相比较"[1]，也不顾历史发展的统一性与多样性的基本原理，搞西欧中心论。提出只有西欧的封建社会才是"典型的、正常的"，而中国的封建社会则是"畸形和变态"，说中国封建化过程不断被农民战争打断，始终没有出现西欧9世纪以后那种农民农奴化、土地庄园化和政治多元化的局面，是一直处在没完没了的封建化过程之中的。殊不知，就封建制度而论，从世界史的范围来考察，大体可分为三种类型：即建立在领主制基础上的西欧型、建立在农村公社基础上的亚细亚型（如印度、爪哇等）、建立在地主制基础上的中国型。其中，以建立在地主制基础上的中国型最为发达。而就中国历史的具体情况来说，由于我国自古以来就是一个统一的多民族国家，国内各民族各地区的发展又很不平衡，于是形成了中原汉族地区的封建社会是地主型，藏族的封建社会是领主型，而傣族的封建社会则是建立在村社基础上的亚细亚型。客观历史如此复杂，怎么可以因中国汉族的封建社会与西欧不同，就用西欧封建社会为标准，而否定中国地主型的封建社会的典型性呢？正确的比较研究，应当是揭示中国封建社会与西欧封建社会的异同，分析各国封建社会的共同规律和各自的特点，而不是以对比的一方为模式，去否定另一方。否则就把复杂的历史

---

[1] 《列宁选集》第2卷，第517页。

现象简单化了。

从理论上看，过去几次讨论中早已被屏弃的一批观点，又被一些论者捡了回来，重新论证一番，于是造成了不少理论观点退回到 30 年代的局面。其中最突出的，莫过于农民战争破坏论、中国始终没有完成封建化论和历史循环论。

农民战争破坏论的论者说："中国封建社会长期延续，与阶级斗争尖锐、农民战争频繁，有一定关系。""西欧封建经济的起点低，农民战争很少，却最先进入资本主义社会；中国封建经济起点高，农民战争最多，却未能发展成资本主义社会。"又说："每一次大的农民起义却严重地打断了封建化的进程，葬送了封建化已经取得的成果，使社会重新回到封建化的起点上去，因此，从长远的历史发展观点来看，农民战争非但没有推动历史前进，反而在一定程度上阻碍了历史的进步。"这种观点在 30 年代颇为流行，当时国外的 A. 洛马金，国内的王礼锡、莫非斯、陈高镛，都是这种观点的积极鼓吹者。

大凡是提出这种主张的论者，普遍无视农民战争前夕的社会现实，即农民战争爆发的原因。我们知道，封建社会最基本的矛盾，是生产力与生产关系的矛盾，农民阶级是封建社会生产力的主要代表。当农民群众被残酷的经济剥削和政治压迫逼得"力罢不能胜其役，财尽不能胜其求"①的时候，也就是生产力与生产关系的矛盾达到极点的时候，每当这种局面出现，社会生产力就处于停滞，甚至倒退的状态，整个社会机器就无法运转。例如，秦末，层出不穷的赋役造成了"男子力耕不足粮饷，女子纺织不足衣服，竭天下之资财以奉其政，犹未足以澹其欲"②，"男子不得修农亩，妇人不得剡麻考缕，羸弱服格于道，大夫箕会于衢，病者不得养，死者不得葬"③。又如隋末，无休止的徭役和征伐，搞得"耕稼失时，田畴多荒"④，"黄河之北，则千里无烟；江淮之间，则鞠为茂

---

① 《汉书》卷 51 《贾山传》。
② 《汉书》卷 24 《食货志》。
③ 《淮南子》卷 18 《人间训》。
④ 《资治通鉴》卷 18 《隋纪五》。

草"①。此外,唐末、元末、明末,无不如此。这种社会停滞、倒退的僵局,是封建统治阶级一手造成的。作为社会生产力主体的农民阶级的一切生产手段被破坏殆尽。这个时候,是农民战争,也只有农民战争才能打破这种僵局,冲破封建生产关系的最腐朽的环节,重新调整生产力与生产关系的矛盾,使社会生产力得以恢复和发展,从而使已经瘫痪了的社会机器重新运转起来。然而,农民战争破坏论者对于这种复杂的历史关系却视而不见,一味谴责农民战争的"破坏","阻碍历史的进步",不是有点荒谬吗?

当然,我们并不讳言战争本身需要代价。任何战争,不管是正义的战争还是非正义的战争,都要消耗,甚至破坏已有的物质财富和社会生产力,但是,绝不能盲目地否定一切战争。尤其是对待中国历史上大大小小数千次农民起义不应采取这种态度。列宁指出,"历史上常常有这样的战争,它们虽然象一切战争一样不可避免地带来种种惨祸、暴行、灾难和痛苦,但是它们仍然是进步的战争,也就是说,它们有利于人类的发展,有助于破坏特别有害的和反动的制度(如专制制度或农奴制)"②。如果说中国历史上的农民战争有"破坏性"的话,那就是对于地主阶级的封建统治的破坏,从秦末农民大起义起,历代农民战争都起到了这个作用。因为每一次农民起义都是围绕着社会经济的解放而进行的。尽管农民阶级每次进行这种斗争的时候,对此还缺乏自觉的认识,并且在斗争过程中经常出现反复和曲折,然而从历代农民斗争的总趋势上看,这一点还是十分明显的。

至于说中国"农民战争最多,却未能发展成资本主义",言外之意,是说农民战争妨碍了中国资本主义的发展。这种观点,从理论上说,是错误的,从实践上讲,是不符合历史实的。列宁指出:"在马克思主义者看来,农民运动恰恰不是社会主义运动,而是民主主义运动。农民运动在俄国也象过去在其他国家一样,是按自己的社会经济内容来说属于资产阶级性质的民主革命的必然伴侣。它绝不反对资产阶级制度的基础,不反对商

---

① 《隋书》卷70《杨玄感传》。
② 《列宁选集》第2卷,第668页。

品经济，不反对资本。正好相反，它反对农村中的各种旧的、农奴制的、资本主义前的关系，反对农奴制一切残余的主要支柱——地主土地占有制。因此，这种农民运动的完全胜利是不会铲除资本主义的，恰恰相反，它给资本主义的发展造成更广泛的基础，加速和加强纯粹资本主义的发展。"[①] 我们知道，资本主义的产生与发展，需要一定的社会历史条件。中国的资本主义萌芽，是明清时代出现的。把农民战争看成阻碍资本主义发展，无论如何是说不通的。因为它不符合历史事实。不管怎么说，总不能把李自成起义所制定的"平买平卖"政策看作是阻碍资本主义萌芽的发展吧！清中期五省白莲教大起义推动了南巴老林地区生产关系的变化，手工业部门的资本主义生产关系不仅如雨后春笋般地萌芽了，而且某些手工业作坊，明显地发展成工场手工业，农业生产也突破了自给自足的自然经济窠臼，商品经济已相当发达，这都是事实吧！至于太平天国革命，更提出了一个目的在于发展资本主义的《资政新篇》，恐怕也是无法抹煞的吧！既然如此，为什么要把中国封建社会长期延续的责任，推到农民战争头上去呢？！

　　中国始终没有完成封建化的论者提出，两千年间，中国一直处在没完没了的"封建化"过程之中，"始终没有达到西欧九世纪以后的封建化程度，即始终没有完成封建化"。这种观点，脱胎于30年代苏联学者沙发诺夫的《中国社会发展史》，其所以不正确，就在于作者对于"封建化"的含义作了不科学的理解。

　　按照马克思主义的观点，所谓封建化，指的是封建生产关系在社会生活中支配地位的确立。封建生产关系，是以封建主占有生产资料和不完全占有劳动者为特征的。这可以说是历史发展的统一性。然而，历史发展又是多样性的。世界各国的封建主占有生产资料和不完全占有劳动者的方式不可能一样，如前所述，大体可分三种类型。如果说西欧封建化是以农民农奴化、土地庄园化为标志的话，在中国，封建化的标志则是地主制下的租佃关系的确立。至于政治多元化，还是一元化，根本不能作为是否封建化的标志。我们知道，社会形态是经济基础与上层建筑的统一。只要上层

---

① 《列宁选集》第1卷，第639页。

建筑与其经济基础保持一致，不管是统一，还是分裂，是多元，还是一元，都不足以改变其社会性质。如果说，只有西欧中世纪的分裂割据状态才叫做完成封建化，而中国统一的中央集权专制王朝则没有完成封建化的话，那无疑是说，封建割据即社会分裂比社会统一好，这岂不是一种很危险的观点吗？

历史循环论者提出，中国历史陷入所谓"六道轮回"，"万劫不复的境地而无法自拔"，认为中国封建社会就是在"治乱交替，循环轮回"中"延续下来"。有的则概括为"循环往复性"。这种观点，在30年代更是司空见惯。莫菲斯、陈高镛等都有专文叙述。众所周知，历史循环论是一种比资产阶级进化论还要陈腐的历史观点，中国封建时代的许多历史学家就是用这种观点看待社会的。这种观点的错误在于，形而上学地看待客观历史的发展过程，把客观历史的发展变化看作是循环式的运动，是过去事物的简单重复，而不是看作由简单到复杂、由低级到高级的发展。历史循环论者注目于"兴乱盛衰、各个王朝不断地兴亡交替"，但是他们不肯正视由于封建社会的基本矛盾运动，即生产力与生产关系的矛盾斗争、农民阶级同地主阶级的矛盾斗争，在促进封建社会的量变过程中，随着社会生产力的提高，也促进了封建社会的部分质变。明清时期资本主义萌芽的产生，就是最好的说明。就是拿王朝的兴亡交替来说，社会生产关系就是在王朝的不断兴亡交替中得到改造，社会生产力就是在生产关系的不断改造中得以发展和提高，它正好反映了"历史的发展是曲折的，迂回的"[①]。在旧王朝废墟上建立起来的新王朝，绝不是旧王朝的简单再现，正像不能把明清视同秦汉的翻版一样。尽管历史发展有时会出现反复，然而从长远的观点看问题，就不难发现，在短暂的反复之后，历史又不以人们的主观意志为转移地向前发展了。不承认历史发展过程中的反复，固然是违背辩证方法的、不科学的，相反，只看见反复，而不承认在反复中的发展，同样是违反辩证方法的、不科学的。历史循环论者的问题，正出在这里。

此外，还有一些观点，诸如地理环境决定论、游牧民族入侵论、上层

---

① 《列宁选集》第3卷，第492页。

建筑决定论，等等，无不可以从30年代第一次关于"中国社会长期停滞论"的论战中，找到它们的来源。这些观点，在四五十年代的讨论中大多被屏弃，现在居然又被一些论者津津乐道地重复着，甚至某些宣传这类观点的文章，还被吹捧成多年不经见之妙文。这些事实无情地表明，当前在这个课题的研究中，存在着严重的理论上的倒退。众所周知，在50年代和60年代初，史学界大力提倡学习马克思主义的理论，运用马克思主义的观点、立场和方法，结合中国具体的历史实际进行科学研究。因此，那个阶段关于中国封建社会长期延续问题的研究与讨论还比较健康，背离马克思主义基本原理的观点几乎找不到。近几年来，由于放松了对马克思主义基本理论的学习与研究，结果，一些非马克思主义观点，乃至早已被马克思主义史学家批判过的观点，又被重新装扮一番，搬上史坛。这不能不令人吃惊！这些事实还表明，大力提倡重新学习马克思主义的迫切性和必要性。

二

显而易见，运用上述任何一种研究方法或采用上述任何一种观点，都无法正确解答中国封建社会为什么长期延续的问题。科学的答案，只有按照马克思主义的历史唯物论的基本原理和方法，到中国封建生产方式的内部结构中去寻找。历史的本质关系往往隐藏在现象形态的后面。在社会物质生活条件体系中，究竟什么是决定社会面貌、决定社会性质、决定社会从这一制度发展到另一制度的主要力量呢？

"历史唯物主义认为，这种力量就是人们生存所必需的生活资料的谋得方式，就是社会生存和发展所必需的食品、衣服、鞋子、住房、燃料和生产工具等等物质资料的生产方式。"① 正如马克思在分析商业对封建社会的解体作用时所指出的："它对旧的生产方式究竟在多大程度上起着解体作用，这首先取决于这些生产方式的坚固性和内部结构。并且，这个解体过程会导向何处，换句话说，什么样的新的生产方式会代替旧生产方式，

---

① 《斯大林选集》下卷，第441页。

这不取决于商业，而是取决于旧生产方式本身的性质。"① 因此，我们要探明中国封建社会长期延续的原因，首先必须研究中国封建生产方式的特点。

所谓生产方式，包括生产力和生产关系两个方面。它是社会面貌最根本的决定力量。列宁曾通过对封建制度和资本主义的比较，指出封建生产方式的一般特征。他说：（1）"自然经济占统治地位"；（2）直接生产者"必须束缚在土地上"；（3）"必须实行'超经济的强制'"；（4）受小生产的限制而形成的"技术的极端低劣和停滞"②。就中，所谓"自然经济"节，是指在地租制形式下的分散个体的小农业与家庭手工业的结合，家庭成为封建社会的基本经济单位。生产物的品格，主要是使用价值，而不是交换价值。这些，世界各国的封建社会大体上是相同的。问题在于，中国的封建生产方式，除了具有这些一般的"共性"之外，还有哪些特性呢？要弄清这个问题，就必须从中国封建生产方式的内部结构说起。

生产方式的内部结构，大体上可分为所有制结构、生产结构和分配结构三个环节。就中，所有制结构居于绝对的支配地位。

马克思说："在一切社会形式中，都有一种一定的生产支配着其他一切生产的地位和影响，因而它的关系也支配着其他一切关系的地位和影响。这是一种普照的光，一切其他色彩都隐没其中，它使它们的特点变了样。这是一种特殊的以太，它决定着它里面显露出来的一切存在的比重。……在从事定居耕作——这种定居已是一大进步——的民族那里，象在古代社会和封建社会，耕作居于支配地位，那里连工业、工业的组织以及与工业相应的所有制形式都多少带着土地所有制的性质；或者象在古罗马人中那样工业完全附属于耕作；或者象中世纪那样工业在城市中和城市的各种关系上模仿着乡村的组织。在中世纪，甚至资本——只要不是纯粹的货币资本——作为传统的手工工具等，也带着这种土地所

---

① 《资本论》第 3 卷，第 371 页。
② 《列宁全集》第 3 卷，第 158—161 页。

有制的性质。"① 因此，封建土地所有制，是封建生产关系的核心。中国封建土地所有制与西欧中世纪的不同之处在于：是由封建国家所有制、封建地主土地所有制和自耕农小块土地私有制三种形式组成。封建地主土地所有制居于主导地位，自耕农小块土地私有制出现得很早，封建国家所有制只是地主土地所有制的一种补充形式。所有制结构本身的特点，既反映了农业生产中诸经济关系的特殊性，又影响于手工业、商业和城市的面貌，就连上层建筑、国家形态也要与所有制结构的性质相适应。我们知道，中国封建生产方式的基本矛盾，说到底，就是个体小生产与封建地主土地所有制的矛盾，这一基本矛盾的运动，给中国封建社会发展的迅速以决定性的影响。

与西欧诸国曾经盛行的领主制相比，中国的封建地主土地所有制，没有西欧封建领地与采邑那样的稳定性。由于中国的传统以多子为福，因此，多子平分或分户析产制，就成为中国封建时代的习惯法。这样，大地产不断地划小。另外，自商鞅变法"除井田，民得买卖"以来，土地的自由买卖，以及由自由买卖派生出来的土地兼并，就成为中国封建地主土地所有制的根本特点。这个特点，决定了土地所有权经常处于运动状态。而土地所有权的运动状态，又赋予封建地主土地所有制以惊人的弹性，具有极强的生命力。

中国封建地主土地所有制的另一个特点是，与商业利润、高利贷利息结有不解之缘。换言之，就是地主、商人、高利贷者三位一体。商业利润、高利贷利息，不断向地租转化。"封建主义的基础是农业。"② 两千多年间，所谓"以末致财，用本守之"③，便成为商人、高利贷者的座右铭。他们往往用商业活动所得来的利润、高利贷的利息购置土地，变成地主。这样，中国封建时代的商人，与西欧中世纪后期的商人不一样，西欧的商人"对于以前一切都停滞不变，可以说由于世袭而停滞不变的社会来说，是一个革命的要素"④。中国封建时代的商人始终没有起过这样的作用。相

---

① 《马克思恩格斯选集》第 2 卷，第 109—110 页。
② 《马克思恩格斯全集》第 21 卷，第 450 页。
③ 《史记》卷 129 《货殖列传》。
④ 《资本论》第 3 卷，第 1019 页。

反，由于他们的利润转化为地租，所以又增强了地主土地所有制的弹性。同样，中国封建时代的高利贷，也没像西欧中世纪后期那样，"对于古代的和封建的财富，对于古代的和封建的所有制，发生破坏和解体的作用"[①]。而由于高利贷利息投资于土地，结果在增强地主土地所有制的弹性方面，与商人起到了同样的作用。

地主、商人、高利贷者三位一体，又使封建生产关系更加复杂化。地主成为社会财富多方面的集中者。商业利润、高利贷利息没有形成独立的力量给封建生产关系以毁灭性的打击，相反，却使地主阶级增加了剥削手段，成为地租形态的补充形式。这在客观上起到了巩固封建地主土地所有制的作用。

非但如此，在土地自由买卖的前提下，中国封建社会各阶级的阶级地位和经济状况，也不像西欧那样，贵族永远是贵族，平民永远是平民，农奴永远是农奴，而是"人之贫富不定，则田之去来无常"[②]，处于经常变动的状态。如所周知，中国历代实行的是官僚政治，而不是贵族政治。官僚的经济地位的升降，往往是随着政治上的荣辱升沉而变化着的。中国在很早的时候就出现了"布衣将相"的事实，这在西欧是根本不可想象的。特别是科举制实行以后，布衣变成官僚，更是屡见不鲜。布衣一旦变成官僚，便为地主阶级增添了血液，并成为土地兼并中的一支重要力量。因此，在中国封建时代，官僚必然是地主。由于各阶级的阶级地位和经济地位的变幻不定，造成了一批旧地主败落下去，又有一批新地主再现出来。封建地主土地所有制便在新旧地主的更替中，呈现出极富弹性的特点。经济基础决定上层建筑。作为封建主义经济基础的核心的封建地主土地所有制不变，封建社会的性质也就无从改变。

至于所有制结构中的另外两个因素，即封建国家所有制及自耕农小块土地私有制，处处受到封建地主土地所有制的制约与支配。封建国家土地所有制实质上是在皇帝名义下占有的土地，这类土地，一则在全国总耕地面积中所占的数量有限，二则皇帝是地主阶级的总头子，就阶级属性而

---

① 《资本论》第3卷，第674页。
② 《皇朝经世文集》卷30，李光坡文。

言，仍然是对农民进行剥削的手段，甚至到封建社会后期，它还往往成为地主阶级兼并的对象，因此，从广义上来看，封建土地国有制，只不过是封建地主土地所有制的升华，它与南欧的领主制不可同日而语。而自耕农的小块土地私有制，虽然与地主所有制有根本对立的阶级内容，但却与地主土地所有制一样，是一种私人所有的土地。不过，这种土地所有制，一是封建国家榨取的对象，二是地主阶级吞噬的对象，所以，它的特点是所有权的极不稳定性，迟早要在土地兼并中转化为地主所有。中国封建时代自耕农的小块土地越来越少的事实，便证明了这一点。这就决定了自耕农的小块土地所有制在封建的所有制结构中，只能扮演封建地主土地所有制的附庸角色。所有制结构的这些特殊性，又对生产结构和分配结构产生了决定性的影响。

生产结构，由生产工具、劳动对象和劳动者三大要素组成。三者结合的方式，决定生产结构的性质。在封建时代，都是个体小生产。生产工具的进化程度极低，劳动对象——土地的肥瘠程度有限，因此，生产结构功能的发挥，主要靠劳动者的生产积极性和创造性。由于所有制结构与西欧不同，因此，无论是拥有小块私有土地的自耕农，还是租佃制下的佃农，他们在人身依附关系方面，相对地讲，都比西欧的农奴和份地农要松弛一些，劳动时间可以自由支配、经营范围（即农业以外的副业及家庭手工业）也比较灵活，这样，劳动者的生产积极性及创造性，就比西欧的农奴和份地农更容易得到发挥。尽管中外的个体小生产具有相同的脆弱性，没有抗御天灾人祸的能力，易于枯萎，但是，在中国，这种个体小生产又具有顽强的再生能力。这只要举出一直到清代的康、雍、乾时期，农业生产仍然有所发展就够了。它说明，封建的生产结构仍然有容纳生产力发挥的余地。马克思曾经指出："无论哪一种社会形态，在它们所能容纳的全部生产力发挥出来以前，是决不会灭亡的；而更新更高的生产关系，在它存在的物质条件在旧社会的胎胞里成熟以前，是决不会出现的。"① 我们研究中国封建社会长期延续的问题，应当从马克思的论断中得到启迪。

---

① 《马克思恩格斯选集》第2卷，第83页。

从分配结构来说，在中国封建时代，高额赋税和高额地租的存在，又给生产结构功能的发挥带来种种限制。地主土地所有制下的地租剥削，是个体小生产者的农民之被剥削的主要形态。在封建地主土地所有制与商业资本、高利贷资本的混合经济形态下，个体农民以其全部的剩余劳动的生产物，作为地租缴纳给地主的同时，还以一部分，甚至是大部分必要劳动的生产物，作为商业的利润、高利贷的利息缴纳给主人。这样，地主凭借地租、商业利润、高利贷利息三种形式，榨取了个体农民全部剩余劳动和大部分必要劳动的生产物，把个体农民的生存手段降低到生理的最低限度，从而大大限制了农业生产力的发展。广大佃农在高额地租，特别是封建社会后期的"押租"盘剥下，经营规模越来越小，时刻濒于破产，为了维持最低限度的生存条件，不得不靠延长工时、起早贪黑，从事各种小手工业劳动，以图生存。这在客观上，就强固了农业与家庭手工业相结合的自然经济结构。对于自耕农来说，虽然不向地主缴纳地租，但是他们却要负担封建国家繁重的课役。这种课役，实质上是集中化了的地租。两千多年间，自耕农在苛繁的课役压榨之下，时刻处于分化过程之中。其中一少部分自耕农可能上升为地主，但是大量的自耕农，则是濒于破产而逐步佃农化。

列宁说过，在封建社会向资本主义过渡时期，"农民的破产引起农业的进步"[①]。但是，中国封建社会自耕农的破产却是经常的、历代所共有的事实。西欧中世纪后期破了产的农民涌向城市，由于中国封建生产方式的规定性造成中国的封建城市不是像西欧那样，是公社城市、生产城市，成为"革命因素"，促进了资产阶级的发展和封建制度的灭亡，而是郡县城市，是封建统治阶级大小政治中心，城市的官府手工业和商业，主要是为了供给各级封建统治阶级消费，农民不敢轻易涉足城市。这样，破产农民或者转死沟壑或者成为流民，结果造成了农业的困顿与萎缩。自耕农逐步佃农化而不是变成农业工人，破产的佃农的个体小农业与家庭手工业的结合越来越紧密，这就决定了他们不可能成为新生产力的代表，不可能创造出新的生产方式。

---

① 《列宁全集》第3卷，第54页。

总之，上述中国封建生产方式的内部结构及其坚固性，是造成中国封建社会长期延续的最基本的内在因素。当然，除此之外，还有其他方面的次要因素在起作用，诸如中国自古以来就是一个统一的多民族国家，各民族各地区的经济发展水平不平衡，以及封建专制主义的反作用，等等。不过与封建生产方式的内部结构及其坚固性相比，这些因素毕竟是次要的，第二位的。

（原载《光明日报》1982年10月22日，《新华文摘》1983年第1期转载，又见红旗杂志社哲学历史编辑室编《历史研究的理论与方法》，1983年9月版，收入此文时，作者又对文章作了一些补充）

附录
关于中国封建社会长期延续问题的论争

自从18世纪70年代，英国古典经济学家亚当·斯密在《国富论》中提出，在元朝以前，由于"中国财富，就已经达到了该国法律制度所允许之极限"，所以"它就停滞于静止状态"[①] 的论断以来，中国封建社会长期延续的问题，就成为中外史学界和经济学界所关切的课题之一。但是，正式在中国史坛上提出来讨论，却是20世纪20年代下半期的事情。自此而后，近60年间，国内先后掀起了四次大规模的讨论。这四次大规模讨论的背景、所涉及的内容，各具特点。现分别缕述于后。

一 第一次大讨论及其特点

1927年大革命失败后，当时的一些革命者和思想家，为了正确认识中国革命的任务和前途，围绕中国社会性质问题，进行了一系列的分析与研究，旨在探寻中国革命的现实起点和前进的方向。与此同时，托派和大地主、大资产阶级的御用文人，为了阻挠中国人民的反帝、反封建、反官僚资本主义的斗争，也对中国社会性质问题进行了各种各样的歪曲。于是，他们便以当时的《读书杂志》为中心，展开了关于中国社会性质和中国社会史问题的大论战。所谓"中国社会长期停滞"的问题，就是在这场论战

[①] 亚当·斯密：《国富论》上卷，郭大力、王亚南合译，上海中华书局1949年版，第85页。此书严复译作《原富》，商务印书馆1981年"严译名著丛刊"本。这段话在严译本上册第64页，译作："盖其国之政法民风，远在元代之前富庶已极其量，而后则循常袭故，无所加前。"又说："夫支那五洲上腴……特治不加进者几数百千年。"

中，由陶希圣率先提出来的。正如王宜昌所说："'中国社会长期停滞论'的起源，应该追溯到1927年大革命后对于革命经验的'回想时期'的陶希圣。那时，他是主张自西周亡后，中国封建社会便长期停滞着，而在其中产生出流氓无产者和士大夫阶级，陷中国封建社会于延缓的消灭过程中。"①陶希圣的观点，是对亚当·斯密论点的改造。②

正当国内论坛上激烈进行中国社会性质问题大论战的时候，苏联史学界也正在进行方法论的讨论。在他们的讨论之中，中国历史问题占有重要地位。苏联学者对中国社会长期停滞问题所发表的意见，对当时中国国内的论战，曾经产生过一定的影响。

当时先后就此发表过意见的约十来个人。其中有中国学者，也有苏联学者；有马克思主义者，也有托派、非马克思主义者。各派观点分歧甚大，就是大体上同属一个派别的诸人之间，意见也不一致。

1926年苏联学者坎托罗维亚发表的《前资本主义时代的中国社会关系体系》③、1930年出版的《论亚细亚生产方式·别林报告讨论速记》以及A.洛马金在《社会经济形态讨论中》中，分别从不同角度提出了人民起义的破坏性，是中国社会长期停滞的原因的论点。他们认为，"人民起义"是中国社会制度"保持平衡的必要手段"，"具有明显的土匪性和破坏性"，是使中国社会"处于停滞的僵化的状态"的根源。④

1932年4月，王礼锡发表了《中国社会史论战序幕》一文，提出中国社会"长期停滞"是"停滞"在所谓"商业资本主义"阶段。造成"停滞"的原因：一是中国在地理上便于统一，不能形成几个对立的国家，所以竞争者向海外发展不是十分必要；二是中国经过几度低级文化民族的侵入，将商业资本所建立的文明踏得粉碎；三是商业资本与土地资本结合，造成农村经济的崩溃，造成间歇期的农民暴动。⑤

---

① 王宜昌：《评中国社会长期停滞论》，《思想月刊》第1卷第1期，1937年2月。
② 参见连士升作、陶希圣改写《斯密亚丹论中国》，《食货》第3卷第3期，1936年。
③ A. R. 坎托罗维亚：《前资本主义时代的中国社会关系体系》，苏联《新东方》1926 (15)。
④ 参见白钢《中国封建社会长期延续问题论战的由来与发展》，中国社会科学出版社1984年版，第6—7页。
⑤ 参见王礼锡《中国社会史论战序幕》，《中国社会史的论战》第1辑，神州国光出版社1931年版。

同年 10 月，新生命书局出版了李俚人译的沙发诺夫写的《中国社会发展史》一书。沙发诺夫认为："中国的封建制度，像它的其他东方兄弟一样，成了封建停滞的化身。"其所以如此，乃因"中国每一个朝代的更换，总是伴随着封建积累的过程而来"。这样，在中国"新的封建化"不断出现，处于没完没了的过程之中，造成中国封建社会的长期停滞。同时，"人口不是压迫生存的手段，而是压迫生产的手段。中国农业技术之畸形的停滞，整个地和完全地证明了这个真理"。

　　1933 年 6 月 20 日至 22 日，列宁格勒国立物质文化史研究所举行大会，讨论封建制度的发生与发展问题。鲍格柯夫作了《中国封建制度史的规律性》的报告，说中国封建制度的特殊性之一，便是"停滞"。停滞的原因，在于货币地租在中国不能取得支配地位。因而，中国封建制度在两三千年中，在亚细亚的原野之上，循环不已。屠卡列夫不赞成鲍格柯夫的论点，他批评说："为着要探求中国封建社会停滞的真正原因，研究亘古不变的氏族公社的作用，是极重要的。"但是鲍格柯夫的报告，却只字不提。①

　　1934 年，陈伯达在《研究中国社会方法论的几个先决问题》②一文中，批评了用地理环境和国外市场来解释中国社会停滞性的观点，提出了我们不否认外力对于内在的影响，然而研究事物的发展，主要应当着重于启发事物的自我运动——事物内在的矛盾。其后，他又在《中国社会停滞状态的基础》③一文中写道："中国缺乏了内地海，中国东滨太平洋，汪洋浩漫，是学习航海的一个困难，使中国人不易为开拓海外市场的冒险；再则，西北一带，高山大岭，荒漠绝域，也使中国不易较长期地维持国外市场的联系和存在。"所有这些，"当然对于中国社会生产力发展的停滞，是加强了影响"。然而，"归根到底，国外市场不是决定内在生产力发展的唯一因素，而且也不是主要因素"。陈伯达还批评沙发诺夫"企图以'人口'来解释中国社会的停滞性"，"是不知不觉中变态地附和了马尔萨斯

---

　　① ［日］西村雄三缩译：《东洋封建制度史论》，东京：白杨社 1936 年版，第 8—15、230—231 页。
　　② 陈伯达：《研究中国社会方法论的几个先决问题》，《文史》第 1 卷第 3 号。
　　③ 陈伯达：《中国社会停滞状态的基础》，《文史》第 1 卷第 4 号。

的'人口论'"。他认为，商业资本和高利贷资本与封建式的土地占有，在两千数百年前，就确定了三位一体的结合，使商业资本和高利贷资本成为封建社会解体的最顽强的桎梏。小农业和手工业的家庭结合，是封建社会的基本细胞，在这三位一体的经济形态之下，也转到了"畸形的坚固"。陈伯达把这些"称之为封建生产方法在中国所展开的特殊亚细亚形态"，并认为它才是"中国社会停滞状态的基础"。

1934年6月，刘兴唐（尧庭）在《文化批判》第1卷第2期上，发表了《中国社会史上诸问题的清算》一文，翌年又在同一杂志第2卷第2、3期合刊号发表了《中国经济发展的本质》一文，提出了"农村公社之破坏与再建，为亚细亚反复性之一"，是造成中国社会长期停滞的要因。接着，他又在1935年10月1日出刊的《食货》第2卷第9期上，发表了《中国社会发展形式之探险》，重申了同一观点，并补充说，除了"农村公社组织形式""以及土地私有制之缺乏性"等要因外，"野蛮民族之侵袭"、"地理之影响"、"中国疆域之广大"等都是造成中国社会长期停滞的原因。

1935年11月，李立中在《食货》第2卷第11期上，发表了《试谈中国社会史上的一个"谜"》，提出了所谓中国长期陷于"商业资本主义社会的循环式的发展过程"的论断，认为造成"中国社会长期停滞"的原因有二：一是有无数次外部民族的入侵；二是农业、商业的均衡的破坏与再建。最后，他索性照抄陶希圣的《中国社会现象拾零》中整整一页的两段话作结语，说"一代的黄金时代必继之以盗匪横行或外族侵扰，乃至于政权颠覆"[①]，历史就是这样地循环往复。

1935年11月1日出刊的《食货》第2卷第11期上，还刊载了莫非斯的《中国社会史分期的商榷》一文，也鼓吹历史循环论。不过，他认为"循环的原因，完全由于农民暴动"。1937年3月1日，他在《思想月刊》第1卷第2期上又发表了《为中国社会长期延续问题答王宜昌》，重申了这个观点。

1937年2月，王宜昌在《思想月刊》第2卷第11期上，发表了《评

---

① 陶希圣：《中国社会现象拾零》，新生命书局1932年版，第174页。

中国社会长期停滞论》，与众不同，认为中国社会没有停滞。王宜昌主要是批评莫非斯的。接着，莫非斯著文进行抗辩，唇枪舌剑，十分激烈。这些表明当时关于中国社会停滞论的论战，是有背景的，就是大体上同属于一个政治派别的人，意见也不一致。

在1937年3月1日出版的《食货》第5卷第5期上，进步史学家嵇文甫发表了《对于长期封建论的几种诘难和解答》一文，指出停滞论是违反进化论的；所谓"停滞"，其实只是进步迟缓，并非真停滞。接着他对"循环说""二元说"以及"修正说"的诘难，一一作了解答。

不过，在第一次论战中，最有分量的还是马克思主义史学家邓云特和翦伯赞写的论文。

邓云特即邓拓。1936年4月，他在《中山文化教育馆季刊》第3卷第2期上，发表了《中国社会经济"长期停滞"的考察》一文，接着又发表了《再论中国封建制的"停滞"问题》。这两篇文章，新中国成立后均收入三联书店出版的《论中国历史的几个问题》一书。邓拓在第一篇文章中，开宗明义，揭示了该问题讨论的"现实意义"，批判了从陶希圣到王宜昌等人的错误观点，指出中国封建社会经济结构的特殊性。他认为，中国封建社会既不是老早就已经崩溃了的，也不是"长期停滞"在什么"专制主义"等的特殊社会形态上面。中国长期的封建社会是发展的，而不是"反复"的。到了鸦片战争以前中国封建社会内部，已经出现了日益发达的足以动摇封建基础的新的社会经济因素了。所谓"停滞"，并不是静止不动。"长期停滞"的提法是不恰当的。造成这种所谓"停滞"的原因有五点：（1）中国历史上旧的生产方法——即以农奴劳动为主体的小规模农业生产和家庭手工业的紧密结合，构成了封建社会内部坚固的经济体。在这样的经济体内，从事农奴劳动的农业直接生产者，始终是在超经济的强制之下过着极端穷苦的生活，生产和再生产的过程，基本上是在单纯的不变的基础上进行着。但是，具体说，各个时期的生产关系却又有不同的变化。（2）在土地自由买卖制度下，地主、高利贷者、商业资本家的三位一体对农民的剥削，以及商业资本为了维持自己的存在，寄生在旧的生产方法的基础上榨取农民家庭手工业者的剩余劳动，而不能破坏旧的生产方法和占领全部劳动过程。（3）各个经济区域之间，生活必需品大体都能自给，较少可以引起各区域间大规模的交易。（4）在这些条件下，封建剥削的加强，手工业不能独立发展，作为产业资本生长的前一阶梯的工场手工业没有建立起来。封建统治阶级的官营工业在榨取"工奴"劳动的前提下畸形发展，限制了城乡手工业生产和商业资本的活动地盘，缩小了商品市场。（5）加上自然地理的某些关系，使中国整个土地被分为几部分，物产丰富，而交通十分不便。在这种情况下，必然形成了若干分离的并立的政治经济中心，给封建诸侯以分疆割据和进行封建的无限剥削的有利条件，增强了封建经济的地方独立性和落后性，阻碍了商品市场的统一。总之，在上述各种条件下，资本主义因素的增长，受到了严重阻碍，商业资本无法支配全部劳动过程，只得变更它的机能，转投到土地上，与封建土地关系结合起来；这就不但阻滞了它向产业资本转化的过程，而且加深了对农业直接生产者的无限的封建剥削关系。

翦伯赞写了《历史哲学教程》①，他提出："长期停滞"论的提法是不科学的，必须深入到社会经济的本质去研究。

1937年7月，上海生活书店出版了何干之的《中国社会史问题论战》一书，对1927年以来的中国社会史论战作了系统的介绍。关于亚细亚生产方法问题，他基本上同意日本早川二郎的"进贡制"说法。他认为，中国社会发展迟滞，可以由这种"进贡制"得到说明。

综观20年代后期至30年代前期关于中国社会长期停滞问题的论战，大致有如下特点：首先，"中国社会长期停滞论"，是用孤立的、静止的和片面的观点来看待中国的历史进程，因而它是一种形而上学的见解。这种见解的五花八门的解释，都是简单地从一些表面现象来说明的，无视或不懂生产方式决定社会面貌这个历史唯物主义的基本原理，因此，理所当然地受到了马克思主义史学家的批判。由于当时的马克思主义史学在中国尚处幼年时期，所以尽管对"长期停滞论"的各个流派的问题，有所揭露，然而，批判的深度受到局限。特别是运用马克思主义的立场观点结合中国的历史实际，系统地揭示中国封建社会长期延续的原因不够。其次，中国社会长期停滞论，是在关于中国社会性质问题的论战中附带提出来的。由

---

① 后来由长沙生活书店于1938年出版。

于关于中国社会性质问题的论战是有政治背景的，因此，关于中国社会长期停滞问题的论争，也不是单纯的学术之争，实质上是马克思主义与非马克思主义乃至反马克思主义之间的重大原则之争，反映到政治上，就是马克思主义者同托派、反动御用文人之间的斗争。再次，正由于中国社会长期停滞问题是在社会性质、社会史论战中附带提出来的，因此，这场论战，也带有"附带的"特点。

二　第二次大讨论及其特点

1937年6月，伪装成马克思主义者的日本帝国主义的代言人秋泽修二，为了配合日寇侵华，抛出了《东洋哲学史》一书。翌年，他又抛出了《支那社会构成》。在这两本书中，秋泽修二肆意歪曲马克思关于亚洲社会的论述，反复宣讲所谓"中国社会亚细亚的停滞性"，鼓吹所谓"此次中日事变……皇军的武力"，将"给予中国社会之特有的停滞性以最后的克服"，"使农业的中国……与工业的日本结合"，为日本帝国主义侵略中国制造舆论。秋泽修二的挑战，受到了当时中国国内的革命者和进步史学家的反击。于是，在中国国内形成了由批判秋泽修二而展开的关于中国社会"长期停滞"问题论战的第二次高潮，并且一直持续到1949年新中国成立前。

1940年5月、10月，吕振羽在《理论与实践》第2卷第1、2期上，先后发表了《关于中国社会史的诸问题》与《"亚细亚生产方式"和所谓中国社会的"停滞性"问题》①两篇长文，对秋泽修二的反动谬论，进行了全面而又系统的清算。他指出：秋泽修二把"以共同祖先的祭祀为中心而结合的同一氏族形成的村落"，看成是"氏族制的遗制"，是所谓"农村共同体的遗制"，把唐宋明代偶然残存的"五世以上同居"的特殊现象，看成是所谓"原始家族共产体"，都歪曲了阶级社会同姓或异姓"村落的阶级关系的构成。在中国的全部封建史上，都是大土地所有制占支配地位，并反映为大地主阶层在政治上的统治地位。个体农民的经营方式，

---

① 这两篇文章，新中国成立后，作者收入《中国社会史诸问题》一书，三联书店1961年版。

全世界都一样，不独中国为然"。所谓"灌溉排水的水利事业，是中国中央集权的专制主义的一个物质基础"，所谓"集权的国家的经济支配"，无论在理论上，还是在史实上，都是荒谬的。吕振羽还对"形成中国社会发展的'阻滞性'的根源"进行了分析。他认为："不是由于内在矛盾的规定，而是由于外在矛盾的影响。"所谓"外在矛盾"，历代指的是异族入主，鸦片战争以后，指的是帝国主义。

1941年9月15日出版的桂林《文化杂志》第1卷第2号上，李达发表了《中国社会发展迟滞的原因》，提出八条：（1）战乱之频繁；（2）封建力役；（3）封建剥削；（4）宗法遗制下聚族而居的村落公社；（5）封建的政治机构；（6）农民阶级不能负担新生产方法；（7）科学的不发达与儒家学说的影响；（8）地理环境的影响。

1942年3月25日出版的桂林《文化杂志》第2卷第1号上，刊登了蒙达坦的《与李达先生论中国社会发展迟滞的原因》。文章认为社会的发展取决于资本的积累与生产方法进步两件事。而妨碍或破坏原始资本积累的有三条：（1）特殊的土地所有权关系；（2）农民战争；（3）共有财产。妨碍生产方法进步的也有三条：（1）重农抑商政策；（2）地域发展不平衡；（3）儒家学说的影响。

1942年《群众》杂志第7卷第11、12期合刊号上，华岗发表了《中国社会发展阻滞的基因——兼评李达、蒙达坦两先生对中国社会发展迟滞原因的讨论》。文章首先批驳了秋泽修二的"亚细亚停滞性"论；接着分析了中国社会发展阻滞的原因。华岗认为，"内在因素"有两点：一是以农业与手工业直接相结合的农村公社遗制；二是中国特殊的土地所有权关系。而"外在因素"，五胡十六国、北朝、五代、辽、金、元、清各代，是少数民族入主中原；鸦片战争以后，是国际帝国主义的侵略。

1943年，罗克汀在《群众》杂志第8卷第1、2期合刊号上，发表了《论中国社会发展阻滞的原因——兼评几位史家对于这个问题的意见》，文章是以批判秋泽修二的反动观点开始，继而对当时参加讨论的诸家观点一一评述，最后才简略地交代了他的看法。罗克汀说："由于中国封建社会的特点（包括了特殊的土地所有权关系及自给自足经济——农村公社的残存，手工业与农业的直接结合）所造成了的地租、商业资本、高利贷资本三者的强固结合,残酷的剥削使农民必要的物质生活资料不能维持,生产缺乏了刺激,只能以父子相传的同一生产方法去进行单纯再生产,因而造成了生产力的发展的龟步式的爬行。更加上了外在因素(条件)——地理环境的影响及历代异族的侵略和入主——的影响而形成了中国社会发展的阻滞。"

1946 年 6 月,陈贤录在福建《社会科学》第 2 卷第 1、2 期合刊号上,发表了《论中国封建社会长期停滞问题》的长篇论文,批评了吕振羽的外因论,认为内在矛盾是决定因素,外在矛盾是从属于内在矛盾发生作用的。

1947 年 2 月,公盾在上海《新中华》杂志第 5 卷第 3 期、第 4 期上,发表了《中国封建社会停滞性的研究》,从宏观和微观两个方面进行考察,认为封建社会里的土地资本,与商业资本及高利贷资本的结合,是中国封建社会长期停滞的基本原因。

1948 年 2 月,王亚南在上海《时与文》杂志第 2 卷第 19 期上,发表了《官僚政治对中国社会长期停滞的影响》[①] 一文,首先批判了秋泽修二的"中国社会之亚细亚'的停滞性"的反动论点,认为他是"日本侵略主义代言人",是适应日寇侵华的需要而编造出来的。他指出,秋泽修二"以固定的形而上学的眼光去确认那种农村公社孤立的作用,而不知道,那种社会经济基本要素的结构,随着整个官僚封建社会的进展,被赋予了一些新的动势、新的因素;并且社会经济基础与其上层建筑的法律政治关系在不绝的起着辩证的相互制约的功能。"接着,他又评述了亚当·斯密、李达、蒙达坦及华岗关于中国社会发展阻滞原因的主要观点。最后,他对中国社会长期停滞问题,进行了"静态分析"和"动态推移"的论证:认为首先建立在地主经济基础上的中国官僚政治有着无比的包容性与贯彻性,它不但动员了中国传统的儒术、伦理、宗法习惯等来加强其统治,还把可能而且在社会史上必然要成为它的对立物的商工市民的力量也给解消同化在它的统治中。其次,中国传统的重农抑商政策,使中国都市的政治

---

① 后来作者收入《中国官僚政治研究》一书,上海时代出版社 1948 年 10 月初版,中国社会科学出版社 1981 年 6 月再版。

性、商业性与消费性相得益彰，反过来又给予政治上以腐蚀影响，导致社会可能挣出来的蓄积皆浪费殆尽。最后，农民叛乱和外族入侵，都止于促成王朝的崩溃，而迄未招致社会的革命。

从抗日战争爆发到新中国成立前，关于中国社会长期停滞问题的论战，构成一个独立的阶段，归纳起来，有三个特点：

首先，这一阶段的论战，是日本帝国主义的代言人秋泽修二抛出的两本书引起的，他通过对马克思关于亚细亚生产方式的论述的歪曲，和对中国历史的篡改，为日本帝国主义侵略中国制造舆论。因此，受到了中国国内进步史学家和革命者的无情批驳，于是形成了当时的中国进步论坛上以批判秋泽修二反动谬论为内容的批判运动。这场批判运动，是中国人民反抗日本帝国主义侵略者斗争的有机组成部分，是伟大的抗日民族解放战争在文化战线上的具体展开。

其次，由批判秋泽修二的反动观点开始，40年代，国内进步论坛上，就中国封建社会长期停滞问题展开了热烈的讨论。越来越多的人认识到，"长期停滞论"提法本身所存在的问题。因此，讨论中，有的改称"发展迟缓"，有的改称"发展阻滞"，有的改称"发展迟滞"。与30年代的论战相比，40年代的讨论，无论从哪一个方面来说，都大大向前推进了一步。当然在讨论中，荒谬的、错误的观点，如无端指责农民战争，把农民战争贬得比封建兼并战争都坏的观点，虽然存在，但是，同时也受到了应有的批评。

再次，从研究方法上看，马克思主义的历史唯物主义的研究方法，为越来越多的研究者所接受。人们普遍注意到要重视对各种历史现象进行综合分析，那种孤立地、片面地强调某一种历史现象和历史事件，并把它当成历史发展的决定因素的现象，已不复出现。尽管在讨论中，把各种对中国社会发展造成影响的因素堆积在一起的"食古不化"的形而上学方法，仍为个别研究者所采用，但毕竟不多了。

三　第三次大讨论及其特点

1950年《中国青年》杂志第33、34期上，连载了范文澜的《论中国封建社会长期延续的原因》[①]一文，提出了中国封建社会长期延续的原因，主要的还应向社会内部去探求，即应研究中国封建社会本身生产方式的情况的论断。文章说，农业生产力的迟缓发展、生产关系对生产力的破坏、工业生产力发展的迟缓三点，是导致中国封建社会长期延续的主要原因。

同年11月版的《学习》杂志第3卷第4期上，翦伯赞发表了《论中国古代的封建社会》一文，认为"土地之被封建统治阶级瓜分，以及由此而引起的强烈的封建剥削制度和保护这种剥削制度的专制主义的中央集权国家，是中国封建社会发展迟缓的主要原因"。

1952年6月20日，上海《新闻日报》刊登了修睦的《为什么中国封建社会特别长》一文，文章说原因有五点："第一，中国封建地主阶级对农民阶级的剥削和压迫特别残酷，使农民经常生活于贫困和痛苦中，生产力发展很慢；第二，外族的侵入，带来了落后的生产方式，使生产力倒退；第三，中国的手工业主要是农民的家庭手工业，它只求自给自足，而没有发展；第四，中国的商业资本和高利贷资本总是封建地主兼营的，使商业资本不可能发展到破坏封建制度的程度。第五，农民革命只起了改朝换代的作用，而不能推翻封建制度。"

同年《新史学通讯》9月号上，郭晓棠发表了《略论中国封建社会长期性问题》一文，提出中国封建社会之所以比西欧发展缓慢，基本原因是地主阶级残酷的剥削和压迫，可以从五个方面来考察：（1）皇帝对全国的土地有最高处理权，最多最好的土地，都集中在历代的皇帝及皇亲国戚与文武官僚的手里。古代农村公社制与奴隶制之长期的遗留，以及农业与家庭手工业紧密结合的自然经济性质之长期居于支配地位。（2）地主政权掌握经济职务。（3）落后民族的侵入，甚至长期地统治中国。（4）封建领主、封建军阀内部的反革命混战大大破坏了社会生产力。（5）地大物博，没有向外发展的强烈要求；夜郎自大，闭关自守的政策。

1953年，杨向奎在《文史哲》杂志第2期上，发表了《读〈马克思

---

① 并见《新华月报》1950（4），后来收入《范文澜历史论文选集》，中国社会科学出版社1979年版。

恩格斯论中国〉——兼论中国封建社会历史分期问题》一文，认为"从宋朝到清中叶是中国封建社会的晚期"。造成晚期社会的迟滞性因素有四：（1）手工业与农业的顽固结合；（2）中国农村封建统治与商人资本存在的结合；（3）外族不断地入侵；（4）封建垄断经济。

同年同期《文史哲》上，还刊登了吴大琨的《论地租与中国历史分期及封建社会长期阻滞性问题》，文章从广义政治经济学的角度，提出"中国封建社会的长期阻滞性，与中国的地租性质（'东方式地租'）及其为统治阶级所分割蓄积的方式有关"。

1953年11月，上海华东人民出版社再版《中国社会史诸问题》一书时，吕振羽对他于1940年10月发表的《"亚细亚生产方式"和所谓中国社会的"停滞性"问题》一文作了重大修订，认为形成中国社会发展阻滞的根源有四：（1）农民为逃避残酷的剥削压迫，便在农民战争、民族战争中及其失败后，向四周移徙，结果促进了周边地区的经济发展而迟缓了中原汉地的社会进步；（2）地主阶级对农民阶级残酷的剥削和压迫导致阶级矛盾的尖锐，北方少数民族入主中原所带来的严重破坏，以及地主阶级为镇压农民的反抗，而施行的屠杀、焚烧、劫抢，都阻滞了社会的发展；（3）封建皇帝、贵族、官僚地主步步趋向豪奢，直接破坏了农业生产的发展和进步，阻碍了国内市场的扩大与私家手工业及自由商业资本的发展，尤其妨碍自由商人资本向资本主义资本的转化；（4）鸦片战争到新民主主义革命胜利前，则直接遭到英美等帝国主义的侵略。

1954年11月，华东人民出版社出版了王亚南的《中国地主经济封建制度论纲》一书，其中有《地主经济与中国社会长期停滞问题》一文，认为"中国社会其所以长期停滞在地主经济的封建阶段，就因为这种经济形态本身，已经存在着一些使它不易在胎内好好孕育出新生产方式的限制，而以这种经济形态为基础的官僚政治组织和儒家学说，更从中作了许多缓和矛盾对立的措施"。

1955年《教学与研究》第6、7期上，连载了尚钺的《清代前期中国社会之停滞、变化和发展》一文，尚钺认为："中国社会发展的延缓，除了中国社会内部特点以外，我们也不能不考虑到在资本主义萌芽现象出现以后，13世纪落后的蒙古族和17世纪满洲族的入侵，以及到19世纪……

更野蛮的资本主义和帝国主义各国先后侵入了中国。"

1956 年《华东师大学报》第 1 期上，刊登了束世澂的《试论中国封建社会的分期》，同年该杂志第 3 期上，又刊登了他的《论北宋资本主义关系底产生》一文。束世澂在这两篇文章中提出了中国封建社会晚期，"社会上高利贷资本的猖獗，商人的地主官僚化"，阻碍了"商业资本转向工业资本"；而蒙古族、满清贵族进入中国内地，造成了"经济发展迟滞"。

同年 12 月 7 日，《天津日报》刊登了傅筑夫、谷书堂合写的《中国原始资本积累发生迟缓的原因》一文，认为"封建剥削的残酷加固了自然经济，成为生产力进步的障碍；商品生产和商品流通又不足以成为新生产关系的刺激力量"，所以封建制度长期保存了下来。

50 年代中期，侯外庐曾在北师大作过《秦汉社会的研究》和《十六七世纪的中国封建社会的初步转变》两次学术报告。后来均收入《中国封建社会史论》[①] 一书。侯外庐在这两篇文章中说，建立在国家土地所有制之上的农业和家庭手工业的结合，既是东方封建制的生产方式的条件，又是巩固东方专制政治的基础……这种结合形式，表现出前资本主义生产方式内部的坚固性和结构，对于商业的分解是一种障碍。

1961 年 10 月 14 日《人民日报》上刊登了徐旭生的《对我国封建社会长期迟滞问题的看法》，认为重农抑商学说，对于封建社会向资本主义社会发展起了很大的抑制作用。

同年，傅衣凌先后发表两篇文章论中国封建社会长期迟滞的原因。一篇刊于 12 月 21 日《文汇报》，题为《关于中国资本主义萌芽的若干问题——附论中国封建社会长期迟滞的原因》；一篇刊于《厦门大学学报》第 3 期，题为《论乡族势力对于中国封建经济的干涉——中国封建社会长期迟滞的一个探索》。在这两篇文章中，作者提出了中央集权的专制主义政体和乡族势力对于封建经济的干涉是中国封建社会长期延续的原因的论断。

1962 年，胡如雷在《历史研究》上发表了《关于中国封建社会形态

---

① 侯外庐：《中国封建社会史论》，人民出版社 1979 年版。

的一些特点》，认为我国封建社会生产关系与生产力发展的特殊形式的辩证法使社会经济的发展具有着周期性。正是这种周期性历史发展的特点使我国的历史迈着退一步、进两步的步伐前进，使我国的经济沿着迂回曲折的道路螺旋式地前进。这就是我国封建社会长期停滞这一特点所以能够产生的主要原因。

与前两次关于中国封建社会长期停滞问题的论战相比，1950年到1962年我国史学界对于中国封建社会长期延续问题的讨论，具有如下特点：

首先，在马列主义指导下进行研究。马克思主义关于生产方式决定社会面貌的基本原理，为大家所接受。人们围绕中国封建制度本身，或从社会经济结构和生产方式的分析入手，或从土地所有制的形式分析入手，或从生产关系对生产力的破坏入手，或从上层建筑对经济基础的反作用的分析入手，仁者见仁、智者见智，讨论是健康地、正常地进行着。

其次，这一阶段的讨论文章，明显地较前两次增多，而且大多具有一定的深度。然而，讨论中缺少交锋，基本上处于各说各的状态，因而没有40年代的讨论活跃。

再次，从方法论上讲，普遍注重史论的有机结合，形而上学的方法已为论者所不取，历史的方法、逻辑的方法、辩证的方法等，则普遍得到应用。在这场讨论中，老一辈史学家起了示范作用，他们的研究方法，也值得借鉴。

四 第四次大讨论及其特点

"文化大革命"结束以后，人们开始重视对封建主义历史的研究与批判。于是，中国封建社会为什么长期延续的问题，第四次被提到史坛上来讨论。1978—1982年发表的有关论著的总数约在180篇左右。囿于篇幅，这里不能逐篇进行介绍，只拟按论点归纳以下11个方面：

第一，关于农民战争与中国封建社会长期延续的关系问题，有三种意见：

第一种意见认为，农民战争对社会生产的破坏，是中国封建社会长期延续的原因之一。董楚平在《生产力是历史发展的根本动力》[①]和《农民战争在中国封建社会发展过程中的作用》[②]两篇文章中，反复阐述了这一观点。而刘昶的提法稍异，他在《试论中国封建社会长期延续的原因》[③]中说，每一次大的农民起义都严重地打断了封建化进程，葬送了封建化已取得的成果，使社会重新退回到封建化的起点上去。因此，从长远的历史发展眼光来看，农民战争非但没有推动历史前进，反而在一定程度上阻碍了历史的进步。

第二种意见以王存才的《中国封建社会长期延续的根本原因》[④]为代表。他认为农民战争保护了小农经济，因而从长远的历史发展眼光来看，它却保护了封建统治；或曰农民战争使小土地占有增多，剥削关系和土地关系缓和，小农经济得到复苏，从而使封建经济从周期性的危机中解脱出来，重新走上复苏之路。

第三种意见认为，中国封建社会长期延续这个账，不能算在农民战争的头上。陈梧桐的《关于当前农民战争史研究的一些看法》[⑤]、王守稼的《评〈试论中国封建社会长期延续的原因〉的若干观点》[⑥]、苏双碧的《关于农民战争史研究中的几个问题》[⑦]等，都从不同角度论证了这一观点。

第二，关于中国封建社会是否完成封建化的问题，有两种不同意见：

第一种认为中国封建社会始终没有完成封建化。刘昶在《试论中国封建社会长期延续的原因》中，以西欧封建社会为模式，提出封建化的标志是农民农奴化、土地庄园化和政治多元化。这在西欧只经历了一次变更，而中国封建社会虽然不断地反复重演封建化的种种场面，却始终没有达到西欧9世纪以后的封建化程度，即始终没有完成封建化。与刘昶的观点相

---

① 董楚平：《生产力是历史发展的根本动力》，《光明日报》1979年10月23日。
② 董楚平：《农民战争在中国封建社会发展过程中的作用》，《浙江学刊》1980年第1期。
③ 刘昶：《试论中国封建社会长期延续的原因》，《历史研究》1981年第2期。
④ 王存才：《中国封建社会长期延续的根本原因》，《学术月刊》1981年第10期。
⑤ 陈梧桐：《关于当前农民战争史研究的一些看法》，《光明日报》1981年8月1日。
⑥ 王守稼：《评〈试论中国封建社会长期延续的原因〉的若干观点》，《中国史研究》1981年第3期。
⑦ 苏双碧：《关于农民战争史研究中的几个问题》，《中南民族学院学报》1982年第1期。

接近的，是周庆基的《论中国的封建化过程》①一文。

第二种意见认为封建化应该指封建生产关系的形成和确立，中国汉族的封建社会属于地主型，是最发达的形态。王守稼的《评〈试论中国封建社会长期延续的原因〉的若干观点》、汪征鲁的《小农经济·封建化及其他——与刘昶同志商榷》②、刘修明的《中国封建社会的典型性与长期延续原因》③、宋杰的《关于中国封建社会长期延续问题的几点认识——与刘昶同志商榷》④、李大生的《中国落后不在于没有完成封建化》⑤、白钢的《中国封建社会长期延续问题的探讨》⑥，分别从不同侧面论证了这一观点。

第三，关于外部游牧民族的侵扰与中国封建社会长期延续的关系问题，有两种意见：

刘昶认为，外部游牧民族不断侵略所造成的外部压力的挑战，激起了中原人民的仇恨和应战，而为了有效地抵御这种入侵，整个社会就必须统一起来，集中全国的人力、物力。这就是中国封建社会能够抵制封建化的正常进程，并保持长期统一和专制主义中央集权制度长期延续的根本原因（见前注释）。

而王守稼、宋杰等不同意刘昶的意见。王守稼认为，在分析游牧民族入侵的破坏作用时，要有分寸。从纵的方面看，它确实影响了中国封建社会发展的进程。如果从横的方面去看，在广阔无垠的国土上，组成中华民族大家庭，无数次的争斗、交往，加速了民族融合，促进了汉族以外的各少数民族的封建化进程（见前注释）。宋杰则说，"挑战和应战"的理论，并不是刘昶的发明，而是英国资产阶级史学家汤因比早年提出的一种唯心史观。他实际上把中国封建社会长期延续的原因归结为外部环境的作用，因而是主观片面的，而且不符合史实（见前注释）。

---

① 周庆基：《论中国的封建化过程》，《河北师范大学学报》1981年第2期。
② 汪征鲁：《小农经济·封建化及其他——与刘昶同志商榷》，《福建师大学报》1981年第2期。
③ 刘修明：《中国封建社会的典型性与长期延续原因》，《历史研究》1981年第6期。
④ 宋杰：《关于中国封建社会长期延续问题的几点认识——与刘昶同志商榷》，《北京师范学院学报》1982年第1期。
⑤ 李大生：《中国落后不在于没有完成封建化》，《史学集刊》1982年第2期。
⑥ 白钢：《中国封建社会长期延续问题的探讨》，《光明日报》1982年10月20日。

第四，关于中国封建社会陷入"治乱交替、循环轮回"而没有出路的问题，也有两种对立的意见。

刘昶认为，中国封建社会陷入六道轮回、万劫不复的境地而不能自拔，周期性的治乱兴衰，是中国封建社会的整体特点和特殊运动方式，而中国封建社会就在这种循环轮回中延续下来（见前注释）。

白钢在《中国封建社会长期延续问题研究中的几个问题》[①]一文中认为，提出所谓中国封建社会陷入"六道轮回，出路何在"的问题本身，反映了作者没有摆脱历史循环论的窠臼。这种观点的错误在于，形而上学地看待客观历史的发展过程，把客观历史的发展变化看做是循环式的运动，是过去事物的简单重复，而不是看做由简单到复杂、由低级到高级的发展。不肯正视封建社会的基本矛盾运动，在促进封建社会的量变过程中，随着生产力的逐步提高，也促进了封建社会的部分质变。

第五，关于地理条件与中国封建社会长期延续的关系问题。

胡寄窗《论中国封建经济成熟甚久瓦解特慢的原因》[②]一文中提出："地理条件是最根本的因素"，如果我国的地理条件类似于一个西南欧的国家，则可能加速封建制的崩溃。

白钢不赞成这种观点，认为应当承认地理环境对社会的发展有一定的影响，但它不是社会面貌、社会制度的性质以及一种社会制度过渡到另一种社会制度的决定因素。因为社会的变更和发展要比地理环境的变更和发展快得不可估量（见前注释）。

第六，关于小农经济与中国封建社会长期延续的关系问题，大体有两种意见：

一种意见认为，小农经济是中国封建社会的经济基础，小农经济的长期存在，是中国社会经济长期处于发展迟滞状态的一个总根源。前面提到的刘昶的文章以及傅筑夫的《中国古代经济史概论》[③]、杨希珍在《文史哲》1982年第2期上发表的《封建专制主义制度与小农经济》一文，都

[①] 白钢：《中国封建社会长期延续问题研究中的几个问题》，《历史研究的理论与方法》，红旗出版社1983年版。
[②] 胡寄窗：《论中国封建经济成熟甚久瓦解特慢的原因》，《经济研究》1981年第6期。
[③] 傅筑夫：《中国古代经济史概论》，中国社会科学出版社1981年版。

从不同的角度阐述了这种观点。

与之相反，白钢认为小农经济从来就不是一个独立的经济体系，在封建社会，它是受地主经济支配的，时刻处于分化之中。封建专制主义的经济基础，应当是封建主义生产关系的总和，其中包括生产资料的地主所有制，在生产中地主对农民的统治与人身依附关系，以及在产品的分配中地主对农民的剥削关系，等等。把本来不居于主导地位的小农经济看成封建专制主义的经济基础，并把它说成是造成中国封建社会长期延续的"重要原因"，或"总根源"，无论在史实上还是逻辑上，都是说不通的①。此外，前已提到的汪征鲁、陈梧桐、宋杰和孟祥才②等分别从不同侧面阐述了大体相近的观点。

第七，关于地主经济与中国封建社会长期延续的关系问题。

林甘泉在1979年10月《中国史研究》编辑部和《光明日报》理论部联合召开的"批判封建主义学术讨论会"上的发言中说："研究中国封建社会长期缓慢发展的原因，要注意到中国封建社会是属于地主制而不是领主制形态。"③

白钢在《论中国封建主义的主要特征及其顽固性》④、《中国封建社会长期延续问题的探讨》⑤两篇文章中认为，封建土地所有制，是封建生产关系的核心。封建生产方式的基本矛盾，说到底，就是个体小生产与地主土地所有制的矛盾。这一基本矛盾的运动，给封建社会发展的速度以决定性的影响。与西欧诸国曾经盛行的领主制相比，中国封建地主土地所有制，没有西欧封建领地与采邑那样的稳定性。多子平分制导致大地产不断地划小，土地的自由买卖与土地兼并，就成为中国封建地主土地所有制的根本特点。这个特点决定了土地所有权经常处于运动状态，使其具有惊人的弹性而有极强的生命力。中国封建地主土地所有制的另一个特点，是与

---

① 白钢：《重新学习马克思主义，把农民战争史的研究引向深入》，《光明日报》1982年1月11日。
② 孟祥才：《关于中国封建专制主义经济基础的几个问题》，《山东师大学报》1982年第5期。
③ 林甘泉：《深入批判封建主义彻底肃清封建流毒——批判封建主义学术讨论会纪要》，《光明日报》1979年11月13日。
④ 白钢：《论中国封建主义的主要特征及其顽固性》，《学术研究》1980年第5期。
⑤ 白钢：《中国封建社会长期延续问题的探讨》，《光明日报》1982年10月20日。

商业利润、高利贷利息结有不解之缘。商业利润、高利贷利息不断向地租转化，客观上巩固了封建地主土地所有制。作为封建主义经济基础的核心的地主土地所有制不变，封建社会的性质也就无从改变。

李文治的《论中国地主经济制与农业资本主义萌芽》①认为，在地主经济制的制约下，已发展起来的富裕农民往往进一步发展成为经营地主或出租地主；已发展起来的带有资本主义性质的经营地主，又往往向着土地出租的方向倒退；庶民地主当其占地面积扩大之时，则又设法通过各种渠道朝着缙绅地主转化。中国农业资本主义萌芽的发展趋势虽在继续扩大，但就萌芽的每个生产机体而言却在不断地转化、倒退，封建地主又不断地再生出来。正是这种发展变化延缓了农业资本主义萌芽的发展过程。

孔经纬在《关于中国经济史的一些理论问题》②中说，中国专制主义借以存在的前提，是地主经济，而不是依靠新兴的工商势力，从未起过推动资本主义生长的作用。造成中国封建社会长期延续的原因，始终主要是地主土地所有制。

第八，关于封建经济结构与封建社会长期延续的关系问题，共有九种意见：

第一种意见认为，中国封建经济结构是自然经济结构。吴承明的《论男耕女织》③、于素云的《论中国资本主义萌芽发展的阻滞》④、王宏钧的《中国从先进到落后的三百年》⑤、梁希哲的《明末农民战争没有为资本主义萌芽开辟道路》⑥、陈家泽的《从两种小生产的转化看中国封建社会的长期延续》⑦都从不同侧面论述了这一观点。

第二种意见认为，中国封建经济结构是小农经济结构。陈平的《单一

---

① 李文治：《论中国地主经济制与农业资本主义萌芽》，《中国社会科学》1981年第1期。
② 孔经纬：《关于中国经济史的一些理论问题》，《吉林大学社会科学学报》1982年第1期。
③ 吴承明：《论男耕女织》，《中国社会经济史论丛》第1辑，山西人民出版社1981年版。
④ 于素云：《论中国资本主义萌芽发展的阻滞》，《辽宁大学学报》1980年第3期。
⑤ 王宏钧：《中国从先进到落后的三百年》，《中国史研究》1980年第1期。
⑥ 梁希哲：《明末农民战争没有为资本主义萌芽开辟道路》，《史学集刊》1982年第2期。
⑦ 陈家泽：《从两种小生产的转化看中国封建社会的长期延续》，《历史研究》1982年第1期。

小农经济结构是我国两千年来动乱贫穷、闭关自守的病根》①、《社会经济结构的规律和社会演化的模式》②、《社会传统与经济结构的关系》③，晓鲁的《论政治民主化与生产社会化的历史联系》④，周继旨的《略论中国封建社会发展进程及其政治结构与思想体系的基本特征》⑤，庞卓恒的《中西封建专制制度的比较研究》⑥，刘修明的《中国封建社会的典型性与长期延续的原因》⑦，张志康的《略论中国封建社会经济形态的几个特点——兼论中国封建社会长期延滞的原因》⑧，都持这种意见。

第三种意见认为，中国封建经济结构是地主制经济结构。傅筑夫的《有关中国经济史的若干特殊问题》⑨、李春棠的《略论我国封建专制及其经济基础》⑩、伍新福的《略论封建专制主义的基础》⑪、蒋兆成的《剖析中国的封建市镇——兼论中国封建社会长期延续的原因》⑫、苏金源的《长期延续的主因在其经济、政治结构》⑬，均是这种意见的支持者。

第四种意见，是王守稼在《评〈试论中国封建社会长期延续的原因〉的若干观点》⑭中提出的，他认为，在中国封建社会，存在着封建大土地所有制和农民的小土地所有制。因此，中国封建社会基本的经济结构应该

---

① 陈平：《单一小农经济结构是我国两千年来动乱贫穷、闭关自守的病根》，《学习与探索》1979 年第 4 期。
② 陈平：《社会经济结构的规律和社会演化的模式》，《学习与探索》1981 年第 5 期。
③ 陈平：《社会传统与经济结构的关系》，《学习与探索》1981 年第 1 期。
④ 晓鲁：《论政治民主化与生产社会化的历史联系》，《未定稿》1979 年第 44 期。
⑤ 周继旨：《略论中国封建社会发展进程及其政治结构与思想体系的基本特征》，《安徽大学学报》1980 年第 1 期。
⑥ 庞卓恒：《中西封建专制制度的比较研究》，《历史研究》1981 年第 2 期。
⑦ 刘修明：《中国封建社会的典型性与长期延续的原因》，《历史研究》1981 年第 6 期。
⑧ 张志康：《略论中国封建社会经济形态的几个特点——兼论中国封建社会长期延滞的原因》，《学术月刊》1982 年第 5 期。
⑨ 傅筑夫：《有关中国经济史的若干特殊问题》，《经济研究》1978 年第 7 期。
⑩ 李春棠：《略论我国封建专制及其经济基础》，《湖南师院学报》1980 年第 3 期。
⑪ 伍新福：《略论封建专制主义的基础》，《湘潭大学学报》1981 年第 2 期。
⑫ 蒋兆成：《剖析中国的封建市镇——兼论中国封建社会长期延续的原因》，《学术月刊》1982 年第 7 期。
⑬ 苏金源：《长期延续的主因在其经济、政治结构》，《史学集刊》1982 年第 2 期。
⑭ 王守稼：《评〈试论中国封建社会长期延续的原因〉的若干观点》，《中国史研究》1981 年第 3 期。

是这两种所有制的"总和",而占统治地位的,是封建大土地所有制。

第五种意见,是方行在《中国封建社会的经济结构与资本主义萌芽》①中提出的,他认为中国封建经济从生产、流通到分配,有一系列独特的内部结构。

第六种意见,是王家范、谢天佑在《中国封建经济结构试析——兼论中国封建社会长期停滞问题》②中提出的。他们认为,中国封建经济结构是生产力与生产关系对立统一的综合体,具有整体性和多级层次性,主要包括所有制结构、生产结构和分配结构等。

第七种意见认为,中国封建经济结构是由封建生产关系的总和构成的。张海鹏、唐力行的《论明清资本主义萌芽缓慢发展的原因》③,提出了这种看法。

第八种意见,是由金观涛、刘青峰在《中国历史上封建社会的结构:一个超稳定系统》④中提出的。他们认为,中国封建社会结构是一个超稳定系统,经济结构、政治结构、意识形态结构三个子系统相互关联、相互影响,使中国成为封建超级大国。

第九种意见认为,中国封建社会一直存在着两种互相对立的平行经济结构。李桂海在《论封建"垄断"经济对社会的影响》⑤中,提出这个问题。他说:一种是以农村为主的小农经济,它以传统性和保守性为其特点;另一种是以城市为主的耗费经济,它以奢侈和侵夺为其特点。

第九,关于应用系统论、控制论来研究中国封建社会结构及其长期停滞原因的问题,存在着严重的分歧。

1979年11月,在《中国史研究》编辑部和《光明日报》理论部联合召开的批判封建主义学术讨论会上,刘青峰、金观涛作了题为《中国封建社会结构:一个超稳定系统》的发言。1980年在《贵阳师院学报》第1、

---

① 方行:《中国封建社会的经济结构与资本主义萌芽》,《历史研究》1981年第4期。
② 王家范、谢天佑:《中国封建经济结构试析——兼论中国封建社会长期停滞问题》,《中国农民战争史研究集刊》第3辑,人民出版社1983年版。
③ 张海鹏、唐力行:《论明清资本主义萌芽缓慢发展的原因》,《安徽师大学报》1982年第3期。
④ 金观涛、刘青峰:《中国历史上封建社会的结构:一个超稳定系统》,《贵阳师院学报》1980年第1期。
⑤ 李桂海:《论封建"垄断"经济对社会的影响》,《晋阳学刊》1981年第6期。

2 期上刊出。作者宣称他们是抓住最基本的历史事实，应用控制论方法，提出中国封建社会的结构——一个超稳定系统的模型，以引出简明的结论来。文章说，停滞性和周期性，是中国封建社会的两个重要特征，二者之间有着深刻的内在联系。这如同控制论研究中的超稳定系统一样，一方面表现出自身结构很难发生改变，另一方面表现出周期性振荡。也就是说，这种系统的稳定性是依靠它本身具有消除对原有状态偏离的周期性振荡的机制而得以实现的。中国封建社会正是一个超稳定系统。这个系统所具有的结构特征和作用机制，使得中国封建社会产生周期性的改朝换代（即振荡），并且由此而保持中国封建社会结构基本不变。这就是中国封建社会长期延续的基本原因。

陈平在《社会演化的发展观和经济结构的方法论》[①]一文中，提出了与金观涛、刘青峰相似的观点。

许言不赞成这种观点。他在《中国的封建经济结构与所谓"超稳定系统"》[②]一文中指出，把中国封建经济结构解释为"超稳定"，是不确切的。且不说封建社会前期，即使在中国封建社会后期，社会经济结构内部的变动也十分激烈，从未达到"超稳定"的程度。

吴筑星、林建曾的《让什么光照进历史科学领域》[③]对金观涛、刘青峰的观点提出全面商兑。他们严肃地指出，不能把自然科学成就当作公理一般地用到社会科学研究上来。企图用控制论的理论"来摆脱"历史唯物主义的"传统方法"，是把历史唯物主义的基本方法和自然科学对立起来。是公然树起一面别的什么旗帜来否定、取代马克思主义哲学基本原理。

康健文在《历史研究中的非马克思主义倾向——简析〈中国历史上封建社会的结构：一个超稳定系统〉》[④]一文中说，《中国历史上封建社会的结构：一个超稳定系统》一文，是结构主义史学的"中国版"，反映了我国历史研究中的一种非马克思主义的倾向。此外，白钢在《中国封建社会

---

① 陈平：《社会演化的发展观和经济结构的方法论》，《学习与探索》1981 年第 3 期。
② 许言：《中国的封建经济结构与所谓"超稳定系统"》，《文汇报》1981 年 9 月 14 日。
③ 吴筑星、林建曾：《让什么光照进历史科学领域》，《贵阳师院学报》1981 年第 4 期。
④ 康健文：《历史研究中的非马克思主义倾向——简析〈中国历史上封建社会的结构：一个超稳定系统〉》，《贵阳师院学报》1981 年第 4 期。

长期延续问题的探讨》①一文中，对"超稳定系统"论，也提出了批评。

第十，关于封建专制主义与封建社会长期延续的关系问题，看法也不一致，大体有两种：

第一种意见认为，关于专制主义中央集权制政权对于社会经济发展的影响，要作具体分析，总的说来，这种影响只居次要地位。胡如雷的《中国封建社会形态研究》一书（三联版）、孙越生的《重读王亚南著〈中国官僚政治研究〉》②、王超的《论皇帝制度与封建专制》③、王宏钧的《从先进到落后的三百年》（见前注释）、庞卓恒的《中西封建专制制度比较研究》（见前注释）、李光霁的《关于中国封建君主专制制度的几个问题》④、李春辉和王俊义的《从世界史的角度看中国封建社会的长期性》⑤、曹三明的《明清封建法制对资本主义萌芽的摧残》⑥以及洪焕椿的《明清封建专制政权对资本主义萌芽的阻滞》⑦等，均从不同角度阐述了这一观点。

第二种意见认为，封建专制主义是中国封建社会长期停滞的主要原因。持这种观点的有：罗镇岳的《秦汉专制主义与抑商政策》⑧、刘泽华和王连升的《中国封建君主专制制度的形成及其在经济发展中的作用》⑨、刘修明和吴乾兑的《封建中央集权制和中国——读中国政治制度史札记》⑩、逢振镐的《中国封建社会长期发展迟缓的根本原因》⑪、张平的《造成中国封建社会长期延续的根本症结在哪里——兼与王存才同志商

---

① 白钢：《中国封建社会长期延续问题的探讨》，《光明日报》1982年10月20日。
② 孙越生：《重读王亚南著〈中国官僚政治研究〉》，《社会科学战线》1979年第4期。
③ 王超：《论皇帝制度与封建专制》，《学术月刊》1980年第1期。
④ 李光霁：《关于中国封建君主专制制度的几个问题》，《天津师院学报》1981年第3期。
⑤ 李春晖、王俊义：《从世界史的角度看中国封建社会的长期性》，《求索》1981年第2期。
⑥ 曹三明：《明清封建法制对资本主义萌芽的摧残》，《中国社会科学》1982年第2期。
⑦ 洪焕椿：《明清封建专制政权对资本主义萌芽的阻滞》，《历史研究》1981年第5期。
⑧ 罗镇岳：《秦汉专制主义与抑商政策》，《山西大学学报》1980年第2期。
⑨ 刘泽华、王连升：《中国封建君主专制制度的形成及其在经济发展中的作用》，《中国史研究》1981年第4期。
⑩ 刘修明、吴乾兑：《封建中央集权制和中国——读中国政治制度史札记》，《社会科学》1980年第5期。
⑪ 逢振镐：《中国封建社会长期发展迟缓的根本原因》，《齐鲁学刊》1982年第2期。

权》①、孟昭信的《封建政权摧残和压制了资本主义萌芽》、赵锡元的《"崇本抑末"是封建社会发展缓慢的主要原因》②、柳春藩的《残酷的赋役与封建社会的长期延续》③、孙健的《中国封建经济制度的特征》④等。

第十一，关于封建意识形态与中国封建社会长期延续的关系问题。

徐扬杰在《宋明以来家族制度在维护和巩固封建统治中的作用》⑤一文中说，中国封建社会的家族制度，是中国封建专制制度的牢固基础之一，是使中国封建社会长期延续的重要因素。在历史上，这种家族制度，不为政治上的风暴所触动，不因频繁的改朝换代而变化。

周勤的《从儒墨兴衰看中国社会结构的特性》⑥认为，儒学统治中国两千多年，自然有其适应社会结构的合理性，但这种"适应"本身却无法避免其产生巨大的历史惰力；墨学对社会结构而言的"不适应"理应可以为臃肿而迟滞的社会带来某些生机，但却反而成为儒学更好地自我调节的刺激因素。至此，以"和""同"为各自出发点而在异途上行进的两个思想体系，却在中国封建社会长期延缓这一历史性结果上找到了它们的共同归宿。

陈平的《社会经济结构的规律和社会演化的模式》⑦一文提出，中国人历来只有权势思想，没有西方的法权思想，只行人治，不行法治，是农业经济的分配规律造成的。因此，儒法两家研究的都是帝王治人之术而非生产科学之道。没有外来资本主义的冲击，中国经济结构内部无法产生瓦解小农经济的新生力量。

籍晋昌的《试论中国封建社会"长期停滞"的原因》⑧则认为，在古老的封建堡垒中，不难想象它的精神支柱一定是极其保守落后而又十分坚

---

① 张平：《造成中国封建社会长期延缓的根本症结在哪里——兼与王存才同志商榷》，《学术月刊》1982 年第 3 期。
② 孟昭信：《封建政权摧残和压制了资本主义萌芽》，赵锡元：《"崇本抑末"是封建社会发展缓慢的主要原因》，《史学集刊》1982 年第 3 期。
③ 柳春藩：《残酷的赋役与封建社会的长期延续》，《史学集刊》1982 年第 2 期。
④ 孙健：《中国封建经济制度的特征》，《人文杂志》1982 年第 3 期。
⑤ 徐扬杰：《宋明以来家族制度在维护和巩固封建统治中的作用》，《未定稿》1981 年第 10 期。
⑥ 周勤：《从儒墨兴衰看中国社会结构的特性》，《社会科学战线》1983 年第 3 期。
⑦ 陈平：《社会经济结构的规律和社会演化的模式》，《学习与探索》1981 年第 5 期。
⑧ 籍晋昌：《试论中国封建社会"长期停滞"的原因》，《宜春师专学报》1981 年第 1 期。

挺。孔孟之道渗透到每个角落，束缚着人们的思维和才智，与科学技术几近毫无所涉。所有这一切形成了难以摇撼的社会基石。尽管朝代不断更换，但封建社会的基本结构始终未曾触动。

综览上述，1978年以来关于中国封建社会长期延续问题的讨论，有如下四个特点：

其一，就出版物（包括论文、专著、报道、综述）的数量而言，总计约在180篇（种）以上，超出了前三次讨论的出版物的总和近一倍。换言之，就是1978年以来的这场讨论的规模之大，参加讨论的人数之多，所提出的问题之繁，都是前几次讨论所不能比拟的。特别是有不少史学新人（如高等学校在校的大学生、研究生）参加了这场讨论，有的还提出了一些很有见地的意见，表明史学界是大有希望的。

其二，这个时期，关于中国封建社会长期延续问题的研究与讨论，是史学界众多有争议的议题中最活跃的。在这次讨论中，涌现了一批理论色彩很浓、学术性较强的论著，它们从各个不同的侧面，把问题的讨论，大大向前推进了一步。特别是一些论者认识到应从中国封建经济结构的特殊性的研究入手（尽管关于封建经济结构有各种不同的理解），并且进行了大量有益的探索，这对促进讨论的深入，无疑是大有裨益的。它从一个侧面，反映了我国历史科学的研究事业，正在日趋繁荣。

其三，比较普遍地注意到中外的对比研究，是近年来关于中国封建社会长期延续问题讨论中的又一个特点。尽管在中外比较研究的过程中，还存在这样或那样的问题，但是，已不能认为像以前几次讨论那样流于皮毛的对比，的确取得了不少的进步。中外比较研究，作为历史研究的一种方法，已为越来越多的史学工作者所接受，同时，它又向史学界预示了一个大有可为的方向。不难设想，随着中外比较研究方法的广泛应用，我国历史科学研究工作，必将出现一个新的局面。

其四，一些被搁置多年的老问题，近年来又被一些论者重新提了出来，并加以论证。如果将前后四次讨论的具体内容加以对比，便不难发现，某些论点的承续关系是十分明显的，当然，任何一门学科的发展，都有一个批判继承的问题，关于中国封建社会长期延续问题的研究与讨论，也不例外。对此，我们必须保持清醒的头脑，既不能简单地一概否定，也不能轻率地一味盲从,而应当冷静地、审慎地进行分析,采取科学的态度。只有这样,才能避免或者少走弯路,推进这一课题研究与讨论的健康发展。

(原载《20 世纪中国史学重大问题论争》,肖黎主编,北京师范大学出版社 2007 年版)

第 2 辑

一得之见

历代考铨制度述论

中国历代为了保证其国家机器的正常运行，都曾建立了一套与当时社会政治的需要相适应的官僚考铨制度。考者，成也，乃各级官僚在一定任期之内，由上官考察其施政治事效果之谓也，历代叫法不一，有的叫考绩、考课，有的叫考成、考功等；铨者，衡也，乃量才授官之谓也，历代称呼也不尽相同，有的称铨选、铨补，有的称铨叙、铨次等。考铨制度，就是国家通过对官僚任期内政绩的考核，决定其升、降、留任或罢官的制度。

历代官僚考铨制度，大体与任官方式相表里，可以划分为官爵世袭制、荐举制和科举制三个阶段，就中，科举制又可划分为隋唐、宋辽金元、明清三个阶段，各个阶段各具特点，现缕述于后：

一

考铨制度萌芽于三代以前，是谓"巡守"与"述职"。《尚书·舜典第二》载称：虞"五载一巡守，群后四朝，敷奏以言，明试以功，车服以庸"。大意是说：虞每五年对诸侯作一次巡守。巡守者，天子适诸侯之谓也。各诸侯会朝于方岳之下，凡四处，故曰四朝。诸侯四朝，各敷陈奏进治礼之言，虞明试其言，以要其功，功成则赐车服，以表显其有功能用事。同书又说：舜时"三载考绩，三考黜陟幽明"。黜，就是降职或罢免；陟，就是提升。黜陟幽明，就是黜退其幽（闇）者，升进其明者。不言而喻，这可以说是考铨制度的原始雏形。

及至夏、商、周三代，我国进入奴隶制社会，官爵实行世袭制，考铨制度仍以巡守与述职的形式出现，考铨办法渐趋细密。夏代有夏禹巡守的传说。据《孟子·梁惠王章句上》记述晏子对齐景公所云："天子适诸侯曰巡守。巡守者，巡所守也。诸侯朝于天子曰述职。述职者，述所职也。无非事者，春省耕而补不足，秋省敛而助不给。夏谚曰：吾王不游，吾何以休；吾王不豫，吾何以助。一游一豫，为诸侯度。"然而，由于缺乏更确切的材料，使我们无法窥其"巡守"与"述职"的全豹。

商代的考铨制度，遍查《尚书·商书》而不可得，甲骨文与金文中有无记述，不详。

西周的考铨制度相对说来比较具体。《礼记·王制》载谓："诸侯之于天子也，比年一小聘，三年一大聘，五年一朝。天子五年一巡守。"按，"比年"，即每年；"聘"就是诸侯派卿大夫前往中央；小聘使大夫，大聘使卿，是谓"述职"，即汇报工作。天子每五年对诸侯作一次"巡守"，即视察。因此，巡守与述职，是西周考铨制度的具体方式。

同书还规定了赏罚原则："山川神祇，有不举者为不敬，不敬者君削其地；变礼易乐者为不从，不从者君流；革制度衣服者为畔，畔者君讨；有功德于民者，加地进律。"

又据《周礼·大宰之职》，有"以八法治官府"。所谓"八法"，就是官属、官职、官联、官常、官成、官法、官刑、官计。同书《小宰之职》有"以听官府之六计，弊群吏之治"。所谓"六计"，即廉善、廉能、廉敬、廉正、廉法、廉办。从行政学的观点来看，"八法"、"六计"均属政府管理规则与考铨办法。

类似的记载，在《周礼》中还可以举出一些，如"掌治法，以考百官府群都县鄙之治，乘其财用之出入，凡失财用物，辟名者，以官刑诏冢宰而诛之；其足用长财善物者赏之"，等等。倘若以《周礼》和《礼记》两书为据，应该说，西周的考铨制度已粗具规模。然而，众所周知，学术界公认这两部书系后人伪托之作，掺杂了大量战国时代的资料。笔者不才，尚不敢妄称西周的考铨制度就是如此，姑且列述于兹，还望方家先进定夺。

处在奴隶制形态的三代社会制度，是等级森严的分封采邑制。与之相适应的人事制度，便是官爵世袭制，或曰世卿制。在官爵世袭制的原则下，考铨制度的特点与实质，不过是维护王权的工具。无论是天子亲自巡守，还是诸侯向天子作述职报告，都是为了这一共同目的，此其一。其二，奴隶制形态的社会组织，是一种"同姓从宗合族属"的血缘实体，即宗族组织。为了别其亲疏、示以系统，以明亲亲合族之义，确立了宗法制度。宗法制度的核心问题，是维护嫡长子继承制和以兄统弟的原则。在政治上，表现为宗统与君统的合一。如是，"巡守"与"述职"便成为宗长对宗子的监察与考核，从而赋予考铨制度以调整宗族内部关系、维护宗法统治的浓厚色彩。其三，官爵世袭制阶段的考铨，概由"天子"亲自主持，虽然层次、环节简约，但却因为没有监督而容易造成随意性。西周时期还把考核与赏罚结合起来，基本上是抓大节，有固定程序，并不是走过场，这对后世的考铨制度曾产生一定的影响。

二

从春秋战国之际到魏晋南北朝，历代官僚的选拔方式，盖以荐举制为主，虽名目不一，办法有别，并杂以其他辅助手段，然其选拔方式，终不出由有一定职位或资格的人，向当权者推荐人选，使其任职的范围。荐举制阶段的考绩与铨选的方法也不划一。

战国时代，各诸侯国为图强计，都大力延揽人才。官僚的选拔制度无常法可循。除荐举制以外，还有以军功选任、献策仕进、从养士、郎官选任等途径和办法。至于对官僚的考铨方式，则实行"上计"制度。所谓上计，就是岁首官僚将一年内的任职目标，包括户口统计、垦田与赋税预算、库藏指标、刑狱治安状况，等等，写在木券之上，称作"计书"，上交国王。国王将木券剖分为二，留执右券，臣下执左券。岁尾，臣下向国王汇报执行情况，国王执右券核实。这就是《商君书·禁使篇》所说的"十二月而计书已定，事以一岁别计，而主从一听"。此法还适用于上官对下级。上计考核的结果，与赏罚相结合，成绩优异者可以得到升赏，成绩差的视情况给予处罚，轻者调迁，重者免职，如有违法度，则治罪。

秦代官吏的选拔，以保举、军功为主，此外还有知法令者仕进、葆子仕进、考试等办法。新选任的官吏有试用期，大体以一年为限。中央置御史大夫，主持监察、考课等事宜。对郡县官吏的考核，实行上计制度。郡县对属吏也考殿（末）最（第一）。此外，上官还直接派员考核下官；军队中也普遍实行考课制度。秦代通过考核对官吏和兵士实行优赏劣罚。

两汉时期，官吏的选拔与考铨制度日臻完备。选拔方式有察举、征辟、征召、荐举、任子、纳赀、考试，等等，但以荐举和征召为主。而对官吏的考核，则与监察相结合，名义上皇帝是最高负责人，实际上却由丞相、御史大夫主持。丞相负责"课其殿最，奏行赏罚"[①]；御史大夫则"察计簿疑非实者按之，使真伪毋相乱"[②]。考核的办法，主要有两种：一是"上计"；二是"刺察"。"上计"又分两种：一是常课，即每年年终由郡国守相遣吏携"计簿"到中央"上计"；二是大课，即每三年一次全面考察治状。考核的内容包括户口、垦田、租赋、狱讼、治安、选举、灾异、道路、边政，等等。考核分两大系统进行，一是中央对郡国、郡国对属县的考核，一是各部门的长官对其属吏的考核。"刺察"，是汉武帝时采用的"以内驭外，以小驭大"统治术的一部分。将全国分成十三个监察区，置十三部刺史（秩六百石）周行郡国，按"六条"规定刺察郡国长官（秩二千石），年终回朝奏事，汇报所刺察郡国的情况，起着核实郡国上计真伪的作用。所谓"六条"，师古曰："《汉官典职仪》云刺史班宣，周行郡国，省察治状，黜陟能否，断治冤狱，以六条问事，非条所问，即不省。一条，强宗豪右田宅踰制，以强凌弱，以众暴寡。二条，二千石不奉诏书遵承典制，倍公向私，旁诏守利，侵渔百姓，聚敛为奸。三条，二千石不恤疑狱，风厉杀人，怒则任刑，喜则淫赏，烦扰刻暴，剥截黎元，为百姓所疾，山崩石裂，袄祥讹言。四条，二千石选署不平，苟阿所爱，蔽贤宠顽。五条，二千石子弟恃怙荣势，请托所监。六条，二千石违公下比，阿附豪强，通行货赂，割损正令也。"[③]

两汉根据对官吏考核的结果，决定其升降和赏罚。政绩优异者，可以依次升官，叫做"平迁"；有特殊贡献者，可以破格提拔，叫做"超迁"。政绩差的，则要受到降职（当时叫做"左转"或"左迁"）、降薪（当时

---

① 《汉书·丙吉传》。
② 《汉书·宣帝纪》。
③ 《汉书·百官公卿表上》。

叫做"贬秩")、免官等处分。有违法度者,则视情节予以治罪。赏罚还与升降相结合,获得升迁者,除受到加薪(增秩)的奖赏之外,还可以获得荣誉上的奖励,如赐爵;礼遇上的奖掖,如"奏事不名,入朝不趋"[1];法律上的优待,如"杀人不死";物质上的奖赏,如赐金、赐田宅、赐奴婢、赐甲第乃至赐牛酒等。至于罚的内容,汉律规定十分严苛,若犯贪污罪,往往要被杀头;此外还有坐盗罪、坐灾害、坐刑滥、坐选举不实等罪名,所处之刑罚,视情节轻重而定。

稽诸史籍,可以看出,两汉时代的考铨制度,有既定的目标与标准,又有既定的程序,还有防止弄虚作假的防范措施,基本做到赏勤罚懒。这对于保证官吏队伍的办事效率,无疑起到了重要作用。

魏晋南北朝时期,官吏的选拔制度大体以九品中正制为主,此外还有特征与辟召制度,北魏初年还实行过氏族选举制。但是,考铨却无常法。三国时代,魏文帝时,侍中卢毓有感于"考绩之法废,而以毁誉相进退"所造成的"真伪浑杂,虚实相蒙"的现实,上书要求恢复考铨制度。魏文帝采纳他的建议,"诏作考课法"[2]。但是,卢毓考课法的具体内容,史无明载,不能知其详。到了魏明帝景初年间,刘劭"受诏"作《都官考课》七十二条,又作《说略》一篇。"其略:欲使州郡考士,必由四科,皆有效,然后察举或辟公府为亲人长吏,转以功次补郡守者,或就秩而加赐爵焉。至于公卿及内职大臣,率考之。"[3] 事下三府,是时大议考课之制。由于遭到杜恕等人反对而不果行。

晋武帝泰始四年下诏,规定"郡国守相,三载一巡行属县"。诏书说:"见长吏,观风俗,协礼律,考度量,存问耆老,亲见百年。录囚徒,理冤枉,详察政刑得失,知百姓所患苦。无有远近,便若朕亲临观之。敦喻五教,劝务农功,勉励学者,思勤正典,无为百家庸末,致远必泥。士庶有好学笃道,考弟忠信,清白异行者,举而进之;有不孝敬于父母,不长悌于族党,悖礼弃常,不率法令者,纠而罪之。田畴辟,生业修,礼教

---

[1] 《汉书·王莽传》。
[2] 《三国志·魏书·卢毓传》。
[3] 《通典·选举三·考绩》。

设，禁令行，则长吏之能也。人穷匮，农事荒，奸盗起，刑狱烦，下陵上替，礼义不兴，斯长吏之否也。若长吏在官公廉，慮不及私，正色直节，不饰名誉者，及身行贪秽，谄黩求容，公节不立，而私门日富者，并谨察之。扬清激浊，举善弹违，此朕所以垂拱总纲，责成于良二千石也。于戏戒哉！"① 晋武帝的这道诏书，可以看作是他继承古代"述职宣风展义"的遗风，建立了对县级长官的考核制度。至于效果如何，难于详考。不过，泰始年间，晋武帝还曾指示河南尹杜预制定黜陟之法，可见他是十分重视对官吏进行考核的。杜预所制定的考核办法，其略云："今科举优劣，莫若委任达官，各考所统。在官一年以后，每岁言优者一人为上第，劣者一人为下第，因计偕以名闻。如此六载，主者总集采案，其六岁处优举者超用之，六岁处劣举者奏免之，其优多劣少者叙用之，劣多优少者左迁之。"②

刘宋时期，采取派遣大使，巡行四方的办法，考查宰守称职与否。同时沿用汉代的上计制度，郡守每年遣掾史各一人，条上郡内众事，称作"阶薄"③。

北魏孝文帝初，考铨制度尚不健全。延兴二年，他曾颁诏说："《书》云：'三载一考，三考黜陟幽明。'顷者已来，官以劳升，未久而代，牧守无恤民之心，竞为聚敛，送故迎新，相属于路，非所以固民志，隆治道也。自今牧守温仁清俭、克己奉公者，可久于其任。岁积有成，迁位一级。其有贪残非道、侵削黎庶者，虽在官甫新，必加黜罚。著之于令，永为彝准。"翌年，又突出地把"静劫盗"作为铨选地方官的唯一标准，规定："县令能静一县劫盗者，兼治二县，即食其禄，能静二县者，兼治三县，三年迁为郡守。二千石能静二郡，上至三郡，亦如之，三年迁为刺史。"④ 到了太和十八年，考铨办法进一步具体化。诏曰："三载考绩，自古通经；三考黜陟，以彰能否。今若待三考然后黜陟，可黜者不足为迟，可进者大成赊缓。是以朕今三载一考，考即黜陟，欲令愚滞无妨于贤者，

---

① 《晋书·武帝纪》。
② 《晋书·杜预传》。
③ 《宋书·百官志下》。
④ 《魏书·高祖纪上》。

才能不壅于下位。各令当曹考其优劣，为三等。六品以下，尚书重问；五品以上，朕将亲与公卿论其善恶。上上者迁之，下下者黜之，中中者守其本位。"① 后来，灵太后令武官得依资选，官员既少，应选者多，前尚书李韶循常擢人，百姓大为嗟怨。崔亮奏请实行"停年格"制度，即："不问士之贤愚，专以停解日月为断。虽复官须此人，停日后者终于不得；庸才下品，年月久者灼然先用。"沉滞者皆称其能。"停年格"是一种论资排辈的铨选方式，时人评议说："自是贤愚同贯，泾渭无别，魏之失才，从亮始也。"②

到了北魏宣武帝时，制定《正始之格》，规定了铨选办法：职官三年升一阶，散官四载登一级③。外官考课，"悉以六载为程，既而限满代还，复经六年而叙。是则岁周十二，始得一阶"。而内官考课，即"东西两省、文武闲职、公府散佐、无事冗官"的考课，"或数旬方应一直，或朔望止于暂朝，及其考日，更得四年为限。是则一纪之中，使登三级"。④ 这种贵内贱外的铨选方法，虽然受到时人的抨击，但却始终未有积极的变革。

总的说来，魏晋南北朝时期，战乱相继，朝代更替频仍，官吏的考绩无定制，铨选无定格，值得提及者，大体如上。囿于史料不足，很难描述得更具体。

概观战国迄魏晋南北朝时期的考铨制度，大体处在发展过程之中，尚未完全定型。两汉时期的考铨制度是这一阶段考铨制度最完备的形态，但三国魏晋南北朝时期，却没有得到巩固与发展，相反，却遭到了废弃或变换。最糟糕的莫过于：一是将两汉时期的考铨与监督相结合的制度废弃，魏晋南北朝时期的考铨制度基本没有监督。特别是门阀世族把持官府，放任"中正"来品评士人，却根本没有相应的制度考核中正，从而导致弊端丛生。即如刘毅所揭露的那样："不精才实，务依党利；不均称尺，务随爱憎。""所欲与者，获虚以成誉；所欲下者，吹毛求疵"，以致"一人之

---

① 《魏书·高祖纪下》。
② 《魏书·崔亮传》。
③ 见《魏书·高阳王雍传》。
④ 《魏书·肖宝夤传》。

身，旬日异状"。"或以货赂自通，或以计协登进，附托者必达，守道者困悴。"① 高门显第的子弟，以门第为依托，升迁自如，特别是贵内贱外的考铨方式，往往使其扶摇直上。起于闲散官的世族子弟，常常"其居职例数十百日便迁"②。而寒门士人，却无寸进之路。二是崔亮创立"停年格"的铨选之制，使论资排辈的铨选方法正式法律化、制度化。此例一开，遂在其后一千几百年间造成恶劣的影响。铨选不凭才能、不考政绩，唯依年劳，断月日，旋失考核之意，以致庸愚之辈靠熬年头而得到重用；有才干的却因资历浅而得不到升迁，严重地压制、浪费人才，并导致行政效率低下和政治腐败。

三

公元589年，隋文帝灭陈，结束了自西晋末年以来二百七十余年的分裂对峙局面，重新统一了中国。在官员的选拔上，废弃了九品中正制，实行科举制。传统的地方官自辟属吏的制度也被废除。从此，考铨制度也因应这些变化而进入新的阶段。

隋制：官吏的铨选悉归吏部，"尚书举其大者，侍郎铨其小者"③。并实行"每岁考殿最"的办法，"刺史、县令，三年一迁，佐官四年一迁"④。隋炀帝大业二年又规定，"百官不得计考增级，其功、德、行、能有昭然者，乃擢之"⑤。隋朝的考铨制度与监察制度相结合，炀帝时，设司隶台，掌诸巡察。司隶台设大夫一人，别驾二人。后者分察畿内，一人案东都，一人案京师。另设刺史十四人，巡察畿外。隋代的刺史与汉代刺史相似，以其所掌《六条》问事，每年二月，乘轺巡郡县，十月入奏。隋朝之《六条》是："一察品官以上理政能否。二察官人贪残害政。三察豪强奸猾，侵害下人，及田宅踰制，官司不能禁止者。四察水旱虫灾，不以实

---

① 《晋书·刘毅传》。
② 《梁书·张瓒传》。
③ 《通典·选举二》。
④ 《隋书·百官志下》。
⑤ 《通典·选举二》。

言，枉征赋役，及无灾妄蠲免者。五察部内贼盗，不能穷逐，隐而不中者。六察德行孝悌，茂才异行，隐不贡者。"① 隋代的司隶台可以刺察一切命官，而汉代的十三部刺史则以郡国二千石为重点。相同的地方是，只能以《六条》问事，六条之外，不予过问。

唐代的考铨制度比以往任何一个朝代都更为详备。唐太宗贞观初年就制定了考课法，由尚书省吏部掌管天下考课之政令。吏部所属四个司之一的"考功司"，是专门承办考课事务的。后来，又实行由门下省与中书省选派"监考使"监考的制度。地方上，考课事务归州县的"功曹参军事"与"司功"承办。而中央的宰相重臣的考课，则由皇帝本人来做。唐代规定，六品以下、九品以上的官吏任免与考课权，均归中央。唐代官吏有流内与流外之别，前者指九品以内的官吏；后者指九品以外的官吏。流内与流外考课标准繁简程度差别很大。

流内之官，叙以"四善"，别以"二十七最"。所谓"四善"，是对流内官的共同要求，即"一曰德义有闻；二曰清慎明著；三曰公平可称；四曰恪勤匪懈"②。德义、清慎、公平，指的是德性；恪勤指的是劳绩。所谓"二十七最"，则是在对流内官进行职位分类的基础上，制定出各类部门官员考课的最高标准。这"二十七最"，囊括了政府的各个部门，指的是才能。即如：

  其一曰：献可替否，拾遗补阙，为近侍之最；
  其二曰：铨衡人物，擢尽才良，为选司之最；
  其三曰：扬清激浊，褒贬必当，为考校之最；
  其四曰：礼制仪式，动合经典，为礼官之最；
  其五曰：音律克谐，不失节奏，为乐官之最；
  其六曰：决断不滞，与夺合理，为判事之最；
  其七曰：都统有方，警守无失，为宿卫之最；
  其八曰：兵士调习，戎装充备，为督领之最；

---

① 《隋书·百官志下》。
② 《旧唐书·职官二》。

其九曰：推鞫得情，处断平允，为法官之最；

其十曰：雠校精审，明为刊定，为校正之最；

其十一曰：承旨敷奏，吐纳明敏，为宣纳之最；

其十二曰：训导有方，生徒充业，为学官之最；

其十三曰：赏罚严明，攻战必胜，为将帅之最；

其十四曰：礼义兴行，肃清所部，为政教之最；

其十五曰：详录典正，辞理兼举，为文史之最；

其十六曰：访察精审，弹举必当，为纠正之最；

其十七曰：明于勘覆，稽失无隐，为勾检之最；

其十八曰：职事修理，供承强济，为监掌之最；

其十九曰：功课皆允，丁匠无怨，为役使之最；

其二十曰：耕耨以时，收获成课，为屯官之最；

其二十一曰：谨于盖藏，明于出纳，为仓库之最；

其二十二曰：推步盈虚，究理精密，为历官之最；

其二十三曰：占候医卜，效验居多，为方术之最；

其二十四曰：讥察有方，行旅无壅，为关津之最；

其二十五曰：市廛不扰，奸滥不作，为市司之最；

其二十六曰：牧养肥硕，蕃息孳多，为牧官之最；

其二十七曰：边境肃清，城隍修理，为镇防之最。[①]

考课时，以流官所得"善"、"最"来定等第，共分九等："一最以上，有四善，为上上。一最以上，有三善，或无最而有四善，为上中。一最以上，有二善，或无最而有三善，为上下。一最以上，而有一善，或无最而有二善，为中上。一最以上，或无最而有一善，为中中。职事粗理，善最不闻，为中下。爱憎任情，处断乖理，为下上。背公向私，职务废阙，为下中。居官诣诈，贪浊有状，为下下。"倘若于善最之外，别可加尚，及罪虽成殿，情状可矜，虽不成殿，而情状可责者，则在省校之日，由考官临时量定。此外，在考课过程中，还有许多细则，酌情或者加分升

---

① 《旧唐书·职官二》。

等，或者扣分降等。如州牧、刺史、县令的考绩，以能抚养役使者为功，以有耗损逃亡者为过。抚育有方，户口增益者，各准现户为十分论，每加一分，各进考一等；若抚育乖方，户口减损者，各准增户，每减一分降一等。其劝课农田能使半殖者，亦课现地为十分论，每加二分进考一等；其有不加劝课以致减损者，每损一分降考一等。

流外之官的考课，以行能功过分为四等："清谨勤公为上，执事无私为中，不勤其职为下，贪浊有状为下下。"

根据考课的结果，决定官员官阶的进退、俸禄的增夺、官位的外迁与解任。"凡考，中上以上，每进一等，加禄一季；中中，守本禄；中下以下，每退一等，夺禄一季。中品以下，四考皆中中者，进一阶；一中上考，复进一阶；一上下考，进二阶；计当进而参有下考者，以一中上覆一中下，以一上下覆二中下。上中以上，虽有下考，从上第。有下下考者，解任。凡制敕不便，有执奏者，进其考。"①

考核的程序：每年一小考，四年一大考。小考只定等第，记入考状存档；大考是综合四次小考的等第来确定最后的等第，决定赏罚黜陟。考核分两步进行：第一步，由中央各部门和地方的长官对下属官吏进行考核；第二步，由尚书省吏部考功司进行复考。凡应考之官家，具录当年功过行能，本司及本州长官对众读，议其优劣，定为九等考第，各于所由司准额校定，然后送尚书省。内外文武官，根据路程远近，由朝集使将考簿按规定时间送到尚书省。尚书省收齐考簿之后，组织复考。复考官的组成，"每年别敕定京官位望高者二人，其一人校京官考，一人校外官考。又定给事中、中书舍人各一人，其一人监京官考，一人监外官考。郎中判京官考，员外判外官考"②。他们负责向中央各部门长官及朝集使了解情况，同时，还要向监察机构了解情况，对内外百官的考第进行复考。"其检覆同者，皆以功过上使。京官则集应考之人对读注定，外官对朝集使注定。"③

复考时参照监察部门的意见，实现考课与监察相结合。唐代的监察机

---

① 《新唐书·百官志一》。
② 《旧唐书·职官二》。
③ 同上。

构为御史台，下设台、殿、察三院。察院设监察御史十人，"掌分察巡按郡县、屯田、铸钱、岭南选补、知太府、司农出纳、监决囚徒。监祭祀则阅牲牢，省器服，不敬则劾祭官。尚书省有会议，亦监察过谬。凡百司宴会、司射，亦如之"①。后来为加强对尚书省六司的监察，还设立了六察官。唐代对监察官实行限任制，监察御史，以 25 月为限，殿中御史 18 月，侍御史 13 月②。除监察御史"分察巡按郡县"外，唐代对地方的监察还有巡按出巡，即将全国划为十道，派按察使以《六条》问事。"十道按察使，二周年一替"③，也实行限任制。唐代的《六条》，比汉、隋的六条内容要宽泛。"其一，察官人善恶；其二，察户口流散，籍帐隐没，赋役不均；其三，察农桑不勤，仓库减耗；其四，察妖猾盗贼，不事生业，为私蠹害；其五，察德行孝悌，茂才异等，藏器晦迹，应时用者；其六，察黜吏豪宗兼并纵暴，贫弱冤若不能自申者。"④ 唐代的监察制度，贯彻"以小驭大，以内驭外"的原则，监察官的品秩较低，如监察御史，只是正八品，唐高宗以后，多由皇帝亲自任命。这样，一则可防止监察官专擅；二则又便于皇帝控制。

概观唐代的考铨制度，特点突出：一是制度健全，不仅机构设置合理，而且人员构成精干，分工明确；二是以职位分工为基础，制定出具体的考课办法、考课标准和赏罚等级，颇有点科学性；三是实行复考制度，以减少失误；四是扩大了六条问事的范围，对监察官实行限任制，防止任久弄权。

然而，尽管制度定得很详备，但在奉行"人治"的唐代，在具体执行过程中，也有流弊：例如，考第虽然分为九等，但实际上，一般人只能考中上以下的等第，上上、上中、上下这三个等第形同虚设，没有应考者可以获取。有人据此认为考校失之过严，此其一。其二，中央各部门及地方长官在考课下属官员时，往往"一律申中上考"，使之皆大欢喜。这里既有人情面子因素，也有敷衍塞责的成分，从而使考课流于形式。其三，考

---

① 《旧唐书·职官三》。
② 《唐会要·御史台》。
③ 《唐会要·巡察按察巡抚等使》。
④ 《新唐书·百官志三》。

第时，考官常常好恶任情或心血来潮，随意改动考第，或者一改再改的现象时有发生，表明考课虽有原则标准，定等却无客观尺度。此外，在专制主义时代，御史不过是皇帝的耳目，监察制度作用发挥得如何，完全取决于皇帝权力的巩固与否。"安史之乱"后，十道按察使的职能随着藩镇割据势力的增强而转换成地方长官；宦官专权进一步导致监察制度的破坏。监察之于考铨的作用也消失殆尽。

四

宋代出于加强皇帝集权的目的，考课官员的机构几经调整。宋太祖时，对文武百官的考铨，由中书省和枢密院分掌。宋太宗时，变化尤多，初设差遣院，负责考课除中书、门下省及御史台以外的自少卿监以下的京朝官；接着又置三班院考使臣之殿最；随后又设考课院，负责磨勘京朝官以幕职州县官，旋又置审官院与考课院，将原差遣院并入审官院；最后又将考课院划归吏部流内铨。考课院的设置，旨在分中书之权。到了宋神宗的时候，开始增设审官西院，以分枢密院之权，随后又悉归吏部四选（吏部尚书左选、右选，侍郎左选、右选）。至此，宋代考铨官员的机构大体定型。其后，虽有变化，但终不出吏部四选的格局。

宋代考课的标准也多变化，但总的倾向是比较注重官员在经济方面的政绩，对地方官的考核尤其如此。宋太祖建隆三年（962）定出以户口增减为对州县官考核的标准。乾德二年（964）赵普《上太祖请行百官考绩》，主张援"三考之典"，行"四善之科"，并从自己开始，考课百官，受到宋太祖的赏识与采纳。接着，陆续制定出考核文武百官及地方官的规定。大体说来，宋代按唐制"四善"而分列三等：政绩优异者为上，职务粗理者为中，临事弛慢者为下。"以七事考监司：一曰举官当否，二曰劝课农桑、增垦田畴，三曰户口增损，四曰兴利除害，五曰事失案察，六曰较正刑狱，七曰盗贼多寡。"宋神宗时，"以四善三最考守令：德义有闻、清谨明著、公平可称、恪勤匪懈为四善；狱讼无冤、催科不扰为治事之最，农桑垦殖、水利兴修为劝课之最，屏除奸盗、人获安处、振恤困穷、不致流移为抚养之最。通善、最分三等；五事为上，三事为中，余为下。

若能否尤著，则别为优劣，以诏黜陟"①。熙宁二年（1069），宋神宗又制定县令考课标准："在任断狱平允，民无冤滥；赋税及时了办，不须追扰；及差役均平，并无论诉之人，及虽有论诉，而无不当之理。在任能屏除盗贼，里民安居；劝课力田，使野无旷土；又能振恤困穷，不致流移，虽有流移之人，而多方招诱，却令复业，一任之中，主客户比旧籍稍有增愆；在任架阁簿书，务合整齐，经提刑、转运点检，别无散失；及兴修水利，疏导积水，以利民田，能诱人口植桑棘"② 等。南宋高宗绍兴年间，特别强调"户口增耗"作为考课守令的标准。宋孝宗时，则强调增辟田畴、安辑流亡、劝课农桑标准。宋宁宗时，以"四善四最"考课州县官，仅比宋神宗"四善三最"多一条"生齿之最"，具体内容为"民籍增益，进丁入老，批注收落，不失其实"③。

宋代规定："凡内外官，计在官之日，满一岁为一考，三考为一任。"④ 具体考铨办法是："凡命官，随所隶迁，以其职事具注于历，给之于其属州若司，岁书其功过。应升迁授者，验历按法而叙进之；有负殿，则正其罪罚。"⑤ 换言之，首先是建立官员任内政绩档案，叫做批书"印纸历子"，简称"历"。此与唐人"考状"不同之处是，不由应考官员本人填写，而由上一级长官鉴定，保明的确。其次，考核分两步进行：初考，中央是百司长官考属下，地方上是上一级长官考下一级长官，分别将功过评语写入历子。这是第一步。第二步是终考，即将"历"申报吏部定等第，然后按照官员不同类别，送尚书省或者中书省、枢密院定赏罚。宋代考核官员的办法，虽然前后不无变化，但基本程序大体如此。

宋代对官员的考核，往往与"磨勘"相牵混，因此，人们通常用"磨勘法"来概称宋代的考课制度。其实，磨勘的内容远比考课宽泛，它不仅包括对应考官员本人出身、资历、政绩的考核，而且，由于磨勘的目的在于改转，即叙迁官秩（文官三年一迁，武官五年一迁），所以还包括对举

---

① 《宋史·职官志三》。
② 《宋会要辑稿》职官59之9。
③ 《庆元条法事类》卷5。
④ 《宋史·职官志三》。
⑤ 同上。

主（推荐人）情况的考核。磨勘法内容繁缛、环节琐杂，实质重在资历，囿于篇幅，不作详述。

宋代的考铨，也参照监察部门的意见。监察机构大体因循唐制，但对地方的监察，则由皇帝派转运使、按察使、观察使等为路一级长官，兼理监察，谓之监司；派遣通判监察州县。

总之，宋代人事管理制度，重资格而轻考绩，论资排辈是升迁的主要依据，结果造成官员不求有功，但求无过，政务委于吏胥，而本人则安于熬年头，等待任满升迁。这是宋代冗官冗吏充斥的重要根源之一。

辽朝是契丹贵族建立的王朝，由于文化层次的差异，其官员的选任与考铨制度，和唐、宋有一定差别。辽初，官职多由帐院所选，不行科举、保荐之法。到辽圣宗时，才采用唐宋科举取士的方法，但只限于汉人，契丹人仍用辽之旧制。与之相应的考铨制度不健全。辽圣宗统和元年（983）十一月，曾下诏谕三京左右相、左右平章事、副留守判官、诸道节度使判官、诸军事判官、录事参军等，"当执公方，毋得阿顺。诸县令佐如遇州官及朝使非理征求，毋或畏徇。恒加采听，以为殿最"①。九年（991）七月"诏诸道举才行、察贪酷、抚高年、禁奢僭，有殁于王事者官其子孙"②。十二年（994）六月，辽圣宗又下诏："州县长吏有才能无过者，减一资考任之。"③ 十五年（997）广德军节使韩德凝"有善政，秩满，其民请留"，得到辽圣宗的认可。太平六年（1026）十二月，辽圣宗又"诏北南诸部廉察州县及石烈、弥里之官，不治者罢之。诏大小职官有贪暴残民者，立罢之，终身不录；其不廉直，虽处重任，即代之；能清勤自持者，在卑位亦当荐拔；其内族受赂，事发，与常人所犯同科"④。辽兴宗重熙十年（1041）十月，诏东京留守肖孝忠"察官吏有廉干清强者，具以名闻"。第二年七月，又下诏说："外路官勤瘁正直者，考满代；不治事者即易之。"⑤ 由于材料零散，使我们无法窥见辽代考铨制度的全貌。笔者怀

---

① 《辽史·圣宗纪一》。
② 《辽史·圣宗纪四》。
③ 同上。
④ 《辽史·圣宗纪八》。
⑤ 《辽史·兴宗纪二》。

疑当时未必有成文法可循，而靠皇帝颁布诏书行事，说明辽代政治文化的滞后性。

取辽而代之的金朝，从文化层次上看，略高于辽朝。在官吏的选拔问题上，金初实行世袭制与奏补法；后来随着女真族封建化的完成，便援唐宋辽科举之制，对官吏的考铨也制度化。

金朝考铨制度称之为"廉察之制"。所谓廉察，就是皇帝派朝官（如参知政事、监察御史、谏议大夫、刑部侍郎、太子少詹事，等等）赴各地"廉问"职官，并根据廉察结果，决定其升阶或罢免。廉察之举，始于金熙宗天眷三年（1140），到金世宗大定二年（1162）定制："第职官，廉能、污滥、不职各为三等而黜陟之。"① 据《金史·选举志四》载称："命廉到廉能官第一等进官一阶升一等，其次约量注授。污滥官第一等殿三年降二等，次二年，又次一年，皆降一等。诏廉问猛安谋克，廉能者第一等迁两官，其次迁一官。污滥者第一等决杖百，罢去，择其兄弟代之。第二等杖八十，第三等杖七十，皆令复职。薄鞾决则罢去，永不补差。"金世宗还规定："凡廉能官，四品以下委官覆实，同则升擢。三品以上以闻，朕自处之。"

金朝考铨归吏部主持，"凡内外官之政绩，所历之资考，更代之期，去就之故，秩满皆备陈于解由，吏部据以定能否。又撮解由之要，于铨拟时读之，谓之铨头，又会历任铨头，而书于行止簿。行止簿者，以姓为类，而书各人平日所历之资考功过者也。又为簿，列百司官名，有所更代，则以小黄绫书更代之期，及所去就之故，而制其铨拟之要领焉"②。

金章宗承安四年（1199）设审官院，又设九路提刑司，后改为按察使，主持考课。泰和四年（1204）"定考课法，准唐令，作四善、十七最之制"。"四善"与唐制完全相同，"十七最"，也是以职位分类为基础，定出各类官吏考核的最高标准。文辞与唐制"二十七最"不尽相同，但实质内容相差无几。赏罚原则是："凡县令以下，三最以上有四善或三善者为上，升一等；三最以上有二善者为中，减两资历；三最以上有一善为

---

① 《金史·世宗纪上》。
② 《金史·百官志一》。

下，减一资历。节度判官、防御判官、军判以下，一最而有四善或三善为上，减一资历；一最而有二善为中，升为榜首；一最而有一善为下，升本等首。"金宣宗兴定元年（1217），行辟举县令法，考以六事。即："一曰田野阔，二曰户口增，三曰赋役平，四曰盗贼息，五曰军民和，六曰词讼简。六事俱备为上等，升职一等；兼四事者为中等，减二资历；其次为下等，减一资历；否则为不称职，罢而降之，平常者依本格。"①

由此可见，金朝是十分重视对官吏的考铨的，并注意在考铨过程中发挥监察机构的作用，金世宗曾明确指示御史台："自三公以下，官僚善恶邪正，当审察之。若止理细务而略其大者，将治卿等罪矣。"②

取金、宋而代之的元王朝，是蒙古贵族联合色目商贾和汉族地主阶级建立的封建王朝。元朝的政治制度是草原游牧文化与中原农耕文化交融与冲突的产物，反映到官吏的选任上，吏进是最主要的途径，所以《元史·选举志序》说："当时仕进有多歧，铨衡无定制"，"吏道杂而多端"。隋唐以来以科举取仕为选拔官员主要手段的传统，在元朝虽然没有中断，但与吏进相比，却是微不足道的。这是元朝人事制度的一大特点。就选任办法而言，有荐举、世袭、荫叙，有出身于学校者，有出于宿卫、勋臣之家者，有以仓庾、赋税任事者，捕盗者以功叙，入粟者以赀进，此外，还有科举考试。

元代对官吏的考铨，由吏部主管。"凡职官铨综之典，吏员调补之格，勋封爵邑之制，考课殿最之法，悉以任之。"③ 由于元朝奉行民族压迫的政策，所以特别重视对官吏的监察。中央设御史台，掌纠察百官善恶。又先后建立河西、云南、江南、陕西四个行御史台，作为中央御史台的派出机构。后来河西行台撤销，云南行台改迁，保留江南、陕西两个"诸道行御史台"，分辖地方监察事务。非但如此，元朝还曾在全国建立二十四道提刑按察司，后几经调整，改为二十二道肃政廉访司，"民事、钱谷、官吏奸弊，一切委之"④。二十二道肃政廉访司分属于御史台和江南、陕西两行

---

① 《金史·百官一》。
② 《金史·世宗纪上》。
③ 《元史·百官志一上》。
④ 《元史·世祖纪十三》。

台。两行台（又称外台）受制于御史台（又称内台）。内台负责监治中书省及邻近几个行中书省，外台负责监治其余行中书省。内台、外台所辖各道肃政廉访司，负责监治行省以下路、府、州、县。这样，全国上下形成了一个严密的监察网。监察机构拥有举荐廉能，纠弹昏庸，黜汰不法，监督铨选等等权力，从而使元朝对官吏的考铨完全置于监察机构的监督之下。

元代对官吏的考课，称作"考满"。一般以30个月为一考，90个月为三考，三考即考满，但中间不无变化。元世祖至元六年（1269）中书省议，认为金朝实行的120个月为考满，不适应现实状况，"会量作九十月为满"。至元二十八年（1291）六月，中书省奏准《至元新格》规定："诸官随朝以三十个月日为任满，在外以三周岁为满，钱谷之官各以得代（二岁）为满，吏员须以九十个月方得出职。由职官转补者，同职官例。若未及任满，本管官司不得辄动公文越例保申。果才干不凡有事迹可考者，从御史台察举。其非常选所拘，若急阙，择人才职相应者，临时定夺。"① 到了元成宗大德元年（1279），一度改为以120个月为考满，一考为40个月。元武宗时，又恢复了元世祖旧制，以90个月为考满，同时针对不同边远地区的情况，缩短各该地区官吏考满的时限。

考铨的内容，对内外诸司官吏以廉能功行为标准；对地方守令"拟五事考校而为升殿：户口增、田野辟、词讼简、盗贼息、赋役均"②。

考铨的办法，是"满一考（三十个月），较其功过，以凭升迁降转"③。吏部在"较其功过"时，主要根据所在官司填写的"解由"和监察机构提供的政绩材料。

考铨的程序为：（1）任满官员由所在官司写出解由。所谓解由，即"考满职除曰解，历其殿最为由"④。用现在的话说，就是个人鉴定。解由有固定的程式，包括任满官员的姓名、年甲、籍贯、入仕根脚、才器大

---

① 《通制条格·选举·选格上》。
② 《通制条格·选举·五事》。
③ 《元典章·吏部·职制二·代满》。
④ 《吏学指南·榜据》。

小、年龄衰状、曾任职务、请俸月日、行过事迹，何人保结，等等①。解由，必须据实填写，不得徇情滥给。（2）解由上司加意检校后，官刷卷日，送到吏部。"吏部考其功状，加之访察，以类注籍，时备选择之用。""到选之日，于应得资品上，视其功罪，斟酌议拟。"若有文过饰非，则听监察御史纠弹。②（3）铨选有具体规定，前揭"五事各者为上，于合得品级上升一等；四事备者，减一资；历三事有成者，为中选，依常例迁转；四事不备者，添一资；五事俱不备者，降一等叙用"③。此外，元朝还就内外文武百官考满升降等次、品级制定了许多细则，如"内任官率一考升一等，十五月进一阶。京官率一考，视外任减一资。外任官或一考进一阶，或两考升一等，或三考升二"④，等等，兹不一一。（4）公布考铨结果，供在官之人引为戒鉴。"诸品官若犯赃黜降，或廉能升迁，事迹昭著者，皆下随处照会，使其在官之人共知劝诫。"⑤

由此可见，元代考铨制度的特点在于：（1）监察机构在整个考铨过程中，起着重要作用。它们不仅要考查官吏、保举廉能，而且还要对贪污害民、衰老无能等不称职的官吏进行弹劾，同时还要对应迁转而不行迁转、或迁转不依条格者进行纠察。（2）元代考铨，侧重于计年月，即北魏崔亮停年格之制的遗风犹存，实际上是对金、宋考铨制度消极因素的继承与发展。（3）由于选官途径以吏进为主，造成官吏政治素质和文化、业务素质的下降，吏员权力的扩大，伴随而来的就是吏弊的恶性膨胀。与之相适应的，考铨标准简化，不实行以职位分类定出考核的详细标准的办法，是对唐宋考铨制度中积极因素的背弃。

五

明清时期，中国封建社会进入后期，专制主义皇权高度发展，封建行

---

① 参见《通制条格·选举·给由》。
② 《通制条格·选举·选格》。
③ 《通制条格·选举·五事》。
④ 《元史·选举志三、四》。
⑤ 《通制条格·选举·选格》。

政体制更加完善，考铨制度也更加严密。

明代选拔官员以科举制为主，同时辅之以荐举、军功、吏进、荫袭及纳赀等。而对官员的考铨工作，主要由吏部考功清吏司担任，主管监察事务的都察院参加。吏部尚书"掌天下官吏选授、封勋、考课之政令，以甄别人材，赞天子治"；吏部下设文选、验封、稽勋、考功四个清吏司。考功清吏司"掌官吏考课、黜陟之事，以赞尚书"①。都察院都御史"职专纠劾百司"，凡"遇朝觐、考察，同吏部司贤否陟黜"。都察院下设十三道监察御史，"主察纠内外百司之官"，"而巡按则代天子巡狩，所按藩服大臣、府州县官诸考察，举劾尤专，大事奏裁，小事立断"，其中河南道，"独专诸内外考察"。②

明代对官员的考课，"依《职掌》事例"作为"考升降"的内容和标准③。换言之，它是在职位分类的基础上，按诸司职位的类别，分别制定出其具体"职掌"的内容，然后，再按职掌内容的要求进行考核。这就避免了因考核内容和标准笼统而在考核时不好掌握的麻烦。

考核官员有两种形式，一称"考满"，二称"考察"，二者相辅而行。就中，考察又分为"京察"与"外察"两种。

所谓考满，是在官员任期内定期举行，"三年给由，曰初考，六年曰再考，九年曰通考"。按照职掌事例规定的内容，考核官员的实际工作表现，分别情况，给予称职、平常、不称职，上、中、下三等评定。九年通考的评定，是官员任期内工作的总评估，决定着官员的命运。

考满的方式与程序，因官员的职务与品级的不同而不同。四品以上在京堂上正佐官考满，初考、再考均不停俸，在任给由，不考核，不拘员数，"引至御前奏请复职"。这是属于皇帝亲自考核的。此其一。其二，五品以下京官（如六部及各寺、监、司、院、礼仪等部门内五品以下官员），均由所在衙门正官"察其行能，验其勤惰，必从公考核明白。开写称职、平常、不称职词语，送监察御史考核"。其三，近侍官员，由本衙门正官，

---

① 《明史·职官志一》。
② 《明史·职官志二》。
③ 《明史·选举志三》。

"将本官行过事迹,并应有过犯,备细开写,送吏部考核",拟出处置意见,报请皇帝决定。其四,有些特殊部门如兵马司、行人司等官员,先由所在部门考核,再移送吏部考核,再送河南道考核,最后还要"牒回复考",即考核公文退回本单位后再进行复核。其五,各省布政使司主要官员,由按察司考核;布政使司下属官员,由布政司考核,并送按察司复考。内外入流及杂职官,九年任满,"给由",赴吏部考核,如有"殊勋异能"、"超迈等伦"者,则由皇帝亲自决定。其六,教官每九年进行一次考核,先向礼部呈送考核凭证,由礼部出题考试,试卷送翰林院评阅。根据考试成绩与教学效果,决定升、留或罢用。此外,对吏员的考核,也采用笔试的办法。①

考核的结果,表现在等级的评定上。等级评定十分慎重。三考称职,或两考称职、一考平常,总评为称职。三考平常,或两考称职、一考不称职,或两考平常、一考称职,或称职、平常、不称职各一考,总评为平常。三考不称职,或两考平常、一考不称职,均为不称职。这种评定等级的办法,突出三考的成绩,颇有点"看发展"的态度。

同级别的官员,任职与所在地区不同,工作量有"繁"、"简"的差别,考核的标准也有差异。一般说来,重"繁"轻"简","简而称职",只能与"繁而平常"相同。倘若发现官员职务繁简失当,则作相应调整,叫做"调繁"、"调简"。

九年通考,按所评定的等级进行黜陟。其处置的基本原则是:"称职者升,平常者复职,不称职者降。"② 升级不超过二等,降级不超过三等。政绩卓著还可以得到赏赐、加衔或者荫子;政绩拙劣者,则要罢免或问罪。

此外,明代官员的任用,还实行试职制度,朱元璋时规定:在京官初入仕者,且令试职,一年后考,堪用者与实授,即正式任命,不堪用者,降黜,量才录用。后来发生变化,试职一般为三年,即所谓"诸部寺所

---

① 以上参见《明会典》卷12《考核》。
② 《明会典》卷12《考核》。

属，初止署职，必考满始实授"①。

所谓"考察"，就是不论官员任职时间，对所有官员进行考察，并按考察结果对官员进行处置，侧重惩罚与淘汰。即如《明史·选举志三》所云："考察，通天下内外官计之，其目有八：曰贪，曰酷，曰浮躁，曰不及，曰老，曰病，曰罢，曰不谨。"一般地说，凡属贪、酷者，轻则削职为民，重则依法惩处。罢软、不谨者，免去职务，但保留官员身份，叫做"冠带闲住"。老、病者致仕。浮躁、不及者降职使用。

对京官的考察，叫京察。京察无定期，曾定十年一次。弘治十七年（1504），确定为六年一次。正德四年（1509）以后，每逢亥、巳之年就举行。京察办法是：四品以上官去留自陈，由皇帝决定去留。五品以下官，由本衙门正官开出考语，并在考察之前送吏部、都察院，吏部、都察院审核并拟出处理意见，呈送皇帝批准。去留决定后，在任职期间如有遗漏问题，给事、御史可以纠劾，称为"拾遗"。"拾遗所攻击，无获免者"，一般应自动辞职②。

对外官的考察，叫做外察，又称"大计"或朝觐考察。朱元璋于洪武十一年（1378）命令吏部"课朝觐官殿最"，称职而无过者为上，赐坐而宴。称职而有过者为中，宴而不坐。不称职而有过者为下，不得赴宴，但要排队站在宴厅门口，等上、中赴宴者出来，方许退走。后来规定外官三年一朝觐，其觐在辰、戌、丑、未年进行。

外察的程序是，州县平时按月把所属官员的表现上报给府，府对所属官员进行考察，逐年把考察情况上报给布政使司。到三年，由督抚、巡按对下属的事状进行考核，"造册具报，丽以八法"。到朝觐之年，由布政使率领府州县正官赴京师，由吏部、都察院进行考察，吏部和都察院审定并拟出处置意见，然后呈报皇帝批准。

总览明代的考铨制度，其特点在于：第一，无论是考满还是考察，最后裁夺权始终操在皇帝手里，表明皇帝集权的加强。第二，考满与考察两种考核形式并行不悖，监察机构自始至终参与期间，从而使考核工作进一

---

① 《明史·选举志三》。
② 同上。

步制度化、严密化。第三，以职位分类为基础，以诸司职掌为考核内容，建立册、籍、访单等一套文字档案为依据，使考核程序分明，切实可行。

不过，在封建专制主义时代，再好的制度在执行过程中也会有流弊。俗话说："你有政策，我有对策。"官僚政治的本质决定了考铨制度定得再细，也会有官僚挖空心思钻空子，从而导致流弊丛生。隆庆年间（1567—1572），高拱曾指出考察之制推行中所出现的问题，是流于形式。每六年举行一次考察，然而由二三人主持、限二三日完成，工作量太大，往往善恶不辨，此其一；其二，考满与考察的主持者，往往同为一人，而考满与考察的评语常常自相抵触，前后不一；其三，考察侧重惩罚与淘汰，每次受惩罚的官员人数都差不多，必须凑足数目，否则不行，这样为了凑数有时不是使优者受冤，就是使劣者漏网；其四，考察中原则上各个衙门必须有人受处分，一旦确定被处分者，其余官员则可通过，这也为一些劣者继续混迹官场提供了方便；其五，考察过程中，一些奸猾之徒往往造谣生事，陷害他人，借以达到本衙门有人受处罚而自己得以逃脱的目的。万历十一年（1583），丘橓指出"吏治积弊八事"，其中属于考课方面的有：（1）京官考满，河南道例书称职。外使给由，抚按官概与保留。结果造成"以朝廷甄别之典，为人臣交市之资"。（2）御史巡方，未出朝廷，权贵就纷纷写条子将自己亲友姓名告诉御史，托其照顾。刚到出巡地，请求照顾的信又纷至沓来，以致御史只能睁一只眼、闭一只眼，任人摆布。（3）督抚、巡按定监司考语，必托有司。有司则不顾是非，一律加上好的评语，监司德且畏之。相互勾结，使访察流于形式。对守令的考察亦然。（4）监察部门在行使弹劾职权时，往往严小吏而宽大吏，详去任而略现任，通常选择那些单寒软弱之辈为弹劾对象，造成善恶莫辨。①

此外，在考核中，请托受贿，时有发生。特别是"访单"不署揭发者姓名，为奸猾之徒造谣中伤大开方便之门。甚至权臣利用考察之机，结帮拉派，蠲除异己，造成党争，等等。诸如此类，都使旨在澄清吏治，提高行政效率的考铨制度遭到破坏。

清代的考铨制度，大体沿袭明代，但小有变化。其与明制差异之处

---

① 参见《明史·丘橓传》。

在于：

第一，考满所划定由皇帝亲自考核的"自陈"官员的品级，由明代的四品以上，改为三品以上。大体上是外官如总督、巡抚可以自陈；京官三品以上皆可自陈，郎中不许自陈，由吏部、都察院进行考核。四品以下官员，由各衙门咨呈吏部会同都察院议具奏，不再个别上报。康熙时规定：各官自陈时，须将任内因何事加级、什么时候记功，什么事情曾经被处罚，哪一天曾被纠弹、哪些事项应罚而蒙宽宥，等等，如实开列，不得文过饰非，浑水摸鱼。

第二，考满所定的等级，由明代的称职、平常、不称职三个等级，改为一等、二等、平常、办事不及、不称职五个等级。康熙元年（1662）规定：立五等考语，一等称职者，加一级；二等称职者，记录一次；办事平常者，仍留原任；办事不及者，降一级调用；不称职者，革职。以后升转，照考语次序，一等者先用。注考官员徇情不公，俸满不考，俱治罪。记录二次或荐二次，准免降一级。守谨而才政俱平，及才长政勤而守平者，应列为三等。三等停升。同时还规定考满之典四条：（1）外吏之实俸难满，宜三年册报，以稽政绩；（2）升转之迟速不同，宜通俸并考，以免遗漏；（3）优者之名实难副，宜详列事实，以杜冒滥；（4）贤否之评语贵详，宜公同考核，以昭大公。康熙三年（1664）还规定：此后各部院，直隶各省文武官员考满，将三年之内，某官所办某事，奉旨改正者某事，驳行者某事，处分者某事，察明保奏。若考过一等、二等官员，非系贤能及不称职，事发之日，将考核时具保之官，一并治罪。①

第三，京察与大计，将明代"丽以八法"，改为"四格八法"。顺治四年（1647）定制。所谓"四格"，即"才、守、政、年"。才有或长或短；守则或廉或平或贪；政则或勤或平或怠；年则或青或中或老。按照这个标准，综合考察，根据成绩分为称职、勤职、供职三等。四格之中的"年"，旨在注重年龄的限制，实为前代所未有。所谓"八法"，与明代同。八法定处分：（1）贪与酷者，革职查办；（2）罢软与不谨者，革职；（3）年老与有病者，退休；（4）才力不及与治事浮躁者，酌量降调。纵

---

① 参见《清朝文献通考》卷59《选举考》。

使有加级记录,不得抵消。

第四,考满与考察的程序,大体与明代相同,但方式有差别。清代京察,每逢子、卯、午、酉年举行,分为列题、引见、会核三种方式。三品以上官员自陈,由吏部填写履历列题,等候皇帝降旨裁夺,叫做列题。三品以下京官,由吏部填写履历清单引见,叫做引见。四品以下京官,由各衙门注考,吏部会同大学士、都察院定稿,决定其考核等第,造册呈报皇帝批准,叫做会核。清代的大计,分为考题、会核两种形式。凡布政使、按察使,由督抚考核后,送吏部汇会核具题造册,呈送皇帝定夺,叫做考题。各省及河道以下官,由各府府尹分别考核,上报所在督抚具题,吏部会同都察院考核题核,叫做会核。清代考察,要按比例评选出"一等与卓异者",京官为1/7,州县官为1/15,佐杂教职为1/130。凡被评为"一等卓异者",可以加一级。① 这一规定,高官比小官、京官比外官都占便宜,显失合理。

第五,考满与考察,与赏罚相结合。细则与明代大同小异。赏的方面,包括升官、晋级、入旗或改旗,加俸、封爵、赏赐财物、封赠上代、荫及子孙,或赐谥、赐匾,等等。罚的方面,包括罚俸,有罚一月、二月、三月、六月、九月、一年、二年等不同;降级,有留用或调用之别;革职免官;贪、酷者则绳之以法,从严惩办,直至杀头。

第六,在考铨制度实施过程中,清代与明代一样,都十分重视监察机构的作用。明代都察院下设十三道都御史,清代则下设十五道都御史。都御史被视为朝廷耳目,允许其"风闻言事",从而导致弊端丛生。

第七,清代各部门以职位分类为基础制定的职掌事例、条规、官箴等等之健全,可谓集前代之大成,总数不下几百个之多。许多条规规定之细,亦为前代所不经见。这样,既使官员职掌明确,又使考核时标准具体而便于掌握。就对考核工作本身的规定而言,也十分严苛,如有冒滥徇私者,按保举连坐法予以处分。但在实践过程中,却常常流于形式。例如:京察与大计的实施情况,往往与规定相悖。营求徇庇之事,时有发生。被处分的官员,纵有屈抑,却不准申辩以至无罪被诬者甚多,此其一。其

---

① 参见《大清会典》卷11《吏部》。

二、三品以上大官上疏自陈时，往往铺张履历功绩，文过饰非，自吹自擂，以邀功请赏。而且他们是按品补升，与考满实无关系。其三，由于官员众多，主考官数量有限，而考满与考察却都是限时完成，工作量大，特别京察的引见、会核与大计的考题、会核，往往一疏以数千计，根本不可能仔细察看，致使徒具虚文。其四，各衙门正官考核下属，或因朝夕共事，碍于情面，或收受贿赂，而不能秉公办事。至于属下钻营奔竞，相习成风，更不待言。

这是1987年秋，应中编办之约，为全国编办系统干部培训班写的讲稿。其后，又曾在江西行政学院、中国社会科学院研究生院等讲坛上讲过多次，特予说明。2011年2月3日补记于宜雨亭。

忧患意识的现代意义

一 什么是忧患意识？

"忧患"一词，最早见于《周易·系辞下》。其曰："《易》之兴也，其于中古乎？作《易》者，其有忧患乎？"《疏》正义曰："'其于中古乎'者，谓《易》之爻卦之辞，起于中古。""'作《易》者其有忧患乎'者，若无忧患，何思何虑？不须营作。今既作《易》，故知其有忧患也。身既患忧，须垂法以示于后，以防忧患之事。故系之以文辞，明其失得与吉凶也。"质言之，正因为有忧患，所以才有《易》的兴起。

忧患意识，也就是"安不忘危"或"居安思危"的意识。"安不忘危"，典出《周易·系辞下》。其称："子曰：危者安其位者也，亡者保其存者也，乱者有其治者也。是故君子安而不忘危，存而不忘亡，治而不忘乱，是以身安而国家可保也。"这段话的意思，根据孔颖达的权威解释，就是说，所谓"危者安其位者也"，是指"所以今有倾危者，由往前安乐于其位，自以为安，不有畏惧，故致今日危也"。所谓"亡者保其存者"，是指"所以今日灭亡者，由往前保有其存，恒以为存，不有忧惧，故今致灭亡也"。所谓"乱者有其治者"，是指"所以今有祸乱者，由往前自恃有其治理也，谓恒以为治，不有忧虑，故今致祸乱也"。因此之故，孔颖达说：只有"君子今虽复安，心恒不忘倾危之事，国之虽存，心恒不忘灭亡之事，政之虽治，心恒不忘祸乱之事"，才能最终实现"身安而国家可保"。而"居安思危"，典出《左传》襄公十一年。其称："《书》曰：'居安思危'，思则有备，有备无患。""安不忘危"、"居安思危"，是从政治实践中升华出来的一种政治意识。它的理性概括，就是忧患意识。用今天的话来说，它是指人们在太平或安定时，不忘记可能出现危难的一种自觉性，是客观政治过程在人们心理上的积淀。因此，它又是我们中华民族传统政治文化中的一种熠熠闪光的政治智慧。

问题在于，人们的忧患意识，到底是怎样形成的呢？苏轼的《石苍舒醉墨堂》有云："人生识字忧患始"。他的意思是说：一个人识字以后，从书本中增长了见识，对周围的事物就不会漠然无动于衷，自然忧患意识也就相随而至了。由此可见，忧患意识，是与文字的使用和文化的传播联系在一起的。从主观上讲，它是知识分子、政治家、一切爱国主义者所必备的政治素质。作为一种价值取向，它又是爱国主义的认识论起点。

二　忧患意识与爱国主义

在中华民族的发展史上，忧患意识始终是我们民族脊梁们在不断变化着的社会政治实践中，面对各种矛盾和潜在的危机，"困于心，衡于虑"①，逐步积累并发展起来的对国家和民族命运的自觉意识。这种自觉意识，以对潜在的危机的危机感为基础，寄托着以天下为己任的强烈的历史使命感，从而成为爱国主义的基本精神。

司马迁说："屈平疾王听之弗聪也，谗谄之蔽明也，邪曲之害公也，方正之不容也，故忧愁幽思而作《离骚》。"② 班固在《〈离骚〉赞序》中也说："屈原初事怀王，甚见信任，同列上官大夫妒害其宠，谗之王，王怒而疏屈原。屈原以忠信见疑，忧愁幽思，而作《离骚》。"又说："离，犹遭也；骚，忧也。明己遭忧作辞也。是时周世已灭，七国并争，屈原痛君不明，信用群小，国将危亡，忠诚之精，怀不能已，故作《离骚》。"

《离骚》是屈原的"自叙传"，记述了他对楚国潜在的危机的忧虑，希望刷新政治，挽救楚国的危亡，并使它强大起来，完成统一中国的大业。由此可见，屈原的忧患意识，是他成为一个伟大的爱国主义者的思想前提。

---

① 《孟子·告子下》。
② 《史记·屈原贾生列传》。

忧患意识是一个历史范畴。不同时代的忧患意识,又有各自鲜明的时代性。

建安作家曹植,出生于战乱频繁的时代,自幼深受乃父曹操的影响,忧国忧家,怀抱着建功立业、拯世济物的理想。曹操死后,曹丕、曹叡对他百般迫害,他名为王侯,实则囚徒,"汎泊徒嗷嗷,谁知壮士忧"①?一生在忧愤中度过。他的忧患意识,孕育出"捐躯赴国难,视死忽如归"②、"闲居非吾志,甘心赴国忧"③等渴望献身于统一事业的雄心壮志。

靖康二年(1127),金兵灭亡北宋,俘虏徽、钦二帝北去。高宗赵构建立南宋,却不以组织兵马,收复失地为使命,而是以南迁流亡,坐稳皇帝宝座为满足,惧怕金兵。而金军继续南侵,朝野之间也爆发了主战派与主和派之间的激烈斗争。岳飞忧国忧民,怀抱"忠义报国"的决心,集合部队,收复襄阳,建立抗金基地,举行北伐,勇敢地抗击金军,成为南宋初年杰出的抗金将领。他以国土沦丧为耻、以投降派的猖獗为恨,忧患国家和民族的命运,写下了气吞山河的《满江红》:"靖康耻,犹未雪。臣子恨,何时灭?驾长车、破踏贺兰山缺。壮志饥餐胡虏肉,笑谈渴饮匈奴血。待从头、收拾旧山河,朝天阙!"这首词,震古烁今,洋溢着激越的爱国主义热情。因此,岳飞的忧患意识,是他成为顶天立地的民族英雄的思想基础。

在民族矛盾上升为主要矛盾的历史时代,岳飞的忧患意识具有代表性。不独两宋之际如此,早在北宋中期以后,由于辽兵的南侵,苏轼就有"恨君不取契丹首,金甲牙旗归故乡"④,陈与义有"灭胡猛士今安有?非复当年单父台"⑤等名句。到了南宋,爱国御侮成了忧患意识的主题。女作家李清照吟道:"子孙南渡今几年?飘零遂与流人伍。愿将血泪寄河山,去洒青州一抔土!"⑥此外,像杨万里、范成大、辛弃疾等都有不少类似的

---

① 《虾𫚉篇》。
② 《白马篇》。
③ 《杂诗六首》。
④ 《阳关曲·赠张继愿》。
⑤ 《雨中再赋海山楼诗》。
⑥ 《送胡松年使金》。

作品。然而,以为国雪耻、抗敌御侮为内容的作品,却以陆游为最多、最集中。他怀抱"收复神州"的爱国信念,不断地唱道:"逆胡未灭心未平,孤剑床头铿有声"①;"一闻战鼓意气生,犹能为国平燕赵"②;"呜呼,楚虽三户能亡秦,岂有堂堂中国空无人?"③ 直到临终前夕,他还在《示儿》诗中说:"死去元知万事空,但悲不见九州同。王师北定中原日,家祭无忘告乃翁。"陆游忧患国家和民族的命运,在压抑与愤慨中度过了一生。他的诗悲愤激越,充满了爱国主义热情。

此外,宋末元初的民族英雄文天祥的忧患意识,铸造了他的忠肝义胆,为了爱国主义的理想,不惜牺牲自己的性命。他的《正气歌》和《过零汀洋》诗中的名句"人生自古谁无死,留取丹心照汗青",可以说是千古绝唱。

特别是近百年以来,每当帝国主义侵略、中华民族处于危亡的时候,先进的中国人的忧患意识,都升华为激发国人爱国主义思想的源泉。它激励着一代又一代中国人为民族的解放和国家的富强而奋斗不息。这是中华民族之所以能巍然屹立于世界民族之林而不败的内在根据之一,是我们的民族精神之所在。

三 忧患意识与民本思想

忧患意识的重心有二:一是忧国;二是忧民。二者互为表里,相辅相成。前者侧重反映国人的政治参与意识,"天下兴亡,匹夫有责"(顾亭林语),表现为崇高的爱国主义;后者侧重反映国人的群体意识,强调"民为贵"、"民为邦本",要"爱民"、"恤民",表现为朴素的民本主义。民本主义,是忧患意识赖以存在的理论根据。我们所熟悉的屈原的"哀民生之多艰",无疑是以民本主义为其出发点的;而曹操目睹汉末军阀混战给人民所造成的苦难,则产生了"白骨露于野,千里无鸡鸣。生民百遗

---

① 《三月十七日夜醉中作》。
② 《老马行》。
③ 《金错刀行》。

一，念之断人肠"① 的忧患。因此，"忧民"，又成为忧患意识的一个永恒的主题。

在中国这个被西方人称为"诗国"的国度里，三千年间，涌现了无数以忧民为题材的诗篇，它通过对内忧外患、对不良政治的抨击，寄托着诗人们对人民的无限同情，表现出朴素的民本主义思想。就中，杜甫、白居易等，都是最杰出的代表。

杜甫中年以后，正值唐王朝从繁荣走向衰败的时期。他经历了安史之乱的浩劫，饱尝了饥饿、疾病、寒冷的折磨。漫长的忧伤与痛苦的生活实践，激荡着他忧国忧民的深厚感情。他的笔锋指向统治阶级的罪恶，着力抨击统治集团的各种腐朽现象，揭露了尖锐的阶级对立，写下了"朱门酒肉臭，路有冻死骨"这样千古传诵的名句。他关心民瘼，同情穷苦人民。在他离开瀼西，已经把居住过的草堂让给吴姓亲戚时，心里却还惦念着一个住在草堂附近的贫苦妇人，于是写了《又呈吴郎》："堂前扑枣任西邻，无食无儿一妇人。不为困穷宁有此，只缘恐惧转须亲。即防远客虽多事，便插疏篱却甚真。已诉征求贫到骨，正思戎马泪盈巾。"他控诉封建统治阶级的穷兵黩武、横征暴敛给人民造成的苦难，著名的《兵车行》和"三吏"、"三别"等，可以说是唱出了那个时代的最强音。杜甫的忧患意识，使他成为我国文学史上最伟大的政治诗人，他"穷年忧黎元，叹息肠内热"，时刻关心国家和人民的命运，显然是他的"邦以民为本，鱼饥费香饵"② 思想的必然反映。

安史之乱后，唐王朝日趋衰败，宦官专权，藩镇割据，弄得国是日非。统治阶级加紧搜刮民脂民膏，加剧了土地兼并，导致社会阶级矛盾的激化。在这种时代环境里长大的白居易，忧国忧民，怀着匡时济世的抱负，以"唯歌生民病，愿得天子知"③、"但伤民病痛，不识时忌讳"④ 为题材，写下了大量抨击时弊，同情人民疾苦的不朽作品。像揭露宫市制度罪恶、诉说人民悲惨遭遇的《卖炭翁》；像谴责朝廷穷兵黩武，逼得一位

---

① 《蒿里行》。
② 《送顾八分文学适洪吉州》。
③ 《寄唐生》。
④ 《伤唐衢》。

老翁为避免兵役负担,而"夜深不敢使人知,偷将大石槌折臂"的《新丰折臂翁》,都表现出诗人站在民本主义立场上,对被压迫人民疾苦的深切同情。

民本主义强调"民为邦本,本固邦宁"①。它认同的是群体社会,认为个人的价值,只有通过国家、民族、人民利益的实现才能得以体现。所以,忧患意识作为一种思维定式,总是以关心国家、民族的命运和人民的疾苦的形式出现的。几千年来,已成为先进的知识分子借以实现自我价值的一种方式。

正如郑板桥所说,"叹老嗟卑是一身一家之事,忧国忧民是天地万物之事"②。郑板桥所强调的正是群体利益高于个人利益,个人的价值,只有通过群体利益的实现才能体现出来。因此,从这个意义上说,民本主义是涌动忧患意识的思想源泉。

四 忧患意识与革新精神

忧国忧民的根本动机,在于关心和推动国家的进步与社会的发展,它体现了中华民族自强不息的革新进取精神。在漫长的历史实践中,每当国家、民族、人民的利益,受到潜在的危机威胁时,也正是忧患意识凸显的时候,先进的知识分子往往怀抱匡时济世的理想,"箴时之病,补政之缺"③,希图实现国富民强。这样的例子,在中国历史上不胜枚举。

白居易的忧患意识,曾驱动他与元稹等人一起商讨澄清政治的对策,以及与宦官、贪官污吏展开斗争。他屡次上书唐宪宗,要求革除弊政,甚至"不避死亡之诛"④,当面批评皇帝的错误。

最典型的例子,莫过于范仲淹。范仲淹把古代知识分子的忧患意识推向了一个新的境界。他说:"居庙堂之高,则忧其民;处江湖之远,则忧其君。""是进亦忧,退亦忧,然则何时而乐耶?其必曰:'先天下之忧而

---

① 《尚书·五子之歌》。
② 《板桥自序》。
③ 《旧唐书·白居易传》。
④ 同上。

忧，后天下之乐而乐欤！'"① 这种"先忧后乐"之志，是范仲淹一生的理想和追求，并赋予他始终以天下为己任。即使在居丧期间，也不忘天下之忧。他在《上执政书》中写道："盖闻忠孝者，天下之大本也，其孝不逮，忠可忘乎，所以冒哀以书言国事，不以一心之戚而忘天下之忧。"② 可见其"先忧后乐"之志弥坚。入朝后，他甚至敢于直言批评皇太后、敢于质问皇帝、敢于臧否朝政。无论是他所进呈的《救弊十事》，还是他知开封府期间的革除弊政、打击贪官的举措，抑或是抗击西夏侵扰的西北前线整肃军队、招抚羌民的措施，都富于改革精神。特别是庆历三年（1043），他从西北前线调回京师，拜为参知政事以后，他写的《答手诏条陈十事》，进呈宋仁宗，力主推行以明黜陟、抑侥幸、精贡举、择长官、均公田、厚农桑、修武备、推恩信、重命令、减徭役为内容的改革，得到了宋仁宗的认可，立即按范仲淹的主张，以诏令颁行全国，史称"庆历新政"。

晚明以顾宪成为代表的东林书院一帮学人的忧患意识，集中反映在东林书院的一副对联上："风声、雨声、读书声，声声入耳；家事、国事、天下事，事事关心。"他们忧虑朝政的腐败，敢于揭露权贵们的贪婪与残暴，提出了诸如整顿税收，取消矿监税使，减轻工商业者的负担等革新主张，用黄宗羲的话来说："一堂师友，冷风热血，洗涤乾坤。"③

由此可见，忧患意识孕育着革新精神。它是我们中华民族最可宝贵的理性精神的集中表现，也是我们传统政治文化中最有实践意义的部分。

（原载《光明日报》1994 年 8 月 15 日《史林专刊》，发表时囿于版面，更改了标题并删减了内容，这里是原稿）

---

① 《岳阳楼记》。
② 《范文正公文集》卷8。
③ 《明儒学案·东林学案·序》。

中国古代编制立法的启示

在由计划经济体制向市场经济体制的转换过程中，以转变政府职能为重点的行政体制改革，是完成这种转换的基本保证。而行政体制改革要彻底走出以往的"精减——膨胀——再精减——再膨胀"的怪圈，关键在于是否真正实现行政机构与编制的法律化。在这个问题上，我国古代的编制立法，为我们提供了有益的启示。

我国是一个有编制立法传统的国家。早在战国时代，齐国稷下学的学士们就以春秋以前的制度为基础，掺杂以战国时期的制度和他们的理想，设计出《周官》来作为未来国家的组织形式和结构形式的蓝图，是为中国编制立法的滥觞。到了汉代，我国第一部具有典型意义的编制立法——《汉官》正式出现。其后，历代都曾颁布过各种形式的、带有编制立法性质的"典"、"令"、"格"、"律"，等等，而尤以《唐六典》、《明会典》、《清会典》最为完备。两千年间，历代统治者都把编制立法作为行政管理的重要手段，力图实现"职有常守，官有常员"的行政编制法律化的目的，这在世界历史上，的确是不常见的。

古代编制立法的启示之一，是历代的编制立法无不具有统一性。它与国家的统一相适应，在行政权力所及的范围内，实行统一的编制法。这在统一的中央王朝时期，如秦、汉、隋、唐、宋、元、明、清各代，表现得特别明显。这些朝代的中央行政机构的设置与编制是统一的，就是地方行政机构的设置与编制，也全国划一。即使是分裂时期的各个小王朝，在他们各自的辖区之内，也都实行各自统一的编制法，充分显示了编制立法统一性的传统。编制立法的统一性，有效地克服了政出多门、官制紊乱、各自为政、冗员充斥的弊端。

古代编制立法的启示之二，是历代的编制立法，都与发达的政治分工传统相适应，基本上都是根据不同性质的国家机关实行分类定员，同时制定出分类管理的相应的法规。政治分工，是指的职能上的分工，它是多层次的。以唐朝中央行政机构的设置为例，它实行的是三省六部、九寺五监体制。三省六部属于政务官系统，九寺五监属于事务官系统。这两大系统官员的职掌有明确的划分、员额有具体的规定。这种政治分工，是同级政府内部各部门之间职能上的分工。而同部门内部还有更细密的政治分工，如刑部总编制为191人，除刑部尚书、刑部侍郎各1人外，下分刑部本司、都官司、比部司、司门司4个司，编制分别为81人、29人、52人、27人。这种根据细密的政治分工而确定的人员编制，具有明显的分类定员性质。而唐朝在对官员进行职位分类定员的基础上，还制定出各类官员考课的最高标准，即叙以"四善"（德义有闻、清慎明著、公平可称、恪勤匪懈），别以"二十七最"，并根据"善"、"最"确定考课等第，决定对官员官阶的进退、俸禄的增夺、官位的外迁与解任，因而它又赋予唐朝的编制立法以分类管理的性质，标志着政府体制的完善和行政管理经验的成熟。这也是任何时代制定编制法所应当遵循的一个原则。

  古代编制立法的启示之三，是机构编制申报审批程序法律化。历代对于各级政权机构及编制，差不多都规定了申报审批程序和审批权限。由于在封建专制主义时代，原则上是皇帝说了算，什么机构都由他来设置，什么官吏都由他来派，从中央行政长官到地方上的县令，辟除权归皇帝。但是政府机构的设置与合并、裁减，人员的配置，基本上都有固定的申报审批程序。一般说来，地方机构的调整与官员的增减，由地方官逐级向吏部申报，吏部再向丞相报告，丞相上奏皇帝，皇帝批准后方得执行。在隋朝以前，县丞、尉及诸曹掾多以本郡人为之，郡县长官有辟除僚佐的权力，但亦需上报备案，并且在规定的编制以内辟除。汉武帝针对诸侯王扩张势力所颁布的"左官之律"和"阿党附益之法"，就是为了惩罚诸侯王不按申报审批程序，滥选僚佐的。隋以后，郡县长官就没有辟除僚佐的权力了，县丞、尉及诸曹掾尽用他郡之人。地方官选用僚佐，必须在规定的编制以内，按文武官选用标准，写具缺本，逐级上奏朝廷，实封御前开拆，由皇帝裁定，再下达执行。各部门不得任意辟除。更不准先斩后奏，否则为违制。例如，宋太宗雍熙四年（987）诏："今后诸路转运使及州郡长吏，并不得擅举人充部内官，其有阙员，即时其奏。"① 明朝对文官的选用也有规定："凡除授官员，须朝廷选用。若大臣专擅选者，斩。"② 这种申报审批程序法律化的编制管理，对于杜绝官吏结党营私和防止官员超编，有一定的约束作用，显然不无科学意义。

古代编制立法的启示之四，是历代大多明确规定了各类官员的数额、职位和结构比例。例如汉代诸卿之一的"廷尉"，总编制为144人，设廷尉卿1人，"掌平狱，奏当所应"；又有正、左监各1人，左平1人，"掌平决诏狱"，其下员吏共140人。又如，河南郡治所洛阳的机构编制，总额为802人。汉代的编制立法如此，以后各代的编制立法也大体相仿。这种将各类机构编制的总额、各类职位、员额及结构比例法律化的做法，对于限制机构膨胀显然不无意义，它成为我国古代编制立法的一个显著特点。

古代编制立法的启示之五，是不少朝代的编制立法大都贯彻违制处罚原则，追究造成超编者的法律责任。例如，唐朝对"署置过限及不应置而置"者规定了严格的处罚办法。"诸官有员数，而署置过限及不应置而置，一人杖一百，三人加一等，十人徒二年；后人知而听者，减前人署置一等；规求者为从坐，被征须者勿论。"③ 相同内容的违制处罚在《宋刑统》卷9《职制律》中，全文录入。元朝规定："非奉朝命，擅自补注官品者，委监察纠察。"④ 明清两代的"吏律"中，也都有"大臣专擅选官"和"滥设官吏"等职务犯罪处罚办法的条款。这些严厉的违制处罚办法，应该说是维护编制立法尊严的强有力手段。

中国古代的编制立法，固然有上述诸多积极因素，足以启迪我们思考，但是，我们还应看到，封建时代国家机构的设置与编制管理，是与封建专制主义统治相适应的。它的设废与增减，往往取决于皇帝个人的意志，从而给古代的编制立法打上了鲜明的"人治"印记，决定了它不可能得到彻底贯彻。

---

① 《文献通考》卷39《选举十二》。
② 《大明律·吏律·职制》。
③ 《唐律疏议》卷9《职制》。
④ 《元典章》卷5《台纲》。

首先是皇帝近侍的逐步政务官化（亦称内官的逐步外官化）所带来的国家机构设置上的变迁及其所造成的编制上的扩大，最有代表性。

其次，封建时代的编制立法，还常常因为"循情任用原则"被广泛应用而在执行过程中大大打了折扣。一则表现为历代所共有的"因人设事"现象，二则表现为历代广泛推行的"恩荫任子"制度，也使编制定额经常被突破。

非但如此，历代封建统治者往往出于财政上的考虑而卖官鬻爵（包括清代的捐纳制度的推行），都曾造成了严重的后果。它不仅导致官员膨胀和冗官冗员冗费的增多，而且还导致官僚主义的盛行和行政效率的低下，乃至腐败丛生，直接对编制法起到了破坏作用。这是不能不记取的历史教训。

（原载《光明日报·史林》1993年10月25日，《新华文摘》1994年第1期转载）

中国古代的宗族制度

宗族制度，是中国封建社会以宗族为范围，按照奴隶制时代的宗法制度的原则，建立族权统治的一种制度。

一

所谓宗法，简单的解释，就是中国古代社会规定嫡庶系统的法则。宗法关系，是由氏族社会的父系家长制蜕变而来的一种以血缘关系为基础的社会关系。在奴隶制时代，它与贵族政治相结合，形成完整的宗法制度。宗法制度萌芽于夏代，形成于商朝，确立于西周。

西周的社会组织，是一种"同姓从宗合族属"的血缘实体。为了别其亲疏、示以系统，以明亲亲合族之义，首先确立了"宗"的地位。宗者，尊也；凡有所尊，皆可曰宗。所以，班固在《白虎通德论》卷下《宗族》篇开宗明义曰："宗者何谓也？宗，尊也，为先祖主也，宗人所尊也。"这里所说的"为先祖主"，指的是守宗庙社稷以为祭主。它意味着一种统率权的存在。因此，宗道，就是兄道。即以兄统弟、以弟事兄之道也。其次，宗分大小两种。《礼记·大传》载称："别子为祖，继别为宗，继祢者为小宗，有百世不迁之宗，有五世则迁之宗。"这里所说的"别子为祖"，就是始祖。"继别为宗"，指的是由继承别子（始祖）的嫡长子一人为宗主，并按嫡长子世袭制原则推演下去，组成一个系统，是为大宗。这个系统的嫡长子，叫做大宗宗子。大宗只有一个，百世不迁。它是宗族全体的共宗，体系是永恒的。所谓"继祢者为小宗"，指的是除嫡长子（大宗宗子）外，其余嫡子及庶子所分别组成的系统，皆称小宗。小宗若以高祖为始祖者，五世则迁，所以小宗的系统是处于不断变动之中的。此外，在丧服上，大小宗亦有严格区别。其三，大小宗之间的关系，是"大宗能率小宗，小宗能率群弟，通于有无，所以纪理族人者"[1]。这种统率关系，通过宗子享有主祭权、财产支配权和族内重要事情必须向宗子报告三个方面表现出来。其四，宗族组织与贵族政治相结合，形成宗法分封制。即所谓"大邦维屏，大宗维翰，怀德维宁，宗子维城"[2]。

西周的宗法制度，体现了专制主义的原则。行之于宗族内部，宗法关系是以家长制为基本线索而编织起来的关系网，直接表现为大宗统率小宗，宗子、族长享有立庙祭祖的特权和对族众有直接裁判权、财产支配权，乃至生杀予夺权。行之于国家内部，族权与君权牵混一体，表现为政治关系。周天子既是天下姬姓的大宗族长，又是西周国家至高无上的君主，分封制的等级序列，与血缘关系的亲疏远近相吻合，建立了天子统辖诸侯，诸侯统辖卿大夫，卿大夫统辖士及平民的专制主义政治结构。"天无二日，国无二君，家无二尊"[3]，表明国与家相通，君统与宗统合二为一。

不过，西周宗法分封制所建立起来的专制主义政治秩序，具有二重性。一方面，宗统与君统合一，大宗对小宗、天子对诸侯的统率隶属关系，表现为宗君的专制主义。另一方面，依照宗法分封制的原则，诸侯国君、卿大夫的小宗地位又是相对的。对上，他们是小宗，但在其封国或采邑内，他们又是大宗。这种特殊的地位，决定了他们政治上又有一种权力排他性。当他们羽翼丰满，势力强大起来之后，对上就不那么服从了，往往各自为政，造成专制主义权力的分散与下移。春秋时代，王室衰微和大国争霸局面的出现，就是宗法分封制二重性所导致的直接结果。

二

宗法制度本来是适应奴隶主贵族政治的需要而确立的。到了春秋战国

---

[1] 《白虎通德论》卷上《宗族》。
[2] 《诗经·大雅·板》。
[3] 《礼记·坊记》。

之际，由于地主阶级的兴起，井田制的瓦解，郡县制取代了分封制，大小宗也趋于解体。但宗法制度的某些基本原则，诸如皇位的嫡长子继承制、贵族世袭爵位、父权家长制，以及政权、族权、神权、夫权的相互渗透、补充等，又在新的历史条件下得以发展，奴隶制的宗法制度，终于嬗变为封建的宗族制度，成为封建社会上层建筑的重要组成部分。

封建宗族制度行之于皇家，表现为皇帝制度贯穿着嫡长子继承制和家长制的原则，贵族享有世袭爵位的特权。封建宗族制度行之于社会，则是封建家族组织的普遍存在。它是由于封建大土地所有制的发展，而与宗法地主势力的壮大同步出现的。从西汉初年起，朝廷就十分注意扶植三老、孝悌、力田等宗法地主势力。到汉武帝时，宗法地主势力日益壮大，渐次成为封建专制主义的阶级基础。宗法地主大多是聚族而居的。经过西汉末年的社会大动荡，他们在战乱中往往纠集宗族亲属，建立坞堡以自守。到了东汉，随着土地兼并的激烈进行，宗法地主势力得到进一步的发展，出现了"豪人之室，连栋数百，膏田满野，奴婢千群，徒附万计"的宗法地主①。他们把贫困的宗族亲属变成徒附，从而强化了封建依附关系，并罩上一层温情脉脉的宗法血缘关系的面纱。魏晋以降，最重氏族，南则王谢褚沈，北则崔卢王郑，至唐犹然。婚姻仕宦皆以门阀相高，下品单门，自甘隐约。门阀士族制度主宰了整个社会生活。宗族制度以门阀士族的家族组织为其表现形式，谱牒之学，成为门阀士族炫耀自己血统的专门学问。即如郑樵所说："自隋唐而上，官有簿状，家有谱系；官之选举，必由于簿状，家之婚姻，必由于谱系。……此近古之制，以绳天下，使贵有常尊，贱有等威者也。所以，人尚谱系之学，家藏谱系之书。"②

轰轰烈烈的唐末农民战争，给门阀士族以毁灭性的打击；又经过五代十国的战乱，门阀士族终于被扫除净尽；以血缘关系为纽带的封建宗族制度，也随之土崩瓦解，谱牒之学日益衰颓。在门阀士族制度废墟上建立起来的宋王朝，社会经济结构发生了很大的变化。中唐以前的那种地主阶级有严格的士庶之别、按等级世袭占田是土地占有的主要方式、士族成为地

---

① 《后汉书·仲长统传》。
② 《通志》卷25《氏族略第一·氏族序》。

主阶级的主体、各级官府均为他们所把持、财产和权力的再分配严格按等级进行的情况，被彻底打乱了。代之而出现的，是非身份性的官僚地主成为地主阶级的主体，购买方式是地主阶级扩大土地占有的主要方式，契约租佃制得到发展，农民对地主的人身依附关系相对松弛，各级官僚主要是通过科举考试选拔出来的士大夫所组成。这些"由贱而贵者耻言其先，由贫而富者不录其祖"，以致"谱遂大废"①。封建宗族制度一时间在社会上云消雾散。

然而，兼并是封建地主阶级的本性。在按等级世袭占田的制度被破坏之后，通过购买方式兼并土地的非身份性地主，逐渐意识到自己家族经济、政治地位的不稳定性。在农民的人身依附关系相对松弛的情况下，为了更有效地控制农民，他们便乞灵于古老的宗法制度，重新确立封建的宗族制度。大约从北宋仁宗时代起，一些士大夫如苏洵、欧阳修等陆续编撰本家族的新族谱。理学家张载、程颢、程颐等也推波助澜，同声鼓吹"管摄天下人心，收宗族、厚风俗，使人不忘本，须是明谱系世族与立宗子法"②。于是以宗族聚居、置族田、立祠堂、修家谱、定族规等为内容的封建宗族制度，又陆续在各地建立起来。元明清各代，历历相承。

三

封建宗族制度，除皇族外，一般只是附会"小宗之法"作为组织原则，祭祀止于高祖以下四代（高祖、曾祖、祖、父），有类于"继祢者"。其所以如此，多半是在封建土地所有制下，通例采取多子分继财产的办法所致。苏轼说得明白："莫若复小宗，使族人相率而尊其宗子。宗子死，则为之加服；犯之，则以其服坐，贫贱不敢轻，而富贵不敢以加之，冠婚必告，丧葬必赴，此非有所难行也。"又说："天下之民，欲其忠厚和柔而易治，其必自小宗始矣。"③ 需要说明的是，自宋迄清，宗族制度在各地实

---

① 《嘉祐集》卷13《谱例》。
② 《张载集·经学·理窟·宗法》、《二程全书·遗书六》。
③ 《苏东坡应诏集》卷3《策别十三》。

行的情况并不划一，有的也分大、小宗，但这已不是原来意义上的（即西周时的）大宗、小宗了，都不过是附会而已。实行起来，并不严格，其主流是侧重附会小宗之法。

封建宗族制度的宗旨，是建立以宗族为范围的族权统治，以与专制主义政权相表里。首先，通过修家谱，划定宗族范围，即所谓"敬宗收族"，从而把同姓的农民阶级囊括进宗族组织之内，通过别亲疏、明尊卑的手段，把农民对地主阶级的人身依附关系，用宗族组织的形式控制起来。其次，置族产以建立封建宗族制度的物质基础。族产名目繁多，诸如义庄、义田、义仓、义屋、族田，等等。置族产的方式有二：一是宗族内官僚地主出资购置；二是由宗族组织内各房大户（也有的包括中、下户）捐田。族田的经营方式，通例采取租佃制，"掌田、收租、发米，悉属宗子，旁支不得轮管，亦不得代发，亦不得代收"[①]，族产只准买进，不能典卖，其收入又是用于维系宗族团结的。这样，族产就成为封建宗族组织维系其稳定性的物质基础。第三，订族规，确立族长的家长制统治。族规名目极多，诸如家矩、家规、家法、家政、家范、宗约、宗式、宗训、族规、条规、禁约、条箴，等等。这些族内成文法的核心问题，是确立族长的家长式统治地位。清代光绪年间浙江萧山管氏《祠规》说得明白："族长系通族之望、公道之所自出也，大小事务，先投家长，并族中衣冠，说明月日，诣祠公讯，曲直轻者罚钱，重者责治。如有顽抗家法，不能治者，送官重处，断不轻恕。"[②]族权统治主要表现为：（1）确认族长对族产的分配权；（2）确认族长对族众的处罚权；（3）确认宗子的祭祀权；（4）确认族长对族众婚姻干涉权，等等。宗族组织，是封建宗族制度的实体。它的普遍存在，标志着封建宗法关系具有广泛的社会性，并成为封建专制时代的一个显著特点。

宗族制度的社会意义，是使政权、族权、夫权、神权相互渗透、互为补充，达到维护封建统治的目的。首先，按照宗族制度建立起来的宗族组织，无不把"笃忠信"、"崇忠孝"、"禁为臣不忠"、"圣训当遵"一类提

---

① 《萧山来氏家谱》卷9，康熙三十八年定《续增出入执掌条例》，1922年刊本。
② 《萧山管氏宗谱》卷4《祠规》。

倡忠君的教条当作首要信条写进族规之中。同时，还把"尊王章"、"崇国典"、"遵国宪"、"守国法"等等作为家法的主要内容，以规范族众的行动。此外，又将"重国课"作为宗族的美德，责令族众不容怠慢，否则，便予以重究，从而表明族权维护封建政权的神圣职能。其次，宗族组织普遍建祠堂、严祭祀、敬天尊祖。这是封建族长、宗长、家长们借助亡灵加强族权统治的法宝。死后主张厚葬，墓地要看风水，祠堂要立牌位，定时焚香顶礼，都是做给活着的族人看的。特别是封建家族组织不少供奉着"天地君亲师"的牌位，"每日清晨一炷香，谢天谢地谢君王。太平气象家家乐，都是皇恩不可量"①，这实质上是族权包含神权、神权渗透族权，族权、神权、皇权一体化。另外，在族规、家训、宗式之类的成文法中，普遍立有"别男女"、"正夫妻"、"肃闺门"、"训女"、"训媳"、不许妇女私蓄财货、不准妇女轻出、谓改嫁为失节等等限制、鄙视、惩治妇女的条规，迫令妇女信守"三从四德"的教条，成为封建宗族繁衍后代的工具，而没有独立的人格，从而体现了家长制的族权与夫权合而为一。

　　封建宗族制度所赋予封建宗族组织的表象，是"同姓从宗合族属"的血缘关系的实体，并以"德行相劝，事业相勉，过失相规，礼俗相接"②相标榜，又在"赡族条规"内，列有"赈贫"、"优老"、"助婚"、"劝学"、"佐费"等项内容，冠冕堂皇。然而，在这种表象背后，却隐藏着一个无情的事实，即任何一个封建家族组织内部，都严重地存在着阶级分化。就拿江苏金匮胶山安氏家族在明代万历二十三年制定的赡族条规来看，在安氏宗族内部，至少有七类贫苦族人。按照族规，他们有时固然可能得到宗族的少量施舍，然而，族长们却往往假救济之名，侵夺族产；或者将族产出租给族人，高额收租，压榨、剥削贫苦族人；或者借口收成不好，随时停止各项赡族支出，鲸吞族产；或者借机放债，取息盘剥。因此，从经济关系上看，封建宗族制度所反映的宗法关系，实质上是阶级关系。从政治关系上看，宗族组织修家谱，有所谓"六不书"的规定，即所谓弃祖、叛党、刑犯、败伦、背义、杂贼不得入谱。就中，"忤逆不孝"、

---

① 石成基：《传家宝》卷4。
② 《古虞金垒范氏宗谱》卷3《家训》。

"凶暴横行"等谓之"弃祖";"大逆无道"、"欺君蠹国"等谓之"叛党";认为"君臣之义同于天地,背君者不详,凡有藐视王章,干名犯义者,直与叛党同律"。不言而喻,这些都是带有明显的维护封建专制主义统治的色彩,当然是一种阶级关系的表现。特别是把"与娼优隶卒为婚者"当作"背义",把"为人奴者"、"为娼为优为隶为卒者"、"与下贱为婚为友者"统统当作"杂贼"而摒之谱外,更赤裸裸地表明封建宗族制度所反映的宗法关系,说到底,是阶级关系。

四

封建宗族制度对于维护封建专制主义统治,起过重要作用。主要表现在四个方面:第一,封建专制主义的起点在农村。中国封建社会乡村的构成,是以宗族组织为基本要素的,即所谓"积族而成邑,积邑而成国"①。无数个宗法封建性的宗族组织,遍布全国各地乡村,并与乡村基层行政编制——乡里组织混成一体。"保甲为经,宗族为纬。"② 族长、宗长、家长成了乡村基层行政机构的头目,集族权与政权于一身,成了乡村事务的主宰。他们的本能是对上负责,仰承郡县制各级长官的鼻息,而与封建国家的中央政府保持垂直联系,从而使宗族组织成为封建专制主义统治的社会基础。第二,封建专制主义的理论基础之一,是伦理纲常观念。而以宗族组织为实体的宗族制度,正是以之为灵魂的。因此,历代封建王朝所宣扬的三纲五常、孝悌忠信说教,便成为宗族组织内成文法的重要内容。不少宗族组织把它概括为"五伦家箴",即所谓:一曰君臣、二曰父子、三曰夫妇、四曰兄弟、五曰朋友,提倡所谓励臣节、尽子职、笃夫妇、亲兄弟、慎择友。五伦之中,君臣之伦居于首位,并与父子之伦相混一。由于伦理纲常观念的核心是一个"孝"字,被奉为"人道之始,百行之原"。它与"忠"字相联结,因此,"崇忠孝",就成为宗法封建性家族组织成员修身、治家、处世、从政等一切行为的最高道德原则。按照这个原则,

---

① 《云阳涂氏族谱》卷11《族范志序》,1930年刊本。
② 《校邠庐抗议》下卷《复宗法议》。

居家则"孝顺父母",以修身、齐家;入仕则"忠君",以治国、平天下,从而达到巩固封建秩序的目的。这充分体现了宗族制度对于封建专制主义统治的应用功能。一方面劝导人们遵守三纲五常、孝悌忠信的道德原则;另一方面惩办悖逆者,从而从维护一个个宗族组织内部的尊卑贵贱入手,把封建专制主义统治秩序奠基于社会的基本细胞之中,借以达到自下而上地维护封建专制主义的统治。正是从这个意义上说,宗族制度又是封建社会上层建筑的重要组成部分。第三,历代宗族组织,无不十分重视对族内子弟进行封建教育。认为"凡读书必为儒者,然后可以撑持门户,以承世业"[1],若"发科甲高门弟",则"上报君恩,下养父母,倘得一官半职,尽可耀祖荣宗"[2]。于是,"捐置书田,立义塾",就成为一般宗族组织所十分重视的问题。这样,一方面利用宗族制度创立庄塾、家塾、祠堂小学等,以普及封建教育;另一方面,又设立义庄、订立《劝学规矩》,资助优秀者科举掇名,以挤进官场。第四,宗族制度还是封建国家控制和压迫农民阶级的工具。由于宗族内部"贵贱、贫富、贤愚不一",宗族实行"宗制准国法为义"[3],因此一个个具体的宗族组织内部封建秩序的确立,就成为巩固全社会封建秩序的必要前提。主要表现在通过维系辈分森严、尊卑显别的宗法关系,来模糊农民的阶级意识;把"忠君"的最高原则化进"崇国典"、"遵王章"、"重国课"、"急赋税"的实际行动之中,用以规束农民群众,使之成为封建王朝的顺民;赋予族长以族内立法和司法权,负责受理族内有关田土、户婚一类案件,行使压迫农民的职能,并运用严厉的家法,来扼杀农民的任何形式的反抗斗争。

(原载《文史知识》1989 年第 4 期)

---

[1] 广东五华《缪氏宗谱》所录万历二十九年《兰陵家训》,1937 年刊本。
[2] 鄞县《华氏宗谱》卷首《明德堂家训》。
[3] 安徽桐城《柳峰朱氏宗谱》卷 1《谱例七款·六礼俗》。

中国古代的监察制度

中国古代的监察制度,是历代统治阶级为了巩固其统治秩序,保证国家机器的正常运行而设立的一项带有根本性的政治制度。中国古代的监察制度起源于御史官职的设置,其滥觞于西周,确立于秦汉。自从秦始皇建立了我国历史上第一个统一的专制主义中央集权制的封建国家以后,监察制度就成为历代帝王加强专制皇权、加强中央集权、调节国家机器的运转、维护封建统治秩序的一种重要手段。元世祖忽必烈曾说:中书是我的左手,枢密是我的右手,"御史台是朕医两手的"[①],一语道破了监察制度是皇权控制下的封建国家机器的调节器。它在封建国家机构中,居于制衡地位。历代监察机构的设置及其运行机制的发挥,充分体现了中国古代政治制度的体系健全和成熟性。

古代监察制度的沿革

监察制度,萌芽于西周。然而,中国古代监察制度的正式确立,却是秦汉时期的事。自秦以后,大体经历了三个大的发展阶段:

第一阶段,为秦汉魏晋南北朝时期。综观中国历代的监察制度,基本上划分两大系统:一是以御史纠察百官,肃正纲纪;二是以言官谏议政府,减少政策失误。秦汉时期,这两大系统基本确立。

秦汉置御史府,以御史大夫为长官,御史中丞为副长官,负责秘书和监察职权。汉武帝分全国为十三部,置刺史巡视以监察郡县,西

---

① 叶子奇:《草木子》卷3下《杂制篇》。

汉成帝时，改御史大夫为大司空，是三公之一；而由御史中丞领侍御史入侍"兰台"，御史中丞为台主，属于少府。少府职权卑落以后，兰台典掌秘书图籍的职权，先分入中书，后转归秘书监；而负责监察弹劾的御史中丞，遂发展成为独立于少府之外的"宪台"，成为全国性的监察机构。

魏晋承袭汉制，置御史中丞为台主。御史台称"宪台"，与尚书台、谒者台合称三台。州成为地方最高一级行政区后，刺史不再是监察官，而是地方最高行政长官。御史台除台主外，置治书侍御史等属官，分掌内外监察之权。

南北朝时期，大体因魏晋之旧，而有所损益。但基本上没有脱出秦汉监察机构的窠臼。

与御史制度相埒，言官谏议制度在秦汉时也已确立。充当言官者，一为给事中；一为谏议大夫。秦置"给事中"于殿中。汉因之，《汉书·百官公卿表上》说："给事中亦加官，所加或大夫、博士、议郎，掌顾问应对，位次中常侍。中黄门有给事黄门，位从将大夫，皆秦制。"谏议大夫，也是秦朝设置的。不过，秦时称为谏大夫，职责为谏诤得失。汉兴罢废不置，到汉武帝元狩五年（前118）重新设置。到东汉时，增名为谏议大夫。秦属郎中令，汉隶光禄勋，其职责限于议论政事，备顾问而已。魏晋以后，随着门下省、集书省的逐渐形成，给事中与谏议大夫也逐步由加官变成正员，负有规谏和驳正违失的责任。

第二阶段，隋唐宋元时期。

杨坚代周，建立了隋朝。重新确立御史台为中央最高监察机构，仍以御史大夫为台长。炀帝时置司隶台以监察地方，置司隶大夫为台主。同时，并集书省于门下省，成为统掌言谏的机关，长官曰纳言，统属散骑常侍、谏议大夫、给事等官，负责"省读奏案"。从而，使秦汉以来的监察制度得以进一步发展，到唐代形成台院监察与封驳监察体制。

唐代中央设御史台，置御史大夫一人为台长，置御史中丞二人为辅佐。御史台下设三院：一为台院，"侍御史掌纠举百僚，推鞫狱讼"；二为殿院，"殿中侍御史掌殿廷供奉之仪"；三为察院，"监察御史掌分察百僚，巡按郡县，纠视刑狱，整肃朝仪"①。后来为加强对尚书省六司的监察，察院又设立了六察官。唐代初期将全国分为十个监察区，称十道（后增为十五道），每道设按察使负责监察所属州县。

唐代的封驳监察系统，为门下省，它本是相府机关，属行政部门，但其职掌具有监察机制。门下省以侍中为其长官，其下有黄门侍郎等属官。其职掌，即如贞观元年（627），唐太宗对黄门侍郎王珪所说："国家本置中书、门下，以相检察。中书诏敕，或有差失，则门下当行驳正。"②

宋代监察制度基本因循唐制，但有所损益。中央有台谏监察和封驳监察两大系统。

御史台和谏院合称"台谏"，台官与谏官合称"言官"，表明二者职能趋于合一。御史台以御史中丞为台长，下设台院、殿院、察院。谏院右归中书，左属门下，隶于两省，以谏议大夫为长官，又称"知谏院"。神宗元丰二年（1079）台谏对中央各省部实行"六察制"，即御史台分设吏、户、礼、兵、刑、工六察案，对中央大部分行政机构按职能实行对口监察。六察御史专掌行政监察，不预言事，开始出现了与言事御史的不同分工。

宋代对地方的监察，有路的监司和帅司监察系统，还有走马承受公所和各州通判厅。它们各有专职，负责督察地方的行政、司法。

宋代封驳监察系统，由门下省给事中、中书省中书舍人和知制诰等组成。元丰改制，门下省给事中负责驳正朝廷政令失误，除授不当以及纠治积压百官章疏等事。其方法是封还词头，封驳中书的画黄和录黄。中书舍人负责起草制词，遇朝廷除授非人或处事不当，允许论奏并封还词头，拒绝草诏。给事中与中书舍人合称"给舍"，在监察职能上都有封驳或缴驳之权，但一般不准联合同奏。

元代中央监察机构为御史台，秩从一品，低于中书省（正一品）与枢密院等。元代御史台职官的设置大体沿袭前代。

元朝对地方的监察，则设行御史台（简称"行台"）和提刑按察司。

---

① 《唐六典》卷13《御史台》。
② 《资治通鉴》卷192《唐纪·贞观元年十二月》。

行台是中央御史台的派出机构，先后设过四个，但长期保留下来的只有江南行台和陕西行台。为适应监察工作的需要，全国划分二十二道，每道均设提刑按察司。至元二十八年（1291）提刑按察司改名肃政廉访司，长官改名肃政廉访使、副使，负责一道的监察事务，定期要在一道内巡行。

元朝不设谏官；给事中属起居院，掌记注。因此，元朝没有封驳监察系统。

第三阶段，为明清时期。

中国古代的监察制度到明清时代为之一变，洪武十三年（1380）罢御史台，置都察院，结束了一千五百多年以来，御史台（府）为最高监察机构的历史。

明代的监察机构，也分两大系统：一是都察院；二是六科给事中。都察院的设置，使台察合一，都察院长官为左右都御史，相当于前代的御史大夫；次官为左右副都御史，相当于前代的御史中丞；还有左右佥都御史，相当于前代的侍御史。都察院负责对所有部门和官员的监察。下辖十三道监察御史台，共110人，"主察纠内外百司之官邪，或露章面劾，或封章奏劾"[①]。此外，还不定期地派出加都御史、副都御史、佥都御史衔的总督、提督、巡抚等官员，负责监察一定地区的全部或某一方面的事务。

明代另一监察系统是六科都给事中，兼言与察，自成一曹，有类于前代的封驳监察系统。所谓六科，即吏、户、礼、兵、刑、工六部，各置都给事中一人，左右给事中各一人，负责对六部的监察。其权力分两方面：一是一切章疏均须经过给事中，给事中可以封还执奏，同时拥有封还诏书的权力；二是凡六部经办之事，均须经过六科给事中的审核。由于六科深入到六部之中，监督弹劾能抓住要害，故六部官员"无敢抗科参而自行者"[②]。

明代各省置按察司，负责对省内官员的监察。按察使经常与分管本道的御史共同执行任务。

清承明制，而又有所变化。中央监察机构亦分两大系统：一为都察

[①]《明史·职官二》。
[②]《日知录》卷9《封驳》。

院，设左都御史二人，左副都御史四人。其下，以京畿和各省为名，置十五道监察御史（清末增至二十二道）。二为六科，每科定掌印给事中二人、给事中二人。各道监察御史和六科给事中合称科道，负责对内外官吏的监察与弹劾。雍正元年（1723），借口"廷论纷嚣"，"咨情自肆"①，将其并入都察院，结束了自唐代以来台谏分离的历史。到宣统年间，新内阁成立，都察院被撤销，中国古代的监察制完成了向近代监察制度的转变。

古代监察制度的特点与作用

首先，历代监察机构的设置、官员的配备、职能的划分，充分体现了加强皇权统治的原则。就御史台监察系统的设置而言，历代都是皇帝直接控制之下的中央最高政务机关之一。秦汉时，丞相（相国）是最高行政长官；太尉是最高军事长官；而御史大夫一方面为丞相之副，一方面供内廷差遣，一方面又握有监察行政官吏之权，可以说既是中央政府的秘书长，又是立于行政系统之外的监察长。御史台系统居于中央政府的制衡地位。魏晋时称"宪台"，与尚书台、谒者台合称三台。唐制，中央最高机构称省，其次称寺、监，唯御史台称台，且省台并称，表明御史台是中央最高职权部门之一。它与中书省、门下省合称"三司"，朝日，御史大夫、中书舍人、门下给事中坐堂受理冤狱，叫做"三司受事"。元代中央，御史台与中书省、枢密院形成三足鼎立之势；明初称为三大府。历代御史台在朝廷中所处的地位表明，它是皇帝为了更有力地控制朝政的一项带有根本性的组织措施。东汉以后不设御史大夫时，以御史中丞为台主，与司隶校尉俱为拥有权威的监察官。"自皇太子以下无不纠，初不得纠尚书，后亦纠之，中丞专纠行马内（指殿廷中），司隶专纠行马外（指京畿地区）。"②光武帝特诏御史中丞与司隶校尉、尚书令在集会时不与他官联席，号为"三独坐"③。唐代监察御史肖至忠对御史大夫李承嘉说过："御史，天子

---

① 《皇朝掌故汇编·官制二》。
② 《通典》卷24《职官六·中丞》。
③ 《后汉书·宣秉传》。

耳目也，其所奏当专达。"①

至于言官谏议监察系统，也贯彻了加强皇权统治的原则。最突出的表现，是给事中的设置及其职权的规定。给事中本为在内廷服务之意。秦汉时为加官，魏晋以后演变为正官，掌侍从左右，献纳得失，驳正违误，也是皇帝的耳目。唐代实行"中书主出令，门下主封驳，尚书主奉行"②的三省制，给事中行封驳之职。封，封还诏书不下达；驳，驳正诏书违失。然而，这主要是为了审议由中书起草的诏令，而不是为了监督皇帝已经发生的过失。历代皇帝都没有必须听从规谏的义务，相反，所有言官都必须对皇帝报以忠心。

其次，历代朝廷对地方的监察，体现了加强中央集权的原则。汉武帝在全国置十三部，每州派秩六百石的刺史一人，归御史大夫、御史中丞领导，负责监察秩二千石的郡守。并规定了"六条问事"（详后），每年八月"行部"。与此相适应，郡对县、县对乡的监察也形成制度。郡守每年春季"行县"，对所辖县进行监察。同时，每郡又划分为二至五部，每部置督邮，负责对辖县的监察。督邮每年秋天"行县"，代表郡守行使权力，充当郡守的耳目。县则将属乡划分成若干部，派遣廷掾对属乡进行分部监察。这样，从中央到地方基层，建立起一套体系健全的分级监察网，从而保证中央对地方的严格控制。其后，历代大都如此以加强对地方官的监察，保证中央集权制不受破坏。

历代对地方监察官的派遣，一般都贯彻"以小驭大"的原则，位卑而权重，汉武帝用秩六百石的刺史去监察二千石的郡守，是最突出的例子。顾炎武说：部刺史"岁终将乘传奏事，夫秩卑而命之尊，官小而权之重，此大小相制，内外相维之意也"③。对于朝廷来说，刺史官小位卑便于控制，赋予重权，一方面使其没有包袱能更好地发挥其职能，另一方面又使二千石有所顾忌而不敢妄为。

其三，历代监察部门在执行监察任务过程中，逐渐对监察工作的范

---

① 《新唐书》卷123《肖至忠传》。
② 《困学纪闻》卷13《三省递重之由》。
③ 《日知录》卷9《部刺史》。

围、内容、标准和规则作出一些具体的规定，从而使古代监察制度闪烁着许多科学性的火花。

汉、隋、唐都曾制定出对地方监察的"六条"标准。汉代的"六条"为："一条，强宗豪右，田宅逾制，以强凌弱，以众暴寡；二条，二千石不奉诏书尊承典制，倍公向私，旁诏守利，侵渔百姓，聚敛为奸；三条，二千石不卹疑狱，风厉杀人，怒则任刑，喜则淫赏，烦扰刻暴，剥截黎元，为百姓所疾，山崩石裂，袄祥讹言；四条，二千石选署不平，苟阿所爱，蔽贤宠顽；五条，二千石子弟恃怙荣势，请托所监；六条，二千石违公下比，阿附豪强，通行货赂，割损正令也。"① 这些条文，用现代语言来说，包含着诸如住房超过标准、违法乱纪、以权谋私、以人治代替法治，制造冤狱、任人唯亲、纵容子弟为非作歹、收贿受贿等等内容。显而易见，把这些作为监察考核的内容和标准，对于维护封建统治秩序，具有积极意义。其后，隋、唐在此基础上，有所增损，其用心是一致的。

历代对监察部门职责的规定，逐渐扩大。西汉中期以后，又逐渐赋予刺史以"六条"之外的许多权力，诸如选举权、劾奏权、统兵权等。监察范围也相应扩大，除二千石的郡守、诸侯王、地方豪右外，还负责对黑绶县令长、黄绶县丞尉的监督。明代的都察院，职权扩大到对所有部门的所有官员的监察。如果将历代监察官员的职责加以概括，可以发现，监察官员的触角，深入到社会的各部门的方方面面，核心的一条，就是看其对皇帝是否忠诚，表明古代监察职能的实质。

由于监察官员握有重权，历代不乏倚势作威、受赇不法、苟诈吏民之徒，为防止监察官员以权谋私，宋代台谏之间、给舍之间以及地方监司、帅司之间，实行互察互勘制度；明代"自御史至吏典，皆得互相纠举"②。这是保证监察系统机制正常运行的有效措施。

此外，历代对监察官员的选任、考核、任期，也都有严格的规定。西汉后期，御史中丞为台主之后，一般以退职之二千石及高第侍御史才能担任，魏晋南北朝时期规定大士族出身的人不得为御史。历代监察长官的除

---

① 《汉书·百官公卿表上》注引《汉官典职仪》。
② 《霍文敏公集》卷4《陛辞疏》。

授,权归皇帝,只有个别朝代经吏部铨选。唐代御史还实行限任制,元和中,御史中丞王播奏:"监察御史,旧例在任二十五月转,准具员不加,今请仍旧,其殿中侍史,旧十二月转,具员加至十八月,今请减至十五月;侍御史,旧十月转,加至十三月,今请减至十二月。"① 获准后,并成为定制。金宣宗贞祐二年(1214)制定了监察御史的《黜陟格》,以察得小事五件、大事十件为"称职";察数不及而又没有切务为"庸常";所察事件有两件以上不实,便为"不称职"。称职者升擢;庸常的临时取旨;不称职的降除。

非但如此,历代监察部门都有办事成规,像唐代的风闻奏事、设置台狱、三司会审,宋代台谏官的"月课",监司出巡,随从人员有定数,不准赴宴吃请和收受馈赠,以及元代设立《宪台格例》,清代制定的台规、按臣铨选规则及试俸制、按道定额分职给印视事、科道杂差限任制,还有历代普遍实行的经常性监察与定期巡行相结合等等制度,都表明中国古代监察制度中包含许多积极的因素,具有理论上与实践上的参考价值。

其四,历代监察制度,归根结底,都是为了加强皇权统治、维护封建统治秩序的,因此,它本身所具有的弊端,具有不可克服性。

弊端之一,是监察官员有风闻言事的特权。风闻言事,由来已久,宋代以后风闻言事愈演愈烈,以至监察官员道听途说,不负责任,造成弊窦丛生的局面。

弊端之二,是皇帝为了监察臣僚和百姓,除了正式监察机构之外,有时还专门设立特务机关。早在汉末建安年间,曹操就曾在丞相府中置有刺奸、校事等特务,用以监视群下。南朝宋、齐时期,皇帝对州国的监察,由典签执行,甚至刺史、诸王的饮食起居也在其控制之下,取一节藕、一杯浆,都必须经典签同意,如果"签帅"不在,则"竟日忍渴"②。至于明代利用臭名昭著的厂卫特务进行监察,不仅监察对象、范围大大扩展了,而且其监察手段之恶劣、狠毒更是骇人听闻,充分反映了古代监察制度的阶级属性。

---

① 《容斋四笔》卷11《唐御史迁转定限》。
② 《南史·萧子伦传》。

弊端之三，历代监察机构本身就是封建官僚机构的有机组成部分，它不可能自外于官僚主义的种种恶习，也不可能摆脱官僚制度弊病的制约，从而导致监察部门腐败丛生。如三国时，长官不法，盗贼公行，监察官"知而不纠"。自晋以后，中丞外出，皆专道而行，驺辐禁呵，加以声色。元代奉使宣抚敲诈勒索，无所不为。当时民谣说："奉使来时惊天动地，奉使去时乌天黑地，官吏都欢天喜地，百姓却啼天哭地。""官吏黑漆皮灯笼，奉使来时添一重。"① 明代请托、贪污之风也影响监督部门，万历时御史出巡，尚未离京，"而密属之姓名，已盈私牍，甫临所部，而请事之竿牍又满行台"②。他们只能"听人颐指"，"严小吏而宽大吏，详去任而略见任"，甚至把监察弹劾职能变成派系、党争的工具。诸如此类，不仅监察功能丧失殆尽，而且加剧了社会腐败的进程。这是封建时代监察制度的必然归宿。

（原载《文史知识》1989 年第 6 期）

---

① 《辍耕录》卷 19《阑驾上书》。
② 《明史》卷 226《邱橓传》。

略论乡里制度

乡里制度的基本特征

乡村基层行政编制采取乡里制,这是中国封建社会不同于中世纪西欧的地方。乡里制度本身所具有的特征,反映了中国封建社会结构的某些特殊性。

第一,宗法性。历代乡里制度都是以对全体乡村居民进行什伍编制为起点的。因此,"什伍相保"或"什伍连坐"就成为历代乡里制度的一个基本组织原则。然而,中国封建时代乡村居民聚居的基本单位,大体上都是从原始公社制和奴隶制时代延续下来的。无论是聚落、闾、里,还是邑、社,村、庄,多半是聚族而居。其与奴隶社会不同的地方在于,由于阶级的分化,以血缘关系为纽带的宗族关系,融于乡党邻里的关系之中。昔日的宗子、族长、家长变成了宗法地主而成为乡里的头目,从而赋予乡里行政编制以宗法性的特征。秦汉时代的乡三老,必须由"年五十以上,有修行,能帅众"者担任,因此号称"众民之师"[1],具有"劝导乡里,助成风化"[2]的权威。这种所谓三老,当为宗法地主无疑。北魏初年的宗主督护制的宗主,都是一些宗族首领。就是后来改行三长制的党、邻、里长,"皆豪门多丁者为之"[3]。北齐北周时代的党族,隋代的族正,唐代的乡正、耆老,五代、两宋的耆长(三大户),等等,均非宗法地主分子而莫属。就是明清时代的乡都头目,既然是从缙绅中间选聘,那么,他们的

---

[1] 《汉书·文帝纪》。
[2] 《后汉书·明帝纪》。
[3] 《魏书·常景传》。

宗法性特征，也是显而易见的。更何况"里老"必须从"年高为众所服者"来选任呢？非但如此，宋代以后，历代的所谓"乡约"、"族规"、"家范"之类约束乡民的尊卑贵贱、伦理纲常观念，与乡里行政编制相互渗透，牵混一体，使乡里制的宗法性印记愈加鲜明。

第二，行政包揽一切。乡里制度作为乡村的行政编制，本质上是封建专制主义国家地方政权中最基层的行政机构。它的特点，是行政包揽一切。乡里头目是乡村的行政长官。他们秉承上级行政长官的旨意凭借手中的权力，管理乡村的一切事务：诸如按比户口，向上级呈报；宣布教化，维护封建等级秩序；督催赋税，摊派力役；维持乡里治安（所谓"防盗"、"捕盗"），兼理司法（所谓"听讼"），等等。这不仅在乡官阶段乡官的内部分工中表现得十分突出，而且在职役阶段仍然没有改变。所以，陆世仪《治乡三约》称："先按地方分邑数乡，然后什伍其民，条分缕析，令皆归于约长，凡讼狱、师徒、户口、田数、徭役，一皆缘此而起。"① 这样，作为基层行政机构的乡里组织，同时又是最基层的税务机构和司法机构。

乡里制度在封建专制统治中的地位

乡里编制之于专制主义中央集权制国家，"如身之使手，干之揔条"②。它们通过郡县制各级地方行政系统，与专制皇帝保持着严格的隶属关系。乡里头目具有本能的媚上性，他们的职能只是对"上"负责，而不是对人民负责。他们执行着专制皇帝下达管理乡村事务的命令，是专制主义统治乡村的政治代表。例如，秦汉时代的三老，地位十分尊崇。皇帝经常对他们赐爵、赐田帛，他们还可以上书奏事而受到皇帝的器重。有秩，郡所署，秩百石。啬夫，县所置。三国时代，魏的乡里头目，还有品级，即"诸乡有秩、三老、百石，第八品；乡小者置有秩、啬夫、百石，第九

---

① 《保甲书·广存》。
② 《魏书·食货志》。

品"①。就是中唐以后，乡里制的正长，虽然不再是乡官，而是职役，但这种职役具有二重性：即有"役"的一面，向封建专制主义国家承担义务；又有"职"的一面，拥有封建专制主义国家所赋予他的权力，扮演着封建专制主义国家统治乡村代理人的角色。其在封建专制主义统治中的地位，诚如苏绰所说，"夫正长者，治民之基，基不倾，上必安"②。陆世仪也说："治一国，必自治一乡始；治一乡必自五家为比，十家为联始。"③乡里机构与专制主义中央集权制国家，好比一条垂直线的两个端点，用顾炎武的话来说，就是"天下之治，始于里胥，终于天子"④。

我们通常所说的封建专制主义国家对农民阶级的压迫与剥削，是通过乡里编制对农民的统治而具体体现出来的。由于乡里头目多半是由宗法地主来担任，因此，它体现了地主阶级与宗法势力对农民阶级的专政。秦汉时代的乡里头目，是郡县的属吏，有固定的秩禄，其代表地主阶级自不待言。北魏的三长，出自豪门。唐代"多置耆老一人，以耆年平谨者，县补之，亦曰父老"⑤，而"诸里正，县司选勋官六品以下白丁清平强干者充"⑥。宋代规定，第一等户为里正，第二等户为户长。元代的里正、主首，多在"税高富实户"和"有蓄积人户"⑦中间产生。明清时代"乡则就缙绅聘焉"⑧，里长也由丁粮多者担任。他们都是封建地主阶级，则是毫无疑问的。当然，在唐宋以后，由于科役繁重，常常弄得地主出身的里正、主首"破家荡产"。因此，他们往往采用投充影占（即投充到贵族官僚名下）、诡名析户（分户析产，借以降低户等）等办法，隐匿地产和人丁，逃避充当乡里头目的义务，而把这种职役转嫁到贫下户头上，是所谓"放富差贫"。不过，这在政府来说，一般是不允许的。例如，元代就曾不止一次地"止令贫难下户承充里正、主首"，要那些"不以是何投下，诸名色影蔽有田纳税富豪户计"，"一

---

① 洪饴孙：《三国职官表》。
② 《周书·苏绰传》。
③ 《保甲书·广存》。
④ 《日知录集释·乡亭之职》。
⑤ 《通典·职官十五》。
⑥ 《通考·职役考一》。
⑦ 《元典章·户部十二·户役》。
⑧ 《日知录集释·里甲》。

体轮当里正主首"①。当然，这类禁令能否得以实施？其效果如何？大可值得怀疑。但是，它却反映了地主阶级内部在财产和权力的再分配问题上所存在的矛盾。而贫民下户被迫轮当里正、主首一类乡里头目，实质上是地主阶级内部矛盾斗争的牺牲品。即使如此，并没有改变乡里编制作为多村基层政权的性质。因为它的"职"的一面，依然存在。张望说得好：里长、约长、族正，不过是"县令耳目股肱"②罢了。

乡里制度在封建专制统治中的作用

乡里制度是加强专制主义中央集权制统治的强有力的手段。这首先表现在，它的实行是适应封建国家控制人户的需要。众所周知，从秦汉时代起，地方行政区划不是以地域的广狭为标准，而是以人户的多寡为标准。这种情况，直到明代才有所变化，改以税粮多寡为标准。其所以如此，那是因为户口，是封建国家课取赋税、调发力役、组织军旅的最基本的依据。因此，力求在最大限度内把全国的人户控制在自己手里，就成为历代封建皇帝的一件头等大事。而封建国家控制人户，起自乡里。历代乡里头目的一项重要职责，就是负责本乡本里的户口"案比"，并向上级呈报。汉代是一年一次登造户籍，由乡官组织民户到县"案比"。隋代规定"户口不实者，正长远配"。唐代每里设正一人，掌案比户口。此后，历代大体每三年一次编审户口。例如清代，每隔三年，由各甲长将本户并十户造册送坊厢里各长，各坊厢里长再将本坊厢里各甲人户汇总造册报送州县，依此类推，一直报送中央。不言而喻，乡里制度对于封建国家控制人户来说，不失为一件法宝。

其次，乡里制度对于维护封建地方治安，防范和镇压农民阶级的反抗具有特殊功能。这一方面表现在乡里头目拥有司法权。他们各自负责本乡里有关户婚、田宅、斗殴之类案件的处理，借以防患于未然，安定乡里社会秩序。这在乡官阶段自不必赘说，就是演变为职役阶段以后，也依然如

---

① 《元典章·户部十一·影避》。
② 《保甲书·广存》。

故。明太祖朱元璋甚至下令：凡乡里之词讼，若不由里老处分，而径诉县官，则谓之"越诉"，要给予"笞五十"的处罚。明代宗景泰年间规定："民有怠惰不务生理者，许里老依教民榜例惩治。"明英宗天顺年间，又下诏说："军民之家，有为盗贼，曾经问断不改者，有司即大书'盗贼之家'四字于其门。能改过者，许里老亲邻相保管方与除之。"① 由此可见，里老司法，实质上就是里老贯彻执行皇帝的旨意，代表地主阶级维护乡村中的封建秩序。另一方面，表现在"什伍连坐"作为乡里编制的基本原则和封建国家统治乡村的基本手段，而为历代所效法。商鞅变法，"令民什伍而相牧司连坐"，两汉规定什伍之内"以相检察，民有善恶事，以告监官"，都是这个意思。其后历代均有所损益，到宋明清时期，这种什伍连坐，就发展成严密的保甲法了。仅以清代的保甲法为例，除了有"保甲牌册"以外，还按不同行业发给各式各样的"执照"、"门牌"、"照票"，就连脚夫和乞丐，也发给所谓"腰牌"，以备查验。此外，《户部例则》有"按律连坐"一类规定；《刑部例则》有"照连坐律治罪"一类条款②，都是用来防范和镇压农民阶级反抗的。因此，宋明清时期，不少论者述及保甲法的宗旨。朱熹认为，"保甲之法，什伍其民，使之守护里间，觉察奸盗，诚古今不易之良法"③。陆曾禹也认为，"弭盗安民莫良于保甲法"④。彭鹏则说："保甲行，而弭盗贼、缉逃人……无一不善备焉"⑤。严如熤也说，"保甲本弭盗良法"⑥。诸如此类，不一而足。当然，"盗贼"不一定都是农民造反，然而农民的反抗斗争，无疑是"盗贼"的主体。因此，所谓"弭盗"，主要是防范和镇压农民的反抗斗争。

（原载《光明日报》1984年12月5日）

---

① 《日知录集释·乡亭之职》。
② 《保甲书·定例》。
③ 《朱文公文集·乞禁保甲擅关集劄子》。
④ 《保甲书·原始》。
⑤ 《保甲书·广存》。
⑥ 《三省边防备览·策略》。

甲申史事的启示

1944年3月19日，著名的马克思主义史学大师郭沫若所写的《甲申三百年祭》，在重庆《新华日报》上连载四日。这篇史论，总结了明朝末年由于政治腐败、社会黑暗、灾荒遍地、官逼民反，导致明朝灭亡的历史经验和李自成领导的农民起义军进入北京以后，由于若干领袖们生活腐化，发生宗派斗争，导致1645年陷于失败的历史教训。文章一发表，立即在国内引起强烈反响。国民党当局张皇失措，认为是"影射当局"，于3月24日在《中央日报》上发表题为《纠正一种错误思想》的社论，抨击郭沫若是所谓"鼓吹战败主义和亡国思想"；而在解放区，却赢得了正在开展整风运动的中国共产党人的热诚欢迎。4月18、19日，延安《解放日报》全文转载了《甲申三百年祭》。4月22日，毛泽东以其举世无双的战略远见，在《学习与时局》的报告中，号召全党学习郭沫若的《甲申三百年祭》，并把它作为整风文件，印发全党，告诫全党"引为鉴戒，不要重犯胜利时骄傲的错误"①。同年11月21日，毛泽东又致书郭沫若说："你的《甲申三百年祭》，我们把它当作整风文件看待。小胜即骄傲，大胜更骄傲，一次又一次吃亏，如何避免此种毛病，实在值得注意。"②

一篇史论，能在中国革命过程中起到如此巨大的作用，实属罕见。今天，在《甲申三百年祭》发表50周年之际，重读这篇文章，温故而知新，有助于加深我们对当前反腐败斗争的迫切性与重要性、长期性与复杂性的认识，对于更好地贯彻执行党的基本路线，集中力量把经济建设搞上去，具有重大的理论与实践意义。

---

① 《毛泽东选集》（合订本），第902页。
② 《毛泽东书信选集》，第241页。

一　明末的结构性腐败与李自成的反腐败斗争

李自成起义，是明朝末年结构性腐败的产物。这时的明王朝好比一架破烂的机器，它的各个部件及其工作原理都已经彻底地锈蚀了、失灵了。政治腐败、旱蝗灾害频仍、官府搜刮诛求、官军到处虐民，导致社会阶级矛盾全面激化。因此，李自成起义，是一次在特定历史条件下的反腐败的农民革命。即如李自成的讨明檄文所说："君非甚暗，孤立而炀蔽恒多。臣尽行私，比党而公忠绝少。甚至贿通官府，朝端之威福日移。利擅宗绅，闾左之膏脂罄竭。"[①] 当时"官以财进，政以贿成"，上自朝廷，下至州县，政权全面腐败。崇祯元年（1628）户部给事中韩一良说，朝廷内外，没有官吏不爱钱的。从"督抚"到州县佐贰，"各有定价"，"俱以贿成"[②]。就连崇祯皇帝也不得不承认："近来弊窦最多。未用一官，先行贿赂，文武俱是一般。近闻选官动借京债若干，一到任所，便要还债。这债出自何人身上，定是剥民了。"[③] 这"剥民"的办法，就是"私派多于正赋"[④]。"有借兵以私加，有假饷以擅派，有因修筑而科敛，有借解运而重征，或立杂支名色，或托费用不充，凡言设处，借一派十"。唯恐"乡绅之发私"，加派的时候，故意"漏阀家而洒茅屋"。"追呼倍急，比责更严"[⑤]。政治的腐败又促使皇室和官绅地主疯狂地兼并土地。崇祯皇帝的姑母荣昌大长公主在顺天、保定、河间三府共有"赐田及自置地土"多达37万余亩，居然还说"仅足糊口"[⑥]。至于官绅地主，"田之多者千余顷，即少亦不下五七百顷"[⑦]，造成绝大多数农民破产，被迫举家四处流亡；加上灾荒频仍，乃至"炊人骨以为薪，煮人肉以为食"[⑧]。正是在这种社会

---

① 《明季北略》卷23。
② 《国榷》卷89。
③ 《春明梦余录》卷48。
④ 《春明梦余录》卷36。
⑤ 《金双岩中丞集·两河封事》。
⑥ 《明清史料》丙编第3本，第264页。
⑦ 《豫变纪略》卷2。
⑧ 《明季北略》卷5。

条件下，本来是银川驿的一名"马夫"的李自成，"奋臂大呼，九州幅裂"①，开始了他反腐败斗争的革命生涯。李自成在崇祯三年（1630）参加农民起义以后的十多年间，转战各地，历尽磨难，几次绝处逢生。崇祯十三年（1640）于河南再起之后，提出了"均田免粮"、"平买平卖"等政治口号，扩充整饬了军队，制定并执行了正确的攻战策略，屡溃官军，所向克捷，并于崇祯十七年（1644）三月十五日攻占北京，崇祯皇帝绝望地吊死于煤山，延续270多年的明王朝土崩瓦解。

从三月十九日到四月三十日，李自成的农民起义军在北京度过了42天，这是他的极盛时期。然而以破产农民为主体的义军将士和在起义过程中投入义军的地主阶级反对派，在这空前的胜利面前，骄傲起来。尽管他们做了诸如稳定社会秩序、接受和清理明廷各衙门、接管地方、追赃助饷以及筹备即位大典等工作，但是，小生产者的阶级局限性，却使他们目光短浅，没有也不可能把全部精神集中在如何从根本上解决巩固政权的问题上，对据守山海关的明将吴三桂的政治动向和清军可能入关的严峻形势，估计不足、防范不力。相反，绝大多数义军将士却在明朝垮台后感到政治上的满足而昏昏然。骄兵必奢，奢则腐。这支农民起义军，在较早进入义军领导层的地主阶级反对派牛金星、宋企郊等人的影响下，尤其是在陆续涌进义军的山陕、北京的大批明朝降官的影响下，迅速复活了明朝官场上的一切腐败作风。即如《甲申传信录》卷5所说："其时或贿或请，沛然几于明季之风焉。"有些降官为求外任，"于是宠妾艳婢往往赠'贼将'以取媚"②；或者献上美婢以免受"拷掠"③。在李自成亲征山海关的时候，留守京师的牛金星却"大轿门棍，洒金扇上贴'内阁'字，玉带、蓝袍圆领，往来拜客，遍请同乡"④。他呼朋引类，结党营私，俨然一副"太平宰相"的派头。就连义军的一些将领，也经受不住官僚士大夫的糖衣炮弹的攻击，腐化起来。刘宗敏"系吴襄（吴三桂之父），索陈圆圆"事件，终于导致了吴三桂的叛降。史料记载说：刘、李（过）"耽乐已久，殊无

---

① 康熙《延安镇志》卷231。
② 《再生纪略》。
③ 《甲申核真略》。
④ 《甲申传信录》卷6。

斗志"①。当李自成召刘、李二人率部御敌时，他们却互相推诿。李自成无可奈何，"遂决计自出"。主将如此，士卒也"身各怀重资"②，"人人有富足还乡之心；无勇往赴战之气"③。山海关战败后，义军军纪败坏，抢劫、奸淫之事屡有发生。及至匆忙撤离北京，屡战屡败，覆亡之势已成。尽管李自成本人"不好酒色，脱粟粗粝"④，"戴大绒帽，穿天蓝箭衣"⑤，始终保持清廉的劳动人民本色，无奈他的主将及部下，却纷纷蜕变成地主阶级腐朽生活方式的俘虏，一场席卷大半个中国的反腐败的农民起义，终因起义队伍自身的腐败而告结束。这是一个沉痛的教训。

二 毛泽东为什么重视李自成失败的教训

历史的经验与教训，是一种客观存在。任何民族、国家或政党，都无法与自己的历史一刀两断。毛泽东的伟大之处，正在于他以无产阶级战略家的眼光审视历史上的经验与教训，并用来指导中国革命的实践。《甲申三百年祭》发表之后，国人议论纷纷，只有毛泽东慧眼独具，从"引为鉴戒"，加强党的自身建设，保持无产阶级政党的纯洁性的高度，褒扬它的深刻寓意。

一部二十四史，改朝换代层出不穷，治乱兴衰隆替不已，无不与统治者为政清廉还是为政腐败息息相关。于是，人们普遍认为：统治者从胜利走向腐败，是历史演变的一条规律。1945年7月，黄炎培等五位国民参政会参政员访问延安时，就直率地向毛泽东提问：历史上一人，一家，一团体，一地方，乃至一国，不少单位没有能够跳出这周期率的支配。真所谓"其兴也浡焉"，"其亡也忽焉"。中共能否找出一条新路，跳出这周期率的支配？1949年接管北平以后，傅作义先生也曾提出，"国民党取得政权后20年就腐化了，结果被人民打倒了。共产党执政后，30年、40年以后

---

① 《再生纪略》。
② 《明季北略》卷20。
③ 《明季南略》卷5。
④ 《绥寇纪略》卷9。
⑤ 《再生纪略》。

是不是也会腐化"①？毛泽东在回答黄炎培的提问时说："我们已经找到新路，我们能跳出这周期率。这条新路，就是民主。只有让人民来监督政府，政府才不敢松懈。只有人人起来负责，才不会人亡政息。"② 毛泽东的回答，凝聚着对历史经验的科学认识和对李自成失败教训的科学总结。所以，1949年3月5日，他在中国共产党七届二中全会上，告诫全党："因为胜利，党内的骄傲情绪，以功臣自居的情绪，停顿起来不求进步的情绪，贪图享乐不愿再过艰苦生活的情绪，可能生长。"号召全党要警惕"人们用糖衣裹着的炮弹的攻击"。③ 3月23日，党中央离开西柏坡前往北平时，毛泽东把此行比作"进京赶考"，说："我们决不当李自成"④。

毛泽东为什么如此重视李自成失败的教训？归根到底，是坚持党的性质和宗旨，发扬党的优势的需要。众所周知，1940年1月，毛泽东在《新民主主义论》中就指出："中国的革命实质上是农民革命。"⑤ 在1939年10月4日《〈共产党人〉发刊词》一文中，他还说过："中国共产党的武装斗争，就是在无产阶级领导之下的农民战争。"⑥ 中国共产党领导的农民战争，即新式农民战争，与李自成领导的明末农民战争，即旧式农民战争，在反对封建剥削与压迫方面，有其内在的历史承继性。即它们都是为了改造封建生产关系，为生产力的发展扫除障碍。但是，旧式农民战争"由于当时还没有新的生产力和新的生产关系，没有新的阶级力量，没有先进的政党，因而这种农民起义和农民战争得不到如同现在所有的无产阶级和共产党的正确领导"，所以"总是陷于失败"⑦，这又是新、旧式农民战争的根本区别之所在。如是，对于中国共产党领导的农民战争来说，李自成领导的农民起义失败的教训，是最直接的鉴戒；而要从根本上避免重蹈李自成农民军由反腐败到自身腐败即由胜利到失败的覆辙，就必须坚持党的性质和宗旨，旗帜鲜明地反对腐败。

---

① 薄一波：《若干重大决策与事件的回忆》上卷，第156—157页。
② 同上书，第157页。
③ 《毛泽东选集》（合订本），第1328页。
④ 薄一波：《若干重大决策与事件的回忆》上卷，第155页。
⑤ 《毛泽东选集》（合订本），第652页。
⑥ 同上书，第572页。
⑦ 同上书，第588页。

在无产阶级革命家出现以前，历代的革命者，一旦他们进行的事业得到胜利和成功，少有不腐化、不堕落的。这是由历代革命者的阶级基础所决定的，由过去革命的性质所决定的。而"共产党所代表的是被剥削而不剥削别人的无产阶级，它能够使革命进行到底，从人类社会中最后消灭一切剥削，清除一切腐化、堕落的现象"，"始终保持自己纯洁的无产阶级革命品质，而不蹈历代革命者在成功时的覆辙"①。因此，始终坚持全心全意为人民服务的宗旨，坚定不移地开展反腐败斗争，既是党的性质决定的，又是巩固党的组织、发扬党的优势的需要。此其一。

其二，中国共产党不是从天上掉下来的，而是从中国社会中产生的。中国共产党所领导的民主革命，是在一个半封建半殖民地的落后国家展开的。为了发展社会生产力，必须保护有益的资本主义成分的发展，因此，资产阶级思想的侵蚀，必然会对共产党产生影响。为此，1941年4月19日，毛泽东就明确指出："严肃地坚决地保持共产党员的共产主义的纯洁性，和保护社会经济中的有益的资本主义成份，并使其有一个适当的发展，是我们在抗日和建设民主共和国时期不可缺一的任务。在这个时期内一部分共产党员被资产阶级所腐化，在党员中发生资本主义的思想，是可能的，我们必须和这种党内的腐化思想作斗争。"② 中国又是一个以农民为主体的落后的农业国，农村居民占全国人口的80%以上，分散的个体小生产成为中国生产方式的主导形式。个体小生产者的经济地位，赋予他们以目光短浅、落后保守、习于顺从、缺乏科学的世界观等弱点，使他们无法抗拒剥削阶级的思想影响与侵蚀。个体小生产者的这一弱点，也会对共产党产生影响。正如毛泽东在1945年4月27日为延安《解放日报》所写的题为《论军队生产自给，兼论整风和生产两大运动的重要性》的社论中所说："我们现在的党员是一百二十万，其中大多数是农民及其他小资产阶级出身的，他们有很可爱的革命积极性，并愿接受马克思主义的训练；但是，他们是带了他们原来的不符合或不大符合马克思主义的思想入党的。"

---

① 《刘少奇选集》上卷，第102—103页。
② 《毛泽东选集》（合订本），第751页。

"这是一个极其严重的矛盾，一个绝大的困难。"① 而用李自成失败的教训来教育全党，则具有直观性和现实性，比较容易为农民及其他小资产阶级出身的党员所接受。

其三，当革命由农村转入城市，逐步夺取了全国性的胜利，共产党取得了执政党的地位以后，在人民群众对党的信仰和拥护不断提高的时候，保持清醒的头脑，坚决地惩治腐败，是保卫革命胜利的成果、巩固政权的需要。1948年12月14日，刘少奇在《对马列学院第一班学员的讲话》中说："很多人担心，我们未得天下时艰苦奋斗，得天下后可能同国民党一样腐化。他们这种担心有点理由。在中国这个落后的农业国家，一个村长，一个县委书记，可以称王称霸。胜利后，一定会有些人腐化、官僚化。如果我们党注意到这一方面，加强思想教育，提高纪律性，就会好一些。""否则，堕落的人会很多，会使革命失败。"②

新中国成立以后，毛泽东对党内会不会出现骄傲情绪、以功臣自居的情绪、贪图享乐的情绪，会不会发生贪污腐化的现象，保持了高度的警惕。1951年10月30日，他在为中共中央起草的《关于"三反""五反"的斗争》中，明确指出，反贪污反浪费一事，是全党一件大事，要严重地注意此事。我们需要来一次全党的大清理，彻底揭露一切大中小贪污事件，而着重打击大贪污犯，对中小贪污犯则取教育改造不使重犯的方针，才能停止很多党员被资产阶级所腐蚀的极大危险现象。毛泽东坚定不移地反对腐败的决心，出自保卫革命成果，巩固人民民主专政政权的客观需要。这是他一贯重视李自成失败的教训，用历史经验指导革命和建设的具体体现。

三　新时期反腐败斗争的特点与对策

从理论上讲，中国共产党和通过中国共产党领导中国人民所建立的社会主义制度，是与任何腐败现象根本不相容的。然而，我们是一个有两千

---

① 《毛泽东选集》（合订本），第1008页。
② 《刘少奇选集》上卷，第413页。

多年封建传统的国家，封建主义的残余及剥削阶级的影响还会长期存在；改革开放以来，我们在吸收、借鉴西方发达国家的一切文明成果时，资本主义腐朽的东西也会趁机混进来；我们要建立社会主义市场经济体制、建立现代企业制度，但在新旧体制转换的过程中，体制与机制上的一些"空档"，客观上也给腐败现象的滋生提供了某些可乘之机；随着经济的发展，一些地方和部门，放松了精神文明的建设，拜金主义、享乐主义和极端个人主义在一部分人中间滋长起来。所有这些都使腐败现象呈蔓延趋势。因此，必须深入、持久、富有成效地开展反腐败斗争的任务，再次刻不容缓地摆在中国共产党人和中国人民面前。

党的十一届三中全会以来，邓小平同志从建设有中国特色社会主义的根本利益出发，对反腐败斗争的重要性与迫切性、反腐败斗争的基本战略、反腐败斗争的长期性等问题，作过一系列的指示。这些指示，成为新时期反腐败斗争的思想武器。早在1982年，邓小平同志就指出："打击经济犯罪活动的斗争，是我们坚持社会主义道路和实现四个现代化的一个保证。"[①] 1989年，他又重申："对我们来说，要整好我们的党，实现我们的战略目标，不惩治腐败，特别是党内的高层的腐败现象，确实有失败的危险。"[②] 为此，他提出了著名的"两手抓"战略："一手抓改革开放，一手抓惩治腐败。"[③] 1982年，邓小平强调说，打击经济犯罪活动，"要把它变成一种经常性工作和斗争"[④]。1985年，又说："对一些严重危害社会风气的腐败现象，要坚决制止和取缔。"[⑤] 1986年再次严肃地指出："抓精神文明建设，抓党风、社会风气好转，必须狠狠地抓，一天不放松地抓。"[⑥] 1989年他又指出："我们要反对腐败，搞廉洁政治。不是搞一天两天、一月两月，整个改革开放过程中都要反对腐败。"[⑦] 邓小平同志关于反腐败斗争的指示，是建设有中国特色社会主义理论的重要组成部分，对于深入、

---

① 《邓小平文选》第2卷，第359页。
② 《邓小平文选》第3卷，第313页。
③ 同上书，第314页。
④ 《邓小平文选》第2卷，第364页。
⑤ 《邓小平文选》第3卷，第145页。
⑥ 同上书，第152页。
⑦ 同上书，第327页。

持久、富有成效地开展反腐败斗争，具有直接的指导意义。

当前，在体制转轨过程中出现的以权谋私、权钱交易为基本特征的腐败现象，是一种权力"寻租行为"，是对公共权力的滥用与亵渎，是对以公正与平等为主旨的合理经济秩序、社会制度、社会公德的破坏与践踏。所谓权力"寻租行为"，就是说握有权力的公职人员，用手中的权力干预市场，使之产生直接的经济利益，即设租；而企业或个人，为了获取更大的经济收益，便向握有权力的公职人员临时租用其权力，缴付租金（行贿），即寻租。公职人员设租，企业寻租，于是权钱交易便以行贿受贿的形式出现。这是腐败产生的根源。而"设租"与"寻租"相激相荡，又必然导致握有权力的公职人员不但出租已有的权力，而且还不断地制造新的权力以获取更多的寻租空间和机会，如此循环往复，遂使腐败现象愈演愈烈。遏制这种腐败现象蔓延的根本出路，首先在于改革：一方面，要加大改革的力度，加快建立和健全市场经济体制的步伐。质言之，就是要加快市场化过程和完善市场竞争秩序，实现经济主体之间的权力平等和经济运行的高度契约化，以消除体制转轨过程中的诸多"空档"，把诱发权力寻租行为赖以存在的空间与条件，缩小、限制在最可能小的范围之内。另一方面，要尽快改变政治体制改革滞后的局面，在制约权力滥用方面下工夫，加强权力界限的限定、权力制衡和权力监督。以体制的改革与机制的完善，从根本上克服"上面有病，下面吃药"的局面。第二，是加强民主与法制建设，把廉政建设纳入法制轨道，使之制度化、法律化。要通过立法手段把反腐倡廉的方针、政策、办法和措施，上升为国家意志，形成法律与法规，使之具有普遍的约束力，并成为指导国家机关、公职人员和全体公民的行为规范。反腐败，廉政立法是基本前提。应当尽快克服法律制度不健全、规定不具体、可操作性差的问题，尽快改变廉政立法滞后的现状。诸如防止贪污、贿赂、舞弊法，禁止国家公职人员兼职、经商法，国家公职人员个人财产申报法，等等，应当及时出台。反腐败，廉政执法是关键。有法不依、执法不严、以言代法、以权压法、地方保护主义、本位主义等等干扰执法的现状，必须改变。同时要制定出具体的执法守则，完善执法程序、严格执法监督检查制度，以确保执法机关的公正廉洁。反腐败，健全监督体制是根本保证。他山之石，可以攻玉。法国的"惩戒委员会"，新加坡的"反贪污调查局"之类廉政监督机构给我们以启示。全国人大有必要成立一个廉政委员会，以强化对一切国家机关及其公职人员的廉政监督。同时，从法律上进一步切实保证各种监督机关及其监督机制的独立性与权威性；制定公民举报法，以及监督机关对公民的申诉、控告、检举的处理程序的法规等，加强舆论监督。反腐倡廉是同一事物的两个方面，只要廉政建设真正实现法制化，那么，腐败现象蔓延的势头就能够得以控制。第三，反腐倡廉，加强教育至关重要。邓小平同志曾指出："提倡艰苦创业精神，也有助于克服腐败现象。""对于艰苦创业，对于中国是个什么样的国家，将要变成一个什么样的国家，这种教育都很少，这是我们很大的失误。"[1] 1979年，邓小平同志郑重指出，高级干部要带头发扬党的优良传统，"如果我们高级干部首先把这方面存在的问题解决了，就能理直气壮地去解决全国其他方面存在的这类问题。上面的问题不解决，我们就没有讲话的权利"[2]。与此同时，还要加强对全党全国人民的廉政意识教育，大力加强精神文明建设，真正把反腐倡廉形成社会风气，推广开来，坚持下去。

在整个社会主义历史阶段，封建主义余毒和资本主义影响的存在，决定了反腐败斗争是一个长期艰巨的任务。对于中国共产党人和中国人民来说，应当温故知新，警钟长鸣。我们只有加大改革的力度，加快民主与法制的建设，才能从根本上为遏制各种腐败现象的滋生和蔓延创造条件。

（原载《文史哲》1994年第5期）

---

[1] 《邓小平文选》第3卷，第306页。
[2] 《邓小平文选》第2卷，第190页。

略论中国历史上中央与地方的关系
——兼评李治安主编《唐宋元明清中央与地方关系研究》

一

一般情况，中央与地方关系问题是指一个组织或国家内部的中心与外围、整体与局部之间在结构和功能方面的关系。从政治学的角度看，中央与地方关系，始终是一个政治变量。它在不同政体的国家、不同的历史时期，有其不同的表现形式。即使在相对限定的领域如政治和行政管理的分工关系方面，也要受到地理、历史、民族、人口、经济、文化、习俗等因素的影响而处于运动状态。构成中央与地方关系的基本要素，是中央与地方之间的事权划分及其相互联系和作用的性质本身。人们习惯地把中央集权与地方分权，看成是两个截然相反的对立面，但却忽略了所有国家的中央与地方的政治机构都是相互依存的基本事实。因此，无论是古代还是现代国家，无论是单一制还是复合制国家，中央与地方的关系，实质上反映的都是国家内部的权力配置关系及其互动过程。

就世界范围而言，不同历史渊源的国家，中央与地方关系呈现出不同的类型。西方学者根据国家形成的途径，划分为"合伙型"与"代理型"两大类，基本反映了历史发展的统一性与多样性。由于中国是一个拥有五千年文明历史的泱泱大国，统一多民族国家形成的复杂过程，赋予中央与地方关系以包容性特点。夏商周三代，是宗族奴隶制国家，其政治体制为族邦联合体，商王、周天子只是域内大大小小的族邦的"共主"，中央王国与地方的方国之间的关系是合伙关系，可以归类于"合伙型"。专制君主制形成以后,尤其是秦始皇统一六国,建立了"海内为郡县,法令由一统"的中央集权的政治体制之后,郡、县地方政府,以中央王朝的下级代理机构的形式出现,因此,中央与地方的关系,可以归类于"代理型"。其后,两千多年间,中央与地方的关系虽然代有变更,但基本上没有脱出这一类型。

二

由于中央与地方的关系与统一多民族国家的巩固和发展、社会经济的进步与繁荣息息相关,所以,人们历来很重视它。

汉魏以降,关于分封制与郡县制孰优孰劣的争论,实质上是关于如何处理中央与地方关系模式的争论。柳宗元的《封建论》对此作了总结,指出郡县制优于分封制,比分封制更有利于国家的统一。其后,叶适则主张在加强君主集权的前提下,适当分权,即通过对朝廷与地方官府的权力配置关系的调整,以求理顺两者之间的关系。明清之际,顾炎武著《郡县论》,提出了寓分封制于郡县制之中的迁腐方案,试图理顺中央与地方关系。王夫之则在批驳分封制的同时,阐述了郡县制的进步性。他们立论的角度不同,但出发点却是一致的,都是力图结合当时的政治实践,寻求处理中央与地方关系的最佳模式。不过,在农业文明的自然经济条件下,任何形式的权力集中,都失去了依托,从而导致中央与地方的关系始终处于矛盾状态。当然,这种矛盾状态不是没有规律可循的。柳宗元、叶适、顾炎武、王夫之等作了种种努力,均不能超越时代所赋予他们的认识上的局限。所以,他们不可能揭示出历代中央与地方关系演化的客观规律。

三

以现代与历史结合的眼光系统审视历史上中央与地方的关系已为历史研究者们所重视。不久前李治安主编的《唐宋元明清中央与地方关系研究》(南开大学出版社)一书的出版,给了我们有益的启示。

着眼于中央与地方之间的事权划分及其相互联系和作用的性质描述历

代中央与地方关系的基本面貌,是本书成功的重要基础。如果说国家权力是一个政治恒定量的话,那么,中央与地方在行政、财政、军事、司法、监察、边政等方面的权力配置,则是一个政治变量。二者之间配额的消长和互动机制,决定政治变量的变化方向,反映中央与地方之间相互联系和作用的性质。本书关于唐前期"内重外轻"向后期"内轻外重"转化的原因、关于宋代路监司充当朝廷集权的工具、关于元代行省成为中央与地方权力分配的枢纽、关于明代财赋的"起运"与"存留"、关于清代督抚的身份与作用的两重性等问题的分析,始终围绕事权划分这一衡量中央与地方关系的坐标展开,从而增强了该项研究的科学性。此其一。

其二,历代中央与地方关系,要受来自不同层面的社会诸因素所汇成的合力的影响与制约。对这一问题的研究正是本书学术力度之所在。作者认为,地主制经济结构所导致的政治上的高度集中与小农经营方式所导致的经济上的分散性和脆弱性,是制约中央与地方关系的通常矛盾;而地区间的文化差异,往往成为地方割据的心理因素;复杂的地理环境和依山川地形的自然界限所形成的行政区划,也曾成为地方势力坐大并与中央抗衡的外在条件;朝廷与地方官府的权力结构及其功能的发挥,规定并影响着中央与地方关系的走向;君主专制作为封建时代政治权力的渊薮,君主的政治素质、意图等因素也必然会给中央与地方关系以相应的制约。诸如此类的社会因素所汇聚成的合力,就成为推动历代中央与地方关系变化的根据。这种系统而透彻的说理,在以往的研究中,是不常见的。

其三,"任何领域的发展不可能不否定自己从前的存在形式"。作者根据马克思这一观点,阐明中国历史上中央与地方的关系经历了"以一个否定另一个"的曲折的螺旋式发展过程。递次否定的核心问题,无不集中在地方权力结构的配置上。郡县制确立后,关于郡县制与分封制的争论,延续了一千多年。分封制的演变,地方官府由郡县二级制向省府州县四级制的过渡,都说明了一个事实,递次否定,不是简单的形式上的否定,而是在保留其合理的内核的基础上,逐步由低级向高级的螺旋式发展过程。在君主专制的政治体制之下,省级官府一方面是中央在地方上的最高一级代理机构,另一方面又是最高一级地方政权。它成为国家行政体制的承上启下的枢纽。由于省级区划有利于区域性经济的发展,同时又有利于中央政令的贯彻和维护国家领土主权的完整,因而省级建制的形成,实质上促进了"分割性地方分权"向"分工性地方分权"的转化。元明清三朝的中央集权制之所以能得到加强,其原因也在于此。这对于一个幅员辽阔的国家来说,是至关重要的。作者把省级官府视作中央集权的"分寄"形式,认为它是秦汉以来垂直统御式中央集权模式的"一种高级演化形态",无疑是切中了要害。

综观两千年间中央与地方的关系,基本上可以划分为垂直统御式中央集权、分裂割据性地方分权、分寄式中央集权三种模式。其间的经验和教训、利弊与得失,则以其"是否有利于社会经济文化的进步,是否有利于统一多民族国家的发展"两条基本原则为转移。以郡县制为载体的垂直统御式中央集权的初衷,虽然是想达到中央政令"如身之使臂,如臂之使指"的效果,但是由于"其专在上",天高皇帝远,以至鞭长莫及,非但造成行政效率低下,而且一旦有警,则势如山崩。而以拥兵自重的诸侯王国、藩镇为载体的分裂割据式地方分权,往往成为军阀混战的温床,不仅生灵涂炭,社会经济文化的文明成果遭到破坏,而且导致四分五裂、国将不国的局面发生。只有以省级官府为载体的分寄式中央集权逐步形成以后,中央与地方的关系,才朝着有利于统一多民族国家的巩固与发展、有利于社会经济文化的进步的方向演进。

(原载《光明日报》1996年11月19日)

中国历史上处理改革与稳定
关系的经验与教训

改革，古人称之为"鼎新革故"，即"布新猷，除旧政"，用现在的话来说，改革就是除旧布新，就是解放和发展生产力。它意味着对原有的权力配置、利益分配、社会秩序，乃至人们的生活习惯、思维方式、价值观念的重新调整。而这种调整，往往会使一部分人对未来的不确定性感到迷惘，因而必然会遇到相沿成习的惰性的反抗，于是引发出新的矛盾，造成局部的、短暂的、低幅的波动。在改革过程中，及时化解新出现的矛盾，减少波动，促使社会趋于稳定，是保证改革顺利推行、促进社会发展的必要前提和基础，是实现长治久安不可或缺的手段。这就是古人所说的要善于以"小变"求"不变"。改革与稳定，是一对矛盾的两个方面，二者的关系，是辩证统一的关系。古往今来无数经验事实证明：以改革求稳定，则稳定存；以守旧求稳定，则稳定亡。

一 改革是克服社会发展障碍的有效途径

中国历史上的改革，大体上都是在生产力与生产关系之间的矛盾激化情况下发生的。生产力与生产关系的矛盾，是人类社会的基本矛盾。当生产关系束缚生产力发展的时候，必然导致各种社会矛盾的集结，弊端凸显、危机加深。在这种情况下，调整生产关系的改革，就成为克服社会发展障碍的最常见的、最有效的途径。

春秋时代，奴隶制的生产方式已经延续了一千多年，由于铁器和牛耕的逐步推广，荒地开垦日益增多，私田急剧增加，建立在"千耦其耘"集体劳动之上的井田制的弊端日益显露出来，出现了"公田不治"①的现象。随着土地私有的发展，"田里不鬻"②的格局被打破。上自天子，下至大夫，大大小小的奴隶主贵族之间争夺土地的斗争层出不穷。与此相适应，阶级关系也发生了前所未有的变化。一部分奴隶主转化成封建地主；获得小块土地私有权的奴隶和平民，转化成个体农民。封建依附关系与租佃关系产生并发展起来。而奴隶制的生产关系已成为束缚生产力发展的桎梏，各种社会矛盾日趋尖锐，针对腐朽奴隶主贵族统治的奴隶起义与平民暴动此起彼伏，工匠斗争和国人暴动不断高涨，"私家"（大夫）对"公室"（诸侯国君）的斗争愈演愈烈；新兴地主阶级向奴隶主贵族展开了夺权斗争，田氏代齐，三家分晋，相继出现。被称为"战国七雄"的各国国君，为了避免在尖锐复杂的阶级搏斗中遭到宗族残灭、社稷瓦解的厄运，纷纷变法图强，进行政治与经济的改革。著名的有魏国的李悝变法、赵国的公连仲变法、楚国的吴起变法、韩国的申不害变法、齐国的邹忌变法、燕国的乐毅变法、秦国的商鞅变法，等等，前后八九十年间，改革的浪潮，一浪高过一浪。其中，尤以秦国的商鞅变法最为彻底，从而为秦始皇统一六国奠定了基础。春秋战国之际的变法运动，是旧的奴隶制度所积累的各种社会矛盾集结的产物，实质上是一场摧枯拉朽的封建化运动。各国变法的结果，使奴隶主贵族普遍受到了沉重的打击，奴隶制的政治制度和经济制度基本被废除，由奴隶制引发出来的各种社会矛盾得到了化解，生产力获得了解放，社会经济和文化得到了发展，中国历史跨进了蓬勃发展的封建时代。

如果说中国封建社会的形成与确立，是广泛的社会改革的必然结果的话，那么，高度发展的中国封建文明，在某种意义上说，是与历代在政治上、经济上乃至文化上不断地进行改革分不开的。封建生产方式是封建生产关系与生产力的矛盾统一体。生产力与封建生产关系的矛盾，仍然是封建社会的基本矛盾。由此派生出来的农民阶级与地主阶级的矛盾、经济基础与上层建筑之间的矛盾，充斥整个封建社会，贯穿于中国封建社会的始

---

① 《国语·晋语》。
② 《左传》襄公四年。

终。每当这些矛盾集结，社会危机到来之时，封建统治阶级内部的一些有识之君、有识之士，迫于农民造反的压力，为避免他们统治的覆亡，往往会推行一些针对时弊的改革，从不断完善封建的政治制度和经济制度入手，希图缓和矛盾，克服危机。从秦始皇、汉武帝的政治、经济改革，到杨炎、张居正、雍正皇帝所推行的赋税体制改革，从魏孝文帝的全面社会改革，到金世宗、元世祖的政治体制改革与经济体制改革的同步进行，无一不是为了化解日趋激化的社会矛盾、克服社会危机所作出的努力。而改革的结果，都在不同程度上松弛了封建生产关系中落后部分对生产力发展的束缚，调整了封建剥削中的分配与再分配关系，减轻了人民的某些负担，在一定程度上提高了直接生产者的生产积极性，推动了封建文明的进一步发展。换言之，中国历史上的改革，都是由于社会矛盾的积累导致社会危机出现的时候发生的，而改革又成为克服社会发展障碍的有效途径。

二 改革过程中可能引发新矛盾的诸因素

改革是为了化解和克服社会发展过程中所积累的旧矛盾，但在化解与克服旧矛盾的过程中，作为旧矛盾的主要方面必然为保持既得利益而抵制或反对改革，于是引发出革新与守旧的矛盾，这是改革过程中最常见的现象。

例如，北宋中期，土地兼并急剧发展，官户、形势户地主倚仗权势，贪赃枉法，公开掠夺，经商走私，诡名挟佃，影庇税户，导致国税流失和阶级关系紧张，农民造反与士兵暴动层出不穷。仅嘉祐四年（1059）一年之中，各地就发生农民造反970起。加上连续对西夏战争的失败，每年要"岁赐"给西夏银帛茶"二十五万五千"。辽也趁火打劫，迫使宋廷在"澶渊之盟"所确定的给辽"岁币"银10万两、绢20万匹的基础上，每年再向辽增"纳"银10万两、绢10万匹，从而导致宋廷严重的财政危机。国库空虚，宋廷就拼命搜刮，又引发了社会矛盾的全面激化。为了改变这种积贫积弱的局面，宋神宗依靠王安石进行变法，全面改革赋役制度和军事制度，先后颁行了诸如均输法、青苗法、农田水利法、免役法、市易法、免行法、方田均税法、将兵法、保甲法、保马法等，力图达到富国强兵的目的。新法的实行,确实使大官僚、大地主、大商人、高利贷者的剥削活动受到一定的限制,打破了他们习以为常的剥削秩序,政府因而增加了赋税收入。由于新法损害了他们的既得利益,所以遭到朝野上下守旧派司马光、韩锜等人的强烈反对。特别是围绕青苗法、免役法、保甲法、免行法等展开的斗争尤为激烈。司马光曾经说过:"四患(指青苗法、免役法、将兵法和对西夏的关系)未除,吾死不瞑目矣!"[1] 宋神宗在守旧派的压力面前动摇,"谕执政罢青苗法"[2],导致王安石两次罢相。不久宋神宗死后,高太后控制朝政,以恢复"祖宗法度为先务"[3],把改革派驱逐出中央政府,改革最终失败,社会矛盾日益加深,30年以后,便爆发了方腊、宋江、高托山等农民起义和金兵进入中原,北宋王朝不久就垮台了。改革过程中所引发出来的革新与守旧的矛盾,不仅会使改革失败,而且还会导致社会重新陷于动乱之中。此其一。

其二,改革过程中,如果中央与地方的关系失调,也会成为不稳定的因素。秦始皇的行政体制改革的重要内容之一,是"海内为郡县,法令由一统"[4],将地方权力最大限度地集权于中央,滥施淫威,形成"内重外轻"的局面,等到因暴政引起的农民起义爆发,孤立无援的地方郡县,便望风披靡,不攻自破。西汉初年,记取秦二世而亡的教训,改革地方行政体制,实行郡国并行制,封了七个诸侯王。由于矫枉过正,诸侯势力坐大,又形成了"外重内轻"的局面,遂导致吴、楚七王之乱的发生,使社会重新陷于动乱之中。此外,像西晋的八王之乱,唐后期的藩镇割据,都是中央与地方关系失调所造成的恶果。

其三,改革过程中,不同利益集团之间的利益配置关系的变化,也容易引发出新的矛盾,甚至导致社会动乱。忽必烈建立元朝之后,推行"附会汉法"的政治体制和经济体制改革,革除了大蒙古国时期奴隶制的统治方式和剥削方式,改变了蒙古贵族所推行的杀掠、屠城、强占农田为牧场,以及变俘虏为奴隶的政策。一部分守旧的蒙古奴隶主贵族认为这样就

---

[1] 《宋史·司马光传》。
[2] 《宋会要》食货4之21。
[3] 《宋史·高皇后传》。
[4] 《史记·秦始皇本纪》。

严重损害了他们的利益。西北藩王遣使入朝，气势汹汹地质问："本朝旧俗与汉法异，今留汉地，建都邑城郭，仪文制度，遵用汉法，其故如何？"① 于是引发了以忽必烈为代表的中原地主阶级与西北地区蒙古奴隶主贵族之间的矛盾，最终导致长达四年之久的阿里不哥叛乱。

其四，改革过程中，如果决策失误，不仅会导致改革的失败，而且还会使社会陷于动乱之中。西汉末年王莽的改革，就是一个典型的例子。由于土地兼并的高度发展，西汉末年，形成了"强者规田以千数，弱者曾无立锥之居"的地权严重不均的局面②。富商大贾，"上争王者之利，下锢齐民之业"③，官、私奴婢人数激增，导致阶级矛盾日趋尖锐，饥民与官徒起义时有发生。为了克服严重的社会危机，王莽作出了"托古改制"的决策，下令恢复古代的井田制，借以实现"一夫一妇田百亩，什一而税"④的理想；通过恢复三代，主要是西周的礼乐制度，确保宗法地主势力的统治和宗法封建贵族的世袭地位；又仿照古代"工商食官"的制度，下令实行"五均六管"，垄断工商业和高利贷。同时，他还假托古制，实行公、侯、伯、子、男五等爵制，更改官名，授爵封官，滥改行政区划与建制，等等。王莽的一系列"复古"的决策，严重违反了社会发展和经济发展的规律，不仅没有解决西汉所积累的社会矛盾，反而成为农民起义的催化剂。当绿林、赤眉、铜马等农民起义风起云涌之时，王莽的"托古改制"也陷于灭顶之灾。

三 历史上处理改革与稳定关系的经验与教训

中国历史上，历代改革家在处理改革与稳定的关系问题上，积累了丰富的经验，也留下了深刻的教训。

首先，改革要配套进行。经济与政治的关系，是基础与上层建筑的关系，二者相辅相成构成社会形态的有机统一体。任何一次社会改革，只要

---

① 《元史·高智耀传》。
② 《汉书·王莽传》。
③ 《汉书·货殖传》。
④ 《汉书·王莽传》。

注意配套进行，就比较容易获得成功。金世宗完颜雍的改革与元世祖忽必烈的改革，可以说是成功的例子。他们都是从草原游牧文化走进中原农耕文化的代表人物。当他们作为北方后进民族入主中原而成为统治民族之后，为适应汉族先进的经济条件，在积极推进经济体制改革的同时，都稳妥地推行政治体制改革，很快由乱到治。金世宗的改革，不仅促进了金由奴隶制向封建制过渡的最后完成，而且保存并促进了中原地区的封建文明的发展，出现了"群臣守职，上下相安，家给人足，仓廪有余，刑部岁断死罪，或十七人，或二十人"①的安定局面，人称金世宗为"小尧舜"。元世祖忽必烈"附会汉法"，将经济体制改革与政治体制改革同步进行，不仅使北中国从前四汗时的疮痍满目，逐渐走向大治，在邢州、在关中、在怀孟、在西夏中兴等地出现了繁荣局面，而且迅速统一了全国，实现了"廪有余粟，帑有余财"②，使元朝成为当时世界上最发达最强大的国家。

然而，历史上也有不少次改革，并没有全面针对时弊，配套进行，而是出于财政上的考虑，单打一式地推进赋役制度的改革。尽管这种单项制度的改革也曾在特定历史时期、特定范围内取得一定的实效，但却无法彻底克服当时日益积累的社会矛盾，使社会趋于稳定。相反，却由于措置失当，而导致国家的四分五裂。唐德宗任用宰相杨炎推行的改革，就是突出的例子。众所周知，中唐以后，唐王朝陷于严重的社会危机之中。一方面，在中央与地方的关系问题上，初唐为控制地方所设置的监察区性质的"道"和军事防御区性质的"道"等中央派出机构，到唐中期，互相结合，演变成拥有一方行政、军事、财政大权的割据势力，造成藩镇割据，并且导致了有名的安史之乱。到唐德宗时，又爆发了成德节度使李惟岳、魏博镇田悦、淄青镇李纳、山南东道节度使梁崇义，联合起兵抗唐的"四镇之乱"。藩镇割据与唐中央统一的矛盾，是当时社会危机的主要表现之一。另一方面，由于地主土地所有制的发展，导致了均田制的破坏，贫富分化更加悬殊，"富者兼地数万亩，贫者无容足之居"③。大量均田农民破

---

① 《金史·世宗纪下》。
② 《至正集》卷77。
③ 《陆宣公集》卷22《均节赋税恤百姓第六条》。

产，变成流民，"天下户口，什亡八九"①。这样，自初唐以来一直实行的按丁征课丁税的赋役制度——租庸调制，实行不下去了。由于国家控制的户口骤减而使国家减少了收入，造成严重的财政危机。这是当时又一重要的社会矛盾。在这两种危及社会安定和国家统一的矛盾面前，唐德宗却没有实行相应的配套改革，而是只抓钱粮，由杨炎主持两税法的改革，即按田地、按资产征收夏秋两税。两税法的实行，使赋役负担趋向合理，政府也因此增加了收入。这在中国税制史上是一次重要的改革。它简明易行，历代相沿，至明初而不改。尽管税制改革很成功，但却不可能化解政治上的藩镇割据与中央统一的矛盾，致使社会动荡不已，唐王朝国力日渐衰败，最终导致五代十国分裂割据局面的出现。由此可见，改革要配套进行，至关重要。

其次，改革不能急功近利，要循序渐进，否则就会失败。著名的商鞅变法，就是分步进行的。公元前359年开始的第一次变法，以推行什伍连坐法、颁行"民有二男以上不分异者"则"倍其赋"、赏军功、禁私斗、崇本抑末、实行"尊卑爵制等级"为内容，经过实践，取得显著成效，秦国变得"家给人足"，"民勇于公战"。在此基础上，于公元前350年，开始第二次变法，以"令民父子兄弟同室内息者为禁"②、普遍推行郡县制、为田开阡陌封疆、统一赋税、统一量衡等为内容。它是第一次变法的进一步深化。两次变法的结果，使原来一个落后的秦国，在短短二十年间，由弱变强，达到了富国强兵的效果，从而为其后秦始皇统六国奠定了基础。这是循序渐进推进改革而获成功的例子，而急功近利式地利推进改革导致失败的例子，则以清末光绪皇帝主持的维新变法最为典型。自从光绪帝二十四年（1898）六月十一日颁布"定国是诏"，开始正式变法，重用康有为等维新人物，力图在政治、经济、文化、军事等各个方面除旧布新。不过，光绪皇帝推进改革的办法，是靠发布谕旨。有时一天竟多达十几道，反映了他变法的急切心情。据统计，在"百日维新"期间，他一共发了110道谕旨、诏令。光绪皇帝单靠这种急风暴雨式地颁布谕旨推进改革，

---

① 《资治通鉴》卷226。
② 以上见《史记·商君列传》。

是不可能收到什么实效的。当然，导致维新变法失败的原因很多，最根本的原因在于他未从根本上触动封建专制主义体制，而朝廷内外的要害部门均控制在以慈禧太后为后台的顽固派官僚手里。然而，在改革过程中，他没有遵循循序渐进的原则，而是用一天出台十几个改革新方案的办法来推进改革，只务虚名，不求实效，不能不承认是促其迅速失败的原因之一。

其三，改革必须处理好均衡与发展的关系，否则会导致不稳定因素的增长。在改革过程中，不同地区、不同阶层，如果贫富严重不均，会造成犯罪增加，使社会重新陷于不稳定状态，甚至引起动乱。秦始皇的改革，多次实行"徙民"的办法，把部分劳动力过剩地区的农民迁徙到劳动力不足的地方，如丽邑、云阳、榆中、余杭等地，进行开发，每次迁徙人数，多则五万家，少则三万家。与此同时，还实行"徙谪实边"政策，把商人及其家属和罪犯迁往边地，令其开发边疆。汉武帝任用桑弘羊进行改革，实行边郡屯田政策，分军屯和民屯两种，规模相当大。民屯，如元狩四年（前119），一次就"徙贫民于关以西，及充朔方以南新秦中，七十余万口"①。军屯，如元鼎六年（前111），一次就令上郡、朔方、西河、河西边郡的塞卒六十万"戍屯之"。边郡屯田，有很多优惠政策，收到很好的效果，出现了"长城以南，滨塞之郡，马牛放纵，蓄积布野"②的繁荣景象。清初的改革，实行大移民、大垦荒，把东北三省开发出来，等等，都可以说是注重协调不同地区之间的均衡发展所作出的努力。这是问题的一个方面。另一方面，是改革过程中要注重协调不同阶层之间的均衡发展，这是维护社会安定必不可少的手段。西汉初年，针对秦末"力罢不能胜其役，财尽不能胜其求"③的繁重剥削所导致的阶级矛盾的激化，实行"轻徭薄赋"、"与民休息"的改革，同时大大压缩宫廷与官僚的消费开支；魏孝文帝针对北魏初年土地高度集中、贫富分化严重的现实，颁行均田令，限制土地兼并的发展，通过给无地或少地农民分配一定数量的土地，把大量豪强地主的荫附人口吸引出来，使其重新转化为国家编户；雍正皇

---

① 《汉书·食货志》。
② 《盐铁论·西域篇》。
③ 《汉书·贾山传》。

帝面对由于官吏放富征贫，导致如火如荼的农民"除赋捐租"斗争，实行"摊丁入亩"的税制改革，即把人丁徭役等各种税项归入田亩，地丁合一，丁银与田赋均以田亩多少作为征税原则。实质上是令富人代替穷人缴纳部分赋役，以减轻对贫苦农民的剥削。用雍正皇帝自己的话说，就是"丁银摊入地亩一事，于穷民有益，而于绅衿富户不便"①。诸如此类，都是改革过程中，注重协调不同阶层之间均衡发展的具体例证，对促进社会稳定，客观上都起到了一定的作用。

其四，在改革过程中，加强中央权威，是保证改革逐步深入与社会稳定的关键所在。中国历史上的历次改革，是在君主专制政体下进行的改革，都是自上而下进行的。但改革过程中，无不遇到朝野上下守旧势力的阻挠与破坏。革新与守旧两种势力的斗争，往往贯穿于改革的全过程。改革的成败，很大程度上取决于主持或支持改革的皇帝是否真正拥有实权和他所依靠的官僚是否得力，即中央权威是否稳固。如果中央权威被削弱，失去调控的能力，或中央与地方关系处理失当，地方势力坐大，成尾大不掉之势，则改革必然进行不下去。秦始皇、汉武帝、魏孝文帝、金世宗、元世祖、清雍正帝的改革，之所以成功，就是中央有权威；而王莽、王安石、清光绪帝等改革之所以失败，就是中央没有权威。甚至有的因改革家逝世、被废黜、被罢职等原因，而使改革半途而废，形成"人存政举，人亡政息"的局面，导致社会重新陷于不稳定之中，这是沉痛的教训。

（原载《政治学研究》1996年第2期）

---

① 《上谕内阁》四年七月初二日谕。

行政道德的失范及其治理

道德问题，是一个哲学问题，是关于"伦类以为理"①的学问，分理论与实践两个部分。"道"贵扬善，"德"能躬行。但是，道德准则作为行为规范，又是一个涉及自然法与实在法的具体法律问题，即如《礼记·曲礼》所云："道德仁义，非礼不成"，"礼"即"礼法"。由是，而行政道德生焉。

行政道德，作为人类社会道德体系中的主干部分，在有数千年农业文明传统的"行政权力支配社会"的国度，对于社会道德（公德）、公民道德（私德），以及其他各种行业道德，都具有导向与示范意义，在走向现代化的过程中，由于它关乎公私权利与义务关系的价值选择，所以，越来越成为人们关注的焦点。

行政道德又是一个文化范畴里的概念。作为行政文化的行政道德，具有承续性。尽管不同历史类型的行政道德之间的价值取向不同，但其中许多具体的规条，往往又突破时空与地域的"边界"，具有广泛的适应性。比如，要求官员做到"德义有闻"、"清慎明善"、"公平可称"、"恪勤匪懈"②；要求官员"以修身为本"③、"不以挟私为政"④，要"以公灭私"⑤；要求官员不得以权谋私，"治官则不营私家，在公家则不言货利"⑥；要求官员处理好同僚关系，"仕为同列，如兄如弟，言论参决，国尔忘家，公

---

① 《荀子·臣道》。
② 《新唐书》卷46《百官一》。
③ 《礼记·大学》。
④ 《战国策·魏策》。
⑤ 杨昱：《牧鉴·治本》。
⑥ 刘向：《说苑》。

尔忘私，心无贪竞，两无猜疑"①。诸如此类，不一而足。如果将这些规条加以现代诠释，对于加强当代的行政道德建设，显然不无裨益。当然，行政道德的发展是一个不断的扬弃过程，东施效颦，或者照抄移植，从来都是适得其反。

笔者在这里无意于遑论行政道德的起源与演变规律，只想就行政道德的属性及其价值判断、行政道德失范与治理诸问题，略陈管见，以就教于方家先进。

一 行政道德的二重性格及其价值判断

严格地说，行政道德是行政伦理的核心命题，作为公共行政科学的研究对象之一，尚未引起人们足够的重视，罕有精辟的论著令学人刮目相看。由于行政道德是国家政治生活中那些以行政管理为职业的国家公务人员所必须具备的道德素质、所必须遵守的道德准则和规范，因此，厘清行政道德的属性及其相关制约因素，是判断行政道德价值取向的关键。

行政道德的属性，取决于行政主体兼具"自由人"与"行政人"的双重人格。作为自由人的个人人格和作为行政主体的"组织人格"融为一体，构成行政道德的二重性格。

（一）作为自由人的道德属性

自由人的道德，包含私德与公德两个部分。私德，是关于个人在私域内承担义务与责任的准则与规范。具体指个人的道德意识、道德品质和道德行为。道德意识、道德品质是个人自身的素质修养；道德行为则是调节个人在家庭婚姻关系中的义务与责任。私德受个人所处的时代环境、经济文化条件诸因素的制约，不同的个人往往有许多差异。但是，作为承担私域内的义务与责任的准则与规范，其善恶标准则是一致的。

公德，或称社会道德，是关于个人在公共领域承担义务与责任的道德准则与规范。因为每一个自由人都是依托社会而存在的，时刻要与社会发

---

① 许名奎：《劝忍百箴》。

生各种各样的交往关系，并对社会承担各种义务与责任。"民至老死，不相往来"的封闭状态，在现代社会经济条件下，是不可能再出现的。所以，就需要有调节个人与社会之间关系的道德准则与道德规范，这就是社会公德。社会公德与个人私德，在倡导个人行为的"善"的目标下，实现了统一。这种统一，是经过自由人的心理认同逐步生长起来的道德意识，并在长期的社会实践中形成道德习惯，随着岁月对它的修正，最终积淀成道德传统，世代相传。

私德与公德，作为自由人的道德属性，对于"行政人"来说，是不可或缺的，或者说是作为"行政人"的基础道德条件而存在的。因此，行政道德的属性，天然地涵盖了作为自由人的道德属性。这是不言而喻的。

（二）作为"行政人"的道德属性

"行政人"的道德，即行政道德，是国家公务人员在行政活动中应当遵循的、体现公共行政管理职业特点的、调节行政管理的主体与客体以及各行政管理主体之间关系的道德准则和规范，它要受多重关系的制约。首先是受行政管理主体与执政者关系的制约。因为行政管理主体是以国家的名义履行职能，代表政府的利益与意志，因此，个人人格要受行政组织人格的制约，也受行政目标的制约与影响。其次，它要受行政管理主体与社会公众的关系的制约。由于行政管理主体执掌国家行政权力，与社会公众的利益息息相关，所以社会公众关注行政权力的运行，并通过各种途径（包括社会舆论）力图对行政管理主体施加影响。再次，它要受各行政管理主体之间关系的制约，即公务人员之间关系的制约。此外，它还要受国家法律、法规的制约，服从各种法律规定是行政管理主体的天职。

如果说个人道德与社会公德，是由人们从自发意识到自觉形成习惯，逐步内生出来而带有鲜明的自律性特点的话，那么，行政道德则主要是因制度安排的要求而带有强制性特点。行政道德所体现的是以社会公共利益的整体要求为善恶标准，以必要的节制和自我牺牲为前提条件，来调节政府行为与社会公共利益的关系，倡导行政行为的"善"。因此，"组织人格"是行政道德的决定因素。当然，组织人格只有通过个人人格才能得以落实。正如美国学者凯瑟琳·G.德纳特在《公共服务中的伦理》中所说：

"组织背景与行政官员个人的发展,都是任何一种行政道德研究所必需的完整的组成部分。"①

行政道德的形成与发展过程,实质上是以国家体制、政府制度为组织背景的行政主体对于公私关系、对于权利与义务关系的认识与实践过程。换句话说,就是行政主体把组织规定的责任,转化为自身的道德义务的过程。如是,行政道德的意义就在于建立与完善政府体制内对行政行为的约束机制,以维护政府的道德形象。

(三)行政道德的价值判断

行政道德,是组织行为的内在要求。从组织行为学的角度来分析,行政主体具有多重"角色",在公共行政管理活动中,特别是在涉及公私关系、权利与义务关系时,常常会发生"角色冲突"。这时,便出现了行政道德的价值判断问题。

行政道德的价值原则,是把公共利益(国家利益)置于无可动摇的最高地位,要求国家公务人员正确处理公与私的关系,必须从公共利益出发,公正行事。然而,国家公务人员是以国家的名义行使职能的,手中握有行政权力,这在客观上又为他提供了谋取私利的机会与可能。行政道德面临角色冲突所引发的抉择:要么出以公心,摒弃私利,以维护公共利益为神圣职责;要么追逐私利,背弃组织行为准则,以权谋私,走向腐败。因此,在公共行政活动中,如何处理公与私的关系,就成为行政道德价值判断的试金石。此其一。

其二,在处理权利与义务的关系上,行政道德要求国家公务人员必须以义务为本,富于献身精神。这是行政目标所赋予行政道德的又一特定的价值原则。在行政实践中,组织人格促成道德义务转化为行政责任。在发生角色冲突的时候,它作为行政行为的基本方式,要以行政道德义务为唯一选择。换句话说,在权利与义务的关系上,行政道德的价值取向,是以组织人格为转移的。它不同于普通公民的权利义务观。

其所以如此,是因为行政道德价值判断的基本前提条件,是行政主体

---

① Kathryn G. Denhardt, *The Ethics of Public Service*, Greewood Press, Inc., 1988.

握有行政权力。众所周知,权力与腐败,是一对孪生子。而行政权力的运行,直接影响着政府的权威与形象。因此,在公与私、权利与义务的关系上,必须设定一个特定的价值体系,作为行政道德价值判断的基本准则。这一基本准则,不因其政治体制、政府制度的组织背景不同而改变。正如美国社会学家罗伯特·皮尔斯坦(R. Pealstan)所说,政府的任何活动都是一种"道德的"活动。当今世界上越来越多的国家和地区,都把国家利益至上、忠实地履行法律规定、公正地执行公务、恪尽职守、严禁利用公职及其影响谋取私利等,作为行政道德的基本信条,便说明了这一点。由于行政道德的价值取向,关乎政府的权威与效率能否提高,关乎政府的公正形象能否维护,关乎社会政治秩序能否保持稳定等原则问题,所以愈来愈受到各国政府和世人的重视。

二 行政道德失范的原因与类型

行政道德失范,是指行政权力异化,讲的是一个过程,指本来是行政主体按照国家利益至上的原则行使行政权力,但是发展的结果,却变成了异己的力量,超出了政府的控制,行政权力变成行政主体损害国家及公众利益、谋取私利的工具。

行政道德失范的原因,众说纷纭,莫衷一是。但是归根到底,不外乎内因与外因两个方面。内因是行政道德失范的根据,外因则是行政道德失范的条件。二者缺一不可。

(一) 行政道德失范的内因

行政道德失范的内因,是指行政管理主体与行政体制自身的原因。

就行政管理主体而言,他的双重人格,使其在履行道德义务过程中经常会发生角色冲突,需要他在公与私、权利与义务之间作出选择。这时候,其自身的道德意识、道德感情、道德意志、道德信念、道德习惯,一言以蔽之,道德修养如何,便成为决定其选择方向的关键性因素。这实际上是一个道德价值判断的过程。一般地说,如果行政主体的自身素质差,道德修养不高,行政道德规范与实践脱节(如国家公务人员待遇过低,不足以养家），行政主体的行政行为就可能失控导致行政道德失范现象发生。

行政主体对行政道德准则与规范的认识与理解，是判断行政主体自身素质与道德修养水平的起点。如果行政主体对行政道德准则和规范的认识与理解不够正确的话，那么，当他履行道德义务时，支配他的行为方式的内在心理动力，即道德感情，就会出现偏差，以致是非混淆、善恶莫辨，而道德感情偏离行政道德准则的直接后果，便是道德意志危机，缺乏克服内心障碍和外部困难的勇气与毅力，进而造成道德信念滑坡，个人人格与组织人格错位，道德责任心建立不起来。这样，日积月累，积淀于行政主体的心底，养成不良的道德习惯，行政道德失范就不可避免了。从这个意义上说，行政主体自身的素质差、道德修养不高，是行政道德失范的内在根据之一。

行政道德失范的内在根据之二，是行政体制自身的问题。

所谓行政体制自身的问题，包括行政组织结构和行政组织管理两大问题。它们是"组织人格"的物化形式，又是"组织道德"的具体体现者。前揭行政道德的二重性格，有一个问题没有展开讨论，那就是行政体制本身所蕴含的"组织道德"。"组织道德"是行政道德的有机组成部分，它贯穿于行政目标、行政分工、行政协调、行政权力关系、行政责任、行政效率、行政授权、行政管理幅度与层次、行政集权与分权等诸多方面。"组织道德"与行政道德失范的关系至为密切。"组织道德"规定并影响着组织行为。如果出现政府机关"经商"、公检法"下海"一类组织行为，那么，行政道德失范就会以加速度进行，造成结构性的行政道德失范。在这种情况下，作为行政主体的国家公务人员就被置于十分困难的境地，如果他拒绝执行命令，他就有可能受到各种各样的处分或惩罚，包括降职降级、解聘或调离，甚至经济制裁。如果他习于顺从，就不加思考地遵照上峰的不道德命令或违法命令，推波助澜，投身于行政道德失范的急流中去。换言之，相当一部分国家公务人员道德失范，往往是组织行为的结果，组织（部门、单位）的非道德决定、政策、行为，成为组织成员行政道德失范的渊薮。

"组织道德"失范，反映行政体制自身的弊端。诸如政企不分，政府职能泛化；机构叠床架屋，编制缺少立法；用人制度不公开，人浮于事，因人设事，人满为患，干部素质低下；行政权力过分集中，行政决策靠领导人"拍脑瓜"；管理目标不明确，行政效率低下；行政"无"程序，行政监督无"法"，等等。这些属于行政体制自身的毛病，都为不道德的组织行为预留了空间，并引发出法人犯罪、单位集体犯法的非正常现象。其结果，必然造成大面积的行政道德失范。

(二) 行政道德失范的外因

行政道德失范的外因，即行政道德失范的外部条件。在迈向现代化的进程中，从传统的农业文明向现代工业文明转变，从计划经济体制向市场经济体制转变，都呼唤着包括行政体制在内的政治体制的相应变革。然而，由于包括行政体制改革在内的政治体制改革相对滞后，改革不配套，政策不完善，在社会经济结构急剧变化的背景下，出现了大量的制度性、政策性空间，一些习惯于旧体制下"行政权力支配社会"的行政官员，钻改革的空子，为行政权力设租，进行"权力寻租"活动，导致腐败现象愈演愈烈，这是新旧体制转轨过程中最常见的行政道德失范现象。

伴随新旧体制转轨，经济向多元化方向发展，导致人们的价值取向向多元化方向转化。然而，传统的价值观念、道德规范被冲破，新的价值观念、道德规范却不可能立即确立，一时间，使行政主体也陷于迷惘、困惑之中。在商人的请托送礼、行贿、女色诱惑等强大攻势面前，在拜金主义、享乐主义、极端利己主义的侵蚀下，解除武装，造成公共权力非公共运用，使行政道德失范。

现代化呼唤着法治，然而，在一个有悠久"人治"传统的社会，实现法治又谈何容易。特别是在社会经济结构急剧变化的客观形势下，民主与法制建设滞后，法制不健全，司法腐败，"人治"传统根深蒂固，为行政道德失范提供了广阔的空间。老百姓，尤其是相当一部分国家公务人员不大相信"法大于权"，依然信奉"权大于法"，于是"走后门"、"拉关系"、"找批条"，用不规范、不合法、不道德的手段，实现个人或小团体的目的。而政府过量地介入经济活动，又引发了本位主义、地方保护主义盛行，"上有政策，下有对策"，政出多门，相互扯皮。许多问题陷于"无法可依"的尴尬局面，即使一些问题虽有相关法律、法规为根据，但

"有法不依，执法不严"、"人情重于法"已蔚然成风。尤其是对公共权力的监督约束乏力，对公共权力的约束机制失灵，给一些人滥用职权大开方便之门，造成官僚主义、宗派主义、裙带主义之风大作，甚至卖官鬻爵，也死灰复燃。在这样一个无序的大环境下，人们的道德观、价值观被严重扭曲，是与非、罪与非罪、合法与违法等界限被严重混淆，实际上都成为行政道德失范的孵化器。

（三）行政道德失范的类型

在国家宏观体制转型时期，对行政道德失范类型的划分，一要看行政道德准则与规范不允许做什么，二要看现实中已发生的案例典型。综合这两方面的因素，分析目前行政道德失范的现状，大体可以粗分为八种类型：

经商型。改革开放以来，党政机关干部经商，自办或与他人合办赢利性企业，或在以赢利为目的的商业、工业、金融等公、私企业中兼职，一度成风。群众戏称："全国上下齐经商，万众一心骗中央。"虽说言过其实，但却反映了行政道德失范的普遍性与严重性。80年代末以来，政府三令五申，不准国家公务人员在任职期间经商，不准政府机关办公司，但是，在一些地方依然很盛行，"明修栈道，暗度陈仓"，明为"脱钩"，实则变换手法，坐地分红。

权力设租型。又称"权力寻租"，即国家公务人员以手中握有的行政权力为筹码，向企业或个人"出租"权力，索取高额回扣，获得暴利。包括权钱交易、以权谋私、以权谋色、以权谋房、以权谋车、索贿受贿，在招工招干、升学就业、农转非、出国等问题上为自己和亲友谋取私利等多种形式。甚至公开宣示："我给你办事，你就得付钱。"置国家公务人员应尽的道德义务于九霄云外。尤其在项目审批、土地批租、工程发包、减免税负、进出口配额、银行贷款、外汇额度等领域最为猖獗。

公款公贿型。是指法人用公款行贿和单位用公款集体行贿。一些地方的党政机关、企事业单位及社会团体，为了本地区、本部门、本单位的利益，集体决定以单位的名义，用公款公物公开行贿，群众戏称"三公"。它是一种政府行为或企业行为，带有普遍性、公开性特点。在一些地方，往往是领导班子集体决定、主要领导亲自带队，"跑步（部）前（钱）

进,晋京'上贡'"。理由是"只要不把钱装进自己的腰包,该怎么送就怎么送,你不送别人会送,为了本地利益要大胆地送","只要为公为集体,什么事都可以干"①。据报载,全国一年,这种公贿资金高达人民币100亿元②。有的地方还"表扬"、"嘉奖"公贿承办人。应该说公贿对行政道德的败坏是大面积的,它以"组织行为"面貌出现,从根本上扭曲了"组织道德"的价值取向,其危害是深远的。

贪污腐化型。一般地说,贪污是行政主体的个人利用职权非法占有公共财产的行为。然而,近年来由几个人联合行为,实施贪污的案件呈上升趋势,而且数额巨大。与贪污性质接近的是挪用公款。王宝森案件,在两年时间内共挪用公款人民币3.12亿元,数额特别巨大,给国家造成的损失也是惊人的。一般地说,挪用公款的目的,或是借公款生息、炒股,或是拿公款放贷、办公司,或是以公款徇私情。挪用公款一般如同"肉包子打狗"。所以,与贪污造成的后果是一样的。贪污与腐化是一对共生的毒瘤,具有互促性,贪污的公款总是用于挥霍、嫖妓、蓄妓,案例之多,不胜枚举。

卖官鬻爵型。由于干部管理体制的弊端,长期以来只有"选拔",而没有"选举"。用人权操在少数领导人手里,"考核"流于形式,基本上属于"黑箱作业",以致任人唯亲,结帮拉派,夫人、子女议政,同学、老乡提挈,导致攀附、请托之风盛行。更有甚者,卖官鬻爵。官场上有句顺口溜归纳为:"不跑不送,靠边不用;只跑不送,原地不动;又跑又送,提拔重用。"还有人将官价量化:"10万元挂个号,20万元报个到;30万元戴个帽,50万元才拿到。"③用人问题上的腐败,后果最为严重。它把官场变成了市场,从而使行政道德失范愈演愈烈。

渎职型。在执行国家公务活动中,行政官员的失职、渎职、官僚主义是行政道德失范的又一种典型表现。从相关案例来看,在对内对外经济活动以及各种管理活动中,玩忽职守,或者"瞎指挥"、"乱拍板",或者浑

---

① 《公贿——中国社会的一大公害》,《中国改革》1996年第5期。
② 参见《中国纪检监察报》1996年1月14日。
③ 《公权私化原因分析》,《首都社会经济问题研究》1996年第6期。

浑噩噩、严重失职的现象是比较突出的。有的造成重大经济损失，巨额国有资产被骗；有的造成火车相撞、轮船碰沉、堤坝决口、楼房倒塌、特大火灾等恶性事故接连发生。问题暴露出来以后，往往得不到应有的处理，甚至以"交学费"为说词，轻描淡写，不了了之。也有的行政官员办事拖拉，推诿扯皮，弄虚作假，为了骗取荣誉，在统计数字上大刮浮夸风。官僚主义的泛滥，造成行政道德每况愈下。

泄密型。即行政主体不正当使用政府未公开的信息和国家财产，包括出卖情报。

隐匿财产型。即一些行政官员个人的巨额财产来路不明，不予申报。其与贪污、受贿性质相同。

以上八种类型，只是当前行政腐败与道德失范的主要表现，并非全部。尽管形态各异，但本质却是一致的，即都是行政官员在公与私的关系、权利与义务的关系上，彻底背弃了行政道德准则，把应尽的道德义务当作谋取私利的权利与手段，最终导致行政腐败。行政腐败严重削弱了政府的公正形象，腐蚀着整个社会肌体，涣散党心、民心，败坏着社会道德风气，对社会稳定构成威胁，后果是相当严重的，国人切不可掉以轻心！

三　行政道德失范的治理

行政腐败与行政道德失范，是人类社会发展过程中的一个永恒话题，也是当今国际社会共同关注的问题。联合国工业发展组织在对一百多个国家和地区的发展情况进行研究之后得出结论说：任何一个国家，不论其国度大小、社会制度如何不同，但有一点是共同的，那就是各国社会经济结构变革最迅速的时期，也是社会问题，包括腐败问题，大量产生的"高发期"。中国显然不可能例外。问题在于面对行政腐败与行政道德失范愈演愈烈的严峻形势，政府应当如何治理呢？

（一）加快以限权为核心的行政体制改革

行政腐败与行政道德失范的实质，就是行政管理主体改变公共权力的性质，进行非公共活动，以达到私人或小集团的目的，从而干扰和破坏了公共合法的社会资源与价值的分配过程。

行政腐败与行政道德失范所造成的后果，对于一切社会都是破坏性的。它破坏了政府的管理秩序和公共权力运行的公正原则，导致公众对政府的不信任，甚至酿成社会动荡；它干扰了政府的经济政策，导致经济秩序紊乱，最终必然阻碍社会经济的发展；它污染了社会道德风尚，造成精神文明滑坡。因此，加快以限制政府权力为核心的行政体制改革，是治理行政腐败与行政道德失范的根本出路。

首先，应当确立有限政府的观念，即承认政府的权力是有限的而不是无限的。在这样一个前提下，要对政府的规模与结构加以限制，改变党政同构，机构叠床架屋，各级政权领导班子竟有四套之多的现状，有效地防止政府机构的无限膨胀。

其次，要对政府的行为方式加以限制，克服党政不分、政企不分、政法不分、政商不分、军商不分、政社不分的现状，尤其不应把社会团体政府化。杜绝政府官员滥用权力，直接介入经济活动、从事赢利性经营的不良现象。

再次，建立、健全公民参政、议政、督政的制度化渠道，改革干部人事的"选拔"制度，逐步扩大直接选举的范围，实行竞争选举，保障公民参与管理国家事务的权利不受干扰。

总之，要通过改革，来规范政府行为；严格限制政府介入市场的范围与程度，完成政府职能转变，实现政企分开。只有这样，精简机构、裁汰冗员，杜绝腐败，才能迎刃而解。

（二）加强行政道德建设，提高公职人员素质

行政道德直接影响并制约着行政主体在公共行政活动中，对行政行为模式的选择。它既是行政价值关系的体现，又是一种规范和准则。

因此，预防行政道德失范的有效途径之一，就是加强对行政主体进行行政道德教育，培训行政主体的正确的权力意识、服务观念、牺牲精神、守法习惯，等等，全面提高行政主体的道德素质。

不过，单纯地试图以道德制约权力，幻想所谓"德政"，企盼清官治世，那是孔子的思想，是不现实的。只有以法为教，制定《从政道德法》，将道德法制化、行政公开化、监督制度化，才能有效地制约权力。这在国际社会已成为一种发展潮流。笔者所见，对行政道德进行立法的国家，有美国、英国、瑞士、加拿大、新西兰、澳大利亚、墨西哥、韩国、新加坡、南非、巴基斯坦、菲律宾等十多个国家；此外像法国、西班牙等国家的刑事法典中，均辟有专章规定"公务员所犯罪行和违法行为"的处理办法。它们的共同点，是把道德禁令和惩罚条款一并公布，同时制定出相应的法定程序，区分公职人员腐败堕落的类别，确定相应量刑标准，以及司法救助的途径，非常具有可操作性。

国外的《政府道德法》或《公职人员行为条例》，归纳起来，主要有这样一些道德禁令：（1）严禁在公务活动中送、受礼品；（2）严禁公职人员经商；（3）限制兼职，限制与公职人员身份不相称，损害国家利益、政府形象及公众对政府信任的活动；（4）不得利用公职谋取私利；（5）禁止不正当使用政府未公开信息和国家财产；（6）必须申报个人财产；（7）必须实行任职回避和公务回避；（8）对离职人员的活动予以不同的限制。

应该说这些道德禁令，都是国家公务人员应当具备的最基本的道德素质。作为行政道德准则与规范，具有广泛的适用性和借鉴意义。中国的行政道德建设，应当吸取人类文明的共同成果，结合当前行政腐败与行政道德失范的现实，有针对性地制定《从政道德法》，以法为教，提高公职人员整体道德水准。

（三）健全监督机制，厉行法治

遏制行政腐败与行政道德失范，除了通过对体制自身素质的不断调整以外，还必须从强化监督机制入手，厉行法治。法治是一种通过法律进行社会控制的根本政治制度和管理运作方式。厉行法治，就是实现以法制权。它包含三层意思：一是以法律为最高权威。执法只对法律负责，而不是对领导机关或任何个人负责。二是在法律面前人人平等，不允许有任何特殊公民存在。三是政府官员必须依法行政。

厉行法治，就要求有法可依。目前在涉及规范行政主体的行为方式问题的法律，基本上是空白。

例如，旨在限制政府规模、防止机构膨胀的刚性的《编制法》，迄未出台。《全国人民代表大会和地方各级人民代表大会组织法》、《国务院组织法》、《地方各级人民政府组织法》等，只有机构设置而没有人员编制限额。既与我国悠久的编制立法传统不同，又无法防止机构膨胀。中编委核定的各级政府的人员编制是软性的，没有刚性约束力。

又如，国家公务员制度实行了多年，至今还没有经过立法机关通过的《国家公务员法》，只有国务院发布的一个《国家公务员暂行条例》，而且这个条例的缺陷明显，比如在职位分类上设立了"非领导职务"序列，实际上变成了部分人提职、提级的渠道，为机构臃肿预设了通道。

再如，规范行政活动、防止行政主体滥用行政权力的《行政程序法》至关重要，但我们却没有。保障监督机制法律化、制度化的《行政监督法》，也是千呼万唤不出台。

总而言之，只有加快立法进程，才能运用法律制约公共权力的运行，才能防止行政权力的滥用或异化，才能实现克服行政腐败和行政道德失范的最终目的，舍此而绝无其他捷径可寻。

（原载台湾暨南国际大学《现代化与实践伦理学术研讨会论文集》，1998年9月28日，《道德与文明》1999年第1期转载）

附录
20世纪的中国政治制度史研究

政治制度是人类社会一定发展阶段的产物，具有一种表面上凌驾于社会之上的力量。它从社会中产生，但又自居于社会之上。换句话说，政治制度寓国家本质与形式于一体，是国体与政体的总和。而政治制度史，则是研究国体与政体的起源、形式及演变规律的科学。

中国作为一个有五千年文明史的统一多民族国家，历代关于政府制度和官制的著录与考索不绝于书，但是，把中国政治制度史作为一门科学来研究，却是近代西方资产阶级新方法传入中国后逐步开始的。一百多年来，中国政治制度史的研究，从萌芽到发展，经历了一条曲折、坎坷的道路。本文不揣谫陋拟就它的发展道路及成就，略陈管见。囿于客观条件，港台地区的相关出版物，笔者无法全部观览，为避免挂一漏万之嫌，不得不暂付阙如，还望读者谅宥。

一

鸦片战争以后，先进的中国知识界为了探索救国的道路，开始向西方国家寻求真理。随着一些较早接触西方政治制度的思想家对西方政治制度的介绍，人们开始运用西方政治学的某些观点展开对中国传统的君主专制制度的批判；由此，在中国出现了用西方资产阶级新方法研究中国政治制度史的萌芽。

从戊戌变法到辛亥革命，无论是资产阶级改良派，还是资产阶级革命派，他们的思想武器之一，都是自觉地运用西方的历史经验，来推动中国的政治运动。因此，学习西方的政治制度，曾经成为他们政治主张的实际内容。不管是王韬、黄遵宪提出的君民共主政体，还是严复、康有为、梁启超所提出的君主立宪政体，无论是陈天华提出的民主共和制，还是孙中山所提出的三民主义和建立资产阶级共和国的政治纲领，所有这些政治主张的提出，都是以资产阶级的进化史观对中国传统的政治制度进行研究与批判为前提的。这些研究与批判，对促进用资产阶级史学新方法研究中国政治制度史，起到了推动作用。

20世纪一二十年代，国内一些报刊相继发表了研究中国政治制度史的学术论文，据不完全统计，约近50篇，内容杂芜，涉及古政、周官、历代官制、专制政体、断代政府、民国前后政体、政党、地方行政、法律制度、军事制度、家族制度、考试制度，等等；其研究方法也不一，新旧参半。就中，梁启超与王国维的论文，影响最大。1902年4月，梁启超发表在《新民丛报》上的《中国专制政体进化史论》，是用西方资产阶级进化史观系统考察中国历代政体演化过程的第一篇专题论文，他把中国历代政体的发展史划分为4个大期、13个小期。自黄帝至周初，为封建未定期；自周至汉初，为封建全盛期；自汉景武以后至清初，为封建变相期；自康熙平三藩以后，为封建全灭期。梁文的优点在于把中国专制政体的演化看作是由低级向高级、由不完善向完善发展的历史过程，具有科学性；其缺点则是没有弄清楚国体与政体、国家与社会的区别，而将它们混为一谈。当然，他对中国历代政体发展阶段的划分，也缺乏严格的科学标准。尽管如此，梁文对于后来学者在运用近代西方资产阶级进化史观来研究中国政治制度史方面所起到的启迪作用，却是不容忘却的。其后，王国维先后写了《殷卜辞中所见先公先王考》、《殷卜辞中所见先公先王续考》、《殷周制度论》[①]等，可以说是用近代西方资产阶级史学新方法研究中国政治制度史最具典范意义的学术成果。郭沫若曾称赞它包含了许多"近代的科学内容"，"好像一座崔巍的楼阁，在几千年的旧学的城垒上，灿然放出了一

---

① 见《观堂集林》卷9、卷10，《王国维遗书》第2册，上海古籍书店1983年影印本。

段异样的光辉"①。

值得一提的是，20世纪初，中国资产阶级民主革命派的代表人物之一章太炎，在批判历史循环论的同时，提出以"社会政治进化衰微之原理"为指导思想重新研究中国历史的主张。1920年以后，他写的许多史论文章中，反复强调政治制度史研究的重要性，并打算在自己编写的百卷本《中国通史》中，要研究的"第一是制度的变迁"②。这对近代开启的中国政治制度史的研究，无疑具有鼓动作用。

以五四运动为契机的新文化运动，使中国学术界发生了重大变化。一方面，马克思主义的唯物史观在中国得以广泛的传播，一批初具共产主义思想的知识分子，如陈独秀、李大钊、蔡和森、毛泽东等，学习和运用马克思主义的唯物史观来研究中国政治制度史上诸问题，并将这种研究与中国新民主主义革命的实践结合起来，使中国政治制度史的研究踏上马克思主义理论研究的轨道。另一方面，一般要求改革的资产阶级学者在新文化运动的激励之下，继续运用西方资产阶级史学新方法来研究中国政治制度史，也取得了不少成绩。这两方面的变化与发展，实质上反映了五四以后中国学术界的两大潮流，造成了20世纪三四十年代中国政治制度史研究的初度繁荣。其标志，便是一批为数不少的专题论文和近40部学术专著的问世。

据粗略统计，从五四到40年代末，散见于各种报刊上的关于中国政治制度史方面的专题论文，约在600篇以上，内容以官制研究为主，旁及政体、皇帝制度、中央与地方行政、法律制度、监察制度、军事制度、教育制度、人事制度、考试制度、宗法制度、家族制度、礼仪制度等方面。其研究角度，基本上是按照历史学研究对象及方法的规范，以史实的考证、综述、评介等方式，阐明各项典章制度的起源与演化，绝少从政治学的角度考察历代政治制度的形态、实质、机制与得失。

在近40部专著当中，大体可以分成六类：

---

① 《中国古代社会研究·自序》，《郭沫若全集》历史编第1卷，人民出版社1982年版，第7、8页。

② 《教育今语杂志》第2册《社说》。

政制通史类：如曾资生的《中国政治制度史》（重庆南方印书馆1943年版；重庆文风印书馆1944年版）、许崇灏的《中国政治概要》（重庆商务印书馆1943年版）、杨熙时的《中国政治制度史》（商务印书馆——以下简称商务——1946年版）、吕思勉的《中国政治制度小史》（亚光印书馆版）、喻亮的《中国政治制度概论》（经世学社1947年版）等。

断代政制类：如陶希圣和沈巨尘的《秦汉政治制度》（商务1936年版）、钱端升等的《民国政制史》（商务1946年版）等。

中央政制类：如董霖的《中国政府》（世界书局1941年版）、陈之迈的《中国政府》（商务1945年重庆版，1946年上海版）。

地方政制类：如黄绶的《中国地方行政史》（作者自刊，1927年版）、黄豪的《中国地方行政》（文通1942年版）、程幸超的《中国地方行政史略》（中华书局1948年版）、朱子爽的《中国县制史纲》（独立1941年版）、瞿兑之和苏晋仁的《两汉县政考》（中国联合出版公司1944年版）等。

单项制度类：如高一涵的《中国御史制度的沿革》（商务1926年版）、《中国内阁制度的沿革》（商务1934年版）、曾资生的《两汉文官制度》（商务1941年版）、李俊的《中国宰相制度》（商务1947年版）、邓定人的《中国考试制度研究》（民智书局1929年版）、邓嗣禹的《中国考试制度史》（考选委员会1936年版）、徐式圭的《中国监察史略》（中华书局1937年版）、曾纪蔚的《清代之监察制度论》（兴宁书店1931年版）、程树德的《中国法制史》（商务1928年版）、陈顾远的《中国法制史》（商务1934年版）、秦松石的《中国历代兵制概要》（南京军用地图社1937年版）、黄坚叔的《中国军制史》（商务1941年版）、闻钧天的《中国保甲制度》（汉口直学轩1933年版）等。

其他类：这一时期出版过大约40余部中国通史著作，典章制度的沿革是它们的主要内容之一。就中，如邓之诚的《中华二千年史》（商务1934年版）、夏曾佑的《中国古代史》（商务1934年版）、吕思勉的《中国通史》（开明书店1946年版）、范文澜的《中国通史简编》（新华出版社1942年版）、翦伯赞的《中国史纲》（生活书店1946年版；大孚出版公司1947年版）等，最为可读。

特别值得重视的，是郭沫若于1928—1929年间写的《中国古代社会研究》（联合书店1930年版）和王亚南的《中国官僚政治研究》（时代文化出版社1948年版）两书。前者以恩格斯的《家庭、私有制和国家的起源》的"研究方法"为"向导"，运用马克思主义的历史唯物论，具体地探讨了中国的家庭、私有制和国家的起源与特点，用郭沫若自己的话来说，"本书的性质可以说就是恩格斯的《家庭、私有制和国家的起源》的续篇"①。这对运用马克思主义的唯物史观为指导来研究中国政治制度史，具有示范意义。后者把中国的官僚政治当作一个特定的形态或体制加以论述，通过比较研究，从"技术"和"社会"两个方面，揭示了中国官僚政治产生的基础、特点、演化及官僚主义的作风与流弊。王亚南的研究，由于贴近政治学的学术规范，而且是用马克思主义的立场、观点和方法，提纲挈领地"对于中国这种既古旧又现实的社会政治形态"②或称"体制"进行了剖析，因此，它是这一时期中国政治制度史研究中，理论色彩最浓的、不可多得的著作之一。

二

20世纪50年代至70年代后期，海内的中国政治制度史研究，是以历史学的专题研究这一单一形式和面貌出现的。主要表现在三个方面：

第一，这一时期各报刊所发表的属于中国政治制度史方面的论文，较之三四十年代大为减少，总计不过180篇的样子。所研究的专题不集中，涉及中国国家的起源与形式、官制沿革、兵制、科举制、地方及基层行政设施、变法运动等。这些论文，宏观地论述政权性质的多，微观地论证行政体制特点的少；把皇帝仅仅作为历史人物评价的多，论证皇帝制度的少。此间最有分量的论文，如陈寅恪的《论唐代之蕃将与府兵》（《中山大学学报》1957年第1期）、陈仲安的《唐代的使职差遣制度》（《武汉大学学报》1963年第1期）、邓广铭的《辽史兵卫志御帐亲军、大首领部族

---

① 《中国古代社会研究·自序》，《郭沫若全集》历史编第1卷，第9页。
② 《中国官僚政治研究·自序》。

军两事目考源辨误》（《北京大学学报》1956年第2期）、韩儒林的《元朝中央政府是怎样管理西藏地方的》（《历史研究》1957年第7期），等等。特别是韩文从1242年阔丹（即阔端）的使者到达西藏说起，对元朝中央政府所设的宣政院与西藏地方的各级官吏、帝师制度、地方行政机构等，作了详细说明。作者用藏文古文与汉文旧记加以对校勘同，史料扎实精当，是这一时期最杰出的政治制度史论文之一。

第二，这一时期所出版的通史与断代史著作中，虽然对历代政治制度有所论述，然而普遍比较简略，而且品种与数量都比较少。其中影响较大的是范文澜的《中国通史简编》（修订本，人民出版社1959年版）、翦伯赞的《中国史纲要》（人民出版社1954年、1979年版）、郭沫若主编的《中国史稿》（人民出版社1976年版及其以后）、吕振羽的《简明中国通史》（修订本，人民出版社1959年版）、唐长孺的《魏晋南北朝史论丛》及其《续编》（三联书店1955年、1959年版）、岑仲勉的《隋唐史》（高教部教材编审处1954年版）等。

第三，这一时期出版的属于政治制度史方面的专著屈指可数。它们是：吴恩裕的《中国国家起源问题》（上海人民出版社1956年版）、唐长孺的《九品中正制度试释》（武汉大学编译委员会1951年版）、岑仲勉的《府兵制度研究》（上海人民出版社1957年版）、谷霁光的《府兵制度考释》（上海人民出版社1962年版）、许大龄的《清代捐纳制度》（哈佛燕京学社1950年版）、商衍鎏的《清代科举考试述录》（三联书店1958年版）、钱实甫的《清代外交机关》（三联书店1959年版）、丽纯的《太平天国制度初探》（人民出版社1956年版）、《太平天国官制军制探略》（上海人民出版社1958年版）、商衍鎏的《太平天国科举考试纪略》（中华书局1961年版）等，而没有一部取名"中国政治制度史"的教材或专著出现。

以上三个方面成果的共同特点，是从历史学的研究角度，对某项典章制度的形成、演变进行考索，并注重对它们的阶级实质与社会后果的分析，但缺少从政治体制上对各单项典章制度的运行机制加以论证。

三

1978年以来，特别是1979年3月，邓小平同志在党的理论工作务虚会上的讲话中提出"政治学、法学、社会学以及世界政治的研究，我们过去多年忽视了，现在也需要赶快补课"以来，随着政治学学科在中国的恢复与重建，为填补高等学校重新组建的政治学系的教材空白，以及满足社会上日益增长的希望有系统的政治制度史知识的需求，中国政治制度史的研究，出现了前所未有的繁荣局面。其标志有四：

第一，政治制度史研究的核心内容，即国家的起源和发展形式、国体和政体的演化规律问题，受到了学术界的重视，并进行了深入的探讨。前揭郭沫若在1930年出版的《中国古代社会研究》率先就中国国家的起源和发展形式问题进行了论列。新中国成立后，吴恩裕在《新建设》杂志1956年第7期上发表了《中国国家起源问题》（同年上海人民出版社又出版了同名小册子），提出国家的起源是与氏族制度的瓦解联系在一起的，夏朝是中国国家的形成时期。进入80年代以后，人们就恩格斯在《家庭、私有制和国家的起源》一书中，曾经列举的国家在氏族制度的废墟上兴起的三种主要形式，结合中国的具体情况展开了讨论。其中，石兴邦的《从考古文化探讨我国私有制和国家的起源问题》（《史前研究》1983年创刊号）、何兹全的《关于古代史的几个理论问题》（《历史研究》1984年第1期）、王震中的《试论我国中原地区国家形成的道路》（《中国史研究》1984年第3期）等论文分别阐述了不同的观点。国家是一个历史范畴，是社会经济在一定发展阶段上的产物。中国国家究竟是通过什么途径，在什么时间，以什么形式在氏族制度废墟上建立起来的，还是有待于进一步探讨的问题。

从50年代到70年代，学术界完全按照马克思、恩格斯关于"东方专制主义"的论断讲中国古代的国家政体，认为中国古代国家与古代东方其他国家一样，从一产生便是一种专制主义国家，其政体始终是专制主义政体。80年代以来，出现了城邦民主制和君主专制政体的争论。

日知认为，城邦制是全世界历史发展的一个普遍规律，各个民族毫无例外地经过城邦制阶段，中国在尧舜时代是古代城邦制产生的前夕，此后三王时代、五霸时代、战国时代由创始、全盛到衰亡的发展阶段，其最初的国家不是专制主义国家，而是贵族政治、民主政治的城市国家，统一专制帝国只能从秦开始（《孔孟书中所反映的古代中国城市国家制度》，《历史研究》1980年第3期；《从〈春秋〉称人之例再论亚洲古代民主政治》，《历史研究》1981年第3期）。林沄认为应当打破商代是庞大的集权国家的流行观点，实际上商代不过是一个方国的王朝，至多是一个较强大的方国联盟王朝，商王是方国联盟的最高军事统帅（《甲骨文中的商代方国联盟》，《古文字研究》第6辑，中华书局1981年版）。张秉楠认为，商周时代政权结构表现出由全体贵族共同执掌国政的性质，这种贵族共政体制称为贵族民主制。战国时期的政权结构呈现一种由贵族民主制向以国君为首的中央集权制转变的过渡形态，具有两种体制并存的特征，秦并六国，才在全国建立起以君主为首的中央集权制（《商周政体初探》，《社会科学战线》1982年第3期；《商周政体研究》，辽宁人民出版社1987年版）。

与这种观点相左，詹子庆提出，商周不是城市国家，其国家政体也不是贵族共和，只能是君主专制。他认为，尽管春秋时代的城邦国家反而兴起，然而我国古代的城市国家并没有得到充分发展，政权形式基本没有变，各城市国家基本延续了西周的专制政体，战国中期以后，各国相继建立了封建集权政府，直到秦统一六国后，最后形成封建的统一的专制主义帝国（《古代中国城市国家制度问题浅议》，《人文杂志》增刊《先秦史论文集》，1982年）。吕绍纲也认为，尽管全世界有不少地方经过城邦制阶段，但是中国古代确实不存在城邦制度，中国先秦国家自始至终是君主制政体（《中国古代不存在城邦制度》，《中国史研究》1983年第4期）。

关于中国古代国家政体问题的分歧，症结所在，不仅仅是个资料问题，更重要的还是个理论问题。它涉及对马克思、恩格斯关于东方专制主义论断的评估，也涉及对古代中国奴隶制形态和古代希腊罗马奴隶制形态的认识，历史绝不会是千篇一律的，关键在于要揭示中国古代奴隶制形态的特点及其发展道路，只有这样，才能对中国古代国家政体作出科学的判断。

第二，开始注重对过去学术界因受"左"的倾向的干扰而惮于涉足的、属于中国政治制度史研究范围的众多课题，诸如专制主义、中央集权、文官制度、权力制衡、终身制、世袭制、封建特权等等的探索，取得了可喜的成就。尤其是关于封建专制主义的形成与发展阶段，关于封建专制主义的基本特征，关于封建专制主义的经济基础，关于封建专制主义的历史作用等问题，获得了广大学者的关切，发表的论著数量之大，是前所未有的。当然，其间不乏佳作，对推动这一课题的进一步深入研究，具有启迪作用。然而，另一方面，如果以更高的标准来要求，即不仅仅是从历史学的研究角度，而是要从政治学的研究角度来探索中国封建专制主义的方方面面，则不难发现，已有的研究成果，不够系统深入，不少论文声讨多于研究，缺乏理论上的升华和科学上的规范。系统的综合历史学与政治学的理论与方法，从政治体制上研究中国封建专制主义的著作尚不多见。白钢的《中国皇帝》（天津人民出版社1993年6月版），显然是力图弥补这方面的不足。而王连升主编的《中国宫廷政治》（山西教育出版社1992年10月版）、李治安和杜家骥合著的《中国古代官僚政治》（书目文献出版社1994年1月版）、李治安主编的《唐宋元明清中央与地方关系研究》（南开大学出版社1996年1月版）、孟繁清等著的《专制主义与中国封建经济》（河北教育出版社1995年9月版）等，则从纯历史学研究的角度对专制政体的不同侧面作了较深入的探索。

第三，散见于国内各大报刊的研究中国政治制度史（主要是断代专项政治制度）方面的论文，总计约在1200篇以上，内容涵盖面极广。举凡国体、政体、元首制度、决策体制、官制、选举、兵制、刑法、监察、教育、户籍、财政、宗族、宗教、民族事务等方面，无不涉及。就中，值得称道者颇多。例如：

——重视夏商时代以外地区文明的研究，有佟柱臣的《中国夏商王国文明与方国文明试论》（《考古》1991年第11期）、宋新潮的《商代政治疆域与商文化影响范围》（《中国史研究》1991年第1期）等。

——重视中国古代文化的多元性，开展各个区域、民族的研究，对春秋、战国时期列国政治体制的探索，取得了很大成绩。仅以楚文化研究为例，就有杨范中和祝马鑫的《春秋时期楚国集权政治初探》（《江汉论坛》1981年第4期）、何浩和张君的《试论楚国的君位继承制》（《中国史研究》1984年第4期)、钱杭的《楚国的宗法继承制与世系排列方式》(《史林》1988年第2期)、何浩的《战国时期楚封君初探》(《历史研究》1984年第5期)、刘先枚的《楚官源流考察》(《江汉论坛》1982年第8期)、罗运环的《论楚国的客卿制度》(《武汉大学学报》1990年第3期)、殷崇浼的《春秋楚县略论》(《江汉论坛》1980年第4期)、杨宽的《春秋时代楚国县制的性质问题》(《中国史研究》1981年第4期),等等,不能一一备举。

——重视对少数民族建立的王朝政治制度的研究。有杨若薇的《辽代斡鲁朵官制探讨》(《中国史研究》1986年第4期)和《辽朝乱军之探讨》(《历史研究》1986年第1期)、李锡厚的《论辽朝的政治体制》(《历史研究》1988年第3期)、王慎荣的《蒲鲜、万奴国号考辨》(《历史研究》1985年第5期)、杨茂盛的《试论金初军事民主制与君主专制的关系》(《民族研究》1991年第1期)、史金波的《西夏的职官制度》(《历史研究》1994年第2期)、周良霄的《元代投下分封制度初探》(《元史论丛》第2辑)、郝时远的《元代监察制度概述》(《元史论丛》第3辑)、许凡的《元代的吏员出职》(《历史研究》1984年第6期)、高文德的《蒙元时期的官制》(《民族研究》1991年第4期)、李旭的《论八旗制度》(《中华文史论丛》第5辑)、刘小萌的《满族肇兴时期政治制度的演变》(《中国社会科学院研究生院学报》1991年第2期)、杜家骥的《清代"议政处"考略》(《清史研究》1991年第3期)、刘毅的《清朝的皇位确立方式和择储标准》(《南开学报》1992年第3期)、赵志强的《论议政处与清代前期的决策》(《历史档案》1992年第4期)、徐晓光的《清代民族立法原则初探》(《民族研究》1992年第1期)、史筠的《清王朝治理西藏的基本法律〈西藏通则〉》(《民族研究》1992年第2期)、姚念慈的《论满族八旗制国家的建立》(《清史论丛》,辽宁出版社1993年9月版),等等。

——重视地方基层行政体制的研究,有薛力军的《州的地方化与曹魏时期的中央地方关系》(《中国史研究》1992年第3期)和《关于东晋侨州郡县的几个问题》(《魏晋南北朝隋唐史资料》第11期)、田昌五和马志冰的《论十六国时代坞堡垒壁组织的构成》(《中国史研究》1992年第

2期)、孔祥星的《唐代里正》(《中国历史博物馆馆刊》1979年第1期)、何汝泉的《唐代"乡"的两点商榷》(《中国史研究》1986年第6期)、郑世刚的《宋代的乡和管》(《中日宋史研究会中方论文选编》,河北大学出版社1991年版)、王昊的《明代乡里组织初探》(《明史研究》1991年第1期)、毕建宏的《清代州县行政研究》(《中国史研究》1991年第3期),等等。

——重视近现代政治制度的研究,有郭存孝的《太平天国官印研究》(《军事历史研究》1992年第2期)、刘伟的《〈临时约法〉与民初政体》(《华中师范大学学报》1991年增刊)、曾业英的《民国初年的民主党》(《历史研究》1991年第5期)、乐嘉庆的《论抗战时期国民党政府权力结构的运行》(《学术论坛》1991年第5期)、忻平的《论新县制》(《抗日战争研究》1991年第2期)、陈廷湘的《论抗战时期国民党的政制建设》(《抗日战争研究》1992年第2期)、靳德行和翁有为的《抗日根据地民主政府体制初探》(《抗日战争研究》1992年第1期),等等。

类似值得称道的论文还有很多,囿于篇幅,不再一一列举。不过,近20年来所发表的属于政治制度史研究范围的论文,绝大多数是运用历史学的研究方法写出的,史料的发掘、史实的考订是其主要内容,这对廓清相关专项政治制度的面貌是非常有意义的。但是,由于甚少运用政治学的研究方法进行分析,所以对相关专项制度的运行机制语焉不详。当然,毋庸讳言,这一时期的论文中间,也不乏"炒冷饭"者。这类论文,无论是从资料,还是从观点上来看,都缺少新意。

第四,出版了百余部政治制度史教材讲义和专著。大体可以划分为四类:

其一,政治制度通史,有王汉昌和林代昭的《中国古代政治制度史略》(人民出版社1985年版)、左言东编著的《中国政治制度史》(浙江古籍出版社1986年版)、张晋藩与王超合著的《中国政治制度史》(中国政法大学出版社1987年版)、罗映辉主编的《中国古代政治制度史》(四川大学出版社1988年版)、杨鸿年和欧阳鑫的《中国政制史》(安徽教育出版社1988年版)、韦庆远主编的《中国政治制度史》(中国人民大学出版社1989年版)、王惠岩与张创新的《中国政治制度史》(吉林大学出版社1989年版)、陈高华主编的《中国政治制度史纲》(黄山书社1991年版)、白钢主编的《中国政治制度史》(天津人民出版社1991年版)、曾小华的《中国政治制度史论简编》(中国广播电视出版社1991年版)、白钢主编的十卷本《中国政治制度通史》(人民出版社1996年版)等。就中,教材讲义居多,研究性学术专著所占比重较少。除个别著作着力于元首制度、决策体制和政体运行机制的探索,并取得了突破性进展外,多数讲义教材的内容与结构,没有摆脱官制史的窠臼,且史实失误之处颇多。

其二,断代政治制度史,有谢维扬的《中国早期国家》(浙江人民出版社1995年版)、严耀中的《北魏前期政治制度》(吉林教育出版社1990年版)、关文发与颜广文的《明代政治制度研究》(中国社会科学出版社1995年版)、钱实甫的《北洋政府时期的政治制度》(中华书局1984年版)、李进修的《中国近代政治制度史纲》(求实出版社1988年版)、林代昭等的《中国近代政治制度史》(重庆出版社1988年版)、徐矛的《中华民国政治制度史》(上海人民出版社1992年版)、林炯如等编著的《中华民国政治制度史》(华东师范大学出版社1995年版)、浦兴祖主编的《当代中国政治制度》(上海人民出版社1990年版)、谢庆奎主编的《当代中国政府》(辽宁人民出版社1991年、1996年版)、张明澍的《中华人民共和国政治制度概要》(宁夏人民出版社1993年版)等。这类著作,有些是作者经年研究心得的结晶;有些则是适应教学需要而编纂的;个别的属于急就篇。因此,学术力度不一。尤其是近现代政治制度的研究,还有进一步深化的广阔余地。

其三,专项制度通史,以法制史研究最为发达。有肖永清主编的《中国法制史简编》上下册(山西人民出版社1981年、1982年版)、张晋藩等的《中国法制史》第一卷(中国人民大学出版社1981年版;该书于1992年由中国广播电视出版社再版,改名为《中国古代法律制度》,作者为张晋藩)、张晋藩的《中国法制史》(群众出版社1982年版,1991年修订再版)、乔伟的《中国法制史》上册(吉林人民出版社1982年版)、游绍尹与吴传太的《中国政治法律制度简史》(湖北人民出版社1983年版)、陈光中与沈国峰的《中国古代司法制度》(群众出版社1984年版)、张晋藩的《中国法律史论》(法律出版社1986年版)、《中国法制史纲》

（中国政法大学出版社1986年版）、钱大群的《中国法制史教程》（南京大学出版社1987年版）、蒲坚的《中国法制史》（光明日报出版社1987年版）、叶孝信主编的《中国法制史》（北京大学出版社1989年版）等。这些"简编"、"简史"、"史纲"，内容基本上是法制通史，教材与讲义的特点十分突出。迄未见有系统的、多卷本的、专著特色充分的中国法制通史问世。此外，还有一批部门法史，如张晋藩和曾宪义的《中国宪法史略》（人民出版社1979年版）、蔡枢衡的《中国刑法史》（广西人民出版社1983年版）、叶孝信的《中国民法史》（上海人民出版社1993年版）、张晋藩与李铁的《中国行政法史》（中国政法大学出版社1991年版）、蒲坚的《中国古代行政立法》（北京大学出版社1990年版）、朱绍侯的《中国古代治安制度史》（河南大学出版社1994年版）、苕美卿主编的《中国监狱史》（群众出版社1986年版），等等。

其他专项制度通史的成果也很多。如顾树森的《中国历代教育制度》（江苏人民出版社1981年版）、臧云浦等的《历代官制兵制科举制表释》（江苏古籍出版社1987年版）、许树安的《古代的选士任官制度与社会》（天津人民出版社1988年版）、中国社会科学院法学研究所法制史研究室编的《中国警察制度简论》（群众出版社1985年版）、孟昭华与王明寰的《中国民政史稿》（黑龙江人民出版社1986年版）、王汉昌主编的《中国古代人事制度》（劳动人事出版社1986年版）、李铁的《中国文官制度》（中国政法大学出版社1989年版）、周继中主编的《中国行政监察》（江西人民出版社1989年版）、谢重光与白文固的《中国僧官制度史》（青海人民出版社1990年版）、秀奇的《中华古典行政机构设置体制》（中国人事出版社1991年版）、余华青的《中国宦官制度史》（上海人民出版社1993年版）、邱永明的《中国监察制度史》（华东师范大学出版社1992年版）、赵云田的《中国边疆民族管理机构沿革史》（中国社会科学出版社1993年版）、杨志玖主编的《中国古代官制讲座》（中华书局1992年版）、陈茂同的《中国历代选官制度》（华东师范大学出版社1994年版）、杨宽的《中国古代都城制度研究》（上海古籍出版社1993年版），等等。这批成果中，有不少是填补空白的作品，对从整体上推进中国政治制度史研究的深入发展，不乏启迪意义。

其四，断代专项制度史，成果也不少。如张秉楠的《商周政体研究》（辽宁人民出版社1987年版）、张亚初与刘雨的《西周金文官制研究》（中华书局1986年版）、葛志毅的《周代分封制研究》（黑龙江人民出版社1992年版）、钱宗范的《周代宗法制度研究》（广西师范大学出版社1989年版）、钱杭的《周代宗法制度研究》（学林出版社1985年版）、赵世超的《周代国野制度研究》（陕西人民出版社1992年版）、安作璋与熊铁基合著的《秦汉官制史稿》（齐鲁书社1985年、1986年版）、黄今言的《秦汉军制史》（江西人民出版社1993年版）、熊铁基的《秦汉军事制度史》（广西人民出版社1990年版）、朱绍侯的《军功爵制试探》（上海人民出版社1980年版）、柳春藩的《秦汉封国食邑赐爵制》（辽宁人民出版社1985年版）、祝总斌的《两汉魏晋南北朝宰相制度研究》（中国社会科学出版社1990年版）、陈仲安与王素合著的《汉唐职官制度研究》（中华书局1993年版）、汪受宽的《谥法研究》（上海古籍出版社1995年版）、阎步克的《察举制度变迁史稿》（辽宁大学出版社1991年版）、王永兴的《唐勾检制度研究》（上海古籍出版社1991年版）、王素的《三省制略论》（齐鲁书社1986年版）、刘俊文的《敦煌吐鲁番唐代法制文书考析》（中华书局1989年版）、王曾瑜的《宋代兵制初探》（中华书局1982年版）、王云海主编的《宋代司法制度》（河南大学出版社1992年版）、杨若薇的《契丹王朝政治军事制度研究》（中国社会科学出版社1991年版）、许凡的《元代吏制研究》（劳动人事出版社1987年版）、李治安的《元代分封制度研究》（天津古籍出版社1992年版）、王天有的《明代国家机构研究》（北京大学出版社1992年版）、张薇的《明代的监控体制——监察与谏议制度研究》（武汉大学出版社1993年版）、谭天星的《明代内阁政治》（中国社会科学出版社1996年版）、张德泽编著的《清代国家机关考略》（中国人民大学出版社1981年版）、李鹏年与朱先华等编的《清代中央国家机关概述》（黑龙江人民出版社1983年版）、刘子扬编的《清代地方官制考》（紫禁城出版社1988年版）、杨启樵的《雍正帝及其密折制度研究》（广东人民出版社1984年版）、钱实甫的《清代职官表》（中华书局1981年版）、朱勇的《清代宗族法研究》（湖南教育出版社1987年版）、赵云田的《清代蒙古政教制度》（中华书局1989年版）和《清代治理边陲的枢纽——理藩院》（新疆人民出版社1995年版）、张晋藩与郭成康的《清入关前国家法律制度史》（辽宁人民出版社1988年版）、郭松义等的《清朝典制》（吉林文史出版社1993年版）、张玉芬的《清朝皇嗣制度》（大连出版社1992年版）、郭润涛的《官府、幕友与书生——绍兴师爷研究》（中国社会科学出版社1996年版）、赵世瑜的《吏与中国传统社会》（浙江人民出版社1994年版）、韩延龙主编的《中国近代警察制度》（中国人民公安大学出版社1993年版）、谢俊美的《政治制度与近代中国》（上海人民出版社1995年版）、张国福的《中华民国法制简史》（北京大学出版社1986年版）、余明侠主编的《中华民国法制史》（中国矿业大学出版社1994年版）、张希坡与韩延龙的《中国革命法制史》（中国社会科学出版社1987年版）、《革命根据地法制史》（法律出版社1994年版），等等。这一类成果的学术力度普遍较强，其中有一些是作者集大半生精力完成的名副其实的专著；有相当一部分则是作者的博士论文修改后正式刊布的。他们的努力不仅繁荣了政治制度史的研究，而且还预示了其研究的后劲较足。尽管在内容、体系和个别史实上，还有一些缺陷和失误，但是，它们从不同侧面反映了当代关于各断代专项政治制度研究的水平。

四

综观20世纪以来的中国政治制度史研究，大体上是作为历史学领域里的一门专史的形式，自立于学术界的。相当一批论著，实际上是以官制史来代替政治制度史。由于对政治学的基本理论和研究方法缺乏深入的了解，没有能够从政治学的角度，把它作为政治学的一个独立分支学科来规范它的研究对象与任务。例如，对作为政治制度史研究对象的国体、政体形态及其区别，决策体制及其运作方式，行政管理方式与制衡关系，行政效率与应变能力，行政法规与创新精神等等内容，缺乏充分的科学论证与分析，从而陷于静态的缕述和平面的图解。古往今来，无数经验事实表明，典章制度是一回事，具体执行情况又是一回事。要想使政治制度史的研究更贴近客观政治实践的历史实际，使政治制度史的研究更有价值，就必须加强对政治体制的运行机制、对政治制度执行情况的研究。当然，这项研究难度极大，非短时期、少数学者所能完成，需要学术界同仁作长期努力。在行将跨入 21 世纪之际，这项刚刚开始的探索，任重道远，更不用说政治制度史研究还有许多薄弱环节和空白点，需要加大力度通过深入研究去加强和填补了。因此，我们必须从理论上和实践上做好两方面的准备工作。

从理论上说，必须重新学习马克思主义，坚持运用历史唯物主义的立场、观点和方法，对中国政治制度史进行实事求是的探索，严防简单化和绝对化。

由于政治制度史的研究对象是历史上的国体与政体，这就要求我们必须把问题提到一定的历史范围之内，具体地分析具体的情况。在阶级社会中，政治制度的主要方面、本质方面是阶级压迫的工具，但却不应是政治制度的全部内容。历代的政治制度，实际上，都是统治阶级为了调整各种政治关系的产物。它除了作为阶级压迫的工具之外，管理公共事务的职能始终都是存在的。否则，它的存在与延续就是不可思议的事情。因此，充分认识阶级社会政治制度的两重性，是我们科学地研究中国政治制度史的一条原则。既要找出隐藏在政治制度背后的阶级关系，指出它是阶级统治的工具，科学地阐明它的起源、演化、发展的规律和本质，又要揭示它在管理公共事务中的实际地位和作用，客观地解释它的产生的必然性与存在的合理性。就以在中国实行了数千年的君主专制政体而言，在这种政体之下，国家的立法权、行政权、司法权最后都集中在一个没有任期限制、不受任何监督的个人——国王或皇帝手里。从本质上讲，是奴隶主阶级、封建地主阶级对劳动人民实行政治统治。他通过专制政体这种政治制度，对劳动人民实行政治压迫和超经济剥削。在这种专制政体下，当统治者不能有效地运用各种制度调整好各种政治关系时，统治阶级内部争权夺利的斗争就层出不穷，上演无数次封建割据与宫廷政变的活剧；阶级矛盾也会因政治腐败而激化，引爆一次又一次不同规模的农民战争；民族矛盾也会加剧，造成民族歧视和民族压迫；甚至在外国侵略者面前，屈辱丧国，祸国殃民。但是，自从秦始皇确立了专制主义中央集权的政治制度之后，两千多年间，当统治者有效地运用各种制度较好地调整了各种政治关系时，这种政体又对社会的繁荣，封建文明的高度发展以及统一多民族国家的形成与巩固，乃至抗击外来侵扰等，都起到了不容否定的作用，充分显示了这种政体在管理公众事务方面的职能。因此，我们研究阶级社会的政治制度，一定要遵循历史唯物主义的基本原理，将阶级观点与历史主义有机地统一起来，切忌片面性，此其一。

其二，要强调全面领会马克思主义的精神实质，用来指导我们的研究工作，克服那种截取经典作家的只言片语，生搬硬套的教条主义学风，在实践中发展马克思主义。历来的马克思主义学者，一直都把政治仅仅理解为阶级斗争，这不能不认为是一种误解，以致人们说到政治制度的起源与消亡时，总以为它是随着阶级的出现而产生，随着阶级的消灭而消亡的，似乎阶级消亡后，政治制度就不复存在了。其实这种认识是不符合人类社会发展的实际状况的。既然我们承认政治制度具有阶级统治和管理公共事务的双重功能，那么，在无阶级社会，仍然需要有管理公众事务的政治制度。因为，人是要受制度制约的，如果没有一套政治制度来管理公共事务，其局面是不堪设想的。基于这种认识，应当承认原始社会的氏族民主制，也是一种政治制度。我们研究政治制度史，应当把它单列为一个历史发展阶段。非但如此，即使将来人类社会发展到共产主义阶段，政治制度管理公众事务的功能也绝对不会消失，必定还会存在。只不过它已不再像阶级社会的政治制度那样，还具有阶级压迫的功能罢了。质言之，政治制度并不因为阶级的消灭而消亡。正如毛泽东所说："同阶级敌人作斗争，这是过去的基本内容。但是，在人民有了自己的政权以后，这个政权同人民的关系，就基本上是人民内部的关系了，采用的方法不是压服而是说服，这是一种新的政治关系。……彻底消灭了阶级以后，单就国内情况来说，政治就完全是人民的内部关系。那时候人和人之间的思想斗争、政治斗争和革命一定还会有的，并且不可能没有。……但是斗争和革命的性质和过去不同，不是阶级斗争，而是人民内部的先进和落后之间的斗争，社会制度的先进和落后之间的斗争，科学技术的先进和落后之间和斗争。"[①]毛泽东所说的"在人民有了自己的政权以后，这个政权同人民的关系"，是"一种新的政治关系"，显然主要是就政治制度管理公共事务的职能而

---

① 《工作方法六十条（草案）》。

言的。长期以来，我们对政治制度的概念的理解过于狭窄，无疑束缚了我们的研究视野，而欲使政治制度史的研究能有新的突破，理论上的建树是不可缺少的。

从实践上说，必须牢牢把握住中国政治制度史作为人文科学与社会科学的边缘学科的特点。它既是社会科学中政治学的重要分支学科，又是人文科学中历史学的一门专史。它所涉及的范围，还包括考古学、民族学、宗教学（人文科学）、法学、军事学、社会学、经济学（社会科学）等学科，要求研究者具备这些学科的知识。因此，只有大力加强多学科的协作，开展开拓性研究，才能开创中国政治制度史研究的新局面。

首先，是开拓新领域。从政治学的角度，在深入研究历代政体结构的基础上，着力于政体机制方面的探索。在古代中国，从很早的时候起，人们就对政体机制有所认识。所谓"遂皇（按：指传说中的燧人氏）持斗机运转之法，指天以施政教，既云始王天下，是尊卑之礼"[①]，就是讲的政体运行机制。当然，这种认识是将自然现象与社会现象牵混在一块了，不足为训。但是，它却表明政治制度史必须重视政体机制的研究。所谓政体机制，即政权结构关系及其运转方式。它是通过对权力和政治行为的研究，来揭示政治制度的动态表现。比如，在中国曾延续数千年之久的君主专制政体，就其运行机制的特点而言，最主要的有三点：一是自秦汉置丞相、太尉、御史大夫分掌行政、军事、监察以来，中央国家机构的权力配置，形成了行政、军事、监察三大系统鼎立，分别对皇帝负责的格局。历代虽有变化，但万变不离其宗，元世祖忽必烈曾形象地概括说："中书（中书省，最高行政机构）是我的左手，枢密（枢密院，最高军事机构）是我的右手，御史台（最高监察机构）是我用来医两手的。"[②] 表明专制君主制政体的运行机制始终是以皇帝"独制于天下而无所制"为转移的。二是近侍的逐步政务官化，或者称御用机构逐步演化成中枢机构。历代皇帝往往通过赋予亲近小官以实权的办法，不断地调整、改造中枢机构，目的是防止权力流失，这是一个循环往复的过程，两千多年间，层出不穷。

---

① 孔颖达：《礼记正义》卷1。
② 叶子奇：《草木子》卷3下《杂制篇》。

辅政机构的变迁，展示了专制君主制政体运行的基本规则。三是中央派出机构逐步地方政权化，以加强中央对地方的控制。换言之，加强政体机制研究，就是要正确揭示历代帝王如何处理皇权与官僚机构的关系，中央与地方的关系，农耕文化与草原游牧文化的关系，国家与农民的关系，国家与宗教的关系，等等。应当承认，历代帝王都是力图处理好这些关系的，只是由于时代和阶级的局限，加上帝王本人素质上的差异，以致历史上出现了有的帝王较好地处理了这几种关系，造成了国力强盛，社会进步，不过，这是少数；多数帝王则没有处理好这些关系，结果造成社会动乱乃至改朝换代。中国政治制度史的研究，应当把政体机制作为重要对象，突出地表现出来，惟其如此，才能跳出传统的以官制史代替政治制度史的窠臼。

其次，加强对薄弱环节和空白点的研究，拓宽政体结构的研究范围。除了对历代行政、司法、军事、人事、监察这些传统主题重新加以研究以外，还要对元首制度、决策体制、财政制度、文化教育制度、宗教与民族事务管理制度，以及历代政治家关于政治制度改革的思想与实践、近现代政治制度史等等薄弱环节加以充分的论证。对于各专项制度的实施情况以及分裂割据时期各种割据政权、民族政权的体制及运行机制等空白点，要花力气去发掘材料，作出说明。绝对不能满足于结构形式的图解和演变过程的缕述。更重要的是要从政治学的角度，对其运转方式、管理方式作出理论上的分析。在这里，适当列举某些足以说明问题的事例，把运转方式、管理方式以及上下左右的制衡关系形象化，也是不可缺少的。

再次，要从统一多民族国家的历史实际出发，承认历史上国内各民族的政治制度发展变化的多样性，以及国内各民族政体发展的不平衡性。既要充分论证以汉族为主体的中原王朝政治体制发展变化这条主线，又要兼顾边疆地区历代少数民族政权结构形式及其运行机制的研究。就以汉民族为主体的中原王朝的政体发展变化而言，是有其鲜明的个性与特点的。它是按照等级君主制（夏商周三代）、军事封建君主制（战国迄汉初）、宗法封建君主制（汉武帝以后）的线索发展变化的。开展中国政治制度史的研究，一定要按照中国国家政体演化的实际状况，建立自己的科学体系。同时，要遵循可比性原则，对历代政治制度与同时期世界各国的政治制度进行比较研究，揭示其发展层次上的差异，探索中国政治制度史自身的、有别于他国的发展规律和特点，科学地总结历史经验。

最后，政治制度是经济基础的上层建筑。它是一定经济形态的产物。历史上任何一种政治制度的产生、发展和消亡，都是一定社会经济关系发展的必然反映。因此，对中国政治制度史的研究，必须建立在对社会经济基础的深入研究之上，切忌就政治制度论政治制度。否则，既无法说明政治制度发展变化的内在根据，又不能对政治制度的阶级本质和历史地位给予科学的说明，势必流于肤浅。过去学术界在"左"的倾向干扰下，流行过"打破王朝体系"的口号，其主观意图可能是想突出劳动人民的历史地位。但是，王朝更迭是建立在封建地主制经济基础之上的，它不以人们的好恶为转移。无视客观存在，搞唯意志论，任你怎样去打，也是打不破的。研究中国政治制度史要特别注意摆脱这个"左"的口号的影响。因为中国皇帝制度，是中国政治制度史的重要内容，"打破王朝体系"，无疑就是取消了这个重要的研究领域，那样的成果，也就不成其为中国政治制度史了。

回眸20世纪以来的中国政治制度史研究，虽然历尽坎坷，但是经过几代学者顽强的努力，中国政治制度史的研究，从形成到发展，从纯官制史研究到向规范的政治制度史研究转化，取得了很大的成绩。在20世纪之末，我们又看到力图弥补以往研究之不足的十卷本《中国政治制度通史》的问世。前瞻21世纪，我们充满信心，相信中国政治制度史的研究一定会突破樊篱、攻克难点，取得长足的发展。

（原载《历史研究》1996年第6期）

第 3 辑

他山攻错

现代西方民主刍议*

一 现代西方主流民主理论

民主是20世纪使用最多也是最滥的概念之一。部分原因是,"民主这个词,不但没有公认的定义,而且各方政治力量都极力反对取得一致。人们普遍感觉:如果称一个国家为'民主国家',那是对它的赞美。任何政体的捍卫者都声称他所捍卫的是民主政体,深恐一旦民主同任何一种意义挂钩,便有可能使他们无法再利用它"①。民主在今天是一个时髦的名词,成了任人抢购的术语,甚至连许多军人政权也宣称要实行民主统治。在此情况下,梳理各种西方民主理论便显得非常必要。民主并不服从单一的论说,现代西方民主理论光怪陆离、异彩纷呈,这里只能撮其大要,予以论列。

(一) 直接民主或参与民主理论

这种理论是词源学民主的直接推演,民主的词源学定义很简单,即人民的统治或权力。也就是说,民主按其纯粹的和最充分的状态来说,要求"一切权力属于人民"。古希腊民主是这种理论的唯一实践类型,卢梭的人民主权学说是其近代范型,现代西方各种左派民主理论都或多或少渊源于此,参与民主、公民表决式民主和电子民主是其最新主张。但这些学说面

---

* 题记:本文原系作者承接的一个指令性课题最终研究成果的缩写稿,未及杀青,又奉命参加另一个同名课题的研究,阴差阳错,一拖再拖,始终没有正式发表。子曰:"君子耻其言而过其行。"既已立项,就不应有始无终。这既是职业伦理的要求,也是一种社会责任。现将缩写稿刊出,以作了断。本课题研究过程中,张辰龙博士、舒城博士多有贡献,谨致谢忱!

① [英]奥维尔:《政治与英语》,载董乐山编译《奥维尔文集》,中国广播电视出版社1997年版,第144—162页。

临着实际操作上的困难。卢梭曾设想，实现这种民主的方案是采纳一种社会契约，这一契约的实质是"每个结合者及其自身的一切权利全部转让给整个集体"。这样，"我们每个人都以其自身及其全部力量置于公意的指导之下，并且我们在共同体中接纳每一个成员作为全体不可分割的一部分"。因此，当个人服从公意时，他"不过是在服从他自己本人，并且仍然像以往一样自由"。① 但是，卢梭忘记了一个最基本的道理：任何主权都必须由具体个人行使。抽象的主权者本身无法行使这一权力，它必须将权力交给自己的代理人。这样，当一个人将自己奉献给所有人时，他绝非像卢梭所想象的那样没有向任何人奉献自己，而是向以全体的名义行为的那些人奉献了自己。由此，人民主权学说很可能走向自己的反面。现代西方民主制度在建制上，区分了政治权力的权限与政治权力的归属问题。人民主权所涉及的仅仅是政治权力的归属及其形式方式，但绝不意味着人民主权可以拥有无限的权力。主权在本质上也是有限度的，这个限度就是个人的独立与存在，"多数的同意并不足以使社会的行为合法化。有些行为是不可能得到任何赞同的"②。

从理论上讲，人民亲自行使权力应当胜于把权力委托给别人，基于公众参与的制度比代议制更安全或更完善。但历史经验表明，离开自由的民主至少是不稳定的，许多历史学家和思想家的研究证明，最接近这种字面民主的古希腊民主制的灭亡正是由于个人自由的缺失，而且在以后的历史中这种民主再也没有出现过。的确，古希腊人享有政治权利，有选举权，可以任命官员，也可能被提名为执政官，有人便误以为他们享有自由。但贡斯当提出，正是由于这一切，人们无异于国家的奴隶③。因为在古希腊那里，政治渗透到一切领域，没有给个人留下活动空间。也就是说，在古希腊个人并不享有自由，因为他们并不把个人视为某个个人，而只看作城邦的一个分子，同时也缺乏合法的私生活领域的观念。所以，古代希腊民

---

① [法]卢梭：《社会契约论》，何兆武译，商务印书馆1980年版，第23、25页。
② [法]雅曼·贡斯当：《古代人的自由与现代人的自由》，阎克文、刘满贵译，冯克利校，商务印书馆1999年版，第57页。
③ 同上书，第305页。

主的目击者和见证人亚里士多德，才把民主政体列为腐朽的政治类型①。实质上，它雄辩地证明了，即使在最佳条件下，纯粹的民主也是非常脆弱的，那么在巨型邦国中它就根本不可能实现。因为在小范围民主和大范围民主之间存在着巨大的鸿沟，人类为了在这条鸿沟上架设一座桥梁已进行了两千多年的努力。现代民主只能是统治的少数统治被统治的多数这一既定事实下的民主，其关键不在于被统治的多数亲自掌握和行使政治权力，而在于有效地制约统治的少数。如果古典式民主是一种统治的民主或横向的民主，那么，现代民主只能是被统治的民主或纵向的民主。

针对当代自由民主制下，公民普遍的政治冷漠与低程度的政治参与，帕特曼和麦克弗森等人提出了参与民主模式。麦克弗森认为，公民只有直接不断参与社会和国家的管理，自由和个人发展才能充分实现。帕特曼引用卢梭和密尔的一些观点，认为参与民主能促进人类发展，强化政治效率感，弱化人们对权力中心的疏离感，培养对集体问题的关注，并有助于造就出积极公民。他们认为，现代西方社会中，权力和资源分配不平衡，阶级、性别和种族的不平等阻碍了人们的参与。自由民主中的选举参与只是一种"有限"的参与，他们主张把民主的范围扩大到大多数人生活于其中的那些关键的制度中去，使民主在人民的日常生活中发挥作用。也就是说，民主权利需要扩大到经济组织和社会中其他重要组织。帕特曼得出结论说，人们应该拥有一个现代的、非教条式的民主，"其核心部分保留着参与的观念"②。对于参与民主，我们只需指出两点就够了：直接参与只有在小范围内才有实质，随着范围的扩大，参与的效率呈递减率，直至毫无意义；民主只能限制在政治范围内，扩大到经济领域民主便会成为瓜分利益的工具，这不仅不符合民主的本意，而且其结果很可能造成社会的崩溃。

有人认为，电子操纵的"公民表决式民主"可以取代代议制而在巨型邦国中实现所谓真正的直接民主。但是，这种民主虽然在技术上是可行的，可它的实施很可能是灾难性的。首先，人都不在场的情况下实行有意义的自治是不可能的；其次，投票人口的规模将使每个参与者的参与（影

---

① 参见［古希腊］亚里士多德《政治学》，吴寿彭译，商务印书馆1965年版。
② Pateman, *Participation and Democratic Theory*, Cambridge University Press, 1970.

响力或作用）变得毫无意义；再次，最主要的是，它是一种加剧冲突的结构，即一个排除了少数权利的地地道道的多数统治的制度。在每个问题上都是多数赢得一切而少数一无所获，而且不会出现交易和补偿。

当然，人民主权学说并非毫无用处，它实际上为民主提供了基础。权力属于人民建立了一条有关权力来源和权力合法性的原则。它意味着只有真正自下而上授予的权力，只有表达人民意志的权力，才是正当的权力。但是，这种仅仅包含着人民主权观念的民主理论只够用来同独裁权力作战，在打败敌人之后，如果仍然执著这一原则的字面意义，便会丧失它给我们带来的真正好处。因为交给人民的权力只不过是名义上的权力，权力的行使则是另一回事。由此可知，民主并非越纯粹越好，按纯粹的民主原则，我们无法成功地建立起民主制度。

从这个角度看，林肯的话"government of the people, by the people, for the people（民有、民治、民享）"不足以成为民主的定义——它之所以成为民主的信条，是由于它出自林肯之口。如果换一个人说出来，它很容易产生林肯不希望或不打算让它产生的含义。这句话只有促进民主的意义，而没有逻辑上的意义。

（二）精英民主理论

在现代条件下，人类还无法超越少数人统治与多数人被统治这一事实。基于这一事实，产生了一种对民主持悲观主义看法的理论。这就是19世纪末20世纪初由三位意大利思想家帕雷托、莫斯卡、米凯尔斯发展出来的精英主义理论。依照这种理论，人民在历史中是没有什么地位的，历史的舞台不过是走马灯般的精英在演出，人民统治是不可能的。因此，他们多倾向于怀疑民主的可能性。米凯尔斯稍有不同，他认为，尽管民主实质上也是寡头统治，但这种制度在形式上应该保留下来，因为它是邪恶中最轻的一种[①]。

意大利式的精英主义并没有为民主提供什么建设性意见，促进20世

---

① R. Michels, *Political Parties: A Sociological Study of the Oligarchical Tendencies of Modern Democracy*, Free Press, 1966.

纪民主理论大发展的,是马克斯·韦伯的官僚组织理论和熊彼特的精英民主理论。同韦伯一样,熊彼特把民主看成是一种竞争政治领导权的政治方法。在熊彼特看来,人民主权学说或词源学民主最成问题之处,在于把授予选民决定政治问题的权力当作民主制度的首要目标,把人民选择代表反而视为第二位的事情。熊彼特认为,人民的作用不过在于产生一个政府,选出社会精英来治理国家。"民主并不是指,也不可能指,按照'人民'和'统治'这两个词的明显意义说的人民是确实在那里统治的意思。"因此,"民治"是一种毫无价值的标准,用它不可能对现实存在的各种政体进行区分。"人民的统治"便成为一种神话。但是,在一般情况下,人们依然能对民主与独裁加以区分,所以熊彼特认为民主必然存在独特的要素。为此,他提出了经验性民主定义:"民主方法是为达到政治决定的一种制度上的安排,在这种安排中,某些人通过竞取人民选票而得到作出决定的权力。""民主不过是指人们有机会接受要来统治他们的人的意思。……自称的领导之间为争取选民投票而进行的自由竞争。"①

精英民主理论可以归纳为这样几点:(1)民主并不意味着人民统治,而是社会精英或政治家的统治;(2)民主意味着多元的精英竞取权力的过程,这一过程常常采取政党竞争的方式;(3)精英是开放的,人们有平等的机会成为精英;(4)公民定期选举政治精英成为统治者。因此,在精英民主论看来,民主并不要求权力在公民之间平摊。权力总是由一小部分领导人来行使,但只要满足上述二、三、四条,这种统治就可以认为是民主的。

(三) 多元民主理论

熊彼特对西方民主的经验性考察的确道出了现代西方民主制度的部分真义,但是,熊彼特的理论很少关注单个公民与当选的政治家之间的中间地带,认为公民在一个以精英的竞争性冲突为特征的世界中是孤立无援、软弱无力的。在这种论述中,很少注意社区联合会、工会和商业组织这类

---

① [美] 约瑟夫·熊彼特:《资本主义、社会主义与民主》,吴良健译,商务印书馆1979年版,第355—356页。

广泛存在于人民生活中,并且以复杂的方式把人民的生活与形形色色的制度联系的"中介性社会团体"。

多元主义民主理论,力图通过考察"团体政治"对现代民主制的功用,来弥补这一缺陷。精英民主理论片面强调"精英政治",过分强调政治家塑造政治生活的能力,而多元主义者则探讨了选举的竞争和有组织的利益集团之间的关系,认为现代民主政治的实际竞争程度和使竞争各方满意的程度,远远超过熊彼特模式的看法。多元主义者在50年代和60年代的美国政治研究中获得了主导地位,尽管他们的影响在今天已不如当年那样广泛,但是,他们的研究对当代政治思想产生了持久的影响。熊彼特曾批评,约翰·密尔等19世纪自由主义者提出的古典民主理想和代议制政府概念是"不切实际的",多元主义接受了熊彼特的观点,认为区分民主与非民主的标准,是选举领导人的方式。同时,他们断定选民比民主理论家普遍认为的更加冷漠,更加信息不灵,单个公民对政治过程很少有什么直接影响,代表常常是"民意的炮制者"。但是,他们并不认为权力集中于政治精英手中是不可避免的。他们遵从韦伯的看法,把多个权力中心的存在作为分析的出发点。按照多元主义的看法,社会中的权力安排并不是等级式的,而是竞争式的,它是代表不同利益的许多集团之间"无休止的讨价还价过程"的一个必然组成部分,这些集团如商业组织、工会、政党、妇女机构、宗教组织等。政治决策则是政府试图调和这些集团之需要的结果。因此,国家政治决策的决定因素,并不是"公众"团结一致的产物。最早和最杰出的多元主义者罗伯特·达尔强调说,即使在选举中获得了数量上的多数,也不能"由此推断说,除了算术意义的体现,多数还有什么其他意义……数量上的多数并不能承诺任何一致的行动:正是数量上的多数的不同组成部分,具有行动的手段"①。政治的结果是政府的结果,而且最终是力图在社会团体的竞争性要求之间进行调停和裁定的行政执行者的结果。在这一过程中,政治系统或国家,越来越难以和讨价还价的竞争性利益集团相区分。虽然民主政府的决策并不能使所有利益都得到完全的满足,但是,这种决策包含着利益团体的需求之间的交换与平衡。因

---

① R. A. Dahl, *A Preface to Democratic Theory*, University of Chicago Press, 1956, p. 146.

此，政策产生于利益的边缘，形成于"民主的框架"之中，在一定程度上独立于特定的政治家的努力之外①。这并不是说，选举和竞争性政党制度在决策过程中无足轻重，对于政治代表"多少对普通公民的偏好作出反应"来说，它们是至关重要的。但是，仅有选举和政党并不能确保民主国家的均衡，如果想要维持民主的过程，各种各样的积极的利益集团的存在，则更加重要。"独立的社会组织在一个民主政体中是非常必要的，至少在大规模的民主政体中是如此。每当民主的过程在诸如民族国家这样大的范围被运用时，自治的社会组织一定会出现。而且，这种社会组织的出现，不仅仅是民族国家政府民主化的一个直接结果，也是为民主过程本身运作所必需的，其功能在于使政府的强制最小化、保障政治自由、改善人的生活。"② 所以，"民主（或多头政治）与专制的区别……就是若干个少数人的政府与一个少数人的政府之间的区别。比起独裁的政治过程，多头政治的特征就是很大程度上扩展了少数人的数量、规模和差异，而这种少数人的偏好将影响政府决策的结果"③。达尔建议用"多元政体"来指称现实存在的民主制度，因为"民主"这个词容易误导人们，往往会使人们向往一种不可能达到的理想境界，即由人民来统治的政治制度。实际上，一个政体的民主性，是由多个团体或者多个少数的存在来保障的。达尔认为，民主可以定义为"多重少数人的统治"。

当然，多元民主只能在一种共识范围内运行，如果没有这种共识，民主肯定会失败："我们通常所描述的民主'政治'不过是个玩笑。它是肤浅的体现，提出的是表面的冲突。存在于政治之先、政治背后、政治之中，限制着政治并作为政治前提的，通常是存在于社会之中的关于政治的深层共识……如果没有这种共识，那么，任何民主制度都不能经受选举和政党竞争无休止的折腾。"④ 虽然达尔不否认权力分立与制衡的重要性，但他坚持认为，比起非宪法规则和实践，宪法规则对于民主的成功是无关紧要的。他的结论是，只要民主的社会前提完好无损，民主就总是"一种强

---

① ［美］D. B. Truman, *The Governmental Process*, Alfred A. Knopf, 1951.
② ［美］达尔：《多元主义民主的困境》，尤正明译，求实出版社 1989 年版，第 1 页。
③ R. A. Dahl, *A Preface to Democratic Theory*, University of Chicago Press, 1956, p. 133.
④ Ibid., pp. 132 – 133.

化共识，促进缓和，保持社会和平的比较有效的制度"①。达尔所说的共识的核心可归结为保障个人自由的共识，这种共识来源于一种政治制度的政治文化的深层。

（四）自由民主理论

直接民主或参与民主理论只是提供了民主的价值诉求，但由于缺乏操作性架构而无法落实到现实世界。现代西方民主制度并不是根据它建立的，因此它不是现代西方正统的民主理论；而精英民主理论和多元主义民主理论较为真实地描述了西方自由民主制度的部分事实，因此，它们已融入西方正统的自由民主理论之中，至少它们是自由民主理论的变种。但是，它们按照西方民主的实践和制度来定义民主，按照西方政体的实际特征来想象民主，并没有考察公民参与的适当程度、政治统治的范围、民主管理最合适的领域等问题，而这些问题从古代雅典到19世纪的英国一直都是民主理论的主要内容，现在却把它们搁在一边，仅仅回答当前实践中的一些问题。他们修改了民主的定义，坚持价值中立，使民主思想的丰富历史屈从于现状。②

然而，民主制度的建立是价值压力的产物，民主是什么同民主应是什么是分不开的，民主只能在其理想与价值让它存在的范围内存在。西方民主的核心价值是个人自由，现代西方民主并不是根据民主原则建立的，而是自由主义的结果。正如林德布洛姆所说："民主的历史主要来源于对自由的追求。……人们保证自由的方式是构造我们称为多头政治的那种多少是民主的政体，这时多头政治成为手段，自由则是目的。民主是'对自由事业的起誓'。'为民主而战，在历史上，就是为政治自由而战。'"③ 正因为如此，我们不难理解美国宪政民主制度的奠基者大都是积极的自由主义者，但仅仅是小心谨慎的民主主义者，其中也有些人完全不是民主主义者。无人否认这些思想家在西方民主制度建构中的作用，如洛克、孟德斯

---

① R. A. Dahl, *A Preface to Democratic Theory*, University of Chicago Press, 1956, p. 151.
② 参见［英］戴维·赫尔德《民主的模式》，燕继荣等译，王浦劬校，中央编译出版社1998年版，第266页。
③ ［美］林德布洛姆：《政治与市场》，王逸舟译，上海三联书店1992年版，第236—237页。

鸠、伯克、边沁、康德、黑格尔、密尔、贡斯当、托克维尔，等等，但他们也全部首先是自由主义者，其次才是民主主义者。当然，卢梭是一个例外，在他影响下的法国大革命常常被用来驳斥近代民主产生于自由主义这一命题，然而，法国民主制，是在吸取了雅各宾民主的教训和自由主义之后才最终确立的。所以，根据英美这一主干谱系，自由主义先期而至，民主接踵而来，这一点是没有疑问的①。自由民主理论才是西方的正统民主理论，其他民主理论都是围绕自由民主理论展开的。这是因为，只有自由民主理论是价值与事实相结合的理论，它不仅从价值上为民主制度提供了建制原则，而且真实地反映了西方民主的发展进程。

在西方，自古希腊民主制短暂的实验并失败后，民主在以后两千多年的历史中再也没有出现过。在这个漫长的时期，西方人曾谈到过共和国（republic），但谈 res public（公共事务）并不等于谈民主。"公共事务"所表达的观念，指的是属于每个人的事务，或者与每个人有关的事务，这个观念本质上完全不同于权力属于人民的观念。康德严厉抨击了那些把民主政体混同于共和政体的人，他指出，一切统治，不是"共和政体就是专制政体"，而民主政体，就这一术语的固有意义而论，"必定是专制政体"②。远在柯尼斯堡几千里之外，并且完全处于不同背景中的麦迪逊和汉密尔顿，对这个问题的思考与康德也并无不同。麦迪逊的说法始终是"代议制共和国"，从不说"民主政体"，因为他认为后者指的是古代的直接民主，即"由少数公民亲自组织和管理政府的社会"③。费城会议也没有从民主角度考虑问题，它所产生的第一部现代民主国家的宪法，被它的建构者们视为共和宪法，而不是民主宪法。如果语言的历史简明地反映着历史，那么民主一词的长期湮没无闻就有着高度的重要性。萨托利认为，人们重新开始使用民主一词，必然是因为有某种新事物开始存在。尽管这是一个希腊名词，但现代人用来指称的事物却是起源于希腊以外的地方。现代民主

---

① 参见［美］萨托利《民主新论》，冯克利、阎克文译，东方出版社1998年版，第389页。
② ［德］康德：《论永久和平》第2节，《历史理性批判文集》，何兆武译，商务印书馆1990年版。
③ ［美］汉密尔顿、杰伊、麦迪逊：《联邦党人文集》第10篇，程逢如、在汉、舒逊译，商务印书馆1980年版。

政体和以下发现有关并受制于这一发现：不同政见、多样化和不同政见者的存在，与社会秩序并非互不相容。也就是说，现代民主政体的理想之源在于这一原则：培育着国家的酵母和营养品是差异而不是划一。正是通过这种认识上的革命性转变，被称作"自由主义"的文明才一点一滴地建立起来，也正是通过这条途径才达到了当代西方民主。

其实，现代民主是由市场经济催生的，是英国人在保护自己的私有财产过程中逐渐达成的，通过使私有财产成为对抗和限制国家权力的一种安全装置的私有产权，英国人获得了个人自由中第一个，也是最重要的一个构件，并把它提升到政治制度层面——"无代议员，不纳税"。对于洛克来说，财产权不仅是市场交换的基石，更是自由宪政国家的基石[1]。布坎南认为，宪政民主理论和市场经济理论都是启蒙运动的产物，在 18 世纪哲学家们那里，人类活动的这两个方面并不是分开加以讨论的。18 世纪哲学家们的伟大发现是，在正确设计的法律和制度约束内，市场中追求个人利益的个人行为会产生出一种自发秩序。[2] 自发顺序的存在表明，没有国家权力的直接介入社会同样能够达成秩序，国家没有理由再介入这个领域。这不仅在事实上构成了对国家权力的限制，而且提供了一个制约国家权力之社会权力的生长空间。可见，现代民主是在限制政府权力过程中实现的，是自由主义的结果。只是到了 19 世纪，人民主权观念才作为建设性因素进入政治过程之中，但这一观念是经过重要转换之后才成为积极因素的，经过自由主义修正后的民主原则，便从"一切权力属于人民"变成了"一切权力不属于任何人"。民主不再是"人民的统治"，而是有权选举和替换自己的统治者，直接民主变成间接民主即代议制民主。这种民主不仅是自由主义的结果，而且个人自由还是它赖以存在和运行的基础。因为个人自由得不到保障，统治者随时都可能剥夺公民参与政治的权利。

但是，民主与自由毕竟是两种不同的事物，是处理国家与社会（个人）之间关系的两种不同的政治技术。自由意味着对直接控制个人之措施的否弃，意味着对国家权力的限制，并预设了个人拥有某些确实得到保障

---

[1] 参见［英］洛克《政府论》第七章，瞿居农、叶启芳译，商务印书馆 1983 年版。
[2] 参见［美］布坎南《自由、市场与国家》，平新乔、莫扶民译，上海三联书店 1989 年版。

的私域①。民主，按其字面理解，是人民的统治或权力。按其纯粹的和最充分的状态来说，民主要求"一切权力属于人民"，这一原则并没有指出限制权力：一切权力乃是无限的权力。由此看来，自由观念并非来自人民主权学说。在日常生活中，人们之所以总是把自由和民主混为一谈，是因为现代民主是建立在自由主义基础之上的，它在一定程度上包含着个人自由。但是，民主和自由之间的张力并没有因为现代民主包含着自由而消除，如果对民主选举出来的政府不加限制的话，专制同样有可能发生，个人自由同样会遭到侵害。民主并不能独自保护自由，其实，现代自由是以宪政来保障的，它意味着"法上有法"，即使民选的政府也不得制定违背保障自由的宪法，这就对纯粹的民主原则构成了某种限制和约束。因此，在保护个人自由方面，宪政或许比民主更重要，民主必须是宪政的，宪政民主就是使民主定位于自由主义的民主。但是，民主并不等于宪政，宪政是要设法限制国家权力，民主则要在国家权力中嵌入人民的权力。

民主也不等于共和，共和意味着共同利益，不偏袒任何人的利益，而民主制度则遵循多数决定规则。然而多数并不等于全体，而且多数也不是共同体中具有持续性的一大部分人，它只是少数人在临时协议下不断变动的暂时的多数。多数规则是民主社会一项便利的决策机制，但它很容易被错误地提高成基本的道德原则。所以，在自由民主制诞生时，康德和麦迪逊们把它称作共和制，而不是民主，因为民主在他们眼里意味着多数暴政。共和民主意味在遵循多数决定规则的同时，更加关注保护少数人的利益和自由，不偏袒任何一方，共同利益只能是多数人与少数人的利益之和。尽管民主是建立在多数规则之上，但它并不认为今天大多数人的观点应成为普遍接受的观点。共和民主的合理性取决于这样一个事实：随着时间的流逝，今天是极少数人的观点也许明天会变成大多数人的观点。显然，少数如果得不到保护，便不可能找到一个赞成新看法的多数，因为那些把看法从多数转向少数的人立刻就会进入无权发表看法的人的行列。因此，允许改变看法不仅是个人自由的基础，而且是共和民主能够作为开放的、自我调整的政体持久存在的条件。正如阿克顿所言："我们据以测验一个国家是否真正自由的最可靠的标准，

---

① 参见［英］哈耶克《自由秩序原理》，邓正来译，三联书店1997年版，第3—18页。

便是看其中少数派所享有的安全程度多寡如何。"① 共和要求保障全体人的自由与利益,而不仅仅是一部分人的自由与利益。

由此可见,西方式民主制度是自由主义加民主的产物,它既是民主的又是共和与宪政的,是一种合成物,一个复合体。尽管如此,它们毕竟是不同的事物,虽然这三股线被拧成了一条绳,可一旦拆散它,三股线也就毫不相干了。从托克维尔到雷蒙·阿隆,一般都认为自由主义和民主的基本关系就是自由与平等的关系。其实自由主义并不完全是个自由问题,民主也不完全是个平等问题。同样,并非所有的平等都是民主的成就,也并非所有的自由都是自由主义的功绩。但是这样说是大体正确的:自由主义关心自由问题,而民主主义更关心平等问题。这并不是说自由和平等毫无关系,首先,如果没有自由,人们甚至无法提出平等的要求。固然,也有一种先于自由而存在并且与自由毫无关系的平等,但那是奴隶之间的平等。因此,政治自由是所有平等权力之基本的恒久条件。自由主义本身则小心地认可法律——政治平等以外的平等,因为它对任何从上面免费赐予的平等都感到可疑。平等有一种水平方向的动力,而自由的动力则是纵向的。前者较多关心的是政治问题,而后者更关心福利问题。自由的原则在实际操作中不可能被颠倒成它的反面,而平等的原则却有这种可能。这就是说,以自由为工具,少数或多数都不可能完全成功地被压制,而以平等的名义或以平等为手段,多数和少数都将发现自己给套上了锁链。最后,平等是我们所有理想中最不知足的一个理想。其他种种努力都有一个饱和点,但是追求平等的历程几乎没有终点,这尤其因为,在某个方面实现的平等会在其他方面产生明显的不平等。因此,"更多的民主"往往首先意味着民主不仅仅是一种政治形式,而是寻求更多的社会保障与经济福利。结果民主政治变成"一种为瓜分全部收入而进行的拔河比赛"②,从而使"政治"变成一个极其令人厌恶的词。宪政民主表明,作为一种程序,民主应该限制在政治范围之内,把民主扩展到其他领域是错误③。我们不难

---

① Acton, *The History of Freedom and Other Essays*, Macmillan and CO., Limited, 1919, p. 4.
② Conrad P. Waligo Rski, *The Political Theory of Conservative Economists*, the University Press of Kansas, 1990, pp. 101 – 125.
③ F. A. Hayek, *Law, Legislation and Liberty*, Routledge&Kegan Paul, 1982, pp. 472 – 478.

理解，如果财富的获得不是通过劳动或交换，而是通过投选票，恐怕再也不会有人愿意从事生产，民主并不适用于工业和经济关系，民主不是可以实现任何事情的工具[①]。

需要说明的是，宪政对民主的限制并不表明宪政是反民主的，宪政其实保护了民主的前提条件——个人自由。对于任何一种真正的民主理论来说，第一个也是最关键的前提条件是，必须把价值源泉完全归结于个人。如果存在着非个人的价值源泉，或假定存在着非个人的价值源泉，那么，民主的政治程序充其量只能作为发现独立价值的许多可能的途径中的一种途径，民主政治程序就不会比其他政治程序更加有效。因为一个独裁统治者同样可以根据非个人的价值标准而声称是为了共同利益或人民利益，民主的选举过程就没有必要了。个人成为最终的价值源泉，任何人或集团都无权决定另外一个人的情形应当怎样，所谓"共同利益"只能是个人偏好集合过程即民主过程的结果。政治就成为不同的个人表达各自偏好的场合，不经选举产生的统治者在规范上就找不到为他们的行为进行辩护的依据。所以，民主必须以个人自由的保障为基础，否则，我们得到的"民主"只不过是披着民主外衣的独裁统治[②]。另外，宪政之达成也离不开民主，宪政制度的运转同样需要民主为其注入活力，因为制约性权力的最终来源是自下而上运行的社会权力，即民主性的权力。同时，自由之制度化需要个体的自觉和人们积极参与，因此，至少在专制制度下民主运动对自由之获得是一种助力，因为这时民主运动或民主程序之确立本身就是对国家权力的某种限制[③]。因此，宪政本身必须包含民主，真正的自由主义绝不会反对民主[④]。

我们说，自由民主理论是西方正统的民主理论，不仅因为它反映了西方民主制度的实际发展进程，而且它还为这种制度奠定了价值基础，如自

[①] 参见张辰龙《在自由与民主之间保持张力》，《直接民主与间接民主》，三联书店1998年版。
[②] 参见［美］布坎南《自由、市场与国家》，平新乔、莫扶民译，上海三联书店1989年版，第362—381页。
[③] 参见［美］史蒂芬·霍姆斯《先定约束与民主的悖论》，见埃尔斯特和斯莱格斯塔德编《宪政与民主》，潘勤、谢鹏程译，三联书店1997年版。
[④] 参见张辰龙《在自由与民主之间保护张力》，《直接民主与间接民主》，三联书店1998年版。

由与人权、宽容、妥协和诚信，等等，更重要的是它为西方民主制度提供了建制原则。自由民主理论提供了如下建制原则：

民主原则。在这里，民主原则并不是指人民主权或人民的统治，而是指人民有选择统治者的权利。人民作为选民，是从选举权的角度行使他们的权力，人民主权即体现于此。从这个意义上说，民主政治也就是选举政治，因为选举毕竟是民主的纵向结构（被统治的民主）的最关键性起点[1]，代议制民主依赖于选举行为和选举——自由的、周期性的和竞争性的选举。正是在各种选举中，作为民主制游戏规则的多数决定规则才获得决定性的充分运用。当然，民主政治并不完全等于选举政治，现代西方民主兼有选举制和代议制，选举式民主虽然不是代议式民主的充分条件，但却是它的必要条件。现代选举式民主并不是直接民主，人民并不亲自统治，而是选出统治他们的代表，直接民主则是没有代表和代表传送带的民主。简单地说，选举不制定政策，选举只决定由谁来制定政策；选举不解决争端，它只决定由谁来解决争端。但是，选举必须以自由舆论为前提，没有自由舆论的自由选举是毫无意义的。

宪政原则。宪政的核心含义，就是用宪法制约绝对权力以保障个人自由的制度[2]。宪政是美国人对英国法治观念的一种提升。它提出了法律的等级观即"法上有法"，即使民选的政府也不得违背保障个人自由的宪法。也就是说，任何权力都不应当是专断的，一切权力都应当为更高级的法律所限制[3]。因此，宪政是和法治（rule of law，法律的统治）融合在一起的，而反对以法而治（rule by law），后者只是把法律作为统治的工具。宪法本身即是一种对权力不信任的行为，因为"一切有权力的人都容易滥用权力，这是万古不易的一条经验。有权力的人们使用权力一直到遇有界限的地方才休止……从事物的性质来说，要防止滥用权力，就必须以权力约束权力"[4]。宪政制度至少包括两方面内容：一方面是权力分立与制衡制度，其目的在于制约和限制任何绝对的权力并保障"有限政府"；另一方

---

[1] 参见［美］萨托利《民主新论》，冯克利、阎克文译，东方出版社1998年版，第146页。
[2] 参见［美］萨托利《"宪政"疏议》，《公共论丛》第1辑，三联书店1995年版。
[3] ［英］哈耶克：《自由秩序原理》第11章和第12章，邓正来译，三联书店1997年版。
[4] ［法］孟德斯鸠：《论法的精神》上册，张雁深译，商务印书馆1961年版，第154页。

面是个人权利制度,它为政治权力划定了疆界,为私域提供了屏障,是政治领域与非政治领域的分野,是政治权力运行的底线。这两方面的制度是紧密相联的,如司法独立和司法审查制度对确保个人权利不受践踏是至关重要的。同时,个人权利制度使社会中滋生了制约政治权力的力量,因此,它也是一种民间制约的方式。

共和原则。从词源学上讲,"共和"的意思基本上相当于公共利益(common wealth or common weal)。麦迪逊解释道:"如果我们为了就不同政府形式赖以确立的不同原则而寻找一个标准,我们会将共和定义为(或至少会将这一名称给予)一个直接或间接从人民大众中获致其所有权力的政府,而且由那些在有限时期内品行良好的掌权人所管理的政府。最为关键的是,这个政府应从整个社会而不是从这个社会中它所认同的极小部分人中产生。"① 共和把政治权力看成一种"公器",它既不为任何人所私有,也不偏袒任何人的特殊利益。民主并不能保证这一点,单纯的民主原则极易导致多数人专制。在现代,共和原则已融入自由民主之中。

二 现代西方民主的基本制度

我们说过,自由民主理论为西方民主提供了建制原则,但原则不等于制度,作为人类理想的民主必须落实到制度层面,才能实现。现代西方民主制度可以分为两个层次:第一个层次的制度是现代西方各国民主制度带共性的东西,直接体现了制度的民主性;第二个层面是指政府制度。第一层次的制度有:

第一,选举制度。选举制度是西方民主政治的基础。如果说选举制度的形式,是近代资产阶级同封建贵族势力反复斗争的产物的话,那么,普选权的确立,则是工人阶级同资产阶级斗争的产物。正像马克思在评论"伦敦工人协会"发起的争取普选权的"人民宪章"运动时所指出的那样:"普选权就等于英国工人阶级的政治统治,因为在英国,无产阶级占

---

① [美]汉密尔顿、杰伊、麦迪逊:《联邦党人文集》第39篇,程逢如、在汉、舒逊译,商务印书馆1980年版。

人口的绝大多数……在这里，实行普选权的必然结果就是工人阶级的政治统治。"①

普选权的本质意义就在于，使人民主权原则落到实处。不过，普选权的实现却经历了漫长的历史过程。19世纪法国政治思想家托克维尔在他的《论美国的民主》一书中写道："当一个国家开始规定选举资格的时候，就可以预见总有一天要全部取消已做的规定；只是到来的时间有早有晚而已。这是支配社会的发展的不变规律之一。选举权的范围越扩大，人们越想把它扩大，因为在每得到一次新的让步之后，民主的力量便有增加，而民主的要求又随其力量的增加而增加。没有选举资格的人奋起争取选举资格，其争取的劲头与有选举资格的人的多寡成正比。最后，例外终于成了常规，即接连让步，直到实行普选为止。"②

在西方，取消对选举人的财产、教育程度、种族、性别等资格的限制，差不多花费了一个多世纪的时间，直到20世纪，普选制才陆续建立。北欧各国大体上是在第一次世界大战后就建立起普选制；英国是1928年议会通过"国民参政（男女选举平等）法"，才实现了普选制；法国是1944年，意大利是1945年，美国则是1976年尼克松总统签署了保证黑人选举权的法案，才算是基本实现了普选制。通览西方主要资本主义国家的普选制的形成过程，几乎都经过了由严格限制选举权，到逐步放宽选举权，再到形式上确立普选权三个发展阶段。它既是资产阶级政治统治的确立和巩固的过程，也是无产阶级和劳动人民长期斗争的结果，同时还是世界民主化潮流的必然趋势。

普选制意味着只有公民选举产生的公共权力才具有合法性。这既是一种政治理念，又是一种政治原则。它向世人宣示，公民有权选择公共权力机构。如是，普选权奠定了现代民主政治的基础。普选权的功能在于，通过非暴力的、和平有序的方式即公民普选的方式实现公共权力机构的产生、让渡与更迭。作为现代民主政治的一种制度保障，它对于维护政治稳定和政治发展起着决定性的作用。它不仅是人民主权原则、社会契约原

---

① 《马克思恩格斯全集》第8卷，第390页。
② [法]托克维尔：《论美国的民主》上卷，董果良译，商务印书馆1996年版，第61页。

则，以及公民的平等、自由权利的实现形式，而且是公共权力机构运作机制的制动杠杆，因此，现代民主政治就是选举政治。普选制产生的政府是民意政府，必须对人民负责；政府的权力则置于人民的监督与制约之下。正如美国《独立宣言》所说："政府的正当权力，则系得自被统治者的同意。如果遇到任何一种形式的政府变成损害这些目的的，那么，人民就有权利来改变它和废除它，以建立新的政府。"

在西方，选举是一种根本性的政治制度，不仅是表面上的投票行动，而且是一种民主秩序的构建方式：权力是由下至上，逐级授予的，掌权者是由下至上选举（选出来，举上去）的。选举应当是秘密的（不因投反对票受到惩罚）、公平的（每一票的价值必须是相等的、在投票与计票中不得作弊、不得贿选）、自由的（可以在不同的候选人中间作出自由的选择，可以去投票也可以不投）、有效的（例如所投的选票不能被任意重复计算或任意作废）。不言而喻，西方发达国家的选举制度贯穿着自由民主的精神，尽管它可以成为工人阶级争取自身利益的一种手段，但是，从本质上讲，它毕竟是资产阶级维持政治统治的工具。

第二，代议制度。

现代西方发达国家实行的都是代议制民主。在某种程度上，代议民主是西方民主的同义词。在制度层次上，代议制度是西方民主的核心和主要标志。在代议民主中，人民通过选举出来的代表掌握和行使立法和统治权。代议制度的核心是由经普选产生的代表所组成的议会，它是西方民主政体的"中枢和支配力量"[①]。在许多国家也被称作国会（如美国）。议会议决事项如法案或决议均由议员共同讨论并经多数通过，议会享有立法权、预算的通过与监督权和行政监督权。为了防止草率立法，对议会的立法程序通常有严格的规定。根据英国议会的传统，国会制定法律须经过"三读"程序。即议案在全院会议中提出时宣读标题（在下议院中已简化成列入国会记录）就算"一读"。在全院或全体委员会审议开始时进行

---

① 参见［美］威尔逊《国会政体——美国政治研究》前言部分，熊希龄、吕德本译，商务印书馆1989年版。

"二读"（全文）。最后表决前进行"三读"（也仅宣读标题）。[①] 在今天，代议制度通常要求对成年公民的选举权不得有任何限制；选区的划分基本公平，公职候选人的提名方式基本公开。

有些国家的议会只设一个议院，有的国家的议会设两个议院。前者被称作一院制，后者被称作两院制。在实行两院制的国家中，上院（又称贵族院、参议院、联盟院）一般由州、省或地区的代表构成。在上院，每个州和省通常有相等的代表，而不论它们在人口与面积上的差异。下院（又称众议院、国民议会、联邦议院）则通常完全由选举产生的代表组成。上院议员的产生有多种形式，如直接选举、间接选举、政府提名元首任命。有些地方的上议院的席位甚至可以世袭。现在西方大多数民主国家都实行两院制，几乎所有的联邦制民主国家和大国民主都实行两院制。与一院制相比，两院制有更多的优越性，在大国尤其如此。两院制比一院制有更大的代表性，能充分代表不同地区、不同人口和职业的不同的利益要求，两院之间在立法上的配合与牵制，一方面使得立法机构能够胜任现代社会繁重的立法任务，同时又通过赋予上院以一定的复议权来避免草率立法。实行两院制还可以防止立法机关与行政机关之间因立场分歧出现的僵局；因为两院中总有一院可以发挥协调作用。

由于议员的职责是行使立法权、财政权和监督权，这就要求议员必须具备立法知识和能力，具备参政议政的素质和经验，善于归纳和反映选民的利益与要求，能代表人民行使"人民主权"。所以，在西方自由民主国家，议员大都由政治家（政客）充任。

第三，政党制度。

西方自由民主遵循多数决定原则，这就需要特别关注少数人的权利。因为所谓多数与少数只是一种临时的组合，多数和少数随时都在变化，面对不同的问题多数和少数会有不同的组合。一个人在这个问题上是少数，在另一个问题上则可能是多数。因此，少数的一方应有权利争取他人的支持，使自己的意见有朝一日成为多数，而组成政党则是凝聚支持、由少到多的一个重要途径。少数派需要通过政党的形式积累扩大力量，多数派需

[①] 参见沈宗灵《美国政治制度》，商务印书馆1984年版，第91页。

要靠政党的形式去巩固自己的力量。因此,民主政治下各方的人士都离不开政党。不同政党的不同政见和政策方案的存在为选民们提供了广阔的选择空间。所以,现代西方民主政治,又可称作政党政治。

政党现象的法理基础,是民主国家肯定并保护公民的结社自由和参政权。公民可以自由地结成政党来参与政治、通过竞争获取国家权力,这是民主政治的一个重要特征。所以,国家权力归哪个政党掌握不是由宪法规定的,而是由自由、公平、竞争性的选举决定的。

但是,一个国家采行什么样的政党制度,是由该国特定的社会历史条件和现实条件决定的,不同的选举制度对相应的政党制度的形成起着促成和巩固作用。换句话说,一个国家实行什么样的政党制度,是两党制,还是多党制,是在现实政治中逐步形成的。民主并不等同于两党制。民主政治要求开放政权让各种政治组织自由竞争。西方国家的政党,最早起源于议会内的派别,由于政见的分歧逐渐形成议会党团,随着普选权的扩大,又由议会党团发展社会性政党。不过,西方国家的政党实际上都是极其松散的政治联盟,都是为大选而设立的。以美国的共和党和民主党为例,作为两党党员的主要标志是他在选民登记时声明属于哪一个政党,既没有入党手续,也不必交纳党费,而且即使声明已属于某一政党,也可以在选举中改投他党的票,即跨党投票。

政党政治是民主选举和代议制度中不可或缺的要素。在现代政治中,竞争和对立是自由民主中的常态;只要各个政党之间彼此宽容妥协,相互监督制衡,遵循民主政治的游戏规则参政议政,就不会导致国家分裂和武力的对抗。

政党的主要任务就是赢得竞选。党的全国性常设组织——全国委员会无权向各州党组织下达命令。各州党组织及全国代表大会之间,几乎是各自为政。党的全国代表大会只是为竞选总统而每四年召开一次。正如美国政治学家C.罗西特所描绘的,"这一大会仅仅是为了选出一个总统而由'五十个大公爵领地'(指五十个州的党魁)和'千百个小男爵领地'(指地方上各党魁)所组成的一个'松散的联盟'"[①]。两党公开推行政党分赃

---

① 沈宗灵:《美国政治制度》,商务印书馆1980年版,第40页。

制，即竞选中获胜上台的人以官职或其他特权赠予自己的亲信和竞选中支持本党的人。从总统到地方上的行政长官，几乎毫无例外地采用这种手段。美国的政党制度如此，其他西方发达国家的政党制度也无不如此。

第四，分权制度与司法独立。

遵循宪政原则，西方自由民主国家的立法权、行政权和司法权是分立的，由宪法授予不同的机关来行使，分别属于立法机关、行政机关和司法机关。这三个部门具有同等的法律地位，独立地行使自己的权力。这意味着三个部门之间不是服从与支配关系，一个部门无权撤销另一个部门，也不能把自己的权力完全交给另一个部门去行使。非司法机关不得握有属于司法机关专有的司法权。广义的分权制度还包括中央与地方之间的纵向分权。在西方民主政治下，联邦制和地方自治是实行纵向分权的最有效的手段。

中国人喜欢用数字说话，把西方国家的分权制度叫做"三权分立"。其实西方人并不这样说。事实上西方国家所奉行的分权制衡原则，也绝非只限于立法权、司法权、行政权这"三权"之间。美国是公认的典型的"三权分立"的国家，我们的出版物都这么说。其实，美国的分权制衡原则，从1787年费城制定会议通过的新宪法到现在，从来就不仅仅限于立法权、行政权、司法权之间，而是具有广泛的适用性，至少还包括联邦政府（中央）与州和地方政府（地方）的分权制衡关系，国会中的参议院与众议院的分权制衡关系，州政府内部的分权制衡关系，联邦法院系统与州法院系统的分权制衡关系，等等。

国家权力的分立与制衡是为了防止权力专断以保障"有限政府"：他们还用个人权利制度来划定权力的界限，把二者连在一起即司法独立。在西方人看来，独立的司法，是保障"一切人的权利和自由"最重要的制度安排。

司法独立，指法官独立审判案件，不受任何干涉。其中包括：（1）司法组织独立。（2）司法审判独立，仅依据法律，不得依据非法律的文件或政策。因此法官不受上级司法机关或行政机关的指挥或命令，上级法院对下级法院的审判，只能在一审宣判后，依上诉程序变更其判决。在法官进行审判时不得受到任意干预。（3）司法人事独立。为保证法官独立审判，必须使其不畏权势，不计进退。

法官的不可更换制。这是指法官在任期届满前非经弹劾，不得被免职、撤职，或令其提前退休。多数国家都实行法官终身制，如法国、荷兰、英国、爱尔兰、卢森堡、加拿大等。有些国家，法官有一定任期，可以连任，任期一般都比较长，如瑞士联邦法官任期六年，日本一般是十年。但不论是终身任职或定期改选，都是实行法官在任期届满前"不可更换"的制度，标榜法官职务的神圣不可侵犯。该制度主要是为了限制行政权力，从实际上和精神上保障"法官独立"和"法官公正"。多数国家还规定，弹劾法官，只限于叛国罪、贿赂罪或其他严重罪行，而不得涉及失职行为。法官在法庭中履行职务，其言论不受追究。

法官专职制。西方国家普遍规定法官（治安法官除外）不得兼任行政职务，不得兼任议员，不得兼任其他营利的职务（教学除外），也不得具有政党身份或从事政治活动。

法官高薪制。许多国家规定给予法官高薪待遇。此外，各国普遍规定，法官出差费用不受限制，实报实销。西方国家认为，给予法官高薪，使其生活安定富裕，就不会发生贿赂、营私和舞弊的现象，就可保障法官公正无私。

法官退休制。各国一般都规定法官到达一定年龄，可以退休，退休后可以拿到优厚的退休金。美国联邦法院法官，凡年满70岁，任职满10年或年满65岁任职满15年者，可领取全薪退休金。实行以上法官保障制度，就可以保障司法独立，法官不受党派和集团影响，保持公正无私，等等。

第五，军队制度。

军队的政治中立与国家化是西方民主国家的铁律。它们规定，军队不可介入政治与选举，不能进入立法机关。因为，军队若是被政治化，介入党争，或被赋予过大、过于弹性的权限，便有造成军人干政的危险性。若用军队来处理党争，就会使正常的政治纷争暴力化。

西方民主实行军队国家化的标志有三个：一是由文官来管理军队，表现为国防部长必须由不穿军装的文职人员来担任。军队的重大决策，包括预算、给养、战略方针甚至军事行动的最高决定权都掌握在文职人员手中，最高总司令由文职人员来担任（通常是国家总统），这里当然不排除在决策时充分听取高级将领的意见。二是军队的职业化，军人以军事为职业，不得经商，不得从事除军事之外的其他活动。三是军队的政治中立化。这意味着，军队必须与一切政党彻底脱钩，政党撤出军队、军人不得组成政党或加入任何政党，军人必须退出立法机关，不得担任议员。在一个国家，军队的政治化程度越低，发生政变的可能性就越小。在英美这些军队高度非政治化和国家化的地方，政变的可能性等于零，即使是毫无军旅生涯的总统，也完全不必担心军人有反叛的企图。军人不必为政见的分歧作无谓的牺牲，老百姓也免于战乱之苦，从而实现社会的稳定与国家的长治久安。

第二层次的制度有以下几种类型：

一是议会制。也称议会内阁制或责任内阁制，亦简称为内阁制。议会是由大选产生的，内阁是由议会产生，并必须对议会负责。获得议会中多数议员支持的个人、派别、政党或政党联合就取得了组阁权。一旦失去多数的支持，或更换内阁或解散议会举行新的大选。内阁首脑（总理或首相）通常由在议会中占多数席位的政党或政党联盟的领袖担任。内阁阁员由政府首脑从议员中挑选产生，并经国家元首任命。如果议会对整个内阁的执政能力失去信任，或者议会拒绝通过内阁的重要议案、财政议案或通过对内阁的不信任投票时，内阁或要辞职，或要解散下院，举行大选。如果大选后原执政党仍占多数，并对内阁表示信任，内阁就可以继续执政，否则内阁必须辞职。各部部长如果被议会判定对其部门管理不善，亦须引咎辞职。

议会制是最早出现的现代自由民主的制度形式，英国是世界上第一个实行议会制民主政体的国家。因英国的议会设在威斯特敏斯特寺，故议会制民主政体又被称作威斯特敏斯特模式。英国的议会制政府是内阁负责的政府，立法与行政结合在一起，英国内阁是下议院多数党的代表，多数党的党魁自然出任首相。采用英国议会制模式的国家，有希腊、日本、西班牙、葡萄牙、德国、奥地利、意大利、荷兰、卢森堡、爱尔兰、加拿大、澳大利亚、北欧诸国等。

二是总统制。美国是总统制的最典型的代表。与议会内阁制不同，在总统制下，总统不是由议会选举产生，而是由公民以直接或间接选举的方式产生，总统不是对议会负责，而是对全体人民负责。总统领导的内阁不是对议会负责，而是对总统负责，故内阁成员不必也不得具有议员的身份。议会无权更迭政府，总统也无权解散议会。总统除掌握最高行政权力外，通常还兼任武装部队总司令，而不论其是否有从军的背景。对于美国总统制，我们最容易误解的是，把总统及其管辖的机构称为政府，实际上，总统及其机构并不等同于政府，它只是政府的行政分支。人们通常所说的"克林顿政府"一词中的"政府"，英文原文是"ADMINISTRATION"，其主要含义是"管理"、"行政机构"；而汉译的"美国政府"一词中，"政府"的英文原文是"GOVERNMENT"，它的主要含义是"政府"、"政体"，但也有"行政管理"和"管理机构"的意思。在英语世界里，至少在美国，人们从来不随意混用这两个词，克林顿名字后面从来没有跟过"GOVERNMENT"这个"政府"，跟在他后面的一直是那个绕口的"ADMINISTRATION"。因为克林顿并不是美国政府的首脑，他只是美国政府的"立法、司法和行政"这三个分支中，"行政"这一分支的主管，而立法和司法这两个分支他管不着。但他又在对外事务中，充当名义上的国家元首。有时我们看到，美国总统常常说了不算，还经常狡辩说是他做不了主，所以在和美国不同的国家交往中很容易引起外交麻烦。可是美国总统并不是我们想象的实质上的一国之首，有些事情他的确做不了主。

三是半总统制。这种体制表面上是议会制与总统制的混合，但实际上不过是总统制的一个变种，在这种体制下，总统的权力远远大于总理的权力。总统不仅有权解散政府，也有权解散议会，成为国家权力中心。在半总统制下，总统的权力往往大于总统制下总统的权力。这种体制最早是由法国在50年代确立的。70年代末以来的第三次民主化浪潮中的新兴民主国家许多都实行半总统制，如韩国、俄罗斯、保加利亚、罗马尼亚、波兰、捷克、南非等。

三 现代西方民主的运行机制

制度只是一些构件，整个制度不过像一部机器。要使制度运作起来，就需要人们不断地为这种制度注入活力。在现代西方民主制度运作过程中，形成了其特有的运行机制。

（一）参与机制

民主作为制度，它的核心概念之一，是强调公民的政治参与。在通常情况下，政治参与的主体是指不以政治为职业的普通公民。政治参与有两个基本特点：一是自愿性，即政治参与是公民在自愿的基础上，积极主动参与政治事务、公共决策的行为；二是选择性，即公民参与政治可以表达不同的看法和意见，可以选择不同的方式来表达自己的立场与观点。政治参与的基本前提，是公民的"权利"，即公民依法行使的权力和应尽的义务。"权利"是一种资格。"权力"则是一种能力，是一种具备一定资格的权力主体要求客体作出一定行为的能力。在民主政治下，公民的政治权力也许各不相等，但所享有的基本参政权利应是一律平等的。

现代西方发达国家公民政治参与的形式，主要有五种：

一是以竞选活动为中心的选举参与。竞选是西方国家决定政府、议会公职人员的通用形式，随着普选制的逐步确立，选举参与就成为公民最基本的参政活动。英国的选举法直接称为"国民参政（男女选举平等）法"。西方学者把普选制干脆称作"群众民主制度"[①]。美国是民选职位最多的西方国家，从联邦政府到各州暨地方政府有 50 多万个民选职位，参与各级公职的竞选者每年约 100 万人。频繁的选举活动，是选民主动、具体地表达自己政治偏好的机会。因此，围绕竞选活动而形成的公民选举参与，就成为公民政治参与的最基本形式。

二是以公民行使创制权与复决权为内容的投票行动。在西方国家，立

[①] ［丹麦］福尔默·威斯蒂主编：《北欧式民主》，赵振强等译，中国社会科学出版社 1990 年版，第 125 页。

法机关通过的法律是否最终生效，往往要由公民投票决定。50年代法国在戴高乐执政时期，凡发生重大事件，决定国家的重大问题，他就举行公民投票。1958年他主持制定的宪法还对公民投票作了具体规定。1969年4月，戴高乐提交的法案被公民投票否决而不能付诸实施，戴高乐也因此辞去了总统职务。据利普哈特1984年的统计，从1945年到1980年间，在21个西方国家中，总计举行过244次公民投票，其中有169次发生在瑞士。① 公民投票作为政治参与的一种形式，有效地分割了代议制的立法权，甚至可以削弱党派的作用，使政府的公共决策广泛获得公民的支持而更具有合法性。

三是以组织社团或利益集团（压力集团）的方式，通过直接游说、间接游说、法院诉讼、为公职候选人捐助竞选费用以影响选举结果、每年公布他们评议国会议员的结果以影响议会决策等等手段，影响政府和议会的决策过程。

四是以公民自发行为为特征的政治参与。主要包括：公民自发地与议员、政府官员进行个别接触：或访问、或写信，反映情况，表达自己的诉求。公民也可以采取集体请愿、示威游行等方式对政府施加压力，迫使政府就相关问题采取改革措施或改变态度。在西方国家，由于新闻媒介是开放的、中立的，因此，公民还可以利用大众媒体，表达自己的意见。

五是在地方性事务中直接参与。地方性参与或地方性自治（乡镇自治），体现了参与的真正含义，即亲自参与和自发自愿的参与。"参与是微型民主的本质，或者说，它为上层结构即民主政体，提供了关键的基础结构。"② 由于地方性事务和公民的利益紧密相关，极易激发公民的参与热情，参与程度很高。正是在这种自治性参与的实践中，人民在政治上变得成熟起来，锻炼了自己的政治敏感性，培养了人民的参与能力，从而为实现大范围的民主政治打下了深厚的基础。因此，托克维尔认为，美国之所以能够成就民主，在很大程度上是因为美国存在大量由人民实行自治的乡

---

① 参见应克复等《西方民主史》，中国社会科学出版社1997年版，第424页。
② ［美］萨托利：《民主新论》，冯克利、阎克文译，东方出版社1998年版，第122页。

镇组织①。

参与机制，在西方被认为是民主的主要表现形式。在西方国家，衡量参与的标准是自愿性和选择性，并不是参与程度和数量的高低。因而，扩大公民参政的渠道和机会，并使这种参政活动能够对政府的权力起制约和监督作用，才是参与的关键。西方自由民主制度并不保障对政治事务和公共政策的制定享有同等的影响力，就像市场经济不保障每个人占有等额的财富一样。它保障的只是每个人具有同等的参政议政的权利和自由。至于把这些权利行使到什么程度是每个团体和个人自身的事情。

（二）竞争机制

西方民主制度的另一个核心概念是政治竞争。在任何一个社会中，现有的政治权力总是少于人们希望获得的政治权力。因此，政治权力的"供需矛盾"总是十分突出。总统、主席、总理、部长、议员的权位总是有限，而追求这些权位的人却无穷多。这样，个人与个人、党派与党派之间难免要围绕这些权位展开激烈的竞争。只要权力的"供需矛盾"一天存在，对权力的竞争与角逐就不会休止。而且，与商品的短缺不同，权力的"供需矛盾"无法通过无节制扩大权力供应量来缓解。

西方民主政治竞争机制有两个特点：一是程序的确定性；二是结果的不确定性。换句话说，竞争的游戏规则是公开的、确定的，而竞争的结果在竞争（如大选）发生之前对当事人和局外人来说都是完全不确定的。例如，在美国，竞争总统职位的程序是公开明确的，但候选人中究竟谁能当选在大选举行之前是完全不确定的。

西方国家的政治竞争，主要有两种形式：一是竞选；二是考试。

竞选，分全国性竞选和地方性竞选。全国性竞选是指总统竞选和议会议员竞选；地方性竞选是指州（郡、省）、地区的竞选，包括州（郡、省）长和议员、市议会议员的竞选。政党是竞选的主要组织者，各国所采取的方式不尽相同。以美国为例，为了参加竞选，共和党和民主党都要推出本党的候选人，公布竞选目标，提出竞选纲领。美国的总统选举

---

① 参见［法］托克维尔《论美国民主》第5章，董果良译，商务印书馆1996年版。

（联邦选举）候选人是从各州的预选中产生的，即"总统预选"，然后在两党的全国代表大会上正式确定本党的总统候选人和副总统候选人，并通过竞选纲领。竞选纲领是该党向选民宣示的一旦当选后所要推行的基本政策，以便选民可以在两党不同的纲领之间进行选择，并授权候选人在获胜后履行该党所作出的承诺。在美国，由于政党的衰落，候选人以自己的密友和忠实追随者为核心，组成庞大的竞选班子，制定竞选策略和方法，指挥一大批雇佣选举专家安排候选人的活动日程、筹募竞选经费、发布新闻。竞选的过程始终围绕如何争取选民的选票而展开。正如美国政治学家西奥多·怀特所说，"如何把他们自己个人风格的形象在美国公众的感情中确立起来，而同时又把这个形象与他们试图打进美国公众心目中的那些问题联结起来"，是竞选的基本策略原则①。此外，还要确定竞选方法、选择竞选的重点地区和应重点争取的选民。随着电视的普及，利用电视树立候选人的形象，向选民"出售总统"。竞选费用是一笔巨大的开支。美国总统选举年，各级公职（总统、国会、州长、州议员等等）竞选费用，据统计，1984年为18亿美元②。竞选经费主要来自候选人本人及家族、公民个人捐助、公司及利益集团捐款、本党资助、政府补助等等途径。就中，公司和富豪个人的捐款（"肥猫"）是主要来源。他们通过向候选人捐款影响选举结果和新政府的政策。尽管联邦选举竞选法对竞选费用、公司或工会向联邦候选人捐款有种种限制，但是，直接的捐款被限制住了，间接捐款的大门却被打开了。"用金钱买议员"的现象司空见惯，公司、工会、利益集团建立"政治行动委员会"，变个方式为竞选提供经费又大行其道。所以，西奥多·怀特揭露说："抱有很好意图的人们试图把用金钱买卖的家伙驱逐出圣洁的殿堂，进行了一次又一次改革"，但是，"这些政治行动委员会（PACs）使用金钱来购买政治影响力和试图影响国会及总统的做法，变得比以往任何时候都更加突出。现在买通各种路子已是公开的事情了"③。另一个美国资产阶级政客

---

① [美] 西奥多·怀特：《美国的自我探索》，中国对外翻译出版公司1985年版，第429页。
② 参见李道揆《美国政府和美国政治》，中国社会科学出版社1990年版，第244—245页。
③ [美] 西奥多·怀特：《美国的自我探索》，中国对外翻译出版公司1985年版，第7页。

公开宣称:"金钱是政治的母奶。"①由此可见,在西方国家,竞选,是非常富有的候选人和有大财团支持的候选人之间的角逐,平民百姓是无缘跻身其间的。从而为西方民主制度打上了深深的资产阶级烙印,其虚伪性是不言而喻的了。

西方国家政治竞争的另一种形式是考试,即用公开考试竞争的方法录用各级政府公职人员,凡未经考试、没有合格证书者,一律不得担任任何行政职务。英国是最早采用公开考试的办法的西方国家。英国称经公开考试录用的政府公职人员为"文官",法国称作"公务员",美国称作"政府雇员"。他们几乎无一例外地强调要遵循机会均等、公开考试竞争、择优录用的原则。第二次世界大战以后,各国陆续完善了考试制度的法规并大力推行改革。英国虽然没有关于文官制度的总法规,但却有单行的法令与条例,1944—1945年,英国政府实行了文官新训练计划和新考试方法;1968年政府又吸纳了富尔顿报告对文官制度进行了一次较大的改革。法国1946年颁布了《公务员总章程》,美国1978年国会通过了《文官制度改革法》。各国均设立了相对独立的考试委员会主持公开考试,严格程序,确保考试竞争的公开、公正与公平。

西方民主政治十分强调文官要在政治上保持中立,明文规定文官不得参加党派竞选活动。考试,作为一种竞争机制,对于净化政府公职人员队伍,保证公职人员具备一定的素质,提高政府部门的行政效率,避免在用人问题上产生腐败,都提供了一种可行的、预防性的屏障。

(三) 制衡机制

分权是为了权力之间相互制衡,以权力牵制和约束权力,防止权力的滥用和腐败的发生,是制衡机制的核心内容。"权力分立"不等于"分配权力",也不能理解为是对各种政治权力的"绝对分开",而是既分立又互相制约,并保持平衡状态。换句话说,就是每一个政治权力部门都应通过某种方式来牵制其他部门,"防止几种权力逐步集中于同一个部门的最大保证,就在于授予主管每部门的人以必要的宪法手段和个人权力,用以

---

① 参见沈宗灵《美国政治制度》,商务印书馆1980年版,第57页。

对抗其他部门的侵犯"①。

按照美国宪法，分立的权力之间制约与平衡，就是国会有立法权，以法律的形式约束总统，但国会制定的法律只有总统签署后才生效，而且总统还有权加以"否决"。国会又有权在一定条件下（即当众、参两院都以三分之二票通过）推翻总统的"否决"。总统有权任命驻外使节、各部部长、各行政机关首长、联邦法院法官，但须经国会同意，总统可以与外国缔结条约，但须参议院三分之二票通过。国会还有复选总统和副总统、弹劾总统及一切行政官员的权力，而总统又有权制约国会，介入立法领域。他可以向国会提出咨文、提出法案，在特殊情况下以行政特权为由建议两院召开立法会议，还可以通过本党议员、议会党团领袖影响某一法案的命运，等等。这是立法权与行政权之间的制约与平衡关系。

而就行政权与司法权的关系而言，总统有权任命包括联邦最高法院的法官在内的法官，有权赦免一切罪犯，使法院无法对其进行法律追究。总统还控制着司法系统的警察、监狱等机构，总统还有行政裁判权等。但是法院也有制约总统的手段，联邦法院的法官虽然由总统任命，但一经任命即可终身任职，所以法官可以不依附于总统，甚至作出不利于总统的裁定。法院还享有司法审查权，它可以宣布总统的行政立法违宪，可以对违反法律的一切行政官员进行法律追究。

再就立法权与司法权的关系而言，国会有权同意或否决总统所任命的法官，有权对法官进行弹劾，国会所通过的法律一旦生效，法院必须执行。然而，法院可以审查国会的立法是否违宪，若宣布为违宪，即中止执行。联邦最高法院的判决具有判例的作用，判例实际上是法院的一种立法手段。不过，国会也有推翻判例的办法，那就是制定宪法修正案，只要经过四分之三的州的批准，修正案即可生效，而无须总统签署，法院也不可宣布其违法。

在作为立法机关的众、参两院之间，分权制衡原则也得以体现。《联邦党人文集》第62篇载称：两院制也是一种保护民主的手段。"两个截然

---

① [美]汉密尔顿、杰伊、麦迪逊：《联邦党人文集》第51篇，程逢如、在汉、舒逊译，商务印书馆1980年版。

不同的机构要谋划僭夺民权或背离职守,就必须取得一致的意见,否则只要有一个机构有野心和腐败就足以这么做了。这样一来人民就得到了加倍的保护。"

此外,联邦与各州之间也强调分权制衡原则。根据美国宪法,联邦政府只拥有少而明确的权力,"剩余权力"都归州政府,宪法第 10 条修正案对此作了规定,凡宪法所未授予联邦或未禁止各州行使的权力,皆由各州或人民保留之。这一规定限制了联邦政府的权力,是联邦与州分权的基础。后来,美国又用第 14 条修正案制约州政府的权力,因为州政府同样存在侵犯个人自由的可能性。该修正案规定凡在美国出生或归化美国的人,均为合众国的和他们居住州的公民。任何一州,都不得制定或实施限制合众国公民的特权或豁免权的任何法律;不经正当法律程序,不得剥夺任何人的生命、自由或财产;对于在其管辖范围内的任何人,不得拒绝给予法律的平等保护。这一条修正案的意义,在于原设的限制联邦政府权力的"权利法案"被扩展到州政府,标志着州政府也必须遵守"权利法案"的开始。

分权制衡机制,是西方资产阶级革命胜利之后普遍建立起来的权力运行机制。美国的分权制衡机制最具代表性。由于历史传统的因素和政府体制上的因素,其他一些西方国家,如英国、法国等,其分权制衡机制虽然不如美国那么严整、规范,但却都没有偏离这一基本原则。不过,第二次世界大战以后,西方国家的行政权力逐渐在扩大,议会的作用有所下降,过去以立法权为重心的平衡(即所谓"议会至上"),正在向以行政权为重心的平衡(即所谓"行政专横")转移。1933 年罗斯福总统权力的扩张和 1958 年"戴高乐宪法"的颁布,是美、法两国国家权力结构变化的标志。到 60 年代,英国的权力重心也由下院向政府转移,政府几乎控制了议会。分权制衡机制又呈现出新的发展态势。

(四) 纠错机制

在西方国家,为了使民主政体正常运行,普遍建立起纠错机制。它涉及的范围十分广泛,几乎渗透到国家的各种制度安排之中。定期的、公正的、有效的选举,是一种根本的纠错手段,而分权制衡、两院制、法治、司法独立与司法审查、在野党、利益集团、新闻言论自由等，则是经常发挥作用的纠错机制。

鉴于有些内容已在相关章节中述及，这里只着重介绍在野党、利益集团、新闻言论自由作为纠错手段在西方民主政治中的所扮演的角色。

所谓在野党，是指暂时未获得执政权，但在议会中却拥有相当席位的政党。有的国家称之为反对党。在野党的存在，迫使执政党不得不谨慎施政，不敢滥用权力，也不敢懈怠。这本身就是一种对执政党的制约和威慑力量。在野党以议会为阵地，通过质询、辩论等形式追究政府的活动；在议会外，还可以利用电视、报纸、公众会议批评政府过失，进行宣传；在野党还可以对政府提出的议案挑毛病，使之尽可能地完善，符合多方面的利益，因此，在野党的存在及其活动，有利于协调资产阶级和不同社会阶层、集团、党派之间的矛盾和冲突，保持社会的稳定。英国有人称赞反对党的存在，"是19世纪对政府艺术的最大贡献"[①]。

在现代西方自由民主国家，还存在形形色色的、成千上万个利益集团。这既是公民政治参与的主要方式之一，同时也具有纠错的功能。这些集团代表某种特殊群体的利益、要求和目的，它们虽然不以夺取和掌握国家政权为目标，但却通过院外活动，对议会和政府施加影响，使其制定出符合本集团利益的政策，它们派出代表常驻立法机构所在地，设立办事处，与议员密切交往，聘请说客充当"走廊议员"，游说议员，邀请议员参加各种社交聚会，提供免费旅行，赠送礼品；支持议员竞选，提供捐款、贿赂和有关情报，来影响议员，使其支持或反对某一法案的通过。它们还向司法机构、行政机构派出代表，接受咨询，与政府进行对话，在政府中寻找本集团的代理人。此外，有时它们还利用抗议、游行示威、罢工甚至骚动等激烈手段，通过发动大规模舆论宣传，向政府施压。例如，1972年美国（环境）"保护协会"收集了许多乱倒有毒废料引起公害的实证，在报纸、电台、电视上广为宣传，引起公众极大关注，最终迫使议会很快通过"处理有毒废料法"。利益集团在美国，被一些政客称作"第二圈的政策制定者"、"隐形政府"、"无形帝国"，说它们是民主多元主义制

---

① 杨祖功、顾俊礼：《西方政治制度比较》，世界知识出版社1992年版，第234页。

度的本质内容①。表面上看来，这一状况很容易滋生政治腐败，但实际上它们也平衡了各种利益冲突，使任何利益集团都不能占绝对优势，因为利益集团之间在法律上是平等的，任何集团都不能阻止其他集团的活动。在现代西方国家，众多利益集团平等的生存和活动，在当代西方民主政治中发挥着越来越重要的纠错作用。

新闻与言论自由，是西方民主政治纠错机制的重要方面。西方国家一般都有新闻与言论自由的法律规定，在美国，人们把出版自由、批评权利、报道权利，看成是民主制度理论的固有权利。新闻学家威金斯说："公民了解的权利——有权了解政府的活动，使用政府部门的文件、记录，是民主制度理论的固有权利。"② 1966年美国国会制定了"消息自由法"，1967年生效，确立了除涉及国防、外交政策文件，根据法律执行调查档案、私人信息、贸易秘密以及由其他法规保护的秘密外，凡联邦政府掌握的档案可以供任何人检查和抄录（复印），如果拒绝公开某一份文件，可以向联邦法院起诉。1967年国会又制定了"置政府于阳光之下法"，要求联邦政府属下的50个多个委员会和机构的会议公开举行；因某种理由需要举行秘密会议，这一理由须得到该单位的首席法律官员或法律顾问的认可。1970年，45个州制定了法律要求公开政府会议记录，公开举行处理公务的会议，由于美国的新闻媒体是私营，具有独立于政府、政党之外，不受政府的政党控制的独立法人资格，因而，成为监督政府行为的纠错手段。美国第三届总统托马斯·杰斐逊指出："报纸要对政府提供一种其他机构无法提供的监督作用。"③ 美国布鲁斯金学会会长布鲁斯·K.麦克劳里说："新闻界是公共政策机构，其作用不亚于总统、法院和议会，在阐明政府程序时理应有一席之地。"④

按照美国民主的观点，新闻媒体是为公众而不是为政府服务的，表面上扮演了"政府的批评者"的角色，但是，从本质上看，它是从维护资本

---

① [英] 戴维·米勒、韦农·波洛丹诺编：《布莱克维尔政治学百科全书》，邓正来等译，中国政法大学出版社1992年版，第362页。
② 参见应克复等《西方民主史》，中国社会科学出版社1997年版，第447页。
③ 转引自杨柏华、明轩《资本主义国家政治制度》，世界知识出版社1984年版，第384页。
④ 转引自李道揆《美国政府和美国政治》，中国社会科学出版社1990年版，第104页。

主义根本利益为宗旨的。这一点，特别是在竞选过程中表现得尤为突出，"总统候选人正是在报刊上和电视屏幕上被制造出来的、被毁灭掉的"。[①]。当然，新闻自由也使政府的丑闻、腐败、渎职行为、不当政策得以及时的揭露和批评，并形成强大的社会舆论压力，使政府官员陷于困境，甚至不得不退出政治舞台，尼克松的"水门事件"就是一个典型的例子。不过，我们应当看到，新闻媒体的根本动机，充其量只不过是纠正资本主义政治运行中所出现的某些错误，并非是要从根本上颠覆资本主义制度。恰恰相反，他们处处事事都是以维护美国的国家利益为准绳的，所以，西方人直言不讳地把新闻媒体称作是制约立法权、行政权、司法权的"第四种权力"。

（五）法律机制

在西方民主国家，法律笼罩一切。自由民主国家就是法律统治的国家，宪政也就是政治问题的司法解决。各种制度是由法律规定的，各种活动如政治活动、经济活动和文化活动都是在法律之下进行的。这里的法律，其核心是个人权利与个人自由的保障，并不是指国家用法律统治人民，任何个人和机构都不能超越法律。西方民主制度的运作离不开法律，没有法律的统治也就没有民主。首先，公民参与政治不能没有法律，是法律赋予了人民的选举权，当其选举权受到侵犯时，又是法律保障了他们的选举权，是法律在纠正选举中的舞弊行为，是法律在监督选举资金的筹集和使用。在西方人看来，没有自由舆论的选举是毫无意义的选举，又是法律提供给人民自由舆论的空间和平台，提供了舆论沟通与上达的渠道。在重大事务上，法律同时还提供给全民公决的权利。不仅如此，法律还为人民提供了其他多种多样的参与方式，如它使人民在地方性事务中能够直接参与，并拥有决策权。因此，没有法律，政治参与是无法想象的；法律规定了政党竞争方式和手段，使政党竞争有序化，避免了你死我活式的流血斗争，是法律确保了权力的和平交接：各种权力机构的权力，是由法律分割，并予以明确的。各种权力机构之间的相互

[①] 杨祖功、顾俊礼：《西方政治制度比较》，世界知识出版社1992年版，第147页。

制衡，也必须遵循法律。没有法律，在权力分立的国家，我们看到的可能是权力的勾结、权力之间倾轧与互相推诿责任，而不是"有限政府"的保障。在纠错机制中，人们常常看到新闻机构的巨大作用，如美国新闻记者对"水门事件"的揭露是导致尼克松下台的重要原因，但新闻的作用只是暴露事实真相，最终使尼克松下台的是美国的法律和司法程序，事实必须纳入法律程序才会起到纠错的功能；政府是在法律之下和法律之中运转的，法律划定了政府的权限，即使民选的立法机构也不能制定侵犯个人权利的法律，法院会根据高级法即宪法纠正立法机构的立法活动。"法治就含有限制立法范围的意思，它把这个范围限于公认为正式法律的这种普通法规条例，而排除那种针对特定个人或者使任何人为了这种差别待遇的目的而使用政府强制权力的立法"[①]；或许在这一切中最重要的是，法律赋予了人们权利与自由，使个人挺立为权利主体，使人被称为一种"政治存在"，这是自由民主的根本基础。所以，自由民主也就可以称为"合法型民主"[②]。

四　余论

现代西方民主制度并不是无懈可击的，也不是实现民主的唯一形式，它没有也不可能穷尽民主的全部内涵，"也没有任何一个国家能宣称独占了此中的奥秘"[③]。

即使在西方对它的批评也从来没有间断过。左派不满意这种民主，是因为这种民主是一种富人的民主而不是大众的民主。在他们看来在实行自由民主的国家，政府往往被少数政治精英所把持，而普通民众则被排除在外。它不能，也不可能体现人民主权的实质，因此，自由民主是伪民主，不自由。人类的最高理想是人民民主，自由民主最多是一种初级的民主，

---

① ［英］哈耶克：《通向奴役的道路》，王明毅、冯兴元等译，商务印书馆1962年版，第82—83页。
② ［英］戴维·赫尔德：《民主的模式》，燕继荣等译，王浦劬校，中央编译出版社1998年版，第324—329页。
③ ［英］哈耶克：《自由秩序原理》，邓正来译，三联书店1997年版，第6页。

是一种因直接民主一时不具备实现条件而采取的不得已的、凑合的权宜之计。一旦条件具备，应放弃自由民主，改行直接民主。与完美的全民民主相比，作为民主的初级阶段，代议民主是残缺不全的、贫乏的、少数人的民主。它的形式和内容相脱节，原则与实践相矛盾。直接民主才是最高级、最完备的民主，其形式与内容相一致，原则与实践相一致，比自由民主优越千百万倍。因此，他们认为，只有直接民主才可能允许所有人参与统治，才能给所有的人带来真正的自由。

多元主义民主论者后来也认识到，多个权力中心的存在并不能保证政府完全平等地倾听他们的声音。很显然，许多团体并不拥有在国家舞台上与强大的院外集团或社团相抗衡的资源。林德布洛姆就此解释说："因为市场制度中的公共职能掌握在商人手中，那么当然，就业、物价、生产、增长、生活标准、个人的经济保障等等都掌握在他们手中。因此，政府官员不能对实业家如何发挥职能漠不关心。衰退，通货膨胀，或其他的经济危机，都可能推翻一个政府。所以，政府的一个主要职能，就是照看实业家们履行他们的职责。"① 一个政府的政策必须遵循一定的政治议程，而西方民主这种议程至少是有利于私人企业制度发展的。西方民主植根于这样一个社会经济制度中，这个制度把一种"特权地位"系统地赋予了商业利益。按照达尔的看法，所有有兴趣探讨民主制度中全体公民原则上的自由与实际的自由之间关系的人们，都应该注意到这一点。

其他自由主义民主理论家对它同样表示了不满，在哈耶克看来，现在很难在极权国家与现代民主国家之间指出一条确定的界线，因为法律已变成立法者为达到自己的目的而使用的一种"政治工具"。现代立法机关已经获得太多权力，同时他们的首要目标是为不断变化的多数和利益集团寻求更多的利益。在追逐私利的政治市场中，立法机关要求免除宪法限制。追求自身利益的多数支持他们，而把宪法规则和传统抛到了一边这种情况要求对"民主政府的机构做出根本性改造"，尤其是立法机关的权力、职能和限度。② 因此，在他们看来，作为民主政治之现代形式的

---

① ［美］林德布洛姆：《政治与市场》，王逸舟译，上海三联书店1992年版，第250页。
② F. A. Hayek, *Law, Legislation and Liberty*, Routledge & Kegan Paul, 1982.

代议制是有问题的。代议制民主政治是上个世纪为适应产业革命初期的政治需要制定出来的，自那时以来，它没有多大改进，这种政治技术包含着一种根本的内在不平衡性（公共行动利益分配的集中性和费用分配的分散性），使国家的增长只能损害市场和公民社会。正如布坎南在其《自由的限度》中所说的那样，我们的时代面临的不是经济方面的挑战，而是制度和政治方面的挑战。也就是说，"在美国宪法和其他宪政民主的宪法中存在着根本性的缺陷"，在最大限度地保护个人自由这一目标上，那些制定了美利坚和法兰西自由宪法的国父们失败了。现代西方民主政治存在着自我毁灭的因素，应该发明一种新的政治技术和新的表示民主的方式。①

从马克思主义创始人起，为了唤醒无产阶级的觉悟，马克思主义者一直在揭露自由民主制度的虚伪性与反人民性，一针见血地指出现代西方民主在实质上是为资产阶级服务的，列宁指出："资产阶级民主同中世纪制度比较起来，在历史上是一个大进步，但它始终是而且在资本主义制度下不能不是狭隘的、残缺不全的、虚伪的、骗人的民主，对富人是天堂，对被剥削者、对穷人是陷阱和骗局。"② 但是，马克思主义者的伟大之处在于科学地、全面地看待西方民主，区别了西方民主的实质与形式。当代西方民主在实质上是反人民的，并不等于其形式也毫无可取之处。的确，实质必须通过形式才能实现，形式必须与实质结合才有意义。然而，实质的实现未必套在唯一的形式上，同一形式下也可能存在完全不同的实质。从这个意义上说，形式如果不比实质更重要，那么，它至少和实质一样重要。所以，恩格斯反复强调："如果说有什么是毋庸置疑的，那就是，我们的党和工人阶级在民主共和国这种形式下，才能取得统治。"③ "共和国是无产阶级将来进行统治的现成的政体形式。"④ 列宁在1915年也曾指出，"无产阶级借以推翻资产阶级获得胜利的社会的政

---

① James M. Buchanan, *The Limits of Liberty*, The University of Chicago Press, 1975.
② 《列宁选集》第3卷，第230页。
③ 《马克思恩格斯全集》第22卷，第274页。
④ 《马克思恩格斯选集》第4卷，第508页。

治形式将是民主共和国"①。因此,"民主共和"作为一种政体形式,与市场经济一样,资产阶级可用,无产阶级当然也可以用。只不过资产阶级是用它来欺骗人民而巩固自己的统治,我们则是用它为社会主义服务,使人民当家做主。

---

① 《列宁选集》第2卷,第709页。

第 4 辑

矫世变俗

走向 21 世纪的中国公共政策分析

一 体制转型与公共政策重新定位

公共政策,顾名思义是指公共领域里的行为规范、准则或指南。"公共"是一个模糊概念。从词源学上解释,无私谓之"公",资源合享谓之"共"。公共领域,泛指国家与社会。从比较政治学的角度看,公共政策在中国的政治和公共事务中所起的作用,远远大于其他国家。而且,目前中国正处在由传统的高度集中的计划经济体制向社会主义市场经济体制转轨的过渡时期,几乎所有重大改革措施都是通过公共政策来推动的。因此,提高政策制定水平,实现公共政策的科学化、合理化,帮助社会积极主动地接纳、认可、实施合理的公共政策,有效地应付、处理不当政策可能造成的消极后果,就成为中国公共政策分析必须面对的难题。

为了更好地适应体制转型的需要,要求对公共政策重新定位,以期实现对社会公共利益的权威性分配。

(一)公共性

"公共性"是公共政策所固有的本质特性。"公共事务"是相对于"私人事务"而言的。公共领域是指公民在家庭生活等私人生活领域以外的领域。公共政策的正当性来自它的问题取向的公共性。

公共性决定了公共政策的制定主体只能是政府,而政府是以公共权力为后盾的。政府作为公共权力的代表机构,它归所有公民共同所有。政府制定的政策应适用于全社会,惠及所有社会成员,如住房政策、交通政策、消费政策、医疗保险政策,等等,与所有社会成员的生活息息相关。

公共政策不同于企业战略和行业行规,后者不具备公共性。

由于公共政策是政府用以规范、引导机关团体和个人行为的准则或指南,所以它的表现形式呈现出多样性:有法律、法规,有行政命令,有政府首脑的书面或口头声明、指示,还有各种成文的计划、实施方案与策略,等等。这种多样性体现了公共政策的公共性本质。

政府制定公共政策就是为了在全社会的范围内进行价值分配。这种价值分配过程,实际上是政府通过选择"作为"或"不作为"来完成利益协调的过程,它必须遵循公平原则,而公平原则的正当性则是以公共事务为前提的,价值(利益)取向具有公共性。

公共政策的权威性与普遍效力亦决定了它的公共性。一方面,公共政策都是公共权力机构制定的。公共权力机构的合法性来自公民的选择与支持,因而它是社会公共权威,拥有行政裁量权,它所制定的政策具有权威性。另一方面,行政裁量权的行使总是以对社会利益关系的全面调整而实现的,说明公共政策具有普遍效力。公共政策的这种权威性与普遍效力都突显了它的问题范围的取向的公共性本质。

总而言之,在体制转型过程中要对公共政策重新定位,首先应定位在它的"公共性"上。

(二) 与市场经济体制相适应

在从高度集中的计划经济体制向现代市场经济体制转型的过程中,公共政策的基本出发点应当是以市场为基础,实现资源配置方式的市场化,政府应当从计划经济时代资源配置方式的主体地位退出来。正如美国学者奥斯本与盖布勒所说,政府的作用不是划桨而是掌舵,不是提供服务而是授权,不是照章办事而是具有使命感[①]。换言之,政府作为公共政策的制定者,应当使公共政策与市场相适应,为市场的基础性配置功能的正常发挥提供有效的政策支持。一方面,政府必须按照市场经济的要求,完成从

---

① 参见[美]戴维·奥斯本(David Osborne)、特德·盖布勒(Ted Gaebler):《改革政府:企业精神如何改革着公营部门》(*Reinventing Government, How the Entrepreneurial Spirit is Transforming the Public Sector*),上海市政协编译组、东方编译所编译,上海译文出版社1996年版。

"全能政府"向"有限政府"的转变,实行政经分开、政企分开,把企业的生产经营权切实还给企业,减少或停止对微观经济活动的行政干预。另一方面,政府通过制定各种宏观调控政策,弥补市场的缺陷,培育和发展中介组织,搞好基础建设,创造良好的经济发展环境,培育市场体系,提供法律与制度保障,监督市场运行,维护平等竞争,调节社会分配,健全社会保障,保证社会公平,保护自然资源和生态环境,等等,解决那些市场解决不了或市场解决成本过高的问题,实现公共政策取向上的根本转变。

(三) 与国际惯例、世界贸易规则接轨

当中国的改革开放进入体制转型攻坚阶段的时候,国际环境发生了重大变化:经济的全球化、跨国集团的发展、新经济时代的到来和网络经济的形成,引发了第二次世界大战以来新一轮更大的公共行政改革和公共政策调整的浪潮。特别是中国即将加入世界贸易组织(WTO),对于公共行政和公共政策而言,面临着深层次的挑战。

世界贸易组织最基本的规则是按市场经济的原则办事,政府只需维护市场规则,监督市场运行,而由市场机制决定产品的数量和价格,由市场机制决定竞争的胜负。只有在出现市场失灵的情况下,政府才决定通过何种政策手段来引导或干预市场。然而,在中国体制转型的现阶段,一些部门或行业行政垄断还相当严重,许多政府部门的官员还习惯于直接参与微观经济管理的运作。政府的这种"越位"行为,有可能因违反世界贸易组织规则而招致麻烦。例如,中国目前的科技政策中,有许多政府计划是以促进科技成果商业化为目的的,这有可能受到其他国家的控告,因为按照市场经济基本原则,政府只应负责市场失灵的部分,即基础研究和部分应用研究,产业化的部分应由企业自己解决。此外,一些行业行政垄断、纵向一体化以及保护主义政策,如电信业、民用航空等行业政策,不符合自由竞争、公平竞争原则,不符合国民待遇原则。而垄断性行业价格居高不下,服务质量下降,保护主义造成贸易壁垒森严,物流不畅,一方面使这些行业失去竞争力,另一方面也不符合世界贸易规则和国际惯例。在体制转型时期对公共政策重新定位,就是要定位在与国际惯例、世界贸易规则接轨上。

二 中国公共政策分析的理论模型

公共政策是社会公共权威为解决某种社会问题或社会矛盾并建立一定的社会生活行为依据，对方针、准则、规范等进行选择的一种社会行为。简而言之，公共政策是政府机构的活动，是政府体制的函数。不同的政府体制会制定出不同的公共政策；不同的公共政策也就会有不同的理论模型。需要说明的是，这里所说的公共政策分析的理论模型，实质上就是公共政策分析的方法论问题。

由于公共政策问题几乎涉及社会生活的所有领域，而不同的政策问题需要从不同的角度加以分析研究，因此公共政策分析的理论模型非常多，其分类标准也是众说纷纭，莫衷一是。我们在这里不可能，也没有必要对公共政策分析所有的理论模型一一介绍[①]，只能撮其大要，对本书所涉及的政策问题的分析模型作一梳理。

（一）机关组织决策模型

机关组织决策，是最常见的公共政策决策模型。尤其是在单一制国家，各种不同的机关组织或政府部门，就成为各种不同的公共政策决策的主体。而要弄清楚公共政策的制定，首先必须了解政府体制，即政府的组织形式、结构形式和治理形式，从这三个方面来对公共政策进行事实分析、价值分析、规范分析、可行性分析和利益分析。以中国的中央政府为例，各部委无一例外地设立"政策法规司"或"政策研究室"一类机构，

[①] 关于公共政策分析的理论模型，国内学术界众说纷纭，张国庆将其归纳为20种：描述模型（行为模型）、规范模型（标准模型）、语句模型、符号模型、程序模型、理性决策模型、渐进决策模型、综合决策模型、机关组织决策模型、集体决策模型、精英决策模型、顺序决策模型、系统决策模型、经济合理模型、逐步改变模型、顺序决策模型、超理性模型、剧烈改变模型、无为模型等（参见张国庆《现代公共政策导论》，北京大学出版社1997年版，第235—237页）。贺卫、王浣尘则认为公共政策分析的理论模型常用的有10种：组织体制模型、利益集团模型、精英决策模型、意识形态模型、理性决策模型、渐进决策模型、理想决策模型、博弈论模型、系统决策模型、公共选择模型（参见贺卫、王浣尘《试论公共政策研究中的模型方法》，《中国软科学》2000年第1期）。

它们便成为本部门相关公共政策制定程序的执行者。从提出问题到信息收集，从确定目标到草拟方案，从优选方案到政策正式出台，政府机构都居于主导地位。各方面的意见只有经由政府的认同，才能转化为公共政策。政府的价值标准，成为确定公共政策价值取向的依据。

机关组织制定的公共政策，人们习惯称之为"中央政策"或"国家政策"。由于政府在法理上和法律地位上拥有合法性，在实际能量上也为其他任何社会组织所不能相匹，因此任何公共政策一经政府机构的规划、制定、颁行，该政策就自然而然地具有普遍适用性和强制性，只有当政府机构制定的公共政策严重脱离实际时，才会激化矛盾，出现例外。

（二）公共选择模型

所谓"公共选择"，指的是非市场的集体选择，实际上就是政府选择。公共选择模型，就是把公共选择的理论和方法应用到公共政策分析中去。

公共选择的基本特点是以"经济人"的假设为分析工具，探讨在政治领域中，"经济人"行为是如何决定和支配集体行为的，特别是对政府行为的集体选择所起到的制约作用。这种通过非市场方式解决与公共利益相关问题的过程，就是公共选择过程。而公共政策则是公共选择的主要内容与形式。公共政策作为一种公共物品，它是由公共选择决定的。

公共选择的核心命题是"政府失败"，即政府作为公共利益的保证人，其作用是弥补市场经济的不足，在"市场失灵"的情况下，政府对市场进行干预或管制；但是在具体实践中，政府的干预或管制，往往适得其反，达不到预期的目标，这就叫做"政府失败"。"政府失败"的主要表现形式是政府不能确保资源的最佳配置以及政府工作机构的低效率，造成政策效用最大化的目标落空。其补救办法是通过制度创新，形成竞争结构，建立约束机制，限制政府权力，促进公众的公共选择行为与政府决策行为的有机统一，制定出效用最大化的公共政策。公共选择模型是分析体制转型时期公共政策的有效法宝。[①]

---

① 本节参见［美］丹尼斯·C.缪勒（Dennis C. Mueller）著，杨春学等译《公共选择理论》（*Public Choice* Ⅱ），中国社会科学出版社1999年版。

（三）辩证唯物主义决策模型

辩证唯物主义是马克思主义认识世界、改造世界的根本方法论。运用唯物辩证法来指导、分析公共政策的决策过程，就是辩证唯物主义决策模型。这是当代中国居主流地位的公共政策决策模型。

辩证唯物主义决策模型的基本特点，是"实事求是"、"一切从实际出发"；主张通过调查获取最基本的情况与数据；遵照"对立统一"规律，运用"一分为二"的辩证方法，对调查得来的材料进行"去伪存真，去粗取精"的处理；并以主流意识形态所倡导的伦理规范、道德准则、价值取向作为公共政策决策的价值判断标准，来衡量政策方案的优劣；经过决策机构的集体讨论，对政策方案进行效用分析、条件分析、代价分析、适用性与灵敏性分析，然后再决定或采纳、或修正。一般说来，辩证唯物主义作为执政党和国家的指导思想，必然潜移默化地影响各类公共政策的价值取向，尤其是在精神文明建设方面的各种公共政策中，表现得更为突出。

辩证唯物主义决策模型，还兼具西方学者称道的"理性决策模型"的某些特点，主张根据事实和数据，用合理的科学方法与精确的计算，分析各种解决问题的政策方案的优劣，从而优化最佳政策方案。从技术层面来看，这种模型首先确定目的，再寻找达成目的的方法，希望能遵循最大化原则，抉择最佳方案，谋求用最小的代价换取最大的效益。这正是辩证唯物主义决策模型所孜孜追求的。

（四）集体决策模型

这种决策模型有类于西方的精英决策模型。所谓"集体"，并非公民的集合，而是居于领导岗位的长官集合，即"领导集体"。

集体决策模型是把公共政策看作反映领导集体所持有的信念、价值偏好的一种决策理论。集体决策模型奉行"民主集中制"原则，即"在民主的基础上集中，在集中的指导下民主"。换言之，就是在领导集体内部充分发扬民主，可以就各种政策问题、政策方案，各抒己见，展开讨论，甚至是争论。在此基础上就各种政策方案进行表决，实行"少数服从多数"的原则，最终以多数人的意见为意见，允许少数人保留个人意见，但在行动上必须服从集体的决定。

集体决策模型的优点是有利于克服"权力过分集中"和"一个人说了算"的独断专横弊病，实现在领导集体内部集思广益，但并没有改变人民大众远离决策过程的问题。集体决策模型，不是人民大众通过自身的政策需求和争取行动决定公共政策，而是居统治地位的领导集体决定公共政策，政府只是执行已经决定的公共政策。人民大众的政策需求，只能通过"信访"等渠道逐级向上反映，甚至往往会遭遇层层"截留"的厄运。真正能反映到决策层领导那里的信息，不过是九牛一毛。因此，公共政策是从领导集体向下传达到民众，而不是政府响应民众的政策需求的结果。

尽管公共政策制定过程中，民众参与的可能性微乎其微，但不等于说集体决策所制定的公共政策一定违反民意。恰恰相反，由于公共政策的实施，最终还得依赖于民众的支持，所以集体决策必须遵循维护大多数民众利益的原则。这一方面是出于领导集体树立任期内形象、政绩的需要，另一方面也是出于维护社会政治稳定的需要。正因为如此，集体决策模型往往会在"保持政策连续性"的借口下，主张维持现状，而怠于改革。

（五）渐进决策模型

这是目前在实践中得到广泛应用的一种决策模型，滥觞于美国政治学家林德布洛姆1958年提出的"渐进分析"方法。[1] 他针对理性决策模型的质疑，主张援用"民主智慧寓于社会互动之中"的市场运作原理，实现政策的动态均衡；认为由于多重主体的参与与制衡，政府的公共政策实际上只是过去政府活动的持续，只是根据过去的经验而对现行的政策作出局部的、边际性的调适。[2] 换言之，渐进决策模型把公共政策制定过程看作是对以往政策行为不断修正的过程，不是重起炉灶、全面更替，而是修枝剪叶，作局部调整。林德布洛姆认为，渐进决策必须遵循循序渐进、由量变

---

[1] C. E. Lindblom, "Policy Analysis", *American Economic Review*, Vol. 48 (June 1958), pp. 300 – 301.

[2] 参见张国庆《现代公共政策导论》，第242页。

到质变、稳中求变等基本原则，否则不仅政策后果难以预料，而且政策的支持者也会觉得迷惘，从而使这种模型的合理性受到怀疑。

不过，渐进决策模型过于重视眼前利益和短期目标，在实践上带有维持现状和缺乏变革的保守主义成分。特别是在政策环境与条件发生根本性变化，需要彻底变革现行政策时，渐进决策模型非但起不到应有的作用，而且很可能成为阻碍变革的绊脚石。

以上是中国公共政策分析中几种常见的理论模型，也是本书各篇章具体运用的分析模型。

随着中国公共政策研究的逐步深入，西方学者所倡导的其他理论模型，诸如综合决策模型、利益集团模型、精英决策模型、理性决策模型、系统决策模型，等等，也都被"引进"过来，写进教科书，但甚少被应用于中国公共政策分析的实践中去。所以，这里就不一一讨论了。

需要说明的是，任何公共政策从来都不是孤立存在的，它要受现实世界各种因素的制约和影响，有外在的（外生变量），也有内在的（内生变量）。各种制约和影响因素盘根错节，经常处在"剪不断，理还乱"的状态。如果力图面面俱到，那么势必会感到无从下手。因此，传统的分清"主"、"次"，"抓主要矛盾"的分析方法，就成为公共政策分析的必然选择。由于研究者的切入点或视角不同，或者说选择的分类标准不同，于是在公共政策分析中就形成了各种各样的理论模型。应当承认，这些不同的理论模型，都是对客观事物的不完全解析。它们都揭示了客观事物的某一方面，但不是全部。换言之，每一种理论模型都有其长处与短处，我们在应用它们对中国公共政策进行分析的时候，不可拘泥于某一种模型，而应根据具体的分析对象，选择相关模型进行综合分析，只有这样，才能使我们的分析更贴近实际。

三 政策过程中存在的问题

政策过程，包括政策制定过程和政策执行过程两个逻辑阶段。所谓"政策过程中存在的问题"，是指公共政策在制定或执行过程中，偏离"公共"原则的问题。

(一) 政策制定过程中存在的问题

政策制定过程中存在的问题,主要有以下三种情况。

1. 信息失真,导致决策失误

在现实决策活动中,信息失真的问题是一个"司空见惯"或者说是"见惯不怪"的问题。真实、准确的信息是形成"政策问题"的基本要素,也是制定正确的公共政策的基本前提条件。如果信息失真,那么根据这个"失真"的信息而制定出来的公共政策,肯定会偏离"公共"原则。以政坛上始终煞不住的"数字出官"的歪风来说,某些干部靠弄虚作假的"数字"编造出来的所谓"政绩"蒙骗上级,虽然可以得逞于一时,本人得到了提拔,"官"也做大了,但是纸总是包不住火的,迟早会败露。不过,这种用人政策,却严重违背了"公共"原则;受损害的是公共利益。此类案例所在多有,表明信息失真导致决策失误,迄今未引起足够的重视。

2. 违反程序,用"拍脑瓜"方式决策

在通常情况下,一项合理的公共政策制定程序,大体上要经过政策问题的形成、政策诉求、政策分析、政策选择、政策决定、政策宣示六个环节。然而,在现实政治生活中,有些公共政策的制定却没有经过这样的程序,而是领导人一时心血来潮,"拍脑瓜"决定的。这在投资决策中表现得尤为突出。例如,有些地方的领导人好大喜功,不顾自身条件和客观规律,头脑发热,随意决定上"大项目",盲目建"开发区"、建"大市场"。各地大量的"首长工程"导致大片土地闲置、资源浪费、债台高筑;更因政出多门,缺乏稳定性,加上工程监理不力,腐败现象屡禁不止,造成一批劣质的"豆腐渣工程",劳民伤财、怨声载道,公共利益受到极大的损害。非但如此,银行信贷政策也深受政治关系和人际关系的影响,缺乏刚性的制约机制,产生了一定比例的坏账。与此相反,那些没有深层政治关系,但经营管理业绩好的中小型企业举贷无门,难以迅速扩大生产规模。① 这都是由于违反决策程序,靠"拍脑瓜"或"黑箱作业"制

---

① 参见顾肃《论法治基础上的民主》,《学术界》(合肥) 2000 年第 3 期。

定公共政策,造成了严重的后果。

3. 价值取向失之公正与公平,导致公共政策违背"公共"原则

价值取向,或者称做价值目标,是判定公共政策性质、方向、合法性、有效性和社会公正程度的根据,它直接影响社会资源的流向与分配形式。因此,当公共政策的价值取向失之公正与公平的时候,这项公共政策必然偏离"公共"原则。其主要表现,可以分为三类:

第一类,垄断性行业的公共政策,如民用航空和电信业的公共政策,其价值取向明显地偏离了"公共"原则。

中国的民用航空业是一个高度行政垄断的行业,尽管近年来各地分别组成了一批表面上独立的航空公司进行自由竞争,但实际上各公司却连票价的定价权和开辟线路的权力都没有,仍然由中国民航总局以高度垄断性的行政行为进行管制,所以出台了违背市场规律的垄断性政策,票价严禁打折,否则便以停止飞行相处罚之类。其所以如此,就是因为它的价值取向偏离了"公共"原则。

中国的电信业过去一直由政府垄断,现在成为试图放开的行业。信息产业部对电信企业进行了重组,将国家主体电信企业"中国邮电电信总局"从纵向上分为中国电信集团公司、中国移动通信集团公司、中国卫星通信集团公司、中国寻呼通信集团公司,同时实行政企分开,信息产业部与各电信公司脱离了经济和隶属关系。应该说这种改组从专业化方面加强了纵向垄断,没有解决竞争问题,以致反映在行业政策上,电信企业利用独占网络的特权制定高资费,不允许其他竞争者低价租用网络,向寻呼、信息服务、互联网等业务的经营者收取很高的专线和中继线资费,阻碍了电信、计算机和电视三网合一。① 毫无疑问,这些垄断性行业的高资费政策,损害了公共利益,从价值取向来说,同样偏离了"公共"原则。

第二类,政府角色错位,造成"部门权力化"、"权力利益化"、"利益法律化"的局面。

中国政府各部门拥有一定的行政立法权与政策制定权,负责制定相关

---

① 参见杨帆《从战略高度看中国加入WTO》,《经济活页文选》2000年第2期,中国财政经济出版社2000年版。

法规、规章和公共政策,而部门自身利益的取向驱动各部门往往把起草相关政策方案当作谋取、扩大本位利益的好机会,乘立法或制定公共政策之机,争管理权,争处罚权,争许可权,争收费权,导致政出多门,相互掣肘。一个部门制定维护本部门利益的政策,另一个部门也不甘寂寞,马上制定另一个内容相似的政策予以回敬。① 在现实政治生活中,过滥的行政许可、行政收费、行政处罚、检查、认证、奖励、垄断性经营、利益保护、不当干预,等等,往往都能找到"合法"的法规或政策依据。一些地方或部门,立一个法规,就增设一个机构,加一道审批手续,多一道收费罚款。凡此种种,都是价值取向违背"公共"原则的结果。

第三类,一些地方政府以保护主义为价值取向,制定出一些损害"公共利益"的公共政策。对本地区资源、市场的行政性保护现象以及为了维护本行业、本部门、本地区利益,设置市场人为障碍,防止外地区同行业竞争进入等现象,层出不穷。

陕西某县不久前出台一项政策,规定非本县生产的香烟,一律按"走私烟"处理。无独有偶,重庆有一个县公开禁止外地化肥进入本县;另一个县在工程招标中为保护本地建设单位,公开宣布县外另一家单位按法定程序的中标作废。当法院作出判决后,县里有的领导还公然否定判决。② 辽宁省东港市"专卖办"规定"酒类经销户一律不得销售外地啤酒",所依据的文件居然是1978年4月辽宁省革命委员会发布的。更离奇的是,当地法院也将此文件作为实施处罚的依据。③ 这是地方保护主义不惜搬动计划经济时代的文件作为现在制定公共政策依据的典型案例。

一些城市特别制定了对出租车车型的限制发展政策,有的规定出租车必须选用发动机排气量在1.6升以上的三厢轿车;有的省则发文规定"凡是省内购车单位原则上必须购买省产车";还有一些省、自治区在机动车、拖拉机公路养路费征收管理办法中规定,对不交养路费的车辆,实行扣车、扣证、强行拍卖,等等。

---

① 参见徐志群《论完善地方性法规、规章的立法监督机制》,《中国法学》1999年第3期。
② 参见《贺国强在重庆市区经济工作会议上的讲话》,《重庆日报》2000年9月22日。
③ 参见陆勇强《古董文件不古董》,《深圳特区报》2000年10月4日。

一些城市的建设管理部门强制推行建材"准用证"制度，不论产品质量状况如何，不论产品取得何等质量证书，要想进入当地建筑市场，就必须到当地建设管理部门指定的检验机构进行检验，并向当地建委申请办理"准用证"。此外，还明确规定，未取得"准用证"的产品不能进入建设工地，否则工程将不予验收。据了解，每一种产品的检验费为1500—2500元不等，加上数百元的办证费，企业办理一个品种的"准入证"大约需要三四千元。更何况为了检验，厂家还要送去大宗样品，样品照例是不退的。至于一些城市的主管部门在审批"准用证"之前，质检机构要求专程到厂家实地考察，不仅要抽检样品，还要看厂容厂貌、生产设备流程，顺便看看风景名胜。当然，一应车旅费、吃喝玩乐的开支，都要算在厂家头上。①

诸如此类，都是以地方保护主义为价值基础而衍生出来的背弃"公共"原则的"公共政策"。

（二）政策执行过程中存在的问题

政策执行过程中存在的问题，就其表现形式而言，可以粗分为三种类型。

1. "上有政策，下有对策"

这是最常见的一种类型，亦可简称为"对策型"。通常的做法，是强调本地的特殊性，用地方政策来抵消中央政策；或者编造借口，久拖不办，等拖过中央政策的时效性，便束之高阁；还有的"雷声大，雨点小"，口头上说要不折不扣地执行中央政策，但在行动上却是"只听楼梯响，不见人下来"，甚至用非程序化、非规范化的办法执行中央政策，使政策"走样"。

这种"上有政策，下有对策"的做法，从本质上说是利益驱动。换言之，就是上级颁行的公共政策，可能损害下级的既得利益，下级或出于部门利益偏好，或出于地方利益偏好，采取阳奉阴违的对策。不过，这种执行理论与西方学者所提出的许多政策执行理论，诸如行动理论、组织理

---

① 参见沈洪等文，《中国质量报》2000年10月9日。

论、因果理论、管理理论、交易理论、演化理论,等等,都"不搭界"。因此,要说明中国公共政策在执行过程中所遇到的"上有政策,下有对策"的难题,还需要理论创新。这种新的执行理论要以敢于承认"政策失败"为前提,并在决策时有所预见,设定杜绝的办法,保证公共政策执行过程不入误区。

2. 对公共政策的内容有选择的执行

这种类型,是执行者对相关公共政策或者"各取所需",或者"截留其中某些部分",或者"曲解适用范围",或者"打擦边球",而使公共政策在执行过程中偏离"公共"原则,可以概称为"选择型"。该类型的执行者不惜调动一切社会资源,千方百计地对正在实施的对自己、对本部门、对本地区的公共政策进行变通,或者干脆绕过现有的制度安排,进行巧妙的规避。"选择型"的得逞需要两个条件:一是政策本身的漏洞,或称"有空子可钻";二是执行者有强大的社会关系网,足以化解由此带来的风险。比如,政策条文中多有"原则上"、"基本上"、"倾斜"之类用语,这就给执行留出了弹性很大的空间,同时也为有关主管领导化解风险提供了口实。

"选择型"政策执行理论有不同的表现方式:有的只是在形式上象征性地执行公共政策,而不是实实在在地执行;有的只是选择公共政策的部分内容加以贯彻,而不是无条件地执行全部内容;有的是缩减公共政策的目标与范围去执行,个别的也有超出公共政策规定的界限去执行。诸如此类,不一而足。其所以如此,乃是因为执行系统不同程度地存在这样一些问题:各级政府执行中央政策的权力界定不清,在权力分配中既有权力空区,又有相互侵权现象;中央政策的约束监督内容不清,缺乏应有的权威;政策执行人员的价值取向与中央政策的价值取向不吻合;缺乏相应的执行中央政策的咨询系统与执行中央政策的培训系统等。[①] 应当承认,"选择型"政策执行的背后,也是部门或地方乃至个人的利益驱动所致,是人为地增加政策的灵活性和随意性的结果。它不仅影响了政策的公平性,而

---

① 参见朱广忠《我国地方政府有效执行中央政策的若干问题》,《中国行政管理》1999年第12期。

且从根本上动摇了政策的效能,这是"选择型"政策执行的危害之所在。

3. 借口本地区或本部门情况特殊,拒不执行相关公共政策

这种类型的表现形式有所不同:有的是借口本地不具备相关公共政策实施的条件,而拒不执行;有的则像"传达室"收发信件那样,把"政策宣示"演绎成"公文旅行",上级下达什么政策,本地区照转(发)不误,只是既无实施方案,又无具体措施,更不准备监督检查,文件发下去了,就万事大吉;还有的用地方政策,甚至是早已过时的计划经济时代的政策来代替新颁布的公共政策,等等。

借口本地情况特殊,拒不执行新颁布的公共政策,主要是本地政府利益作祟。所谓本地政府利益,主要包括本地政府内部工作人员个人利益、部门或地方的集团利益、本地政府机构利益。当一项公共政策出台时,本地政府首先不是从社会全局利益出发,而是从代表本地区、本机构、本部门的集团利益出发进行权衡,倘若认为此项公共政策的实施会损害本地政府利益的话,那么此项公共政策就避免不了被当作一张废纸的厄运。

这种情况的存在,应该说与计划经济时代原有的利益格局没有彻底打破息息相关。在有些人看来,计划经济体制下的条块分割、地区封锁与隔绝,未必是坏传统,于是便祭起"地方保护主义"这个"法宝",用以对付向市场经济体制过渡的公共政策。例如,在经济政策的投资格局中出现的地区产业结构趋同现象,对本地区资源、市场的行政性保护现象以及为了维护本行业、本部门利益,设置市场人为障碍,防止外地区同行业竞争进入,或者在隶属不同地方、部门的国有企业进行资产重组、产权变更时多加阻挠[①]等现象,便是这种公共政策执行理论具体运用的结果。

四 积极推进公共政策绩效评估的法治化

公共政策绩效评估是一种出于"公共"目的的价值判断,是对公共政策既定的目标及其实施后的效果进行评价。"绩效"既包括政策推动的结果,又包含公民心目中认定的满意程度。对公共政策绩效进行评估,是推

---

① 参见张勤《转型期政府利益干预经济政策模式分析》,《中国行政管理》1999年第12期。

动公共政策决策科学化、民主化的不可或缺的手段。

（一）公共政策绩效评估的误区

绩效评估是一件极其敏感而又困难的工作。对于决策者、执行者、政策对象来说，不同角色的人对公共政策绩效评估会有不同的立场、态度和期望。任何一项公共政策的绩效，要想在决策者、执行者以及政策对象之间达成共识，是一种非常不容易的事。因为除了不同角色的价值取向不可能完全一致外，还有其他一些因素，如政策目标的模糊性、利益冲突的多变性、评估资料的有限性、数据资料的不完整性、评估过程的非理性，等等，都可能成为抵制、阻挠乃至反对进行政策绩效评估的借口。然而，公共政策绩效评估毕竟是一种出于"公共"目的，旨在确定政策与结果（事实）之间因果逻辑关系的理性行为。因此，为了使公共政策绩效评估能够顺利开展，就必须破除影响公共政策绩效评估的几个误区。

1. 认识论上的误区

公共政策绩效评估认识论上的误区有多种表现，其中最典型的是把绩效评估混同于"不同政见"。一些政策制定主体，由于掌握一定的公共权力，往往自以为是，目空一切，听不得不同意见，把正常的政策绩效评估当成"不同政见"，以此拒绝人们对于公共政策的分析与评论。更有甚者，居然粗暴地加扣"政治反对派"的大帽子，堵塞言路，从而置政策绩效评估于尴尬的境地。这应当说是当今政策绩效评估认识论上的最大误区。

平心而论，公共政策绩效评估的全部出发点与归宿，都是出于"公共"目的。它是政策过程的关键环节。一方面，它通过提供反馈信息的方式，实施对政策制定主体的智力支持，推进决策的科学化。另一方面，它通过综合考察政策过程中出现的问题，发挥对政策制定主体的监督作用，有利于提高政策质量，防止或避免灾难性政策的形成。

公共政策绩效评估与民间议论政策不同，它不允许用"发牢骚"来代替科学的分析。因此，只要不是"攻其一点，不及其余"的"别有用心"，就不应该使用非学术语言轻率地予以封杀。恰恰相反，公共政策绩效评估作为严肃的学术研究活动，它的出发点只能是建设性的。一个国家的公共政策绩效评估是否发达，标志着这个国家民主、文明的程度，这是毋庸置疑的。

2. 方法论上的误区

公共政策绩效评估方法论上的误区，可谓形形色色，千奇百怪，最常见的是形式主义的评估。形式主义评估，是按事先设定的结果进行操作，其评估动机从一开始就背离"实事求是"的原则，只是希图通过合法化的评估程序而得出事先设定的结果。形式主义评估宁肯内容失真，也要形式上热热闹闹。其评估方法，是用定性分析来代替定量结论，用价值判断来代替实证研究，文过饰非，夸大政策的实际效果，甚至不惜动员媒体进行"炒作"。形式主义评估具有欺骗性。导致形式主义评估的泛滥，既有政策评估主体主观上的原因，也有外在的世俗方面的原因；不是政策评估主体规避责任，就是为了讨好政策制定主体；更深层次的理由，是政策评估主体不能脱俗，终为私利所左右。

此外，公共政策固有的特点，赋予政策评估以"多重不确定性"，这种"多重不确定性"常常会使公共政策评估流于形式。所谓"公共政策固有的特点"，是指政策目标的不确定、因果关系不确定、政策效果不确定，等等。一般说来，公共政策目标从来都不可能是单一的，而应是要兼顾多个方面。因为公共政策目标确定过程要反映不同阶层、不同社会集团的利益与要求，然而"众口难调"，公共政策的目标只能用模糊的方法，以不确定的方式表述出来，这就给政策评估主体增添了评估的难度，往往不得不使用一些模棱两可的语言写评估报告。非但如此，客观数据的不确定，特别是作为政策制定主体的政府的态度不确定等因素，也给政策评估设置了障碍，甚至可能使政策评估主体的努力毁于一旦。因此，为了避免政策评估流于形式，要求在进行政策评估时，一定要根据公共政策所固有的特点来确定评估对象，明确评估标准，设定评估程序，选择评估方法，把整个评估过程严格纳入科学化、规范化的轨道，以确保评估的成功。

（二）公共政策绩效评估的法治化途径

公共政策绩效评估，是科学决策过程中不可或缺的组成部分。它是政策更新的逻辑起点，意味着新一轮的改革行将启动。为保证公共政策绩效评估的正常开展，积极推进公共政策绩效评估的法治化就成为必然选择。

首先，公共政策绩效评估主体，必须牢固确立"公共"意识，把实事求是、对"公共"负责作为绩效评估的最高原则。这是实现科学地评估公共政策绩效的起码要求。不过，这条原则，说起来容易做起来难，因为任何一项公共政策绩效评估工作，都会牵动各该领域的方方面面，难免有人会从本位出发，诱导政策评估主体自觉或不自觉地偏离"公共"原则，其结果势必会影响政策评估主体道德价值的判断，对评估结论发生作用。所以，强调公共政策评估主体要有法治精神，不媚俗，一切与评估相关的行为，都必须符合法律规范，至关重要。

其次，作为公共政策制定主体的政府，应当鼓励、支持公共政策评估主体独立地、不受干扰地开展政策评估活动。政府与公共政策评估主体之间，应当建立起相对分离又相互沟通的良性合作伙伴关系。由于政府控制着政策评估所需的相当一部分资料，尤其是决定性的资料，因此政府、政府机关、政府官员对政策绩效评估持什么态度十分关键。他们既可能成为政策评估的最强有力的支持者，也可能成为最坚决的反对者，这完全取决于他们对政策评估价值取向的认同程度。当他们意识到政策评估主体的价值取向与他们相左时，他们便担心评估结果可能会给自己带来麻烦，带来利益上的损害，而选择反对的态度；当他们察觉到政策评估主体的价值取向与自己相一致时，他们则会选择支持、帮助的态度。如何才能使政府在已知政策评估主体的价值取向与自己相左的情况下，仍然对政策绩效评估给予支持呢？除了以法规范之外，恐怕没有别的选择。所谓"以法规范"，就是说应当考虑以立法的形式，确定公共政策绩效评估的法律地位，科学划分政策制定主体与政策评估主体的权利与义务，制定政策评估的原则、程序与方法，明确违制处罚的办法与细则，推进政策绩效评估的法治化进程。这是保证公共政策绩效评估的公正与公平的最佳选择。

*　　*　　*　　*

转瞬之间，20世纪就要过去了。在刚刚过去的百年里，人们追求经济增长，追求科技进步，追求社会发展，都取得了史无前例的成就。为了改善人类自身的生存状态，人们创造了公共政策作为协调人与人之间、人与自然界之间共同发展的调控手段。从这个意义上说，20世纪是政策科学形成与发展的世纪。

面对21世纪，我们看到经济全球化的趋势日益增强，科技革命迅猛发展，产业结构调整步伐正在加快，国际竞争更加激烈，特别是发达国家在经济上和科技上占优势的压力、霸权主义强权政治的压力，咄咄逼人，在如此严峻的形势下，中国经济结构的调整，社会主义市场经济体制的发展，对外开放的扩大，都遇到了许多新问题和新挑战，在着重研究和解决重大战略性、宏观性问题的同时，还应着重研究和解决好政策性问题，充分利用政策调控手段，正确处理改革、发展、稳定的关系，推动经济发展和社会全面进步。

当务之急，是必须全面估量加入世贸组织后的新形势，检查并调整我们的公共政策，使之与国际惯例、世界贸易规则接轨，为顺利融入世界经济潮流铺平道路。此其一。

其二，应该根据中共中央关于制定国民经济和社会发展第十个五年计划的建议精神，优化产业结构，全面提高农业、工业、服务业的水平和效益；合理调整生产力布局，实施西部大开发，促进地区经济协调发展；逐步推进城镇化，努力实现城乡经济良性互动；着力改善基础设施和生态环境，实现可持续发展；大力发展教育事业；完善社会主义市场经济体制；扩大对外开放，发展开放型经济，并在这些领域里全面调整公共政策，使公共政策成为推动改革与发展的科学武器。

其三，我们还必须加强公共政策分析学科的建设，花大力气推进中国公共政策分析学科的发展。在继承和吸收优秀的人类文明共同成果的基础上，联系中国实际，逐步创立适合中国特点、解决中国问题、具有中国作风和气派的中国公共政策分析理论模型和评估体系，使中国公共政策分析能在世界公共政策分析之林中独树一帜。

（原载《中国公共政策分析》2001年卷，中国社会科学出版社2001年版）

村民自治：中国农民的政治参与[*]

一 农民问题在中国政治中的重要性

在拥有12亿人口的中国，有9亿人口居住在乡村。按照中国传统的户籍制度的分类标准，这9亿乡村居民都是农民。农民的情况如何，决定着中国的面貌。农民的政治参与程度，规定并影响着中国政治发展的进程。

早在新民主主义革命时期，农民是作为工人阶级的同盟军而成为中国革命的主要力量的。中国共产党通过动员农民、组织农民，实行"工农武装割据"，建立农村革命根据地，以"农村包围城市"的战略，最后赢得了新民主主义革命的胜利。正如毛泽东所总结的那样："中国的革命，实质上是农民革命。""新民主主义的政治，实质上就是授权给农民。新三民主义、真三民主义，实质就是农民革命主义。"农民因而被誉为"最大的革命民主派"。[①] 农民的这种动员式政治参与，在中国革命过程中，曾经为改变中国的面貌，建树了不朽的奇勋。

1949年新中国成立以后，中国共产党实行"以工农联盟为基础的人民民主专政"，通过土地改革、镇压反革命、统购统销、农业合作化、大跃进、人民公社化、反右倾、"四清"、"社会主义教育运动"、"文化大革命"等一系列政治运动，发动农民；"以阶级斗争为纲"，发动农民。特

---

[*] 本文是作者1995年6月至8月，在日本神户大学国际协力研究科担任客员教授期间所写的一篇论文，原载日本神户大学国际协力研究科《国际协力论集》第3卷第2号，1995年12月出版。原文是以英文发表的，后被转译成日、韩、波兰文，在日本、韩国、波兰相继刊出。中文本稍后也在中国国内和海外分别以繁、简字体出版。

① 以上引文，俱见《新民主主义论》。

别是1958年的人民公社化运动，确立了"政社合一"体制，农民变成了社员。原来的乡镇政府，被新建的公社管理委员会所取代。它既是县以下的基层政权组织，又是集体经济组织，形成党政合一、政企合一、政事合一的一级机构。它全面掌握了农业生产的领导权，完全控制了乡镇地方的工业、商业、文化教育、民兵武装等企事业，社员的生产与生活管理，趋向于半军事化。在所谓"小生产是经常地、每日每时地、自发地和大批地产生着资本主义和资产阶级"的理论指导下，取消自留地、家庭副业、集市贸易，以割掉"资本主义的尾巴"，严重挫伤了农民的生产积极性，导致农村经济的萎缩和农民生活的极端贫困。在政治上，法律虽然载明：社员大会是农村基层的最高权力机构，但在一元化领导和"阶级斗争为纲"的前提下，它却变成了按长官意志，被动执行上级命令的表决机器。农民的政治参与，充其量只能算作是"被动的动员式参与"，其质量之低，是令人难以想象的。十年"文化大革命"，把中国拖入动乱之中，农村经济濒临崩溃的边缘，农村的政治发展也陷于严重的倒退状态。

1978年中共十一届三中全会拨乱反正，确定了改革开放政策，把工作重点向社会主义现代化建设转移。当代中国的改革，起点在农村。在"贫穷不是社会主义"的口号下，农村率先推行了以"家庭联产承包责任制"为内容的经济体制改革。这项改革，改变了过去的"三级所有，队为基础"的所有制结构和分配结构，实行以家庭为单位的土地承包经营，而就其所有制性质而言，仍然是集体所有制。这种家庭联产承包责任制，极大地调动了农民的生产积极性，促进了农产品产量的大幅度提高，使大多数农村基本上解决了温饱问题，少数发达地区达到了小康水平。在农民的温饱问题基本解决以后，为了进一步促进农村社会生产力的发展，中国政府决定进行农村政治体制改革。

1982年新修改的宪法第111条，规定了农村政治体制改革的基本方向，即改变农村人民公社的"政社合一"体制，重新设立乡镇政府；以村为单位，建立基层群众自治组织——村民委员会。1987年"中共十三大"以后，政治体制改革的目标，集中在以扩大人民群众政治参与机会为中心的"社会主义民主"建设上。同年11月颁布了旨在重新组织农村和恢复基层政治机构活力的《中华人民共和国村民委员会组织法（试行）》。该法规定：在农村设立村民委员会，保障农民政治参与的机会与权利；通过农民直接选举村民委员会主任、副主任和委员，提高农民对干部的控制程度和农村自治的水平，即提高农民政治参与质量。

现在中国农民的政治参与形态与过去的政治参与形态不同，现在的农民不再像"文化大革命"中大寨社员那样"站在虎头山，胸怀全中国"，而是直接地参与解决本村的发展和农民自身利益方面的具体问题，并通过村民委员会这一基层群众自治组织加以实现。这是中国民主政治建设的希望之所在。

中国是世界历史上农民起义最多，也是靠农民起义不断改朝换代的唯一大国；近代以来，农民又是中国革命的主要力量。农民在中国政治中具有举足轻重的作用。近十多年来，"村民自治"的实践表明，通过农民政治参与范围和程度的逐步扩大与提高，农村的各种利益关系逐步得以调节，农民的政治能力逐步得到培养和锻炼，农民的民主意识逐步在增强。这对于一个缺少民主传统的国家来说，无疑是一个历史性的进步。它直接关系着中国的稳定与发展。所以，本人认为，中国民主政治建设，应当从基层群众自治搞起，从扩大农民的政治参与、提高农民的政治能力、培养农民的民主观念做起。某种意义上说，它将是中国民主政治建设成败的试金石。

本文主要利用各省市自治区向中央民政部上报的关于建立村民委员会的资料，以及本人和相关研究者的实地调查资料。由于中国地域辽阔，各地村民自治发展不平衡，无法进行统一的问卷调查，所以，很难运用数量统计分析的研究方法，而是通过对相关资料的内容分析，来探索中国农民政治参与的形态、内容和程度。

二 中国农村政治体制改革

（一）农村政治体制的变迁

1949年中华人民共和国成立以后，县以下的乡村政治体制几经变迁，大体经历了三个阶段：

第一阶段，从1949年到1958年春季。这一时期的乡村政治体制的结构，划分为区、乡（镇）、村三级。"村"为行政村，在农村居民居住分散的地区，一个行政村往往包括两个或两个以上的自然村。村级政治组织除共产党的支部以外，就是村长。1953年以前，行政村村长一般都是乡党委与乡政府任命的。1953年实行"普选"以后，村长由村民选举，乡政府任命。此外，村级的经济组织，有互助组、初级农业生产合作社；1956年以后，普遍建立了高级农业生产社。它们都要接受党支部书记和村长的行政领导。

第二阶段，从1958年夏季到1982年12月。1958年夏秋之际的"大跃进"和"人民公社化"运动，改变了原有的乡村政治结构。在"一大二公"的口号下，多数地区以"区"为单位、少数地区以"乡"（镇）为单位，组建了"人民公社"。人民公社实行"党政合一"、"政社合一"、"三级所有"。所谓"三级所有"，是指生产资料归公社、生产大队（相当于原来的行政村）、生产小队三级所有。它们既是农村的行政组织，又是经济组织。1966年"文化大革命"开始，大约在1967年春天，各地的"人民公社管理委员会"和"生产大队管理委员会"，纷纷改称"公社革命委员会"和"生产大队革命委员会"，以显示"文化大革命""夺权"斗争的胜利。1976年毛泽东逝世、"四人帮"垮台，"文化大革命"结束。1978年中共十一届三中全会修订了《农村人民公社工作条例》，宣布取消公社和大队的"革命委员会"，改称公社和大队的"管理委员会"。公社一级干部，都是中共县委员会任命的。生产小队的干部则是大队书记决定的，再交社员大会举手通过罢了，即如中国农村普遍流行的一句话所说的那样："铁打的衙门流水的官，村干部历来是上边点名下边画圈。"①

第三阶段，从1982年第五届全国人民代表大会修改宪法，确立恢复乡（镇）建制和建立村民委员会到现在，为中国政府大力推行农村政治体制改革的时期。

实行农村政治体制改革，是农村经济体制发生变革以后的必然要求。1978年以后，安徽省凤阳县的农民率先自发地实行"包产到户"的改革；其后，各地陆续出现了农民自发地进行"包产到户"或者"分田到产"

---

① 王谋治：《柘荣县村委会选举见闻》，《人民日报》1994年2月1日。

的土地承包试验，改变了计划经济体制下，"平均主义"、"大锅饭"、队长派工干活的旧模式，农民有了生产经营的自主权，生产积极性提高了，并带来了产品的增加和农村市场的繁荣。到 1982 年，中国政府在对农民创造的土地分户承包经验加以总结并予以规范后，定名为"家庭联产承包责任制"，于 1983 年在全国范围内推广。到这一年末，除了少数集体经济势力雄厚的生产大队没有改行"家庭联产承包责任制"以外，全国 90%以上的生产大队都进行了这项改革。家庭联产承包责任制的实行，宣布了人民公社体制的解体。同年 10 月，中国政府发布了《关于实行政社分开建立乡政府的通知》，宣布取消人民公社的组织机构，以"乡人民政府"—"村民委员会"—"村民小组"，取代过去的"人民公社"—"生产大队"—"生产小队"。接着，各省、市、自治区先后制定了实施方案，并迅速在各地推行，使农村的政治体制改革迈出了关键性的一步。到了 1985 年 2 月，全国撤销人民公社、建立乡人民政府和村委会的工作基本完成。据民政部的统计，1982 年时全国的 54352 个人民公社，到 1985 年被 91138 个乡政府所代替；1982 年时全国的 719438 个生产大队，到 1985 年转变成 940617 个村民委员会。

中国政府推行这一改革的理论根据，是上层建筑要适合经济基础的性质；农村劳动组合的形式要与生产力发展水平相适应。由于家庭联产承包责任制的实行，过去那种高度集中的人民公社体制，已经不再适应农村生产力的发展，所以，邓小平提出，"要把权力下放给基层和人民，在农村就是下放给农民"[①]。"权力下放"，又称"简政放权"，它以实现"社会主义民主化、法制化"为目标，精简乡镇政府机构，压缩编制，把一切可以下放的管理权力，统统下放给村民委员会，即"下放给农民"，借以扩大农民的政治参与，提高乡镇政府的工作效率。

1986 年 3 月，中国政府发布了《关于加强农村基层政权建设工作的通知》，力图推动农村的政治体制改革向法制化、规范化的方向发展。到了 1987 年 11 月，第六届全国人大常委会第 23 次会议审议通过了《中华人民共和国村民委员会组织法（试行）》，并于 24 日颁布，规定自 1988 年 6 月

[①] 《邓小平文选》第 3 卷，第 252 页。

1日起实行。从此，中国农村的政治体制改革，按照村民自治和直接选举的原则，步入法制化的轨道。《村民委员会组织法（试行）》最后的条文还规定，各省、直辖市、自治区的人大常委会，可以根据本地区的实际情况，制定出相应的实施程序和办法。因此，从1989年9月到1992年12月，先后有福建省、浙江省、甘肃省等22个省级地区陆续制定了实施办法。这些实施办法，具有地方法规的性质。到这年的年底，在全国30个省级地区内，总计建立了1004349个村民委员会[①]。中国农村的村民自治体制，基本上确立。

（二）村民自治的组织形态与目标

按照《村民委员会组织法（试行）》的规定，中国农村村民自治的组织形态，是由18周岁以上有选举权的农民直接选举3—7名、任期为3年的主任、副主任和委员组成的村民委员会（第8、9条）；村民委员会的性质，是基层群众自治组织，农民通过村民委员会实现自我管理、自我教育、自我服务（第2条）。该法注重保护妇女和少数民族的权益，规定在村委会的成员中，应包括1名以上的妇女委员；在多民族杂居的地区，应选出少数民族委员（第8条）。村民委员会的政治功能主要有4项：（1）处理本村公共事务、兴办公共福利事业，调解村民之间的纠纷，维护公共秩序与社会治安，以及向乡政府反映村民的意见（第2条）；（2）管理本村集体所有制土地和其他集体财产，组织村民生产，经营合作经济（第4条）；（3）宣传宪法、法律和国家政策，敦促村民履行规定的义务、爱护公共财产（第5条）；（4）接受党和政府的"指导、支持和帮助"，并协助乡政府开展工作（第3条）。为了充分履行这些职责，该法还规定，在村民委员会之下，可以分设人民调解委员会、治安保卫委员会、公共卫生委员会等专门性委员会（第14条）。

村民委员会的目标，旨在加强干部对村民的责任心和提高村民政治参与的程度。该法规定，村民委员会要对村民大会负责（第10、11条）：村

---

① 参见中国基层政权建设研究会《中国农村村民委员会换届选举制度》，中国社会出版社1994年版，第3页。

民大会制定村规民约（第 16 条）、监督并检查村民委员会的收支账目（第 17 条）。这样，就为中国农民提供了更多的参政机会：一方面，农民可以参加村民委员会的选举，在当选为主任、副主任或委员之后，直接负责制定政策、执行政策；另一方面，农民又可以通过参加村民大会，对村民委员会的工作进行审议和监督。

值得特别注意的是，尽管《村民委员会组织法（试行）》只是规定它要接受党和政府的"指导、支持和帮助"，但这并不意味着它可以脱离地方党组织或政府机构的领导，搞绝对化的自治。众所周知，村党支部是中国共产党的农村基层组织，也是目前中国农村的最重要的政治组织。它与村民委员会的关系，实质上是领导与被领导的关系。中国共产党一贯重视在农村发展党员的工作，一般地说，农村党员数量约占农村居民的 3%—5%。目前全国约有 77 万个农村党支部[1]。其数量之所以比村民委员会的总数少，那是因为与在广西、广东、云南、海南四省，实行村公所或管理区体制相对应。而村民委员会则化小，仅相当于其他地区的"村民小组"。由于没有足够的党员或者没有党员而不设支部。农村党支部，一般由 3—5 人组成，设支部书记、副书记、组织委员、宣传委员等。根据 1992 年中共十四大修改的《中国共产党章程》，支部委员会每届任期 2 年或 3 年。支部委员会选出的书记、副书记，应报上级党组织批准。村党支部要领导本地区的工作，支持和保证行政组织、经济组织和群众自治组织充分行使职权。在这之前，即 1990 年，《中共中央关于批转〈全国村级组织建设工作座谈会纪要〉的通知》（中发［1990］19 号）也曾写道，党支部是村级各种组织和各项工作的领导核心，其主要职责之一是领导村民委员会、村合作经济组织、共青团、妇代会、民兵等组织，支持和帮助它们依照法律和各自的章程，独立负责地开展工作。

村党支部领导村民委员会，除了政治领导，即宣传贯彻党和国家的政策，向村民做思想教育工作，对全村进行监督以外，主要通过以下三种方式加以实现：（1）党支部书记担任村民委员会换届选举工作领导小组组长（详后），通过推荐候选人等具体行动，对村民委员会的选举工作进行引导

---

[1] 参见中国基层政权建设研究会《中国农村村民代表会议制度》，1994 年 6 月，第 87 页。

和控制；（2）村党支部委员会与村民委员会的成员交叉任职，一般说来，村委会主任绝大多数由党支部副书记或委员担任，村委会成员中也有许多是党员，这样就形成"一套班子，两块牌子"的局面；（3）当乡镇政府下达的任务完不成、民事纠纷调解不好、村委会干部或个别村民不服管束、治安失控等等情况发生时，党支部便出面给村委会以指导和支持。

党领导下的村民委员会，这是目前中国农村村民自治的一个显著特点。它在形式上使党和国家对农村的控制，相对地变得间接一些，但并不影响完成乡政府下达的国家任务。严格地讲，这是一种培养农民自治能力与党的领导并存的体制。当然，就农民的政治参与形态而言，其自发性的一面将受到一定的限制，而自律性的一面将会被提倡，从而导致向动员型政治参与转化的可能性增大。

三　农民的选举行动

（一）选举制度的改革

由农民直接选举村民委员会，这是在宪法和法律范围内开展的村民自治活动中最重要的内容。它是中国选举制度改革的产物。中国第一部选举法，是1953年制定的《中华人民共和国全国人民代表大会和地方各级人民代表会选举法》。该法确定了间接选举的原则、程序和方法，并成为1953—1954年新中国成立以来第一次普遍选举的基本方式。1954年6月，邓小平向中央人民政府委员会所作的报告中说，这次参加选举的公民共有2.7亿多人，投票率为85.8%，全国总共选出乡级人民代表560多万名。此后，间接选举的方式一直沿用下来。1978年中国实行改革开放政策以后，对选举制度也着手进行了改革。1979年7月，第五届全国人民代表大会第二次会议上，修改了《中华人民共和国全国人民代表大会和地方各级人民代表会选举法》。新修改的选举法，把直接选举的范围扩大到县一级，同时决定采取复数候补制和无记名秘密投票制。1983年发布了《关于县级以下人民代表大会代表直接选举的若干规定》，这一规定，为农村自治选举提供了法律依据。1986年12月，六届人大常委会第18次会议，又对选举法作了进一步修订，这就是目前中国所实行的选举法。

选举法的修改，主要限于选举方式上：一是直接选举范围，从基层扩大到县一级，村委会由农民直接选举；二是用复数候补制代替过去的单一候补制；三是用直接无记名秘密投票方式代替过去的间接公开投票方式。选举办法的修改，无疑将推进选举制度日趋完善；尤其是农村基层自治选举采取直选制，这就保证了农民选举参与的权利和机会，促进农民政治参与质量的逐渐提高。

前揭1987年11月《村民委员会组织法》试行以来，由于该法对选举的规定比较笼统，可操作性差，所以，各省相继制定了《实施办法》，把村委会选举原则具体化。其中比较典型的有福建省制定的《村民委员会选举办法》（1990）、江苏省制定的《关于村民委员会选举工作的若干规定》（1992）、河北省制定的《村民委员会选举试行办法》（1993）等。它们都是由立法机关——省人大常委会审议通过的，比较规范。此外，还有不少地区、市、县结合本地区情况，制定出一批《村民委员会选举办法》，这些"办法"多数是各级政府制定并颁行的，如《承德地区农村村民委员会换届选举工作实施办法》（1993）、《沈阳市村民委员会选举暂行办法》（1992）、《乐山市村民委员会换届选举办法》（1990）、《湖北省谷城县村民委员会选举办法》（1992），等等，但也有些是由县（市）人大常委会审议通过并颁布的，如《江西省永丰县村民委员会选举办法》（1992）、《内蒙古自治区临河市村（居）委员会选举办法》（1991）等。所有这些《选举办法》，都是选举制度改革的有机组成部分，属于地方法规。它们在各地基层自治组织的选举过程中，起着规范农民选举参与的行为，推动其向制度化、法制化方向发展的作用。

选举制度的改革，为农民提供了更直接的政治参与机会。政治参与是个人影响公共事务的活动，而选举参与又是最重要的政治参与。现在中国农民可以依法参与村委会选举的全过程，通过选举机构参与、决定候选人参与、投票参与等一系列参与行动，来表达自己的政治愿望，影响本村的工作。

（二）选举前期的政治参与

中国农村的村民委员会选举，没有统一的法定时间安排。各地区选举时间，由各地区的人大常委会或政府自行规定，尚未形成全国一致的"选举日"制度。因此，从1982年修订的宪法规定村民委员会的主任、副主任和委员，由农民选举产生到现在，各地区所进行的村委会换届选举次数，也不相同。

就全国范围而言，第一次村民委员会选举，在1983年到1985年之间。这是人民公社解体以后的最初选举，基本上是援引人民公社时期的社员代表会选举大队管委会、社员大会选举生产小队长的先例，由乡党委会同村党支部提名，农民举手表决，采行的多为单一候补制，因此，就政治参与的类型而言，这一次农民的选举参与，基本上是被动的动员式政治参与。

第二次，大致在1985年至1988年之间，全国有一些省区，如四川、山东、江苏等地，进行过一次村民委员会的换届选举。这一次选举或依地方法规进行，或参照县、乡人民代表的选举办法略加改进，各地的选举很不规范，村委会的任期，有的地方还是沿袭人民公社时期生产大队干部的两年制。就政治参与的类型而言，这一次农民的选举参与，仍然没有脱出被动的动员式参与的窠臼。

1988年6月《村民委员会组织法》开始试行以后，村民委员会的选举发生了重大变化。一方面，全国所有地区普遍依法进行过一次村委会换届选举；其中还有20个省、自治区、直辖市则分别于1989年前后和1992年前后，举行过两次村委会选举。另一方面，由农民直接选举村委会主任、副主任和委员的原则，普遍得到贯彻。有不少省区，如辽宁、福建、黑龙江等省的村委会候选人实行毛遂自荐，村委会主任实行竞选；还有些地方采取预选方式确定村委会的正式候选人。所有这些无不表明，中国农民已逐步走出被动的动员式选举参与的误区，开始向主动的、自觉式选举参与转移。

为了证实这一观点，下面我们不妨对选举过程中农民政治参与的诸形式略作分析。

先说选举前期的政治参与，主要包括选举机构参与和确定候选人参与。

目前已颁布的省一级的《〈村民委员会组织法〉实施办法》中，有16

个省、自治区和直辖市的《实施办法》明确规定了选举机构的设置，用以主持村委会的换届选举工作。这个选举机构的名称，各地不一。福建省叫"换届选举领导小组"，江苏省与河北省叫"村选举领导小组"，浙江省则叫"村选举委员会"，还有的地方叫"村选举工作组"，等等。其构成方式也呈多样性：江苏、陕西、山东、吉林等省规定由村民会议推举，河南、黑龙江、内蒙古等省区规定由村民小组或村民联名推荐，浙江省规定由党支部提名，山西古交市规定由乡政府或乡人大主席团提名，新疆则规定由上届村委会和村民小组推荐。这些选举机构，大多数由5—7人组成，少数由3—5人或7—9人组成。成员多半是村里各类干部，并配以一定比例的村民代表或普通农民。例如，辽宁省义县选举办法规定：村级选举机构由党支部和村委会成员、村民小组长、村民代表5—9人组成。浙江省宁波市规定，村级选举机构一般由村党支部书记任主任，吸收村民组长、村民代表及有威望的村民等5—7人组成。吉林省梨树县的村级选举机构由村党支部书记等7—9人组成。四川省彭山县村级选举机构由党支部书记、上届村委会主任和委员5人组成，支部书记任组长。只有个别地方规定村委会成员候选人不得参加村选举机构。我们从选举机构的构成可以看出，村党支部保持对选举机构的领导，起着"核心"作用，往往左右选举机构，使一般农民的参与受到一定程度的制约。但是，若与1986年以前的村级选举相比，村级毕竟有了由本村农民组成的选举机构来主持选举工作，不再是由乡党委和乡政府直接主持村委会选举，农民的选举机构参与，还是提高了。这不能不说是一个进步。

在选举过程中，为了促进选举工作顺利进行，除了建立选举机构之外，还要配备一定数量的选举工作人员负责宣传、组织选民的工作，处理选举过程中的各种具体事务，诸如选民登记、讲解选举程序与规则、代不识字的人填写选票、计票、监票，等等。选举工作人员一般由村里的"共青团"、"妇女联合会"、"民兵"等组织中的骨干和村里其他有威望的人士组成。有的地方称之为"选举工作组"。他们在以党支部书记为核心的选举机构领导下开展工作。这些选举工作人员都是本村的农民，他们辅佐选举机构参加选举工作，实质上成为选举机构参与的重要组成部分，从而锻炼了他们的政治参与能力。

由于村委会换届选举每3年才举行一次，所以，选举机构是一种非常设机构，其工作人员也是临时性的，一俟新一届村委会诞生，选举机构与工作人员便自行撤销或解散。因此，农民以选举机构参与为形式的政治参与是有时限的。

与西方选举制度不同，中国农村村委会选举前期，有一个非常重要的"选举动员"阶段。村选举机构成立之后，便大张旗鼓地开展这项工作。其动员方式，除了各国通用的利用各种宣传工具如大众传播媒介，举办"宣传周"以外，最突出的就是召开各种形式的动员大会。例如，山东省邹城市仅在1992年选举动员期间，市里召开的各种选举动员会议就有6次，乡（镇）、村和村民小组召开选举动员会议多达4700多次[①]。这在文化落后、文盲集中的农村是非常必要的，但也给农民的选举参与打上了动员型政治参与的烙印。

确定候选人参与，是选举过程中最关键性的政治参与形式。现在的中国农民有权参与候选人从提名到最后确定的全过程，只是各地在执行过程中打了折扣。

从22个省制定的《〈村民委员会组织法〉实施办法》来看，除了河北省的《实施办法》没有对候选人提名方式和办法作出具体规定外，其余21个省、自治区、直辖市的实施办法，都作了规定。但对村委会候选人应该由多少村民联合提名才合适，规定不一。有5人以上、10人以上、20人以上等多种规定。其中吉林、江苏、天津、山西、黑龙江、河南、四川、新疆、宁夏9省市还规定党支部及各类村级组织可以单独或联合推荐；宁夏甚至还规定，候选人由乡党委、乡政府与村民协商提出；黑龙江、河南两省还规定，村民可以毛遂自荐，自愿报名当候选人。

然而，就各地实施的情况，按照农民参与程度来分类的话，大体有三种：（1）参与程度高的，或采取由选民个人独立提名候选人（如山西省河曲县），或由选民10人以上联合提名（山西省临汾市、辽宁省沈阳市），或由村民小组提名（如山东省邹城市，湖南省郴州、资兴地区），或者由选民自我推荐（如山西省临汾市尧庙乡神刘村）；（2）参与程度中等的，

---

① 参见《中国农村村民委员会换届选举制度》，第26—27页。

采取户代表提名和村民代表会议提名，由于它不是全体村民参加，所以实质上剥夺了部分农民的提名权；（3）参与程度低，或由村选举领导小组提名（如四川彭山县），或由村党支部提名（如山西洪洞县），或由乡（镇）政府提名（如郴州的部分乡镇），这是一种越俎代庖的提名方式。

　　需要说明的是，各地区的提名方式都不是绝对的。即使在同一个县的各个村子之间提名方式也不尽相同。仅以吉林省梨树县为例，这个县共有336个村，1992年换届选举中，候选人由村党支部提名的有67个村，占村总数的20.1%；由村民小组提名的有116个村，占村总数的34.5%；由村民10人以上联名提出的有119个村，占村总数的35.4%；由全体村民直接投票选举的有34个村，占村总数的10%[①]。梨树县是吉林省搞村民自治的示范县，示范县尚且如此，其他地方就可想而知了。提名结束后，形成最初的候选人名单，或叫"一榜名单"。由于这个名单人数较多，于是便进入协商阶段。中国农村最常用的政治协商方式，是召开各种协商会议。在这个过程中，平均一个村子至少要召开4—5次会议[②]。河南省驻马店地区，采取"三上三下三公布"的办法，至少要开6次会议才能解决[③]。农民可以通过参加各种协商会议，发表自己对候选人的看法，表达自己的政治意向。不过，各地协商会议的形式与做法不一，则直接影响了农民政治参与的质量。根据全国各地确定正式候选人的操作形式来分析，基本上可以归纳为三种类型：（1）通过选民投票预选，或者经过各种会议协商，按大多数选民的意向决定正式候选人；（2）在"一榜候选人名单"中开展竞选[④]，最后由村民投票决定；（3）党支部或村选举领导小组在征求村民意见的基础上，确定正式候选人。在这三种类型中，一、二两种类型，目前只限于在少数"村民自治示范村"实行，农民的政治参与质量较高；然而在大多数农村，正式候选人的确定，则属于第三种类型，那里的农民

---

① 参见费允成《开展村民自治示范活动的情况汇报》，1992年9月17日。
② 参见《湖北省桂东县选举委员会办公室资料》，1993年；（贵州省）福泉县人民政府《福泉县开展村民自治示范工作的情况》，1992年11月，第4页。
③ 参见《河南省村民委员会组织法贯彻情况的汇报》，1992年，第6页。
④ 参见新乡市郊区人民政府《我们是怎样贯彻〈村委会组织法〉，实行村民自治的》，1992年10月，第10页。

政治参与质量则较低。

（三）投票行动

投票行动，是指选举中 18 周岁以上有选举权和被选举权的村民，以投票方式来表明自己对村委会候选人作出选择的行动。它是村委会选举过程中最重要的环节，也是衡量农民政治参与水平的最主要依据。

投票行动最终以投票率的高低反映出来。投票率的高低，在中国是一个特别敏感的问题，中国政府和社会舆论普遍认为：投票率反映公民是否关心政治，是否拥护、支持政府。因此任何选举，当局都不遗余力地采取各种措施，甚至不惜重新组织投票，来保证高投票率。村委会选举也不例外。

中国农村的投票率一般在 85% 以上，甚至可以达到 100%，我们的资料可以证明这一点。例如：山西省临汾市全市参选率为 87.5%[1]；河曲县共 301 个村，有选民 66826 名，参选的 57738 名，参选率为 86.4%[2]；浙江省嘉善县共有 327 个村，参选率平均在 97% 以上[3]；河南省武陟县阳城乡 26 个村，共有选民 14200 人，实参选 12922 人，参选率为 91%[4]；贵州省黔南布依族苗族自治州福泉县的参选率为 90% 以上[5]；河南省汝南县 297 个村，18 周岁以上选民 539197 人，参选率为 95%[6]；吉林省梨树县的 336 个村，共有选民 410923 人，参加投票的有 387359 人，参选率为 94.3%[7]；福建省全省平均参选率达 97.3%，其中，莆田市 875 个村，有半数以上的村参选率为 100%，仙游县 302 个村，有 254 个村的参选率

---

[1] 参见中共临汾市委、市政府《认真实施〈村委会组织法〉，推进农村民主政治建设》，1992 年 5 月，第 4 页。

[2] 参见山西省河曲县人民政府《十万农民的民主实践——我们是怎样开展村民自治活动的》，1991 年 12 月，第 10 页。

[3] 参见浙江省嘉善县人民政府《开展村民自治示范工作情况汇报》，1991 年 12 月，第 2 页。

[4] 参见武陟县阳城乡政府《健全自治制度，提高自治水平》，1992 年 10 月，第 3 页。

[5] 参见福泉县人民政府《福泉县开展村民自治示范工作的情况》，1992 年 11 月，第 5 页。

[6] 参见汝南县人民政府《开展村民自治，促进社会进步》，1992 年 11 月，第 6 页。

[7] 参见梨树县人民政府《村民自治办法的探索与实践》，1993 年 5 月，第 11 页。

为 100%①。

造成如此之高的投票率，其原因是多方面的。首先，自从农村实行家庭联产承包责任制以来，中国农民普遍有一种解放感。由于有了生产经营的自主权，调动了农民的生产积极性，带来了产品的增加和生活水平的改善。在解决了基本生活需求之后，必然产生维护自身政治权益的要求。而在体制转轨的过程中，由于一些不适当的政策，造成农民负担加重，农民很有意见。他们关心村干部能否真心实意地为村民办实事，关心村中财务的收支状况，关心宅基地分配和计划生育工作中的公平问题，希望能选举出好的干部，带领村民致富。《村民委员会组织法（试行）》的颁布，使农民的自治要求有了法律保障，进而促进了农民政治参与的热情。对于普通农民来说，他们可能不在乎谁当国家主席，谁当省长、县长，但对谁当村委会主任、谁当副主任、谁当委员，却十分重视。因为这与他们切身利益有关。这可以说是造成村委会选举高投票率的内在根据。

其次，改革开放以来，不少农村青年、中年人走出农村，到大中城市和经济发达的地区去打工，他们在打工挣钱的同时，也接受了城市政治文化的影响，开始关心政治，有较强的参与意识和欲望。因此，当得知本村村委会换届选举时，他们不惜花钱也要赶回家参加选举。例如，1993 年浙江省萧山市新街镇在深圳打工的农民春节期间包了 20 架飞机回萧山探亲，其中 8 架飞机所乘人中是为了提前赶回家参加村委会换届选举的。他们说："上边选谁当领导，咱管不了，但村里选谁当村主任，可得好好掂量，马虎不得。"② 又如，1991 年福建省村委会换届选举时，仙游县榜头镇新郑村村民郑天泉，全家长期在北京做生意，接到村里选举通知后，花了 1000 多元，专程从北京赶回村投票③。类似的例子很多，兹不一一列举。

第三，当局采取了一系列措施，保证选民参加投票。主要有：（1）实行户代表投票制。这是从《村民委员会组织法（试行）》第 10 条衍生出

---

① 参见福建省民政厅《加强农村基层民主自治建设，实现党领导农民当家作主目标》，1991 年 12 月，第 6 页。
② 宁立华：《关于浙江省村委会换届选举情况的调查报告》，1993 年 12 月，第 7 页。
③ 参见福建省民政厅《农村基层直接民主形式的成功实践——福建省村委会 1991 年换届选举情况》，1992 年，第 7 页。

来的办法。该条规定:"村民会议的决定,由 18 周岁以上的村民的过半数通过,或者由户的代表的半数通过。"因此,不少地方的村委会选举,实行户代表投票制。实行户代表投票制,选民总数是村内总户数,其选民数量远远低于有选举权的选民数量,大多是每户的户主(家长)参加。投票率的计算,是参选户代表与全村户数之比,这就剥夺了每户的妇女和青年的投票权。所以,户代表投票制的高投票率有一定的局限性,未必能真实地反映出全体村民的投票与程度。(2) 为了解决农村居住分散,一些年老体弱的农民不愿意到中心会场或投票站投票的问题,各地在选举进入投票阶段以后,普遍设立"流动票箱"到各户去征集投票①。(3) 委托他人代理投票,一个选民代为投票只限 3 人,并须得到村选举委员会认可②。浙江省桐乡县的投票状况最具代表性。该县共有选举权的村民 450839 人,参加投票的有 391246 人,投票率为 96.4%,其中,亲自到投票站投票的为 277642 人,占 70.96%;在流动票箱投票的有 45977 人,占 11.75%;委托他人投票的有 67627 人,占 17.29%③。由此可见,促成高投票率的原因是多方面的。这种高投票率说明一个基本事实,即通过投票,中国农民的政治与机会增加了。

在投票行动中,最能反映农民政治参与程度的是投票动机。我们从一些村委会的选举不能一次成功的事例中得到证实。农民对于他们所不满意的候选人,是不肯投赞成票的。1991 年福建省的 12737 个村委会换届选举,一次成功率为 72.3%④,尚有 27.7%的村委会选举失败。例如这个省的拓荣县在 1993 年 10 月的选举中就出现了这样两种情况:一是该县黄柏乡的一个村子,他们否定乡党委推荐的候选人,另选自己满意的人为村委会主任。选举当天,有人问大会主持人:"我们的村委会主任,是否就一定要选乡党委推荐的人,还是以投票的结果来确定?"回答是肯定的。全村 516 位选民,487 人参选。结果爆出冷门,从票箱里"跳"出另一个人名字,352 名选民在"另选他人"一栏中,不约而同地填上了这个人的姓

---

① 参见宁立华《关于浙江省村委会换届选举情况的调查报告》,1993 年 12 月,第 9、13 页。
② 同上。
③ 参见《中国农村村民委员会换届选举制度》,第 89 页。
④ 参见《加强农村基层民主建设,实现党领导农民当家作主目标》,第 6 页。

名，而自以为能当选的候选人只得票130张，5票弃权。另一种情况发生在该县富溪镇的东山村，原村委会的干部提议赖某为村委会主任候选人，村民便向驻村工作组反映意见，对那个候选人提出异议。经过一番查证，驻村工作组认为村民反映的问题并非那么严重，有些事情是群众不理解。但为了慎重起见，要求村党支部组织党员、干部广泛征求村民的意见，让群众决定应该谁当村委会主任，尊重选举结果。正式选举那一天，群众一致要求无记名投票，充分表达自己的意愿。投票结果，原村委会干部提出的候选人得票不足到会人数的1/3。镇党委立即发动选民重新推荐村委会主任候选人，最后根据多数人意见确定另外两名候选人参与竞选①。以上两种情况说明一个问题，就是农民的投票动机，表现出他们政治参与的主动性和自觉性。

类似的例子在其他地方也所在多有。1992年，贵州省福泉县的174个村委会选举，有169个选举一次成功，成功率为97%，剩下5个村子不得不重新确定候选人进行再次选举②。同年，湖南汝城县城关镇东固村，选举领导小组内定的村委会主任候选人是村党支部书记的弟弟，他在选举中落选，村民选出了一个不是候选人的为村委会主任③。又如，青海省大通县城关镇塔哇村1992年第二次换届选举中，选举领导小组推荐原村委会主任吉某作为候选人之一参加选举。该村实行户代表选举，结果在79名参加选举的户代表中，有37票弃权，占47%，选举失败。第二次镇领导到会做工作，强调要选出人才，并介绍了吉某领导群众植树造林、修桥铺路等工作成绩，还想把他选上，群众不答应。第三次按群众推荐的7名候选人（没有吉某）进行投票，一次成功。其中一名候选人以77票赞成当选。④ 这时镇政府又提出实行户代表选举，与直接选举原则不符合的否定意见，试图宣布结果是非法的，最终还是遭到了村民的反对。由此可见，

---

① 参见王谋治《山村涌动民主热流——拓荣县村委会选举见闻》，《人民日报》1994年2月1日。
② 参见《福泉县开展村民自治示范工作的情况》，1992年11月，第5页。
③ 参见《中国农村村民委员会换届选举制度》，第91页。
④ 参见青海省大通回族自治县民政局《认真贯彻村民委员会组织法，探索以法治村——民主管理的新路子》，1992年。

中国农民的选举参与形式正在逐步摆脱过去的被动式参与的束缚,向自觉性参与发展。

(四) 选举后期的政治参与

选举后期的政治参与,主要是指投票结束以后,选民对选举过程中选举领导机构违反村委会组织法的行为,进行"上告",或者写揭发信。中国习惯称为"信访",即来信来访。这是村民表达不满、揭露问题的一种方式,也是农民政治参与的有效形式。其实,这种参与方式的运用,不独选举期间如此,即使在平时,农民也喜欢运用这种参与方式力图对干部违法行为进行纠正。

例如,1990年湖南省双峰县举行第一届村委会选举时,由于刚刚贯彻实行《村民委员会组织法(试行)》缺乏经验,组织工作做的不够细致,出现一些问题。为此,村民的上告信件多达60余件。1993年换届选举时,由于严格按《村民委员会组织法(试行)》办事,加强了组织工作,因此,上告信件大为减少,县民政局仅仅收到3件。[①] 又如,湖南省桂阳县在第二次换届选举中,城郊乡新成村有位女候选人,三次张榜公布候选人名单中,都有她的名字。但是到投票时,选票上却换成另外一个人的名字。村民告到县里,县民政局局长李国学和县人大两名副主任亲自下村进行调查,查明村民上告属实,便当场宣布选举无效。再如吉林省梨树县胜利乡十家子村的张某,被列入村委会副主任正式候选人的名单,张榜公布后,一些村民发现,在村民代表会预选候选人时并没有选他。经查实,原来是乡政府提的名。对此,几个村民手持《吉林省实施〈村委会组织法〉办法》找乡政府领导说,《办法》中没有规定乡政府可以提名候选人,乡政府指派候选人是错误的。乡政府立即进行了纠正。[②]

村民敢于对选举机构或上级机关违反《村民委员会组织法(试行)》的规定进行上告,说明他们的政治参与意识确实是提高了。

---

① 参见双峰县人民政府《积极开展村民自治,全面推行综合改革》,1993年6月,第7页。
② 参见《中国农村村民委员会换届选举制度》,第93页。

四 农民政治参与的其他形态

(一) 决策参与

《村民委员会组织法（试行）》中规定，村民委员会负责办理本村的公共事务和公益事业（第2条），涉及全村村民利益的问题，村民委员会必须提请村民会议讨论决定（第11条）。这就是说，村民会议是全村的最高权力机关，同时也是全村的最高决策机构。

而村民会议，是由本村18周岁以上的村民或每户派代表参加的。村民会议的决定，应由与会村民或户代表过半数通过才有效（第10条），因此，《村民委员会组织法（试行）》以法律的形式赋予村民有参与本村事务决策的权利。

但是，自从家庭联产承包责任制实施以后，人们的生产劳动时间不一致，特别是各种专业户的出现，外出打工、经商的流动人口的增加，要召开村民会议或户代表会议，是非常困难的事。于是一种适应新情况的决策形式——"村民代表议事会议"被农民自发地创造出来。1990年9月，民政部发出了《关于在全国农村开展村民自治示范活动的通知》。该通知第一次以中央政府的名义正式肯定了全国各地创造的村民代表会议制度，并将它列为村民自治示范活动的核心内容之一，要求在全国农村自治示范地区大力推行。据民政部1994年初的统计，全国的1017256个村中，已有50%的村建立了代表会议制度。

村民代表会议实质上贯穿着代议制原则。它是农民的政治参与的代议机构。

从目前已经实行村民代表会议制度的15个省、自治区的地方法规的相关规定来看，村民代表会议的构成和会期，各地有些差别。河北、山东、黑龙江、辽宁等省规定，一般每10户推选1名代表，代表总数不得少于30人；村民代表会每年至少召开2次[①]。新疆和吉林两省规定，村民

[①] 参见河北、山东、黑龙江、辽宁四省的《〈村委会组织法〉实施办法》，1990年6月、1992年5月、1990年8月、1990年8月。

代表会议由村民委员会和村民 5—10 户推选的 1 名代表组成，由村民委员会召集和主持，每年至少举行 2 次，有 1/5 以上的村民或村民代表提议，即可召开①。河南、福建规定，村民代表会议由村民委员会成员、各村民小组推选的代表和村民中各级人民代表大会代表组成，总人数不得少于 30 人或 35 人，1000 户以下的村不得少于 25 人；一般每 3 个月举行 1 次，有 1/3 的村民代表提议召开即可举行②。西藏自治区规定，村民代表会议由每户派代表或联户派代表组成。由村民委员会召集和主持，一年至少召开两次；必要时，经 1/5 以上村民提议，随时可以召开。③

各县、乡、镇在实行这些法规的时候，又根据当地的实际情况作一些变动。例如，河南省汝南县规定：村民代表，按本村总户数 10% 的比例，由村民选举产生。每年至少召开 4 次会议，有 1/5 以上的村民提议召开会议，应随时召开。④ 山东省招远县是较早建立村民代表会议制度的县。规定：村民代表由村民按照居住区域或村民小组民主投票差额选举产生。百户以上的村，每 10 户选举 1 名代表；百户以下的村不得少于 10 名代表，50 户以下的村也可以不选村民代表，直接召开村民会议（户派代表）议事，任期 3 年，原则上每两个月召开 1 次，特殊情况或有 1/3 以上代表提议，可随时召开⑤。

村民代表会议的职责，是决定本村事务的政策。就目前全国 15 个省区的情况来看，各地的规定大同小异，主要包括：（1）村民委员会成员的选举、撤换和补选；（2）制定、审议本村的经济社会发展规划、年度计划；（3）各种形式生产责任制的完善，各种经济合同的签订；（4）制定、修改村规民约、村自治章程；（5）审议村委会工作报告和财政收支情况的报告；（6）审查人口出生计划指标的安排与落实；（7）其他与村民利益

---

① 参见新疆、吉林两省区的《〈村委会组织法〉实施办法》，1991 年 8 月、1991 年 7 月。
② 参见河南、福建两省的《〈村委会组织法〉实施办法》，1992 年 8 月、1993 年 9 月。
③ 参见《西藏自治区〈村委会组织法〉实施办法》第 11 条，1993 年 12 月。
④ 参见汝南县人民政府《开展村民自治，促进社会进步》，1992 年 11 月，第 2—3 页。
⑤ 参见山东省招远县民政局《建立村民代表会议制度，促进基层民主政治建设》，1989 年 8 月，第 3—4 页。

有关的问题①。

各地还对村民代表会议的议事规则与程序作了详细规定。大体上都强调必须遵循国家在农村的方针、政策和法律、法规，有利于政府决议的贯彻，有利于社会稳定和安定团结②；必须坚持民主集中制原则③，实行少数服从多数④。其会议程序是：在村委会主任主持下，首先报告前次会议决议的执行情况，听取意见，接受审议与监督；然后提出本次会议的议程与内容，让代表充分讨论、协商后，进行表决，形成最后决定。

尽管村民代表会贯穿着代议制的原则，但与过去那种村里大事小事都是厂部说了算的做法相比，现在的农民可以通过自己选出的村民代表，来参与本村重大事务的决定，表明农民政治参与机会的增加和参与能力的提高。主要表现在两个方面：（1）村民代表对于自己不满意的提案可以行使否决权。河南省汝南县1991年，全县共召开村民代表会议1505次，平均每村召开5次，多者达8次。共审议村内事务2202件，其中被否决的250件。⑤山东省莱西县马连庄乡朱篝村干部，为了进城办事方便，要买一辆小汽车，提请村民议事会讨论。村民代表认为，当前最紧迫的是挖塘抗旱，有钱要花在要紧处，否决了干部要买小汽车的提案，买来了一台挖掘机，用于开挖水塘，蓄水灌溉。⑥山西省临汾市的尧庙乡神刘村村委会计划投资11万元安装自来水，提交村民代表会议讨论，村民代表说，家有三件事，先从紧处来，全村90%以上的人吃水不困难，迟几年安自来水影响不大，应该把钱花在改善农业生产条件上，加强水利建设，修建防渗渠道上，否决了先安自来水的提案。村委会还提议把本村通往大同至运城公路的大道铺成柏油路，村民代表主张应先兴办集体企业、壮大集体经济，

---

① 参见《江苏省溧阳市村民代表会议职权》，1992年；《四川省彭山县村民代表议事会制度》，1992年12月制定、1994年4月修订。
② 参见《河北省承德市村民代表会议规则》，1993年12月。
③ 参见《安徽省当涂县村民会议、村民代表会议规则》，1992年4月。
④ 参见《四川省彭山县村民代表议事制度》，1992年11月制定、1994年4月修订。
⑤ 参见汝南县人民政府《开展村民自治，促进社会进步》，1992年11月，第3页。
⑥ 参见方炎、包永辉《村民自治：基层民主制度的组织和制度建设》，1991年9月，第3页。

路面先铺上灰渣就可以了,于是否决了铺柏油路提案。①(2)村民代表可根据自己的观点提出议案。前揭河南省汝南县 1991 年全县共召开的 1505 次村民代表会,由村民代表提出的合理化建议多达 1950 件。山西省交城县过去的村务决策,是"少数干部研究,高音喇叭广播",建立村民代表会议以后,仅 1991 年,由村民代表提出的议案达 200 多件②。吉林省榆树市,全市各村 1990 年以来共召开村民代表会议 760 余次,提出参政议政提案上千条③。河南省武陟县阳城乡 1992 年对东关、东张、蒋岗、后阳城等 8 个村村民代表会提案进行了统计,说两年多来,村民代表提出的议案 120 多件,其中经村民代表会审议通过的近百件,内容涉及文化教育、土地管理、林业发展、农田水利等十多个方面④。湖北省京山县 1991 年的统计表明:近两年全县示范村共召开村民代表会议 396 次,提出议案 2102 件,其中落实 981 件,纠正错误决定 159 项,减少不合理开支 74.2 万元⑤。吉林省梨树县 1992 年共召开村民代表会议 1648 次,提出参政提案 6284 件,被采纳了 46507 件,占提案总数的 74%⑥。

由此可见,在村民代表会议制度建立的地方,农民参与村务决策,已是很普遍的现象。不过,它还要受两个因素的制约:(1)提案审查的制约。几乎所有地方的法规都明确规定,提请村民代表会议审议的提案,"先由党支部讨论后,再提交村民代表会议审议决定"⑦。或者"通常先由村委会拿出本村规划方案,经党支部同意,再交村民代表会讨论通过并付诸实施"⑧。因此,如果党支部不同意的议案,是不能进入村民代表会议事程序的。从另一个角度来理解,由于提案事先征得党支部的同意,所以经过村民代表会审议通过后的决定,也可看作是党的政策。(2)村民代表会

---

① 参见山西省临汾市人民政府《认真实施村委会组织法,促进农村民主政治建设》,1992 年,第 5 页。
② 参见交城县民政局《开展村民自治,建设基层政权》,1991 年 11 月,第 2、10 页。
③ 参见榆树市人民政府《抓基层,打基础,把村民自治活动不断引向深入》,1992 年 9 月,第 4 页。
④ 参见武陟县阳城乡政府《健全自治制度,提高自治水平》,1992 年 10 月,第 3 页。
⑤ 参见京山县人民政府《开展示范活动,促进村民自治》,1991 年 12 月,第 3 页。
⑥ 参见梨树县人民政府《村民自治办法的探索与实践》,1993 年 5 月,第 19 页。
⑦ 秀山土家族苗族自治县人民政府:《我们是怎么抓示范建设的》,1991 年,第 5 页。
⑧ 屯里乡人民政府:《我们是怎样指导村民自治的》,1991 年,第 6 页。

议代表的产生方式的制约。前揭村民代表产生的方式，都是地方法规的规定，然而在各地实施过程中，却往往出现偏差。不少地方的村民代表，并不是经过严格选举程序产生的，而是党支部、村委会干部指派的，即所谓"派选"。在一些宗族纠纷深重的地区，村民代表会议的代表，往往被强宗巨族所把持。这两种方式产生的村民代表，失去了代表性。他们并不是村民意见的代表者，而是村干部的应声虫或宗族利益的代言人。他们所提出的提案，不是农民自下而上的要求，而是少数干部或宗族的意志，从而导致村民代表会议决策，偏离村民自治的原则，不能真实地反映村民政治参与的面貌。

（二）管理参与

村民自治的目标之一，是实现村民的自我管理。它是农村政治体制改革的最关键的内容。所谓"村民自我管理"，就是以自治的形式，把全村的所有重要事务，置于村民的直接管理与监督之下。因此，管理参与是农民政治参与不可或缺的组成部分。

中国是一个有两千多年专制主义传统的国家，行政权力支配社会，是中国政治的一个根本特点。农民习于顺从。在人民公社时期，实行一元化领导，不存在农民参与管理的问题，长期以来，形成了村里事务"由少数几个村干部说了算"的局面。开展村民自治示范活动以后，各地农民出于管理上的需要，普遍根据《村民委员会组织法（试行）》和国家颁布的法律、法规与政策，结合本村的实际情况，制定了《村规民约》、《村委会工作制度》、《村民会议和村民代表会议议事制度》、《村干部任期目标责任制》、《村务公开制度》、《村经济合作社工作制度》、《村经济账目公开制度》以及人民调解、治安保卫、文教卫生、社会福利、计划生育等专业委员会的工作制度等等一类规章制度。1991年，山东省章丘市埠西村的村民会议，率先将村务管理的各项规章制度综合归纳，制定了《村民自治章程》以后，各地纷纷仿效，但各地名称不一，内容也小有差别。有的叫《村民自治章程》，如新疆温宿县古勒阿瓦提乡古勒阿瓦提村、厦门市湖里区禾山镇蔡塘村等；有的叫《村民自治管理规范》，如山东省莱州吕格庄乡；有的叫《村民自治细则》，如辽宁鞍山市干山乡韩家峪村；有的叫

《村级规范化管理试行规定》，如吉林省梨树县、甘肃省天水市等。这些《自治章程》和《管理规范》的宗旨非常明确，就是实现村里事务管理的制度化和法制化，因而被农民称作是"村里的小宪法"①。

《自治章程》几乎囊括了农村基层的全部工作内容，主要分三大部分，即政治组织管理、经济管理、社会秩序管理。其中，政治组织管理，是对党支部与村民委员会的管理；经济管理，是对土地和其他集体财产、村办企业、财务方面的管理；社会秩序管理，是对社会治安、移风易俗、计划生育方面的管理。后两类管理都贯彻了违制处罚原则。它既是村民管理本村事务的依据，又是村民应当遵守的道德规范，既有管理经济社会方面的内容与方法，又有违制处罚的具体规定，是比较适合农村实际的综合管理规定和方法。按规定，《自治章程》要印发给每个农户，因此，农民可以根据这些管理原则和方法，参与本村事务的管理。例如，1990年底，山西临汾市北郊乡郭家庄村公共积累有50万元，村干部打算再办几个企业，村民却提出了相反的意见，认为村里企业数量已经不少，关键是如何加强管理，提高效益。生产要商品化，农民要有文化，应当把积累的钱投到农村文化教育事业上来。于是经过党支部、村委会和村民代表会多次讨论，决定兴建比较现代的教学大楼。建校资金不足，村民便自动捐款60万元。② 河南省武陟县阳城乡杨庄村，1992年在推行"两田制"（即"口粮田"和"任务田"相分离）过程中，有几户村民以种种借口不上缴土地承包费，村干部考虑季节不等人，想等到夏收秋种完了再说，但大部分村民不答应，派村民代表主动找这几户村民谈话，指出其错误，要求他们必须执行村民代表会议的决定，使问题很快得到了解决③。湖南省双峰县新洋村，有一名村干部只顾小集体利益，而不顾国家利益，使村里企业偷漏税达80万元。村民认为这是违法行为，于是积极向上级有关部门举报，使这一事件得到了及时处理。④ 山西省河曲县南也乡石家庄村村委会决定在村里盖一座戏台，村民得知后强烈要求不盖戏台建学校。村委会接受了

---

① 湖北省民政厅：《关于村民自治示范活动试点情况的汇报》，1992年5月，第4页。
② 参见北郊乡人民政府《实行五个公开，实现村民自治》，1992年，第4页。
③ 参见武陟县阳城乡政府《健全自治制度，提高自治水平》，1992年10月，第5、6页。
④ 参见双峰县人民政府《积极开展村民自治，全面推进综合改革》，1993年6月，第10页。

村民的意见，用准备盖戏台的钱建了一座崭新的学校。① 1991年7月，河南省老君庙村有一批成材的杨树需要处理，个别村民提出，把树平均分给农户。大多数村民说，《村民自治章程》规定，涉及全体村民的重大事情，必须由村民代表会议决定。于是该村及时召开村民代表会议讨论。绝大多数村民主张：这批树是集体财产，应由集体统一处理，收入用来兴办集体事业，不能砸锅分铁。村委会按村民代表会议决议，将树一次性卖掉，用这笔款买了一台大型拖拉机及配套农具，专为广大农户服务，村民非常满意。② 类似的事例，不胜枚举。由于村里重大事务的管理，直接与村民的切身利益有关，所以村民们表现出相当高的参与管理热情，形成"自己的事，自己管"的局面，使长期以来农村中普遍存在的三大难题——即上缴提留款、宅基地分配、计划生育指标分配等，比较容易得到解决。不过，这只限于少数村民自治示范村，并非全部中国农村都是如此。

需要说明的是，各地的《村民自治章程》或《村级规范化管理规定》，有的是各村村民代表会议自发制定的，有的则是由地方政府（乡、县甚至是省）统一制定的。前者属于村民出自参与管理的需要，自觉建立的规章制度；后者则属于农民被动接受的规章制度。因此，二者之间是有差别的。当被动接受的"自治章程"或"管理规范"与本村的实际情况脱节时，就容易流于形式，变成一纸空文。这些多半发生在非示范村。

（三）监督参与

监督与参与既是管理参与的组成部分，又是管理参与的重要保证。《村民自治章程》或《村级规范化管理规定》中都明确规定，要增强对村干部和村民的管理，示范村普遍建立了多层次、多方位的双向监督机制，以保证村民的监督参与。

各地的做法虽不尽一致，但内容都差不多。湖北省的做法有四条：（1）每年召开村民大会听取、审议村委会的年度工作报告，表彰先进，批

---

① 参见山西省河曲县人民政府《十万农民的民主实践——我们是怎样开展村民自治活动的》，1991年12月，第11页。
② 老君庙镇人民政府：《建章立制，依法治村，实现民主管理，促进农村两个建设》，1992年，第3页。

评落后，奖优惩劣；（2）每季度召开村民代表议事会，对比较重大的村务进行讨论、审议；（3）由村民代表组成民主理财小组与干部政绩、村民道德评议会，对财务收支进行监督，对干部、村民进行评议，评议结果在各村开辟的政务、村务、财务公开栏中进行公布；（4）建立村民档案，对村民行为进行考评，村民档案为一户一袋，一人一表，每个村民的日常表现、贡献大小，由评议会如实记录，作为年终总结评比、今后提干、参军、招工的重要依据①。

福建省重视村民监督组织的建设和监督制度的完善，使监督参与落到实处。他们把监督参与分成四类：（1）村民监督村委会。建立村委会定期向村民会议或村民代表会议报告工作制度，让村民了解村委会工作情况，接受村民监督。设立村务、财务公开栏，凡涉及生产、生育指标、宅基地分配，各种款物发放，计划生育、税收任务完成情况，财务收支等，都将具体数字公布于众。（2）村民监督干部。主要是建立村民评议干部制度，由村民选举成立村民评议小组，制定评议规则，定期或不定期地对村委会干部实施评议监督。海龙县村委会的评议活动已由小组范围扩大到全体村民，他们采取召开村民质询大会的形式，由村民面对面向干部提问题，干部当场解答。（3）村民互相监督。村民互相监督，是落实"自我管理，自我服务"目的的手段，主要体现在村规民约的监督、处罚规定上。通过成立村规民约执法队、老人会、妇女禁赌会、新风促进会等群众团体，对不良行为进行规劝和处理。（4）干部互相监督。通过建立干部岗位责任制、工作检查制度和奖惩制度，对干部实行考勤、考评，定期召开民主生活会开展批评和自我批评，实施互相监督。②

这种双向监督机制的建立，一方面为村民的监督参与提供了更多的机会，另一方面又加强了政府对农村的控制。因此，各级地方政府对此十分重视，客观上又促进了村民监督参与的发展。对于广大村民来说，监督参与的前提是村务公开。从全国各地实施村民自治章程的情况来看，基本上

---

① 参见湖北省民政厅《关于开展村民自治示范活动试点情况的汇报》，1992年5月，第4页。
② 参见福建省民政厅《加强农村基层民主自治建设，实现党领导农民当家作主目标》，1991年12月，第11—12页。

都建立了村务公开制度。例如甘肃省天水市北道区二十里铺乡花牛村的《规范化管理规定》第22条规定："凡需要村民知道的村务都要公开。"主要包括：上级党委、政府有关政策规定；本村重大公共事务；村干部分工及工资报酬；财务收支；义务工、积累工使用；农用物资分配；电费的收缴管理；宅基地审批；计划生育；救灾救济；优待抚恤等。或者在会务公开栏内张榜，或者召开村民大会宣布，或在村民代表会议上公布。山西省临汾市推广该市郭行乡内鼻村"八公开制度"，即批宅基地公开，计划生育指标公开，公粮任务公开，生产资料分配公开，提留公开，财务公开，土地、企业承包公开，干部功绩过失公开[1]。其他地方的村务公开内容，基本上大同小异。村务公开制度与"村务公开栏"的普遍建立，为村民的监督参与创造了条件。

监督机构的建立，是村民监督参与的组织保证。虽然各地的监督机构的名称不尽相同，但它们的职责却是一样的。宁夏回族自治区中卫县叫做"村民评议监督小组"[2]；河南省武陟县阳城乡叫做"村民监督检查小组"[3]；山西省临汾市北郊乡，在选举村民委员会的同时，选5—7名监督委员，成立"村民监督委员会"，等等。此外，有些地方还设立了"监督建议箱"（山西省河曲县）、"民主监督栏"和"群众意见箱"（山西省交城县）等，以扩大村民监督参与的渠道。

就我们掌握的材料来看，当代中国农民的监督参与，确实有了进步。例如，吉林省梨树县喇叭甸镇柳树营村村委会财务管理混乱，账目不清，一年吃喝3万多元，村民找到乡政府，说他们不能用这些败家子为他们当家，召开了村民代表会议，罢免了村委会干部。该县1992年冬天在全县范围内进行了一次民主评议村干部，一共罢免了17名村干部。[4] 山西省临汾市屯里乡高河村村委会主任段某，上任后不履行竞选演说的诺言，还与

---

[1] 参见山西省临汾市人民政府《认真实施村委会组织法，促进农村民主政治建设》，1992年，第6页。
[2] 参见宁夏回族自治区中卫县人民政府《关于在全县农村开展村民自治示范的方案》，1992年，第4页。
[3] 参见武陟县阳城乡政府《健全自治制度，提高自治水平》，1992年10月，第6页。
[4] 参见梨树县人民政府《村民自治办法的探索与实践》，1993年5月，第20页。

党支部闹对立；郭行乡李家庄村委会主任李某，两年不缴公粮，乡里发的500元救济款两年不入账，属于贪污行为。村民监督小组报请村民代表会议，进行公开批评，并依法罢免了他们的职务。乡党委和乡政府经过调查核实，承认村民罢免有效。① 该市北郊乡高河店村，1982年投资14万元兴建了罐头厂，由于经营管理不善，被迫停产。1990年村委会干部打算将这个厂拍卖。这类事要是在过去，几个干部说了算，卖也就卖了。可是，村务公开以后，一些村民立即要监督委员出面干预，认为高河店本来就没有什么像样的村办企业，卖企业就是动摇村级经济根基。村民监督委员会经过多方征求意见后，立即建议召开村民代表会议，经过热烈讨论，决定罐头厂不仅不卖，而且要投资改建上新产品。② 河曲县1991年全县各村通过"监督建议箱"的渠道，共收到监督意见和建议943条，其中被村委会、乡政府采纳了587条③。河南省长葛县董村乡建立了"回音壁"制度。村民可以利用各种形式署名或不署名地向村委会提出问题和建议，村委会必须于5日之内在"回音壁"上予以答复。该乡庞岗村1982年撤销生产队时，第10生产队的1000多公斤大豆不知去向，多年没有处理，村民有怨气，以不缴公粮，不缴提留款，不缴宅基地有偿使用费来表示抗议。1991年三名村民联名在"回音壁"上提出意见以后，党支部、村委会认真研究，经过三天三夜的调查终于把问题查清楚，并责令原来生产队干部私分的1000多斤大豆，折价限期退赔，及时在"回音壁"上向村民作了答复。问题解决了，村民的气顺了，两天之内缴清了公粮、提留款和宅基地有偿使用费。④

上述事实表明，在已开展村民自治示范活动的农村，在村务公开的条件下，农民在村级组织中的监督参与，得到了较好的保证。目前我们还没有确切的村民自治示范村的数据。但是在全国2000多个县及县级市中，

---

① 参见山西省临汾市人民政府《认真实施村委会组织法，促进农村民主政治建设》，1992年，第7页。

② 参见北郊乡人民政府《实行五个公开，实现村民自治》，1992年，第5页。

③ 参见山西省河曲县人民政府《十万农民的民主实践——我们是怎样开展自治活动的》，1991年12月，第7页。

④ 参见长葛县民政局《认真贯彻村委会组织法，充分发挥村民自治作用》，1992年12月，第9—10页。

只有 59 个村民自治示范县（市）①，所占比例是很小的。即使按照中央民政部的设想，每个省、市、自治区要搞 1—2 个自治示范县，每个县要搞 2—3 个村民自治示范乡，每个乡要搞 2—3 个村民自治示范村的比例推算，在全国 100 多万个村民委员会中，开展村民自治示范活动的村委会不会超过 30 万个。我们还可以从山西省临汾市的情况中得到印证。该市共辖 26 个乡（镇），只有 3 个乡（镇）搞了村民自治示范活动；26 个乡（镇）共辖 319 个村委会，只有 120 个村委会开展了村民自治活动②。因此，中国大陆的农村，只有不足 1/3 的村委会开展了村民自治示范活动。这个估计，应该是没有问题的。然而，在那些党支部、村委会干部与农民对立情绪严重的地区，在宗族纠纷深重的地区，在恶势力（"镇霸"、"村霸"）把持的乡村，农民的监督参与，同决策参与、管理参与一样，是极其有限的。虽然也制定了《村规民约》、《村民自治章程》一类制度，但形同虚设，根本无法贯彻执行。这一点，是研究当代中国农民政治参与的时候，不能不注意的。否则，就犯了以偏赅全的错误。

五　农民的政治参与与中国的政治发展

（一）村民自治发展的不平衡性

自从《村民委员会组织法（试行）》颁布实施以来，少数示范村的成功，并不能掩盖中国农村村民自治活动发展的不平衡性。根据河南省 1992 年的统计，全省共有 47538 个村委会，好的或比较好的占 20%，处于中间状态的占 60%，涣散的约占总数的 15%—20%③，贫困地区占的比例稍高一些。据湖北省 1990 年的统计，全省共有 32529 个村委会，好的占 30% 左右，一般的占 50%，差的占 20% 左右④。据福建省 1991 年的统计，全

---

　① 参见《中国农村村民委员会换届选举制度》，第 2 页。
　② 参见段素果《总结经验，开拓进取，努力把我市村民自治示范活动推向新水平》，1991 年 11 月 6 日，第 2 页。
　③ 参见河南省民政厅《河南省村委会组织法贯彻情况的汇报》，1991 年，第 1 页。
　④ 参见湖北省民政厅《湖北省贯彻村委组织法，加强村委会建设情况的汇报材料》，1990 年 5 月，第 2 页。

省共有 12737 个村委会，好的占 39.5%，处于中间状态的占 54.1%，涣散的下降到 6.4%[①]。这三个省的情况都是中间大两头小，即好的与涣散的所占比例都不大，而处于中间状的则是大多数。这个比例，与前揭示范村在全国村委会总数中所占的比例，大体可以吻合起来。

村民自治活动搞得好的示范村，多数是一些经济相对富裕的农村，一般都拥有相当多的集体企业，并有好的领导历史。这些地区不仅按村委会组织法的规定，实行直接差额选举村委会干部，而且普遍建立了村民代表会议制度，制定了村规民约和村民自治章程，村民与干部的契约化程度较高，国家任务也完成得比较好，各种纠纷与矛盾比较少。

处于中间状态的大多数村委会在换届选举结束以后，就若有若无，村委会干部仍然把自己看成是乡政府和党支部政策的执行者，缺少工作主动性和责任心；村民仍然觉得自己被"官"管着，并不重视村委会组织法所赋予他们的新权利。选举不认真、不规范；村规民约和自治章程是从县、乡政府抄来的，并不准备实行。乡政府下达的国家任务虽然也能完成，但十分困难；各种社会文化改革，如计划生育、殡葬改革等则不受欢迎，强迫命令时有发生。村干部既要应付乡政府，又要对付村民。"村民自治"基本上停留在口头上，选举一结束，好像就完成了。1994 年春夏之际，笔者在山西、陕西、河南、江苏的部分农村调查时，发现这类村委会占大多数。

村民自治活动搞得不好的村委会又分两种情况：一种是瘫痪村；一种是失控村。瘫痪村多半在贫困地区或偏远地区，没有村办企业，村委会管理混乱，干部因为连最低额的补助都拿不到而不愿承担乡政府下达的国家任务；村民认为干部召开会议的目的就是"要粮（公粮）、要钱（提留款）、要命（人工流产）"，而不愿参加村民会议或村民代表会议。干部与村民的关系紧张。村民认为村规民约与自治章程，都是上面定的，约束不了干部，专治村民。所以，他们对"村民自治"由怀疑到冷漠，"敬而远之"，有时甚至会发生争斗与反抗。社会治安状况不好，发案率高，村民

[①] 参见福建省民政厅《加强农村基层民主自治建设，实现党领导农民当家作主目标》，1991 年 12 月，第 2—3 页。

自治，名存实亡。失控村多发生在宗族势力或其他恶势力（宗派、流氓、恶霸）把持的农村。在那里，常常是大姓宗族或村霸操纵选举，剥夺小姓和胆小怕事的村民的权利，控制村委会，认为搞村民自治，就是不要政府管，搞独立王国。在这些地方，党和政府的农村政策贯彻不下去，干部与村民合谋逃避承担国家任务，各种违法案件，层出不穷。

以上三种不同的类型表明，中国农村村民自治活动发展的十分不平衡。示范村，代表着中国农村政治发展的方向，但居少数；处于中间状态的村委会，数量大，要花很大的力气才能步入村民自治的正常轨道；而瘫痪村和失控村，则与村委会组织法的要求背道而驰，数量虽不多，但影响很大。这三种不同类型的农村，农民政治参与的形态与程度，都有很大的差别。

（二）农民政治参与程度的差异

总的来讲，现在中国农民的政治参与，比起人民公社时代，有了很大的变化。首先是政治参与机会的增多。过去的政治参与，局限于贯彻执行上面决定的政策方面；现在则在基层自治组织中，从决定候选人、投票，到决策、管理、监督，都有机会参与。其次，政治参与的形态，过去只能是被动的动员式参与；而现在自觉的参与在不断增长。但是，由于各地村民自治发展不平衡，其参与形态与程度，差异很大。

在示范村，农民的政治参与热情与能力显著提高。就确定候选人参与而言，有意担任村委会主任的人，采用竞选方式，通过发表竞选演说公布自己的施政方案，来争取村民支持的事例，已不再是凤毛麟角的稀罕事了。在选举中，甚至儿子投票反对没有政绩的老子，村民投票反对工作态度粗暴的干部，抗议选举中的舞弊行为，否定乡政府推荐的候选人，等等，各地都有不少的报道。从而表明，中国政府开展村民自治示范活动是取得了一定的成果的。当然，这并不是说示范村的村民政治参与就没有问题了。事实上，如前所述，确定候选人要受党支部和乡政府的影响、代理投票制、户代表制、流动票箱等，都制约了农民选举参与的质量。在基层自治组织的决策、管理、监督参与方面，由于实行代议制原则，村民代表产生的方法，代表的素质都存在一定的问题，特别是现在的农民关心的不是政治和社会问题，而是如何快速致富的问题，所以村委会干部在决策过程中起主导作用，村民要想有效地行使决策、监督参与，还是相当困难的。所有这些问题，在处于中间状态的非示范村，表现得更为突出。

处在中间状态地区农民的政治参与形态，基本上属于动员式政治参与，无论是选举还是村务管理，主要是靠乡政府发动，与人民公社时代的政治参与没有显著变化。村委会及各类村级组织，基本上靠乡政府下达命令，上面推一下，村委会就动一下。完成国家任务、贯彻各项政策，还靠喇叭里喊，挨家挨户去催。唯一不同的地方，村委会干部没有过去的大队干部积极性高，对上（乡政府）、对下（村民）都处于应付的状态。村民关心的是如何发财，对村委会组织法赋予他们的权利不感兴趣，认为有没有这些权利都无所谓，甚至认为权利没有义务多。所以，民主程序常常被束之高阁，强迫命令是村干部的主要工作方法。这类地区农民的政治参与还处在相当低的水平上。

而在瘫痪村，村委会形同虚设，村干部与村民都是自家顾自家，遇事靠乡政府派工作组下来才能勉强完成，基本谈不上农民的政治参与问题。相反，在失控村，村民在选举、决策、管理诸方面反而有较多的参与，但他们误以为"村民自治"就是授权给他们与乡政府抗衡，抵制甚至拒绝承担国家任务。这是一种被宗族势力或"村霸"误导的"政治参与"，近乎无政府主义。

由此可见，在开展了村民自治示范活动的地方，当代中国农民的政治参与确实发生了不小的变化，并取得了相当的成功。但若从中国农村的总量进行分类分析，农民政治参与程度的总体水平，还不是很高的。不过，示范村的成功，确实为未来中国农民的政治参与，预示了一个令人鼓舞的发展方向。

（三）农民的政治参与与中国的政治发展

政治发展，实质上是政治现代化的过程。它是以政治结构的民主化和政治文化的世俗化为特征的。中国农村实行村民自治，既是推进基层政治结构民主化的有效步骤，又为农民政治文化的发展开辟了道路。政治发展要求公民进行制度化的参与，村委会组织法的落实，无疑是引导农民进行制度化参与的可靠保证。当前中国农民政治参与尚处在低水平上，如何推进农民的政治参与向高水平发展，这是摆在中国政府面前的一项艰巨任务。

首先，应当进一步完善村民自治的各项法律。《中华人民共和国村民委员会组织法（试行）》，构筑了村民自治的基本法律框架和原则，但仍需要加以完善。例如，关于村民会议"也可以由每户派代表参加"的规定，实质上剥夺了每户的妇女和青年的合法权利，因为中国有家长制的传统，户代表通常就是家长。而在地方法规中，目前只有22个省、直辖市、自治区制定了《〈村民委员会组织法〉实施办法》，尚有8个省、直辖市、自治区没有制定。而各省所制定的实施办法中，有相当的差异，有些比较粗疏，缺乏可操作性。各地创造出来的"村民代表会议"制度，亟待规范，选举程序、选举方式、候选人产生的办法、村民参与的规则，等等，都需要从立法的角度做很多工作。《村规民约》和《村民自治章程》的制定，要立足于实行，而不应是用来装潢门面的空文。县、乡政府应用心指导，而不是包办代替。完善村民自治的各项法律制度，目的在于使农村政治生活制度化，从而为农民合法有效地进行政治参与提供保障。

其次，政治发展的基础和条件，是保持社会稳定。在改革开放条件下，由于社会利益的多元化，人们的政治参与愿望也向多元化发展，这就要求改善和加强党对农村工作的领导，确保农村社会的稳定。我们在分析全国农村村民自治发展不平衡性的时候发现，大凡是村民自治搞得好的示范村，都有一个得力的党支部。他们在处理党管干部与村民依法选举干部的关系，党的意图与村民会议决策的关系等问题上，比较得法，既保证了党对自治组织的领导，又不是包办代替，而是支持帮助其行使职权，尊重其实行自治的法律地位。而在那些村民自治处于中间状态的农村，党支部一般比较软弱或处于半瘫痪状态。他们普遍不善于把党的方针政策，通过村民自治的形式，变成村民的自觉行动。要么撒手不管，要么包办代替，干部与群众的关系比较紧张，干部说了算的局面未有多大改观，强迫命令时有发生，各种矛盾日积月累。在那些村民自治搞得不好的瘫痪村与失控村，则党支部不是处于瘫痪状态，就是已经蜕化变质，完全失去了领导核心的作用，亟待整顿。由此可见，改善和加强党对农村工作的领导至关重要。它包括加强农村党组织的自身建设、改进领导方法和作风，严格按照法律实施对村级组织的领导等。只有这样，才能使农民的政治参与在稳定的社会环境中向前发展，而不至于流于形式或落空。

最后，政治参与要求农民具备《宪法》、《村民委员会组织法（试行）》等宪政的基本知识，树立宪政观念，提高政治参与的能力，熟悉游戏规则。但是，中国9亿农民中，30%左右是文盲，许多贫困地区和边远地区的学龄儿童失学问题严重，这些都是阻碍政治发展的不利因素。因此，为了提高农民的整体素质，在发展农村经济的同时，政府应加大农村义务教育的投入，否则，要想提高农民政治参与的能力和质量，推进中国政治发展的进程，是不可能的。

中国村民自治法制建设平议

一 引言

村民自治是中国改革开放以后出现的新事物。

70年代末开始的以推行家庭联产承包责任制为主要内容的农村改革，极大地解放了农村的社会生产力，推动了农业和农村社会的发展。农民的社会自主性的增强，导致了生产大队、生产队组织的瘫痪，农村基层社会出现了权力真空，社会治安、公共事务、公益事业等处于无人管理的状态。旧的管理体制的解体呼唤着新的基础性权力结构的诞生。

1980年底，广西河池地区宜山、罗城两县的农民基于社会管理的实际需要，自发地组建了一种全新的基础性权力共同体——村民委员会，以取代正在解体之中的生产大队组织。村民委员会的功能，最初是协助政府维持社会治安，后来逐渐扩大为对农村基层社会、政治、经济、文化生活中的诸多事务的自我管理，其性质也逐步向群众性自治组织演变。与此同时，全国其他一些地区如四川、河北的农村，也出现了类似村民委员会的组织。到1982年底，全国不少地区的农村都出现了村民委员会这种农村基础性权力共同体。

1982年12月第五届全国人大第五次会议通过的新宪法，总结了各地农村的实践经验，确认了村民委员会的法律地位。1982年宪法第111条规定：村民委员会是农村基层群众性自治组织；村民委员会的主任、副主任和委员由村民选举；村民委员会同基层政权的关系由法律规定。村民委员会设人民调解、治安保卫、公共卫生委员会，办理本居住地区的公共事务和公益事业，调解民间纠纷，协助维护社会治安，并向人民政府反映群众的意见、要求和提出建议。

宪法的这条规定，为农村实行村民自治提供了法律依据。1983年10月，中共中央、国务院发出《关于实行政社分开建立乡政府的通知》，正式宣告人民公社体制的结束，从而在全国范围内为村民委员会的建立铺平了道路。

从1984年起，中国政府便着手村民自治的立法工作[①]，1987年11月24日，全国人大常委会第23次会议通过了《中华人民共和国村民委员会组织法（试行）》（以下简称《村委会组织法（试行）》）。《村委会组织法（试行）》是一部开展村民自治的法律。此后，各省、直辖市、自治区根据这部法律所制定的一批"实施办法"，对它作了补充和发展。它们都曾起到积极的作用。但是，随着村民自治活动的推广与村民自治实践的深入，《村委会组织法（试行）》和各省、直辖市、自治区所制定的"实施办法"的不足之处也陆续暴露出来，成为制约村民自治进一步发展的瓶颈。因此，修订《村委会组织法（试行）》，取消"试行"，颁布新法，已成当务之急。

二　村民自治法制建设的现状

（一）法律

《村委会组织法（试行）》共21条，对村民委员会的性质与地位、职能与职责、产生方式与组织构成、活动方式及其与基层政权的关系，等等，作出了明确、具体的规定。这是一部因应农村基础性权力结构变化的现实，由国家立法机关制定并颁布的村民自治的法律。尽管它还只是一部"试行"法，但具有开创性。它对发展基层民主，把村民自治实践纳入法治轨道，起到了不可估量的重大作用。

遗憾的是，这部法律试行了10年，而今还在"试行"，这在当代立法

[①] 参见王振耀等《中国农村村民委员会的法律制度》，中国社会出版社1996年版，第11—16页。

史上是不多见的。

自1994年1月起，民政部根据《八届全国人大常委会立法规划》起草修订现行的《村委会组织法（试行）》，1995年7月30日将《中华人民共和国村民委员会组织法（修订草案）》报送国务院审议。"修订草案"根据全国各地在贯彻落实《村委会组织法（试行）》过程中的经验，对村委会的地位、组织、职责、选举、村民代表会议、村民自治章程等内容，作了较大的修订①。如今两年过去了，仍然没有结果。

民政部从1988年2月26日发布《关于贯彻执行〈中华人民共和国村民委员会组织法（试行）〉的通知》起，到1997年8月5日发布《关于进一步建立健全村务公开制度，深化农村村民自治工作的通知》止，先后以"通知"的形式发布了九个行政指导性文件，内容涵盖了贯彻执行《村委会组织法（试行）》、村委会换届选举、开展村民自治示范活动、加强村委会建设、建立村务公开制度等方面，对于推动《村委会组织法（试行）》的实施，规范各地村民自治的实践，都起到了积极的作用。但是，行政指导性文件毕竟不能替代"行政法规"。在《村委会组织法（试行）》颁布以后，至今还缺少由中央政府层级制定的相应的"实施细则"，造成配套法规出现了空白。其结果，必然会对《村委会组织法（试行）》在全国范围内实施的统一性产生影响，甚至可能成为各地村民自治发展不平衡的根源之一。从法制建设的角度来考量，实堪忧虑。

（二）地方性法规

10年来，关于村民自治的地方立法情况参差不齐。根据《村委会组织法（试行）》第20条规定的"省、自治区、直辖市的人民代表大会常务委员会根据本法和本地区的实际情况，规定实施的步骤和办法"而出台的地方性法规，基本上可以划分成三类：

第一类，是由省、自治区、直辖市的人大常委会制定的《实施〈村委会组织法（试行）〉办法》。截至1997年10月，在中国大陆31个省级行政区域中，有25个省级行政区域的立法机关制定了此项地方性法规。目

---

① 参见王振耀等《中国农村村民委员会的法律制度》，第21—25页。

前尚有上海市、广西壮族自治区、广东省、海南省、云南省、重庆市6个省级行政区域没有制定实施办法。其中，重庆是1997年建立直辖市的，可以不论。

第二类，是省级人大常委会或省政府制定的村委会选举办法、规定、条例之类专项地方性法规。目前在31个省级行政区域中，已有6个省颁布此类法规。它们是：福建省、江苏省、辽宁省、贵州省、河北省、湖南省①。

第三类，是以省政府或省政府所在地的市的人大或政府发布的行政指导性文件。按照1982年宪法所确立的立法体制的规定，这类行政指导性文件具有与地方性法规相同的效力等级。例如：四川省政府1990年9月3日发布的关于开展创建村民自治示范活动的通知，沈阳市人大常委会1992年1月通过的村委会选举暂行办法，河南省委省政府1994年11月10日和郑州市委市政府1994年12月19日发布的关于加强基层政权和村（居）委会建设的意见，河南（1994年6月30日）、安徽（1995年10月23日）、江西（1995年10月23日）、湖南（1996年1月25日）等省政府批转省民政厅关于全省村民委员会换届选举工作意见的通知，福州市政府1995年1月29日发布的关于加强村级财务管理的暂行规定，等等。这类具有地方法规效力的行政指导性文件有一个共同特点，即多半是由省政府所属职能部门——省民政厅提出具体实施方案，经省政府批准，并以省政府的名义发布。从地方法规的立法体制及立法程序上说，是比较规范的。然而也有个别的文件以省委和省政府、市委和市政府的名义联合发布。从法理上说，这种由党的机关直接发布法律性文件的做法是应当避免的。

（三）省级以下各级国家机关的执法规定

无论是地方各级人大所通过和发布的决议，还是地方各级政府所发布的决定和命令，都属于执法规定。现依行政级次，分别概述。

1. 地市级执法规定

---

① 陕西省民政厅于1996年9月印发了《陕西省村民委员会选举条例（试行）》。由于省民政厅不享有立法权，所以我们暂时还不能把它纳入正式的地方法规序列。

地市级执法规定，通常是由市人大常委会和市政府制定的，具有一定的权威性。从内容来看，多以关于村委会换届选举工作的实施办法为主，例如承德市人大常委会1994年2月15日、新乡市市长办公会1994年7月15日、芜湖市政府1995年12月22日制定的实施办法或发布的通知，即属这一类。也有关于村民代表会议的规定，如承德市人大常委会1993年12月28日、枣庄市人民政府1994年6月3日审议通过的决定或发布的命令等。还有关于村务公开、民主管理的规定，例如福州市政府1995年1月29日发布的关于加强村级财务管理的暂行规定、开封市委市政府1997年4月10日发布的关于推行村务公开和民主管理的意见。此外，市级民政局也制定过一些规定或方案，不过因行政级次所限，其权威性受到影响。自从实行"市管县"的行政体制改革以后，地市级的执法规定直接影响着所辖县（区）村民自治的质量与法治化的程度。目前在31个省级行政区域内，共有地市级（地级市、自治州、盟）行政区域335个（其中地级单位117个、地级市218个）。据粗略估计，全国真正形成比较健全的执法规定的地市级行政区域不足70个，仅占总数的20％。这是一个严峻的现实。

2. 县（市）级执法规定

县（市）级国家机关在国家结构的序列中，直接面向基层乡镇，肩负着承上启下的使命。因此，县级国家权力机关和行政机关的执法规定，对于法律和地方性法规的落实以及乡镇政府"指导、支持和帮助"村民自治的质量和水平具有特别重要的作用。目前这类执法规定种类繁多，内容几乎涉及村民自治的所有方面，形式也异彩纷呈。若以规范性、可操作性来衡量，各县（市）之间执法规定的差异较大。从内容来看，以村委会选举实施办法为最多，村民代表会议规则和村级规范化管理规定次之，村民自治示范活动的意见和乡镇政府指导村委会工作规则又次之。再有，制定者的行政级次不一，有的是县（市）人大常委会或县政府制定的，有的是县（市）委与政府共同制定的，也有的则是县（市）民政局制定的。不少县（市）级执法规定，对农民群众在村民自治实践活动中所表现出来的首创精神或成功经验，进行了总结、提炼和推广。例如，吉林省梨树县县委办公室和县政府办公室1994年11月15日印发的《梨树县村民委员会第三次换届选举工作实施方案》，就是一个非常有特点的执法规定。此外，像四川省彭山县、陕西省华阴市、河北省滦南县的人大常委会分别制定的村民会议或村民代表会议的"议事会制度"、"议事办法"、"议事规则"等，也很规范并具代表性。福建省尤溪县基层政权建设领导小组1994年8月12日发布的《关于建立村委会选举工作档案的通知》，是县级执法规定中关于建立选举工作档案问题最系统的一个行政指导性文件。

在31个省级行政区域内，县（市）级国家机关关于村民自治的执法规定的制定情况参差不齐。据不完全统计，在2141个县（市）级行政区域（县级单位1696个、县级市445个）中，已经建立起健全的执法规定的村民自治示范县大约只有200多个，仅占总数的10%左右。这是不容乐观的。

3. 乡镇级执法规定

乡镇国家机关是我国最基层的政权组织，直接面向城乡居民及基层群众性自治组织。乡镇政府发布的决定和命令的质量如何，直接影响着农村村民自治的法治水平。

从各地乡镇一级执法规定的文本来看，多半是由乡镇政府制定的，也有的是乡镇党委和乡镇政府共同制定的，还有的是乡镇人民代表大会主席团制定的。

乡镇国家机关制定的执法规定的内容，大体包括10个方面：（1）关于村委会换届选举工作的实施方案（如湖北省仙桃市通海口镇）；（2）关于建立健全村民代表会议制度的实施方案（如吉林省集安市大路乡）；（3）关于加强村级组织建设的决定（如广东省宝安县坪山镇）；（4）关于村级干部管理细则（如吉林省和龙市东城镇）；（5）关于依法治村、民主管理工作试点方案（如湖北省京山县雁门口乡）；（6）关于乡镇政府指导村委会工作试行办法（如山西省临漪县临晋镇）；（7）关于乡政府与村委会签订的《村民自治协约》（如福建省上杭县芦丰乡）；（8）关于村民委员会协助乡镇政府工作细则（如辽宁省大连市得胜镇）；（9）关于乡政府对《村规民约》的规定（如北京市平谷县王辛庄乡）；（10）关于搞好村民小组长和村民代表的选举以及村委会建章立制的通知（如福建省古田县湖滨乡），等等。

乡镇国家机关制定执法规定的重点，在于理顺与村委会的关系，切实保证《村委会组织法（试行）》及地方性配套法规的落实。目前在31个省级行政区域内共有45227个乡镇，已经形成比较规范的指导村委会工作实施细则的乡镇，据最乐观的估计，不会超过10000个，仅占乡镇总数的20%。这个数字表明，进一步推动乡镇政府加快制定指导村委会工作的实施细则，刻不容缓。

(四) 村规民约与村民自治章程

村规民约与村民自治章程，是各地在贯彻实施《村委会组织法（试行）》过程中，在县、乡政府指导下，由村民会议或村民代表会议根据《村委会组织法（试行）》及相关的地方性法规的基本精神，结合本村的实际，制定出来的规范性文件。

村规民约与村民自治章程，无论是从内容还是从形式上看，都分属两个层次。村规民约是村民日常生活的行为规范，可看做村内"成文法"的初级形式，言简意赅，易于记诵。如北京市平谷县王辛庄乡的《村规民约"三字经"》等。而村民自治章程，则是村内"成文法"的高级形式，一般都分总则、经济管理、社会秩序、村民组织、附则等若干章，条款少则几十条，多则百余条，内容涵盖了农村生活的所有方面。农民习惯地把它称作"村里的宪法"。例如，吉林省梨树县梨树乡《霍家店村民自治章程》、山东省招远市《欧家夼村村民自治章程》、湖南省临澧县新安镇《龙凤村依法自治章程》，等等。

目前各地村民自治组织制定村规民约和村民自治章程，一是发展不平衡，二是缺乏规范。在31个省级行政区域内，总计有92.8万个村委会，已经制定比较规范的村规民约的村委会，估计不会超过55万个，仅占总数的60%；已经制定比较规范的村民自治章程的村委会，估计不会超过18万个，仅占总数的20%。这些数字表明，推进村民自治工作，任重而道远。

三 村民自治法制建设的经验

《村委会组织法（试行）》作为一部推行村民自治的法律，它所体现的价值观是神圣的。作为一部试行的实体法，它的每一个条文都来自生活，具有明确的含义。今天，随着社会生活的变化和村民自治实践活动的深入，它的一些条文已经不能适应和满足实际需要。因此，从立法的角度，总结各地农村村民自治实践活动中的经验，对于修订和完善《村委会组织法》是非常必要的。

（一）村委会选举制度

《村委会组织法（试行）》是 1988 年 6 月 1 日起开始实施的，有关村委会的选举问题，只有该法第 9 条中的一句话作为法律依据："村民委员会主任、副主任和委员，由村民直接选举。"因此，各地只能参照《全国人民代表大会和地方各级人民代表大会选举法》的相关规定，组织村委会的选举。然而，由于村委会的选举与人民代表大会的选举，在性质、范围、规模、办法和程序上差异较大，不易操作，于是各省在陆续发布的《〈村委会组织法（试行）〉实施办法》中，都对村委会的选举作了一些规定。1990 年 12 月 26 日，福建省率先颁布了《村委会选举办法》，不少省的一些地区、市、县级国家机关也陆续制定了《村委会换届选举工作实施方案》，从而使村委会选举朝规范化、制度化方向迈进了一步。

在 1995—1996 年度全国范围的第三次（有的省份是第四次或第五次）村委会换届选举时，各地所发布的行政指导性文件，普遍吸纳了当地前几次选举实践中村民的制度创新经验，使村委会选举的制度化、规范化程度大为提高。归纳起来，这些经验主要有如下四个方面：

第一，选举前以乡为单位组织人员对村委会三年任期内的财务进行审计公布。这是福建省的创造[①]。村级财务收支情况是村民关注的热点，在选举前一个月，由乡镇政府组织乡经委和农业部门的经管站人员分别对每

---

① 参见《福建省寿宁县村委会换届选举试点情况介绍》，1997 年 2 月 15 日。

个村三年来的财务收支进行审计公布，十分必要。这样，一则可以增强村委会工作的透明度，消除群众的疑虑；二则可以对村干部的欠账限时清还，从而为换届选举创造一个安定的氛围。湖北省谷城县也采取这一做法①。湖北省钟祥市长寿镇把"强化审计，提高换届选举的透明度"，作为换届选举准备工作的重点，并且细化了审计内容：一是任期目标，二是群众反映的热点问题，三是基建项目的开支，四是经济合同兑现情况②。这样做的结果，改变了过去那种村委会干部不论有无政绩照样连选连任，不论有无问题照样做"官"，甚至有严重违法违纪行为的干部可以不受惩戒，下台了之的局面。就全国而言，还有一些地方采取了"选前审计"的做法。这是发展基层民主的绝佳方法或制度，将它纳入村委会换届选举的法定程序之中，非常重要。

第二，外出选民登记与邮寄选票。搞好选民登记，体现了对选民合法选举权的尊重，是确保选举公正、公平的重要环节。随着经济的发展，村民外出经商或劳务输出越来越多，从而给村委会换届选举带来了许多困难。各地通常的做法是动员家属、亲戚朋友，通过书信、电报、电话，要求他们回村参加选举，但收效甚微，于是实行委托亲友投票。有些地方怕麻烦，甚至在选民登记时就把他们排除在外，不予登记。在宗族势力严重的地方容易造成选举混乱，不能真实反映外出选民的意愿。而对外出选民不予登记，则剥夺了这部分人的合法权益。针对这种情况，福建省民政厅在寿宁县村委会换届选举试点工作中大胆进行制度创新，规定选民登记必须在选举日前 15 日进行，每个具有选民资格的人必须在一个地方登记，分在家选民和外出选民两栏张榜公布，同时在公布前给外出选民寄一封信，附选票，有回信时等到选举日投票开箱时一并拆封③。这样就确保了外出选民的选举权不受侵犯。此外，湖南省一些地方也采取了函投的办法维护外出选民的选举权，仅衡阳市祁东县 1996 年换届选举时，外出打工人员寄回来的"函投选票"，就有一万多张④，收到了较好的效果。对于

---

① 参见《湖北省谷城县第三届村委会换届选举工作情况介绍》，1996 年 11 月 7 日。
② 参见《湖北省钟祥市长寿镇村委会选举经验介绍》，1996 年 6 月。
③ 参见《福建省寿宁县村委会换届选举试点情况介绍》，1997 年 2 月 15 日。
④ 参见湖南省民政厅《湖南省第三次村委会换届选举工作情况总结》，1996 年 7 月 25 日。

外出选民实行函投选票，应该说是村委会选举制度的一个革新，具有推广的价值。这种做法也是符合国际惯例的。

第三，候选人产生方式的改革。从初步候选人的提名到正式候选人的确定及资格审查，是村委会选举的关键环节。初步候选人的提名方式，反映选民自主权的实现程度。目前各省、直辖市、自治区所制定的地方法规中关于初步候选人提名方式的规定，主要有四种：（1）选民联名提名；（2）村党支部和社团组织提名；（3）村民小组或村民代表会议提名；（4）选民自荐。在1995—1996年度全国村委会换届选举中，各地竞相效法吉林省梨树县用"海选"的办法确定候选人的经验，显示了把确定候选人的权利完全交给村民已成大势所趋。

所谓"海选"，就是全体有选举权的村民无记名投票提名。东北方言谓"大"为"海"，"海选"指候选人提名范围广泛和用预选方式确定候选人。1994年11月15日梨树县政府发布《吉林省梨树县村民委员会第三次换届选举工作实施方案》，对此作了明确的规定，是最富创意的县级行政指导性文件。据吉林省民政厅的官员介绍，正在进行中的全省第四次村委会换届选举，将有60%的县（市）采取"海选"。此外，甘肃省采用"海选"方式的村已达76%[①]；湖南省永州市实行"海选"、"预选"的村达到60.1%，湘潭市达到了100%[②]；河南、河北、山西省的部分县（市）也广泛采用。采用预选方式确定正式候选人，实行竞争选举，是"海选"的题中应有之义。由于"海选"的方式具有公开、平等、民主的特点，深受广大选民的欢迎。

"海选"（预选）方式确定正式候选人，有一个重要环节，就是在预选前对候选人进行资格审查，以防止不合格的人选进入村委会。各地的选举办法中，大多对此作了明确的规定。归纳起来主要是：（1）认真贯彻执行党的路线方针政策和国家的法律法规；（2）遵纪守法、廉洁公道、作风民主、联系群众；（3）工作认真负责，有办事能力，能带领群众共同致

[①] 参见甘肃省民政厅《甘肃省村民委员会第二次换届选举工作总结》，1996年7月10日。
[②] 参见湖南省民政厅《湖南省第三次村委会换届选举工作情况总结》，1996年7月25日。

富;(4) 身体健康,有一定文化知识①。有的省还明确规定,不搞封建迷信和宗族派性②。而福建省对候选人资格审查的规定最为具体且操作性强。他们规定下列七种人不得成为候选人:(1) 选举前三年内本人或直系亲属违反计划生育正在处理期限内的;(2) 村主要干部、计划生育专职干部在任期内没有完成计划生育任务和其他任务的;(3) 选举前三年内有经济问题已结案的;(4) 因经济或其他问题正立案审查的;(5) 公安部门确定的帮教对象或治安重点人员;(6) 长期外出不能回村担任主干工作的;(7) 选举前三年内受劳教以上(包括免于诉讼)处分的③。这些经验的形成,促进了村委会选举制度的进一步完善。

第四,秘密划票间的设立与选举监控的制度化。由传统的公开划票改为设立秘密划票间(室),意义重大。它在很大程度上使选民在行使投票权时不受外来因素的干扰,因而受到普遍欢迎。《吉林省梨树县村民委员会第三次换届选举工作实施方案》规定:无论设中心会场,还是设立投票站,都设秘密划票室,保证村民不受干扰地、自由地表达自己的意志,行使民主权利。目前在吉林、福建、河南、四川、河北、山西、甘肃、湖北、湖南、辽宁、黑龙江、山东、江西等省的大部分县(市)或部分县(市),已经推广了这种投票方式。例如,甘肃省第二次村委会换届选举中,有86%的村子设立了秘密划票间④。这对防止宗族、宗派势力干扰选举工作起到了良好的作用。

选举监控,是指选举观察员对整个选举过程的观察与监督。其目的在于确保选举达到预期的目标。作为选举制度的一个有机组成部分,对于任何一种选举来说,监控都是不可或缺的。目前各地尚未形成一种统一的、制度化的模式,但是已有若干属于选举监控的萌芽。近年来,一些国际组织对吉林、福建、河北、山西、四川、甘肃等省部分县(市)村委会选举过程的观察,民政部基层政权司1996年11月到1997年春组织观察员到湖北、山西、河北、陕西四省对村委会选举进行的观摩,都应视作"选举

---

① 参见贵州省人大常委会《贵州省村民委员会选举办法》,1995年8月2日。
② 参见河北省人民政府《河北省村民委员会选举暂行办法》,1996年11月22日。
③ 参见《福建省寿宁县村委会换届选举试点情况介绍》。
④ 参见《甘肃省村民委员会第二次换届选举工作总结》。

监控"的范围，只是这种"观察"或"观摩"未能伴随整个选举过程，与规范意义上的选举监控还有一段差距。

另外，各省、直辖市、自治区的民政厅（局）基本上都制定了关于村委会换届选举工作的"检查验收办法"，大部分县（市）按照这些文件的规定对换届选举工作进行了检查验收。福建省民政厅新修订的《村委会选举规程》规定，村委会主任的两个候选人，可以派出自己指定的本村选民来当观察员，观察员经过村选举领导小组审查同意后，有权监督整个投票过程是否合法。福建省寿宁县换届选举试点的26个村委会中，有90%的村派了选举观察员。这些"检查验收"或观察员的指派，都具有对选举进行监控的性质。不过，要使选举监控成为村委会选举制度的一个必要环节，在制度安排上还要做很多工作。

（二）村民代表会议制度

村民代表会议制度，是《村委会组织法（试行）》颁布实施以后，河北省正定县、四川省乐山市、山东省招远市等地在建立村民自治制度的实践过程中的一项制度创新。1990年9月民政部发布的《关于在全国农村开展村民自治示范活动的通知》肯定了这项制度创新，并把它作为村民自治示范活动的主要内容之一，要求各地大力推行。与此同时，各地制定的《〈村委会组织法（试行）〉实施办法》中，大都确认了这一制度创新，并对村民代表会的产生、组织构成、议事规则等作了规定。而地区、市、县、乡各级政府的执法规定中，又对此项制度进一步细化。1993年前后，各地结合村委会换届选举，大都把选举村民代表作为村委会换届选举工作的内容之一，并制定了许多实施方案。这样，村民代表会议制度在村民自治实践过程中，得以在全国确立①。

目前各地的村民代表会议制度有三种模式：（1）村民代表会议由村民委员会召集和主持，这是绝大部分地方实行的办法；（2）村民代表会议由党支部召集和主持，这是山东桓台县的办法；（3）村民代表会议由会议推选的主席、副主席（或会长、副会长）召集和主持，这是河北赵县和承德

---

① 参见王振耀等《中国农村村民代表会议制度》，中国社会出版社1995年版。

市、四川达川市的做法。由于在农村基础性权力结构中,党支部书记、村委会主任、代表会议主席(会长)等职务普遍是交叉任职,因此,这三种模式并不构成不同的权力主体之间的原则分野。

从形式上看,村民代表会议制度具有代议制的性质,与以直接民主为灵魂的村民自治制度似乎相悖。但是从实践上看,村民代表会议制度却是发展基层民主、健全村民自治制度的有力保障。在现实生活中,凡事都要召开村民会议来决定是办不到的。村民自治所体现的直接民主,主要是村民享有直接选举权和创制权、复决权,并非事无巨细都要由全体村民开会议决。

村民代表会议在农村基础性权力结构中的定位是问题的关键,它应当是村民会议闭会期间,行使村民会议所赋予的决策权和监督权的常设性机构。这样,从体制上讲,它就成为村民自治制度内在的约束机制,可以对村委会的工作及村委会成员的行为进行有效的监督。

当前,村民代表会议制度本身还有进行统一规范的必要,尤其是代表产生的方式,应当把以村民小组为基本选区选举产生作为唯一合法方式肯定下来。同时,村民代表会议的性质、地位、职权、内部构成及议事规则等也需要加以规范。

(三) 村务公开制度

村务公开制度,是广大农民群众在贯彻执行《村委会组织法(试行)》过程中的又一项制度创新。早在1989年5月14日,河北省藁城县委、县政府就总结推广了藁城镇公开办事制度的经验,发布了《关于在全县农村实行"八公开、一参与、一监督"的决定》,正式建立村务公开制度。这个文件,将农民群众最关心的问题归纳为八个方面,简称"八公开",即:(1) 计划生育照顾、处罚公开;(2) 宅基地发放公开;(3) 集体财务管理公开;(4) 生产资料发放公开;(5) 新上集体企业项目公开;(6) 村办企业招工公开;(7) 签订经济承包合同公开;(8) 干部的目标责任制公开。"一参与",是指实行群众参与制度,规定各村必须采取有效措施,鼓励村民参政议政,并对参与的内容、方法和形式作出规定。"一监督",是指实行群众监督,并对监督的途径和形式、程序与办法作出具体的规定。

村务公开制度，是村民委员会实行"自我管理、自我教育、自我服务"的客观要求和必然选择。因此，各地在实施《村委会组织法（试行）》过程中，不约而同地对村务公开作了一些规定。1990年12月13日，中共中央关于批转《全国村级组织建设工作座谈会纪要》的通知提出，要"增加村务公开的程序，接受村民对村民委员会的监督"。1994年12月8日，民政部发布的《全国农村村民自治示范活动指导纲要（试行）》，把"建立村务公开制度和村民监督机制，实行民主监督"，作为"村民自治示范活动的目标和任务"提出来，从而使这项制度正式在各地推广。

经过近几年的实践，各地在实行村务公开制度方面取得了不少经验。从1996年1月起，河北在全省范围内推广赵县村务"六公开"的经验，明确提出了村务公开要达到"五规范"，"一满意"。所谓"五规范"，是指公开的内容、公开的程序、公开的时间、公开的阵地、公开的管理五个方面要规范。"一满意"，是指公开的结果要达到群众满意。[①] 截至1996年7月底，河北全省有99.53%的村实行了村务公开，其中较规范的达60%[②]。村务公开的普遍推行，加强了农村干群之间的沟通和理解，化解了一些矛盾，取得了较好的社会效果。1997年2月27日，河南省委办公厅和省政府办公厅联合发文，制定了《关于在全省农村进一步推行村务公开、民主管理的意见》，也规定了八项村务公开的内容。此外，该意见还对村务公开的步骤和方式作了具体规定。同年4月11日，开封市委办公室和开封市政府办公室共同制定了《关于推行农村村务公开的实施细则》，对村务公开进行了全面规范，统一公开的内容、程序、时间、形式和监督管理机制。

就全国而言，各地推行村务公开制度的情况差别很大。搞得好的或比较好的，尚属少数。就村务公开的内容而言有的只公开财务收支一项，有

[①] 参见尹文儒《推行村务"六公开"，深化农村第二步改革》，1997年1月6日。
[②] 参见王振耀、刘喜堂《建立村民代表会议，推行村务公开应该作为今后一个时期农村的基本政治工作——关于河北省推行村务公开情况的调查》，1996年11月。

的地方则实行"三公开"、"四公开"乃至"十二公开"。公开内容的多少，大体与当地社会经济发展水平成正比。就村务管理的方式而言，有些地方实行"村有乡管"；有的地方实行"村级财务乡代管"。这多半是因为村级财务制度混乱，大批群众上访告状造成的。这种做法对于解决当地的干群矛盾或许会奏效于一时，但是它与《村委会组织法（试行）》的基本精神是相悖的，不应当把这种做法当做经验来推广。

实践表明，村务公开是村民自治制度的一项重要内容，村务公开的程度，标志着"民主管理、民主监督"的实现程度。它不仅有助于解决农村的热点、难点问题，化解干群之间的矛盾，而且是发展基层民主的不可缺少的手段。因此，应当系统总结各地的经验，在修订《村委会组织法（试行）》时，增加相应的条款，确立村务公开制度的法律地位。

（四）乡村干部培训制度

10年来，村民依法实行自治的过程，实际上就是在村民中培植"法律至上"的法治观念的过程。《村委会组织法（试行）》作为在农村基层实行直接民主的开创性的法律，它的实施或落实，既需要有称职的执法者公正地去执行它，又需要有认同、尊重、关心它的乡村干部和村民遵守它。法治的实现，不在于用法条来取代固有的文化传统，而是要把人们对法的信念融入习惯、观念和行动中，融入世代相传的文化传统中。这正是在中国实行法治的困难之所在，也是《村委会组织法（试行）》实施过程中所遇到的各种阻力的根源之所在。大量事实表明，违反《村委会组织法（试行）》的案例，多半出在乡镇干部或者新当选的村委会干部身上。他们受传统文化观念的束缚，不相信"法大于权"。再者，一般村民又缺少以法律来保护自己权益的观念，当自己的合法权益受到侵害时，或者疑惧和憎恶，或者隐忍和避让。这两方面的因素往往是农村中各种恶性违法案件得不到遏制和处理的原因。

另一方面，村民自治相关法律的落实，要靠制度建设作保证，否则便会流于形式。不少地方村委会选举搞得有声有色，但村务管理却搞得一塌糊涂，表明制度建设没有跟上。制度建设不仅表现为各种规章制度的建立与健全，还表现为这些规章制度真正成为人们行为的规范，这就需要我们的干部具备新的现代管理观念、管理方法和管理经验，而这又是目前中国农村干部所普遍缺乏的。

基于这些理由，在贯彻执行村民自治法律的过程中，建立系统、规范的乡村干部培训制度，已成大势所趋。培训的重点，应当是乡镇干部和新当选的村委会干部。就全国而言，各省、直辖市、自治区的一些地方，已经开始做此项工作；民政部也已经建立起乡村干部培训中心，并组织编写教材，试办先导培训班。今后的任务，是在全国建立起正规的培训网络，形成科学的培训体系，制定严格而又可行的培训计划，对全国的乡镇干部和村委会干部分期分批地进行培训。这不仅是基层民主政治建设的客观需要，而且是保证国家长治久安的一种措施，具有重要的战略意义。

四　村民自治法制建设中存在的问题

（一）关于《村委会组织法（试行）》

中国农村村民自治10年的实践证明，《村委会组织法（试行）》大体上是一部好的法律，但是其不足之处也是不应忽视的，这主要表现在：

第一，对村民自治的定位不完整、不明确。《村委会组织法（试行）》对村委会性质的定位，"是村民自我管理、自我教育、自我服务的基层群众性自治组织"，缺少"自我发展"的内容，不够完整；对它在农村中的地位和作用、对它在基础性权力结构中的地位和作用，缺乏明确与合乎实际的定位。目前我国农村实行的村民自治是一种制度性变革。村委会的质的规定性，包括以下五个因素：（1）在与国家的关系上，村委会是农村公民结成的基础性权力共同体，它要完成法律规定的各项义务，接受乡镇政府的合法的行政指导。（2）它是村集体财产（土地、山林、水面、滩涂及其他集体财产）所有权的代表。（3）它在村级组织中处于最高一级的地位。（4）在对外关系（含对乡镇政府的关系）上，它是村主权的代表。（5）受历史传统的影响，3000年来的乡里制度，无论是曰"里"还是曰"保"，无论是称"团"还是称"屯"，实质上都是乡以下的一级准行政单位。

第二，对乡镇政府与村委会关系的规定不够明确。《村委会组织法

（试行）》规定，乡镇政府与村委会的关系是：乡对村，是"指导、支持、帮助"的关系；村对乡，是"协助"的关系。既没有明确规定"指导、支持、帮助"的内容、方式与方法，也没有明确规定"协助"的范围与形式。由于乡镇政府拥有基层政权的行政权力，熟悉行政系统的游戏规则，于是在实际操作中，往往把"指导、支持、帮助"的关系，变成上下级行政隶属关系。乡镇政府在村委会换届选举中用"指选"（指定候选人）代替村民推荐或"海选"（预选），用"任命"代替选举的现象，各地时有发生，与此有关的乡镇政府带头违法的案件增多。造成这种问题的原因很多，但法律本身留出的可供政府部门任意定夺的空隙太大不能不说是最主要的原因。

第三，《村委会组织法（试行）》虽然规定了村委会的职能与任务，但失之于简略。首先，应当明确村委会与村集体财产的关系，这是确定村委会法律地位的关键之所在。其次，应当明确村委会在物质文明建设和精神文明建设上所肩负的使命。再次，要划定村委会协助乡镇政府工作的范围与形式。尤其重要的是，应当明确村委会与其他村级组织的关系，杜绝其他村级组织取而代之或凌驾于村委会之上的局面出现。

第四，《村委会组织法（试行）》只规定了村委会由村民直接选举产生，没有规定选举程序和规则。这是一个明显的缺陷。在这方面，一些地方法规的做法值得借鉴。在不少地方法规中，制定了相当完善的选举办法，应当吸纳其中的精华，补进《村委会组织法》。另外，在"村民会议"的条款中，规定"村民会议可以由18岁以上村民参加，也可以由每户派代表参加"，这样，在实际操作过程中，户代表制盛行，结果造成了一部分村民（主要是妇女和青年）的民主权利事实上被剥夺的问题。这不符合立法原则。应当明确区分"村民会议"与"户代表会议"的性质、功能与职责。

第五，《村委会组织法（试行）》只规定"村民会议由村民委员会召集与主持"，但对诸如村委会的工作如何监督、谁来监督，对不能胜任工作的村委会干部和不执行《村委会组织法》的行为如何处置，对村委会干部"异化"（宗族化、宗教首领把持或者变成"村霸"）问题如何解决，通过建立什么样的体制和制度来确保村委会的中立与公正等问题，缺乏明确的规定。

笔者认为，在这方面，首先要明确规定村民会议是全村最高权力机关。这无论是从法理上还是从实践上说，都是不应含糊的。其次，要增加村民代表会议的内容，明确规定在村民会议闭会期间，村民代表会议行使村民会议授予的职权。要确立村民代表会议的法律地位，明确村民代表会议的组成以及它与其他村级组织的关系，赋予村民代表会议关于村内重大问题的决策权、村务工作的监督权、对不称职村干部的弹劾权、对村委会错误决定的否决权、对村规民约及村民自治章程的修订提案权，等等，以确保村民自治符合法治规范。

第六，《村委会组织法（试行）》缺少对法公利与法私利的明确规定。应当把保护村民的一切合法财产所有权，把村务管理的范围、方式和原则，把村务公开制度的内容、方法和程序，辟专条写进法律。对诸如选举经费、干部报酬、公共开支、审批权限，等等，均应有明确的规定，不留法律空隙，以防止腐败现象发生。应当设置司法救助途径，对各类违法行为和违法事件，要按照国家的相关法律，做到违法必究，贯彻违制处罚原则，确保村民的民主权利不受侵犯。

第七，《村委会组织法（试行）》只规定"村民委员会成员中，妇女应有适当的名额"，但是，一些地区在1995年换届选举产生的村委会班子中，女性比例下降，甚至有些村没有妇女干部。因此，如何保证妇女干部的名额，保障妇女政治参与权，保障妇女的合法权益，均须从法律上作出明确的规定。

第八，没有乡村干部培训制度的内容。应当从实际需要和各地的实践经验出发，确立其法律地位。

（二）关于地方性法规

各省、直辖市、自治区已经出台的《村委会组织法（试行）》"实施办法"或"选举办法"，有不少成功的经验值得总结和推广，但是也存在一些问题，需要加以改进。例如：

其一，各省制定的"实施办法"，主旨应是对法律所规定的原则加以细化，重在法条的程序性和可操作性，而不应只是对法条的重复。目前各省的"实施办法",在规定乡政府对村委会的"指导、支持与帮助"的关系以及村委会对乡政府"协助"开展工作的关系时,基本上都是重复法律的原文,而甚少结合本省实际作出具体的规定。

其二,有的省在"实施办法"中规定:"村民委员会主任出缺,可由乡、镇人民政府征得村民同意后确定代理人选,代理时间不得超过半年。"至于如何"征得村民同意",如何"确定代理人选",并未作详细规定。这实际上是赋予乡镇政府以过大的自由裁量权,在实际操作过程中,很可能侵犯村民所享有的自治权,因而与法律所规定的直接民主原则相悖,应当加以修正。

其三,有些省的"实施办法"规定,村民代表会议有权"撤换和补选村民委员会的个别成员,接受村民委员会个别成员的辞职"。村民代表会议作为村民会议的常设机构,它的职权主要应限定在决策权与监督权上,若把"撤换和补选村民委员会个别成员"这样大的权力都交给村民代表会议,有违直接民主的基本精神。应当改为村民代表会议对于不称职的个别村委会成员有弹劾权,否则就越位了。

其四,各省级行政区域就《村委会组织法(试行)》制定"实施办法"步调不一。在该法颁布10年之后,还有6个省级地区没有"实施办法"。也就是说,这6个省级地区是在没有"实施办法"的情况下推行村民自治的。这显然是不正常的。

(三) 关于市、县、乡级执法规定

各地市、县级的有关执法规定对于推进村民自治的建立和发展起到了积极作用。不过其中的问题也比较多。例如,不仅在相关规定中出现了法律没有明确规定的组织系统,如村民代表会议设会长和副会长、主席和副主席的职务,而且在一些关于村级规范化管理的规定中,把对党支部的管理也包括进去,这就明显越界了。这种情况,多半出自由县委和县政府共同制定的执法规定。还有的市县规定农村干部要实行"正规化办公",要求村干部实行八小时上下班的坐班制度。这显然不切实际。此外,还有一些县(市)明文规定"农村集体财务实行村有乡管"。这类规定的初衷,可能是为了帮助村委会管好、用好农村集体资金,强化对农村集体财务的

监督与审计。在一些瘫痪村或失控村，实行这一规定可能比较有效。但是，这只能作为权宜之计，不应作为经验或办法加以推广。因为"村有乡管"的原则，从根本上说是与宪法和《村委会组织法（试行）》的精神相悖的。

至于乡镇一级政府所制定的相关"规定"、"办法"、"细则"之类，问题就更多了。这里仅提三点：（1）有些乡镇的规定以重申省级地方法规或市、县级的规定为主要内容，其中尤以关于村委会选举方面的规定最为明显，缺少结合本乡镇特点的具体的实施细则。（2）有些乡镇的有关村级管理规定，把村党支部与村委会这两个性质、职能、组织形式和工作方式完全不同的村级组织混在一起，形成许多党政合一的条文，造成与宪法和《村委会组织法（试行）》基本精神的不一致。（3）有些乡镇的指导村委会工作规则，偏爱行政手段，把村委会当做乡镇政府的"腿"，甚至越俎代庖，干涉村民自治事务，侵害了法律所赋予的村民自治权利。

（四）关于村规民约与村民自治章程

村规民约和村民自治章程是两种不同的村内"成文法"。前者应当是要约式的村民行为规范，旨在弘扬正气，重在道德教化；后者应当是典章式的各种村民自治的管理制度集成，目的在于实现村民自治活动的规范化、制度化、法治化。这两种村内"成文法"所存在的问题比较突出。概括起来是：

第一，村规民约和村民自治章程的条款规定应当是正面的、善意的、合乎情理的。然而就笔者所见，有些地方的村规民约简直就是一张罚款清单，罚款细目可以多达几十项。有的村规民约甚至规定，村民不参加群众大会或户主会，"每人每次罚款15元"。更奇特的是，如果有"毁坏干部家的庄稼或牲畜的报复行为"，"若查无人头，应由当地村民赔偿一定的损失"，如此等等。显而易见，这类"罚"字当头的村规民约，对于村委会干部来说，可能易于操作，但却不能称其为善法，因为它与寓惩于教的原则多有不合。

第二，《村委会组织法（试行）》明确规定，"村规民约不得与宪法、法律、法规相抵触"。此外，村规民约还必须正确处理各类关系，不能把个人利益、集体利益、本村利益建立在侵害他人利益、邻村利益、国家利益的基础之上，否则它就失去合法性。然而有些地方的村规民约竟然规定："猪、羊到地里吃青打死不赔偿"，"为了保护庄稼安全，可以在地里投毒，毒死人畜不管"，"凡本村女村民与外地人结婚的（与城镇人结婚除外）必须将户口迁至男方家，不迁者收回本人承包地，不发给一切待遇"，诸如此类的规定，显然与宪法及相关法律、法规的精神相左，必须修改。

第三，村规民约与村民自治章程的制定主体应当是村民会议，而现有的制定主体非常不统一。有的是村民会议，有的是村民代表会议，有的是村民委员会，有的甚至是县（市）政府，例如，全县（市）统一使用一个由县（市）政府制定的村规民约或村民自治章程。由于制定主体不统一，所以内容与形式也五花八门。为了保证村规民约及村民自治章程合法，必须加强县（市）级人民政府对村规民约与村民自治章程制定工作的指导。但由县（市）级政府包办代替，致使全县（市）的村规民约与村民自治章程一个脸谱，缺少各个村子的个性特点，也是不可取的。这里，县（市）级政府应当做的工作是，向基层群众性自治组织的干部和群众宣传普及法律知识，完善村规民约及村民自治章程的制定程序，加强对村规民约与村民自治章程的检查指导。

五　结语

在前面论述和分析村民自治法制建设的现状、经验和存在的问题时，笔者已经提出了相应的改进对策和建议。现在我们可以得出这样一些基本认识：

首先，改革开放以来，中国农村的基础性权力结构发生了重大的变化，为了适应这些变化，中国政府选择了实行村民自治制度的改革，并初步建立起村民自治的法律框架，有力地推动了中国农村的政治发展，取得了举世瞩目的成就。然而，随着村民自治制度的建立与推广，10年前确立起来的村民自治的法律框架，已经滞后于村民自治的实践需要，亟待改进。为此，不仅作为村民自治法律的《村委会组织法（试行）》需要作重大修改，与其配套的法规空白现象也应尽早克服。同时，各级国家权力机关和国家行政机关制定配套法规或执法规定进程不平衡、内容不规范的现象，应当迅速改变。

其次，近10年来，在建立村民自治制度的实践过程中，广大农民群众积极进行制度创新，积累了许多成功的经验。比如，在换届选举前实行审计制度，在候选人的产生办法上实行预选制度（即"海选"），在选举过程中设立秘密划票间、选举监督员、邮投，创立村民代表会制度和村务公开制度，等等。这些制度创新，进一步充实、完善了村民自治制度。为了满足实践需要，从立法角度总结各地农村村民自治实践活动中的制度创新和成功经验，据以提炼、升华成具体的法条，用以修订和完善《村委会组织法》，是可行的、必要的。

再次，现行村民自治法律框架中存在的一些不足之处，应当遵循法治所含有的原则、规范和理想，如"公正"、"平等"、"维护人的尊严"等原则进行修改或修订。这里，强调遵循"法治"目标下的立法原则来修订村民自治的法律及其配套法规，根本目的是希望为我国农村的民主与法制建设奠立稳固的基石。

最后，希望国家权力机关、行政机关尽快把改进村民自治立法的问题提到议事日程上来，从战略的高度看待这项工作，加快工作进程，为实现建立社会主义法治国家的宏伟目标打下良好的基础。

（原载《中国社会科学》1998年第3期）

村民自治与治道变迁

一　引言

自 1978 年起,中国农村实行以"家庭联产承包责任制"为内容的经济体制改革以来,农村基层社会随之发生了重大变革,已经实行 20 年的"政社合一"的人民公社制度开始瓦解,一种组织上相对独立于政府的农村基层群众性自治组织逐步形成。这一变革,不仅导致了农村治理结构的变化,而且对政府的治道也产生了不可小觑的影响。

然而,中国的"村民自治"组织与学理上的"市民社会"组织不同,它是一种具有中国特色的制度安排,其主要成就表现为当代农民社会自主性的增强。所以,本文首先要概括地描述村民自治的形成过程、性质、功能与特征,然后才能对农村的治理结构与乡镇政府的治道变迁作出分析与评论。这样做,或许可以避免犯逻辑上的错误。

需要说明的是,本文使用的"治道"、"治理"概念,不同于汉语辞源学上的"治道"、"治理"或"管理"的字面上的含义。汉语里的"治道"和"治理"两个词中的"治"字,应作"惩"或"理"字解。"治道",乃强国安民的方式与途径;"治理",即修整、管制公共事务的方针与办法;二者指的都是用行政的、法律的、制度的、政策的手段,居上驭下的单向性权力运用方式。而"管理"一词中的"管"字,应作"主领"、"拘束"解。"管理",即统驭、控制、约束属下的规则、程序与方法,也是居高临下单向性权力运用方式。本文所使用的"治道"[①] 或"治

[①] 刘军宁:《GOVERNANCE:现代"治道"新概念》,载《市场逻辑与国家观念》,《公共论丛》第 1 辑,三联书店 1995 年版。

理"① 概念，是援据英文 governance 的汉译。笔者不敏，悟作以市场为取向的国家，在管理经济和社会资源的过程中，政府与公民合作运用公共权力的方式，强调公民参与的不可或缺性，具有双向互动的含义在内。因此，在使用 governance 这一新概念的时候，应当充分注意它与汉译字面上的含义的差别。

管窥之见，不当之处，还望诸方圣贤批正。

二 村民自治：形成过程与基本特征

村民自治，是改革开放以来，农村经济、政治体制变革的逻辑产物。

1978 年 11 月，安徽省凤阳县梨园公社小岗生产队的 18 户农民自发地冲破"三级所有，队为基础"的人民公社的藩篱，首创"包干到户"。接着，安徽省肥西县山南区、四川省、贵州省、甘肃省、内蒙古等地区也相继推行了"包产到户"的改革。"包产到户"，解放了农村生产力，使农民的生产自主性大大提高，造成了农产品大幅度的增加，推动了农村经济的发展。从 1979 年起，各地竞相效尤，一场以"包产到户"为内容的农村经济体制改革浪潮迅速席卷全国。"包产到户"意味着农民人身的解放和个人作用的被承认，通过包产到户，入社农民的财产权和人身自由开始有了保障，预示着以对入社农民进行严密的政治控制和超经济剥夺的"一大二公"、"三级所有、队为基础"、分配"大锅饭"、半军事化为特征的人民公社体制开始瓦解。

"包干到户"得到了邓小平的肯定与支持。根据邓小平关于"包产到户"讲话精神起草的 1980 年中共中央第 75 号文件，即《关于进一步加强和完善农业生产责任制的几个问题的通知》，从政策层面初步认可了"包产到户"、"包干到户"的改革。到了 1982 年 1 月 1 日，《中共中央批转〈全国农村工作会议纪要〉》，才正式肯定"包产到户"、"包干到户""都是社会主义集体经济的生产责任制形式"。同年 9 月，中共十二大，确认了"包产到户"、"包干到户"，并规范为"家庭联产承包责任制"。至此，

---

① 徐勇：《GOVERNANCE：治理的阐释》，《政治学研究》1997 年第 1 期。

中国农村的经济体制改革，实现了由农民群众的自发创造上升为执政党政策的转变过程。[①]

在实行农村土地集体所有制的前提下，家庭联产承包责任制的推行，使基本经济核算单位由生产队变成农户，农民因而获得了生产经营的自主权。生产关系的这一变革，派生出国家和集体的财政依赖对象也相应由生产大队和生产队转向农户，农民作为直接纳税人的地位被确认。伴随着按阶级出身划分农民政治等级的身份限制被取消和择业、流动等方面的地域性限制被解除，农民的社会自主性获得了提高。而随着农民的社会自主性的增强与壮大，农村基础性权力结构也必然发生相应的变化，并成为拥有行政威权的生产大队和生产队组织的挑战力量。在这种情况下，原来的生产大队、生产队两级组织瘫痪了，一时间，农村基层社会出现了权力真空，社会治安、公共事务、公益事业等处于无人管理的状态。旧的体制崩溃了，新的基础性权力结构尚处于孕育之中。

到1980年底，广西河池地区宜山、罗山两县的农村，出于社会治安管理的迫切需要，农民们自发地组建了一种全新的基础性权力共同体——村民委员会，以取代正在迅速瓦解之中的生产大队、生产队组织。村民委员会的功能，最初是协助政府维持社会治安，后来逐渐扩大为对农村基层社会政治、经济、文化生活中的诸多事务的自我管理，村民委员会的性质也逐步向群众性自治组织演变。与此同时，全国其他一些地区的农村如四川、河北等，也出现了类似"村民委员会"的组织，到1982年底，村民委员会作为农村基础性权力共同体，在全国不少农村有了发展。

1982年12月，第五届全国人大第五次会议通过了新宪法，总结了各地农村的实践经验，确认了村民委员会的法律地位。宪法第111条规定：村民委员会是农村基层群众性自治组织；村民委员会的主任、副主任和委员由村民选举；村民委员会同基层政权的关系由法律规定。村民委员会设人民调解、治安保卫、公共卫生委员会，办理本居住地区的公共事务和公

---

① 参见白钢《"两票制"：作为民主模式的选择——关于山西省河曲县基层选举的考察报告》，中国社会科学院公共政策研究中心工作论文：980405。

益事业，调解民间纠纷，协助维护社会治安，并向人民政府反映群众的意见、要求和提出建议。

宪法的这条规定，为农村实行村民自治提供了法律根据。到了1983年10月，中共中央、国务院发出《关于实行政社分开建立乡政府的通知》，才正式宣告工农商学兵"五位一体"的人民公社体制的终结，从而为在全国范围内建立村民委员会铺平了道路。

从1984年起，中国政府便着手村民自治的立法工作，直到1987年11月24日，全国人大常委会才通过《中华人民共和国村民委员会组织法（试行）》，并规定自1988年6月1日起正式生效。这是一部规范和确认村民自治的法律。从1989年9月起，先后有25个省、直辖市、自治区的人大常委会制定了实施《村委会组织法（试行）》的办法；有7个省、自治区制定了《村民委员会选举办法》。[①] 1998年11月4日，九届全国人大常委会第五次会议又通过了修改后的《村民委员会组织法》。

按照《村民委员会组织法》的规定，中国农村村民自治的组织形态，是由18周岁以上有选举权的农民直接选举3—7名、任期为3年的主任、副主任和委员组成的村民委员会；村委会的性质是基层群众性自治组织，农民通过村委会实现自我管理、自我教育、自我服务。该法注重保护妇女和少数民族的权益，规定在村委会的成员中，应当包括妇女委员；在多民族杂居的地区，应选出少数民族委员。村委会的政治功能主要有四项：（1）处理本村公共事务、兴办公益事业、调解民间纠纷、维护公共秩序和社会治安，以及向乡政府反映村民的意见；（2）管理农村集体土地和其他集体财产，组织村民发展生产、经营合作经济；（3）宣传宪法、法律和国家政策，敦促村民履行规定的义务、保护环境、爱护公共财产；（4）接受乡镇政府的"指导、支持和帮助"，协助乡镇政府开展工作。为了充分履行这些职责，该法还规定在村委会之下，分设人民调解、治安保卫、公共卫生等专门委员会。村委会的目标，旨在加强干部对村民的责任心和提高村民政治参与的程度。该法规定，村民委员会要对村民会议负责；村民会

[①] 参见白钢《关于改进村民自治立法问题的研究报告》，中国社会科学院公共政策研究中心工作论文：971103。

议制定村规民约，监督检查村委会的收支账目。

修改后的《村民委员会组织法》与"试行法"相比，它总结吸收了10年来各地村民自治的实践经验，修订、补充了村委会直接选举程序、村民代表会议事制度、实行村务公开等条款，健全了农村民主选举、民主决策、民主管理、民主监督等规定和程序，明确了中国共产党农村基层委员会对村民委员会的领导地位。

村党支部领导村民委员会，除了政治领导，即宣传贯彻党和国家的政策，向村民做思想教育工作，对村民委员会进行监督以外，主要通过以下三种方式加以实现：（1）党支部书记担任村委会换届选举工作领导小组组长，通过推荐候选人等具体行动，对村委会的选举工作进行引导和控制；（2）村党支部成员与村委会成员交叉任职，一般来说，村委会主任绝大多数由党支部副书记或委员担任，村委会成员中也多半是党员，这样就形成"一套班子，两块牌子"的局面；（3）当乡镇政府下达的任务完不成、民事纠纷调解不好、村委会干部或个别村民不服管束、治安失控等情况发生时，党支部便出面给村委会以指导和支持。[①]

村党支部领导下的村民委员会，这是目前中国农村村民自治的一个显著特点。它与乡镇政府的关系，在形式上是接受"指导、支持和帮助"的关系，但并不影响乡镇政府下达的国家任务的完成。村民委员会最早虽然是农民群众自发结成的农村基础性权力共同体，但是它的大面积推广和制度化、规范化过程，却是政府通过行政的、法律的和政策的手段加以推动才完成的。因此，村民自治是一种具有中国特色的制度安排，而与学理上的"自治"形态有着原则的区别。它是中国共产党农村基层委员会领导之下的一种群众性组织建构，带有"准行政单位"的印记。当然，这种组织建构，有利于培养农民自治的能力，一定程度上满足了农民政治参与的愿望与要求，并最终导致了乡村社会治道的变革。

[①] 参见白钢《村民自治：中国农民的政治参与》，载日本神户大学《国际协力论集》第3卷第2期，1995年12月，按：原文用英文发表。

三 村务公开：农村治理结构的变革

家庭联产承包责任制的推行，使基本经济核算单位由生产队变成农户，农民获得了生产经营的自主权，而国家和集体的财政依赖对象由生产队转向农户，使农民作为直接纳税人的身份与地位被确认。农村生产关系的这一变革的逻辑结果，是农民的社会自主性的提高和农民参与意识与愿望的增强。作为纳税人，对于村级公共事务的管理，他们希望获得"知情权"，即"有权知道"。当他们发现他们缴纳的"乡统筹"、"村提留"款项，可能被乡村干部营私舞弊、挥霍贪污的时候，当他们认为村级公共事务管理不善或对村干部不信任时，他们便产生了"有权选择领导人"的要求——这就是实行村民自治以后，农村治理结构变革的内在根据。

在"政社合一"的人民公社时代，实行计划经济体制，权力高度集中，农民没有生产经营自主权和社会自主性，农村实行半军事化的行政管理，行政命令是最主要的管理方式。实行村民自治以后，由农民直接选举产生的公共权力机关——村民委员会，如果延用"政社合一"时代的管理方式，非但不能适应农村基础性权力结构变化的现实，不能满足农民群众政治参与的愿望与要求，而且还会导致干群矛盾的激化，造成农村社会的动荡，影响农村社会经济的发展，因此，不得不改革公共权力的运用方式，以适应变化了的客观现实。这样，一种新型的、有农民参与的农村治理结构便应运而生。

村民自治所导致的农村治理结构的变化，首先是村民会议作为农村最高权力机关和最高决策机构的地位被确立。《村民委员会组织法》规定，"村民委员会办理本村的公共事务和公益事业"（第2条），涉及村民利益的下列事项，村民委员会必须提请村民会议讨论决定，方可办理：（1）乡统筹的收缴方法，村提留的收缴和使用；（2）本村享受误工补贴的人数及补贴标准；（3）本村集体经济所得收益的使用；（4）村办学校、村建道路等村公益事业的经费筹集方案；（5）村集体经济项目的立项、承包方案及村公益事业的建设承包方案；（6）村民的承包经营方案；（7）宅基地的使用方案；（8）村民会议认为应当由村民会议讨论决定的涉及村民利益的其他事项（第 19 条）。"村民会议可以制定和修改村民自治章程、村规民约"（第 20 条）。该法还规定，"村民委员会向村民会议负责并报告工作。村民会议每年审议村民委员会的工作报告，并评议村民委员会的工作"（第 18 条）。而村民会议由本村 18 周岁以上的村民组成。召开村民会议，应当有本村 18 周岁以上村民的过半数参加，或有本村 2/3 以上户的代表参加，所作决定应当经到会人员过半数通过（第 17 条），方有效。此外，如果 1/5 以上有选举权的村民联名，提出罢免村委会成员的要求，那么，村民委员会应及时召开村民会议，投票表决罢免要求（第 16 条）。这样，一方面确立了村民会议在农村基础性权力结构中享有最高决策的权力和对村委会工作的监督权、对不称职的村委会委员的罢免权，另一方面，又以法律的形式赋予村民参与对本村事务决定的权利，村民会议的权力和地位的确定，促进了村委会干部与村民合作运用农村公共权力的新体制的形成。

但是，自从实行家庭联产承包责任制以来，由于农民的劳动时间不一致，特别是各种专业户的出现，外出打工、经商的流动人口的增加，要召开村民会议和户代表会议是非常困难的事。于是一种适应新情况的决策形式——村民代表会，被农民自发的创造出来。[①] 经过近 10 年的实践，现在各地大都建立了村民代表会议事制度，不少地方法规确认了这一制度创新，并对村民代表会的产生、组织构成、议事规则等作出相应的规定。新颁布的《村民委员会组织法》第 21 条，也予以确认。村民代表会作为农民政治参与的代议机构，在村民会议闭会期间，行使村民会议授权事项的讨论与决定权，从体制上讲，它实际上成为村民自治制度内在性的约束机制，对村委会的工作及村委会干部的行为，进行有效的监督。

村民代表会议事制度，是农村治理结构变革的一项非常重要的制度创新。在市场经济条件下，凡事都要召开村民会议决定，是不可能的。例如，四川省彭山县谢家镇，共辖 12 个村，每个村 18 周岁以上的村民都在 1000 人左右，村民居住分散，农村作业的分散性和外出务工、经商的人数

---

① 参见中国基层政权建设研究会中国农村村民自治制度研究课题组《中国农村村民代表会议制度》，中国社会出版社 1995 年版，第 6—7 页。

逐年增加，使村民会议很难召开，即使勉强召开，上千人在一起也很难议事。因此，他们建立了村民代表会制度，村民代表由村民选举产生、受村民的委托，代表村民行使主权，进行村务决策。形成决议后，代表不仅带头执行，而且还要做好联户的工作，使村民自治的目标之一———"民主决策"，落到实处。①

由村民代表会议议决村务，与过去那种村里大事小事都是村干部说了算的做法相比，农民可以通过自己选出来的代表，参与村里重大事务的决定，表明农民政治参与机会的增加和参与能力的提高。这主要表现在两个方面：其一，村民代表可以对自己或村民不满意的提案行使否决权。例如，湖南省临澧县新安镇龙凤村村委会，1991年打算办一个化工厂。这一提案在村民代表会上引起异议，多数村民代表认为，办化工厂既无技术又无原料，不如利用本地资源兴办水泥厂。村委会听取了村民代表的意见，组织村民代表外出考察，又把这一议案交村民会议讨论，最后获一致通过。在筹建过程中，村民代表还发动村民集资152万元，解决了资金不足的困难，使一个年产4.4万吨的水泥厂当年筹建，当年投产，当年受益。1991年以来，临澧县由村民代表会讨论否决由村干部提议的新上的企业项目议案284个。② 其二，村民代表可以根据自己或村民的观点提出议案。例如，河南省汝南县三门闸乡孔王村村办小学年久失修，设施落后，很不适应义务教育的要求。村党支部不愿加重村民负担，集体经济又不富裕，改善办学条件成了村党支部和村委会的难题。村民代表纷纷要求召开村民代表会讨论此事。会上代表们认为，办学是功在当今，利在后世的大好事，改善办学条件是当务之急。考虑到本村农户收入不平衡，不能采取"一刀切"的摊派方式，建议以广泛号召来动员捐资，解决资金问题。决议形成后，全村党员、干部、村民代表带头捐款，村民踊跃响应，外出经商的专业户也闻讯赶回家慷慨解囊，使翻建校舍的资金很快落实。③

类似的例子所在多有，可以肯定地说，在那些已经建立起村民代表会

---

① 参见彭山县人民政府《深入开展村民自治示范活动，推动农村基层民主政治建设》，1995年。
② 参见中共湖南省临澧县委员会《切实加强党的领导，全面推行村民自治》，1995年。
③ 参见中共汝南县委员会、汝南县人民政府《开展村民自治，促进社会稳定，实行政务公开，推动农村发展》，1997年。

制度的地方，村民通过自己选出的代表参与村务决策，已经是很普遍的现象了。

村民自治所导致的农村治理结构的最重要变革，是村务公开制度的实行。

自80年代中后期起，在以市场为取向的宏观体制转轨过程中，乡村干部普遍不适应急剧变化的客观实际，依然沿袭传统的行政命令的工作方法和工作作风，来管理农村事务。例如，在完成上级下达的征购提留、计划生育、种植指标等各项任务时，往往以抄家、拆房、收回承包地、责令其子女退学、毁坏青苗、砍伐树木等手段相要挟；或者动用警力，私设公堂，非法捆绑、拘禁、殴打、审讯群众；在办理结婚登记、审批计划生育和宅基地指标时向农民乱收费；在农民交售征购粮、棉花及其他农副产品时，强行代扣各种费项；采取乱罚款的办法强迫农民完成某项任务；不尊重农民群众的意愿，强迫农民群众集资或搞硬性摊派，搞各种"工程"、"上"一些项目，加重农民负担。① 而一些乡村干部为政不公、为政不廉，多吃多占、优亲厚友，乃至贪污腐化，所在多有。村级财务管理混乱，村务不公开。村干部普遍有"三怕"，即"怕失去特权，不愿公开；怕受到查处，不敢公开；怕群众了解实情，搞假公开"。② 结果，导致农村干群矛盾激化，农民集体上访增多，各种恶性案件层出不穷。例如，1994年以前，河南省的"上访大户"辉县市，1/3的乡镇发生过规模较大的集体上访或越级上访事件③；山西省河曲县1990年下半年，全县共发生200人以上的集体上访事件达30多次④；1996年，河北省信访部门统计分析，近年来在群众信访总量中，反映乡村干部为政不廉、为政不公等各种问题的约占1/3强，而在集体信访中这个比例又占到一半以上。⑤ 有的地方还酿成大规模的农村动乱，1993年四川省仁寿县事件即其一例。此外，如

---

① 以上情况，在一个时期内，各地所在多有，以致地方政府不得不颁布诸如《乡村干部施政守则》之类规章明令禁止。如《河北省乡村干部施政守则》，据冀字〔1997〕27号文件。
② 参见中共辉县市委、辉县市人民政府《认真实行村务公开办事制度，确保农村稳定，促进社会全面进步》，1997年。
③ 同上。
④ 同上。
⑤ 参见栗战书《加强领导，加大力度，如期保质在全省农村推行村务公开》，1996年。

1992年湖南省湘乡市新研乡农妇潘群英因摊派过重被逼自杀事件①；1994年7月，河南省邓州市徐楼村村民陈重申，因向市、地、省反映村干部违反国家规定，加重农民负担，以及贪污、浪费农民上缴提留款等问题，被村支部书记张德恩等四名村干部活活勒死事件②；1995年5月，河北省永年县朱庄乡原党委书记孙宝存等人故意伤害村民张彦桥致死事件；1996年初，河北省邯郸市魏县邵村因非法选举村委会，导致一死四伤事件③；1998年2月18日，安徽省固镇县唐南乡张桥村小张庄村委会副主任张桂金报复因不堪提留负担，要求查账的村民张桂玉，五分钟之内，杀害村民张桂玉等四人的恶性案件④，等等。村民的集体上访和各类恶性案件的接连发生，归结到一点，就是农村的治理结构、农村公共权力的运用方式，都已经到了非改不可的地步了。否则，它将严重阻碍农村社会生产力的发展和社会的进步，甚至破坏农村社会的稳定。村务公开，就是在这样的背景下，才引起政府和社会重视的。

其实，村务公开制度，是农民群众在贯彻执行《村民委员会组织法（试行）》过程中的又一项制度创新。早在1989年河北省藁城县委、县政府就发布了《关于全县农民实行"八公开、一参与、一监督"的决定》，正式建立了村务公开制度。1990年12月，中共中央关于批转《全国村级组织建设工作座谈会纪要》的通知，提出要"增加村务公开的程序，接受村民对村民委员会的监督"。1994年12月，民政部发布的《全国农村村民自治示范活动指导纲要（试行）》，把"建立村务公开制度和村民监督机制，实行民主监督"，作为"村民自治示范活动的目标和任务"提了出来，从而使村务公开制度正式在各地推广。经过近五年的努力，在一些先进的地区还创造了不少村务公开的经验。刚刚颁行的《村民委员会组织法》第22条，确认了村务公开制度的法律地位。

村务公开制度，是实现村民自治的"民主管理、民主监督"目标的最关键的内容。村务公开的过程，既是农村治理结构变革的过程，又是村干

---

① 参见《光明日报》1992年11月19日。
② 参见《中国劳动报》1994年10月27日。
③ 参见尹文儒《推行村务"六公开"，深化农村第二步改革》，1997年。
④ 参见《南方周末》1998年2月18日。

部与村民合作运用农村公共权力的方式不断完善的过程。在这个过程中，农民群众的参与能力与参与程度都得到了较好的发挥。

治理结构，是就制度层面而言的，村务公开引起农村治理结构变革的主要表现，是村民代表会及其附属机构——"民主理财组"和"民主监督组"的建立，它们是村务公开制度得以推行的组织保证。各地的办法不尽相同。例如，河南省新野县普遍建立了党员议事会和村民代表会下设的村民议政会和民主理财组，各村民小组建立村民议事组，简称"两会两组"。党员议事会和村民议政会的职责是及时收集、反映党员和群众的意见，协助党支部和村委会决策、管理、监督村务大事。民主理财组的职责是监督全村的财务收支，集体评审财务单据，定期公布账目，协助村会计搞好财务管理。村民议事组的职责是协助村民小组组长议定、管理组内大事，搞好财务管理的治安防范。"两会两组"成员在党员和村民小组推荐的基础上，分别由党员大会、村民代表会议和各小组群众选举产生。"两组两会"是村民代表会议的组成部分，在村党支部和村委会的领导下开展工作，每月活动一次，也可以根据需要随时举行。活动程序一般可分为确定议事事项、评议议事内容、公布议事结果三部分。"两组两会"既是群众的代言人，又是党支部和村委会的监督者，在保证村务公开、实施民主管理、民主监督方面起着十分关键的作用。据统计，仅1996年该县"两组两会"共提建议3395条，被采纳2213条，增加经济效益1235万元；否决不适当提案194项，避免集体经济损失142万元。①

而河南省许昌县则按照村民居住区域或村民小组，每10户推选出一名代表，组成村民代表会。在推行村务公开过程中，规定凡涉及计划生育、提留款、打井、修路等重大村务的决策，都要先经村党支部研究，然后通知村民代表，在他们广泛征求联户意见的基础上，召开村民代表会议，进行集体决策。并且建立村务监督小组，作为村民代表会的派出机构，对需要公开的事项审查通过后方可公布。②

---

① 参见中共新野县委、新野县人民政府《村村建立"两会两组两栏"，以民主管理促进农村稳定和发展》，1997年。
② 参见许昌县人民政府《切实推行村务公开，促进农村稳定发展》，1997年。

其他各地通过村民代表会及其下属机构"民主理财小组"、"民主监督小组",推行村务公开制度的做法大同小异,然而,在理财程序和监督程序上,差异较大。

河南省新野县的做法是:村组账目,每月必须经民主理财组集体评审,合理的由理财组长签字后,会计才能下账,不合理的退还本人,由干部自己掏腰包。1996 年该县又规定,每月 3 日为全县各村统一民主理财日。这一天,县委、县政府、县人大、县政协的领导,有关职能部门负责人和全体乡镇干部,分赴所包乡村督促检查民主理财情况,指导解决理财中遇到的具体问题。1994 年以来,全县民主理财组共清理拖欠公款 81 万元;1996 年审出应由村干部个人负责的单据金额 12.5 万元。该县上港乡王白村六组群众反映组干部财务不清,民主理财组对该组账目进行了集体评审,发现 6200 元招待费中,属正当开支的只有 850 元,其余 5350 元应由组干部退还集体,并建议村委会罢免会计。群众反映说:"过去干部花钱俺不知,现在干部花钱俺审批。"①

汝南县的民主理财组自 1995 年至 1997 年的 3 年间,共查处村级违纪金额 106 万元,先后有 6 名违法违纪村干部受到各种处分。而民主监督组,汝南县叫做"民主执法监督组",主要负责监督村务公开执行情况和《村民自治章程》执行情况,以及党在农村的各项政策、国家法令的执行情况,及时向村委会提出意见和建议,督促村委会依法管理财务。该县王庄乡代塔村的执法监督组在 1994 年秋季征购中,发现一个村民小组多向本组村民分派了 1200 斤花生的征购任务,及时向村委会汇报,调查核实后,责令该组干部立即纠正,并写出检查,向群众承认错误,避免了一起私自加重农民负担的事件发生。②

河北省是最早创建村民代表会制度和村务公开制度的地方。1996 年 1 月起,河北省在全省范围内推广赵县村务"六公开"(财务收支、婚姻和计划生育、电费电价、宅基地发放、定购提留、干部责任目标)的经验和

---

① 参见中共新野县委、新野县人民政府《村村建立"两会两组两栏",以民主管理促进农村稳定和发展》,1997 年。

② 参见中共汝南县委员会、汝南县人民政府《开展村民自治,促进社会稳定,实行政务公开,推动农村发展》,1997 年。

做法，明确提出村务公开要达到"五规范"（公开内容、程序、时间、阵地、管理）、"一满意"（公开结果群众满意）。但是，在财务公开程序上，河北省的做法是实行"村有资金乡代管"制度。为此，中共河北省委、河北省人民政府在 1997 年发布了《关于深化村务公开，加强民主管理的意见》和《关于进一步加强村级财务管理工作的若干意见》，要求全省农村"积极推行村有资金由乡镇农经管理部门代管，实行村级财务收支报账制"。具体操作程序是，财务收支项目要由主管会计造表，经主管财务的干部把关签字，并经民主理财小组审核同意，再向乡镇农经管理部门报批，获准后方可执行并公开。[①]

"村有资金乡代管"，或者叫做"村账镇管"[②]，在一些财务管理混乱、干群矛盾激化的瘫痪村或半瘫痪村，作为权宜之计，是可以的。但是，若作为一种管理模式在村务公开过程中推广，则不能说是好的选择。它使本应属于村民参与、"自我管理"的事务变成了政府行为，实际上是乡镇政府运用行政权力剥夺了村民自治权的一种表现。它不仅与《宪法》和《村民委员会组织法》所规定的原则相悖，而且使"村务公开"这一"民主管理"形式，打上了行政权力支配村民财产权的烙印。所以，不应当把这种做法当作经验进行宣传和推广。

"村务公开"在各地的发展十分不平衡。不仅还有相当数量的地区根本没有实行村务公开制度，而且即使已经宣布实行村务公开制度的地方，半公开、假公开的情况也时有发生。因此，要在全国农村实现真正彻底的村务公开，还需要时间，农村治理结构的变革，还有漫长的路要走。尽管如此，村务公开，毕竟开启了具有现代意义的村干部与村民合作运用公共权力的新方式与新途径。它像一道霞光，照亮了深化农村体制改革的方向。

---

① 参见尹文儒主编《基层民主实践》，中国档案出版社 1998 年版，第 168—177 页。
② 范伟国：《村头明白账》，《人民日报》1997 年 12 月 13 日。

四　政务公开：乡镇政府治道的变迁

村民自治制度的实行，不仅对农民的政治生活、村委会的决策过程以及农村治理结构产生了深刻影响，而且有效地改善了乡镇政府决策和政府行为，促进了政府治道的变迁。乡镇政府治道变迁的原因有二：一方面，是乡镇政府的财政来源，取自农民缴纳的"乡统筹"和各种税金。农村实行村务公开以后，村级治理结构的变革必然辐射、影响到乡镇政府，要求乡镇政府实行政务公开，这是理所当然的事。另一方面，实行村民自治制度以后，作为农民群众性自治组织的村民委员会，不再是一级政权机关，因此，它与乡镇政府的关系不应是领导与被领导的关系，而是政权机关与自治组织之间的关系。《村民委员会组织法》第4条明文规定："乡、民族乡、镇的人民政府对村民委员会的工作给予指导、支持和帮助，但是不得干预依法属于村民自治范围内的事项。"这样一来，乡镇政府的决策过程和政府行为，就不得不作相应的变革，以适应农村变革的新形势。

村民自治导致乡镇政府治道变迁，首先表现在政府决策过程的改善。在相当长的一段时间里，有些乡镇政府的干部还习惯于人民公社"政社合一"时代的一切靠行政命令的工作方式。乡镇重大事务的决定，往往是主要领导人靠"拍脑瓜"的办法解决，群众观念淡薄，随意性很大。一些乡镇领导人客居县城，上下班车接车送。坐好车，配"手机"，很少深入村里调查研究，群众呼之为"住在城里，吃在乡里，坐在车里，就是不到老百姓家里"[①]。随着农村经济体制、政治体制改革的逐步深入，迫使乡镇政府不得不改进决策方式。不少乡镇政府制定规则，规范了决策程序。例如，山东省济宁市规定乡镇政府的决策程序是：(1) 决策前：坚持不调查不决策的制度，有决策预案作比较优选；坚持依据法律、法规和政策制定决策预案的制度。(2) 决策中：认真听取人大、政协和主管部门的意见；需经上级机关审批的决策，依法履行审批手续；坚持民主程序，赞成票不过半数不决策；重大决策报乡镇党委审定。(3) 决策后：严格检查督办制

---

① 安徽省民政厅基层政权建设处：《安徽省乡镇政权建设的情况、问题和建议》，1997年。

度，保证决策的实施；需向社会公布的，按要求进行公开；落实信息反馈规范，及时掌握情况解决问题。① 有的乡镇规定，实行"民主决策"，凡涉及本乡镇经济、社会发展和精神文明建设的决策、规划，重大建设项目和财政开支，涉及群众切身利益的重大问题和公益事业的兴办，等等，"必须提交党政联席会议讨论决定，有关重大事项依法提交人代会审议通过"②。乡镇政府决策过程的改善，提供给群众进行规则性参与的可能性。人民群众可以通过自己选出的人大代表参与决策，也可以通过自治组织对乡镇政府的"决策预案"发表意见。例如，河南省许昌县的曹陈乡，地处偏僻，交通不便是制约当地经济发展的首要问题，乡党委、政府提出修两条贯通全乡的柏油路，并把这一涉及群众利益的"决策预案"公布于众，交给各村村民代表会议讨论，得到了全乡广大农民的支持，5 天时间筹资 300 万元。开工头一天，该乡 4 万多农民，自发地到 25 公里长的工地冒雨筑路。③ 乡镇政府作为最基层的政权机关，直接面向广大农民群众。农民群众通过规则性参与，不仅增强了决策的科学性，而且扩大了决策实施的群众基础，从而使乡村社会沿着良性轨道发展。

其次，村民自治促使乡镇政府强化服务功能，从传统的计划经济时代的"统治"型政府，向现代的市场经济时代的"服务"型政府转变。这是乡镇政府治道变迁的又一表现。河南省驻马店、商丘、周口、郑州、焦作等市地自 1990 年初，就开展了"理顺关系、转变职能、兴办实体、强化服务"的乡镇管理体制改革；福建省福州市鼓楼区洪山镇政府提出了坚持"服务基层、服务群众、服务生产"的"三服"方针；山东省邹城市北宿镇政府则建立健全了农业机械、农副产品流通、畜牧饲养、村办企业、林果生产等八大服务中心；在农业生产上实现了作物布局、粮种调剂、生产资料供应、技术指导、机耕机肥、机播、机灌、防病治虫八项统一服务，建立了商品粮、花生、棉花、大豆、蔬菜、香椿、林果、淡水养殖等九大专业生产基地和种、养、加工等五大专业化示范服务基地，受到

---

① 参见《山东省济宁市乡镇人民政府规范化建设检查验收办法（试行）》，1997 年 5 月 21 日。
② 河北省民政厅：《加强基层政权法制建设，促进乡镇政府工作规范化》，1997 年。
③ 参见许昌县人民政府《切实推行村务公开，促进农村稳定发展》，1997 年 7 月 30 日。

农民群众的广泛欢迎。① 湖北省京山县雁门口镇政府，强化为基层服务、为农民服务，制定了生态农业建设、农业产业化建设和科教兴镇等"实施方案"，全面提供耕种、养殖、加工、生产、供应、销售、科技、经营、贸易等方面的服务。② 山东省邹城市北宿镇政府为了满足广大农民走出家门，奔向市场，进入城镇，经商办厂的要求，还狠抓了小城镇和矿区的开发建设，先后建成了两处农贸市场，完成了2000米中央大街、463间旧房旧楼改造，新建28幢二层以上新楼房、35千伏配电站，以及路灯、绿化带、人行道硬化等基础设施配套建设，为农民进城办二、三产业，开辟了广阔的环境空间。鉴于广大农民积极发展蔬菜生产并已形成规模种植的新格局，镇政府及时为农民提供资金扶持、技术服务、信息沟通、联系销售等服务，同时还在镇政府驻地建起设施配套、功能齐全的蔬菜批发市场，以解决农民销售蔬菜难的问题。农民群众交口称赞："政府为俺们指富路，办实事，搞服务，想得周到，办得实在。"③ 类似的例子，所在多有，兹不一一。从传统"统治"型政府向现代"服务"型政府转变，这既是市场经济发展的客观要求，又是村民自治实践的必然结果。尽管这一变化在全国范围内来说，还只是刚刚开始，但是它们作为现代治道的萌芽，必将随着市场经济的逐步建立、随着村民自治的巩固与发展而不断壮大。

最后，在农村实行"村务公开"的推动下，少数乡镇政府开始实行"政务公开"或"财务公开"，这是乡镇政府治道变迁的又一生长点。目前全面推行乡镇政务公开的是上海市和河北省，不过与其他省份的一些推行政务公开的乡镇一样，主要还限于制度层面。1996年底，上海在"两公开一监督"和开展村民自治示范活动的基础上，制定了推行政务公开试点方案，要求镇（乡）的政务公开必须掌握四项原则：一是必须便民利民；二是必须有利于提高管理、服务效率和工作水平；三是必须有利于遏制腐败，造就保持廉政机制；四是必须有利于依法管理，有利于维护国家

---

① 参见中共山东省邹城市北宿镇委员会、山东省邹城市北宿镇人民政府《加强乡镇政府规范化建设，创建富裕、民主、文明的新型乡镇》，1997年。
② 参见湖北省京山县雁门口镇人民政府《规范化管理，法制化行政》，1997年。
③ 中共山东省邹城市北宿镇委员会、山东省邹城市北宿镇人民政府：《加强乡镇政府规范化建设，创建富裕、民主、文明的新型乡镇》，1997年。

和社会利益。① 而河北省 1996 年 12 月 7 日颁布的《乡镇人民政府工作暂行条例》则明文规定："依法管理乡镇财政，组织执行本级预算，完成财政收入任务，推行财务公开，实行民主理财。"该省临漳县胥格庄镇规定，乡镇政务公开必须包括三方面内容：一是乡镇政务中与村务公开相对应的部分；二是乡镇自身行政管理、经济活动中需要群众知情的重大事项；三是乡镇"七所八站"与群众打交道过程中发生的事项。该省还要求各乡镇把好公开内容关，以免漏项，杜绝假公开的问题发生。各乡镇都制定并严格遵守程序，对每个部门的政务公开都要认真依照编制预案、预案修订、预案汇总、确定总体方案，直至实施公开等几个程序进行。② 此外，山东省济宁市《乡镇人民政府规范化建设检查验收办法（试行）》也明文规定，实行政务公开、财务报告等情况的通报等制度，自觉接受下级部门、干部和广大群众对政府工作的监督，是乡镇政府规范化建设的必备条件。湖北省京山县《雁门口乡政府工作暂行规定》中，明确乡镇政府实行政务公开的主要内容有：工作制度、人员分工、考评结果、财务收支、农资分配、征收提留、计划生育、基建用工、招工、招干、农转非等。乡镇政府的政务公开和财务公开的推行，迫使司空见惯的乡镇政府"门难进、脸难看、话难听"的衙门式管理方式不得不改变。一些先进的乡镇还配合政务公开，推行了以"交账、查账、结账"为主要内容的限期为民办事制度。领导交办的、群众反映的问题，都由乡镇办公室建立台账交给具体经办人，经办人必须在规定期限内办理完毕，然后向乡镇办公室"交账"。这一措施把乡镇政府为民服务落到了实处。③ 乡镇政府推行政务公开，是村民自治实行村务公开这一变革的逻辑结果。乡镇政府赖以生存的物质基础是各村村民缴纳的"乡统筹"和各种税费，因此，乡镇政府理应为纳税人服务，并且有责任向纳税人说清楚拿了他们的钱都干了些什么。"是纳税人'养活'政府，不是政府'养活'纳税人"的观念逐步在乡村社会生成，这就是乡镇政府推行政务公开、改革公共权力的运用方式的最重要的

---

① 参见上海市民政局《完善"三级政府、三级管理"体制，加快农村城市化建设步伐》，1997年。
② 参见河北省民政厅《加强基层政权法制建设，促进乡镇政府工作规范化》，1997年。
③ 参见湖南省民政厅《湖南省乡镇政权建设工作情况报告》，1997年。

原因。

五　余论

　　以上，我们只是速写了村民自治与治道变迁的一个轮廓。在从计划经济体制向市场经济体制转轨的过程中，从传统的"统治"型管理方式向现代合作型治道转变，是一个渐进的过程。在这个过程中，公民的参与也要相应实现从传统的政策性参与向现代的规则性参与的转换。由于中国村民自治自身的特点，决定了治道变迁的艰巨性和复杂性，因此，现代新治道的确立，切不可以为能够一蹴而就。目前主要还只体现在制度层面，即治理结构的变革上，距离理想的治道境界还有较大的差距，这是不能不予以说明的，此其一。

　　其二，村民自治对治道变迁所产生的影响，远不止于乡镇政府这一层级，个别县一级政府也开始推行政务公开。河北省民政厅还专门印发了《河北省民政系统关于政务公开的实施意见》，要求省、市、县（区）民政部门及其直属单位、乡镇和街道民政办公室，凡政务工作中运用职权办理与群众、企业和社会其他方面密切相关的重要事项，只要不涉及国家机密，都要根据职责要求和工作特点，在一定范围内采取适当方式，向广大群众、企业和社会公开，并对政务公开的主要内容和项目、政务公开的方法、步骤和时间作出详细规定。① 这虽然属于凤毛麟角，但却预示着治道变迁有着宽广的前景和希望。随着改革的逐步深化和社会自治的逐步扩大，政府的政策过程和政府行为、公民参与和政府治道，必将会得到有效的改善。

　　其三，村民自治形成和发展的过程，也就是乡村社会从"人治"走向"法治"的过程。关于村民自治的一整套规则的制定、实施和推广，有效地推动了乡镇政府向依法行政的方向转变。《村规民约》和《村民自治章程》的建立，不仅对村民、对村委会干部是一种约束机制，而且也向乡镇政府提出了必须在法律范围内活动的要求。各地乡镇政府的工作"条例"、

---

① 参见尹文儒主编《基层民主实践》，中国档案出版社1998年版，第154—158页。

"简则"、"规定"的制定，就是一个明显的进步。而依法行政的过程，也就是政府治道变迁的过程，尽管目前还不尽如人意，但毕竟已经提到政府的日程上来了。囿于篇幅，本文未就这个问题展开，拟另专文论列。

（原载《中国：走向21世纪的公共政策选择》，社会科学文献出版社1999年版）